Erfolg mit Wohnimmobilien

So werden Sie in 6 Monaten
privater Immobilieninvestor

Thomas Knedel

Umfangreiches Bonusmaterial zu diesem Buch finden Sie unter:
www.erfolg-mit-wohnimmobilien.de/extras

2. Auflage Dezember 2016
ISBN: 978-3-947059-00-3
Dieser Titel ist auch als E-Book und Hörbuch erhältlich.

Knedel Media GmbH
Thomas Knedel
Ferdinandstraße 14
D-61348 Bad Homburg
service@knedel.de

Lektorat und Korrektorat: Thomas Steinhoff, Frankfurt am Main
Umschlag & Satz: Erik Kinting / www.buchlektorat.net
Umschlagfoto: Thomas Knedel (mit dem Prototyp des IIPRO-Tools)
Profilbild Thomas Knedel: Alessandro de Mattheis, Köln
Illustrationen im Text: Christian Jungbauer, Gründau

Alle Angaben und Daten in diesem Werk wurden nach bestem Wissen recherchiert und zusammengestellt. Redaktionsstand ist November 2016. Eine Gewähr für die Vollständigkeit und Richtigkeit wird jedoch nicht übernommen.

Weitere Informationen unter www.erfolg-mit-wohnimmobilien.de.

Bibliografische Information der Deutschen Nationalbibliothek:
Die Deutsche Nationalbibliothek verzeichnet diese Publikation in der Deutschen Nationalbibliografie; detaillierte bibliografische Daten sind im Internet über http://dnb.d-nb.de abrufbar.

Dieses Buch ist allen „Machern“ gewidmet, die das Vorhaben „Kauf einer vermieteten Immobilie“ entschlossen in die Tat umsetzen möchten. Es möchte Ihnen nicht nur theoretisches Wissen vermitteln, sondern Sie vor allem dazu anregen, die Ärmel hochzukrempeln, hart zu arbeiten und ein erfolgreicher Immobilieninvestor zu werden.

Zu dieser zweiten Auflage

Mein ganz besonderer Dank gilt der „Immopreneur-Community", die in den letzten Jahren rund um dieses Buch bzw. meine weiteren Plattformen entstanden ist. Ohne die Leser, Foren-User, Kunden zahlreicher Online-Produkte sowie Workshop-, Mastermind- und auch Kongressteilnehmer hätte dieses Projekt „Erfolg mit Wohnimmobilien" nicht annähernd den Erfolg verzeichnet und vor allem die Freude bereitet, wie es heute der Fall ist.

Aus der Community heraus sind nicht nur Stammtische, Meetings und sonstige Treffen hervorgegangen. Es hat sich vielmehr eine Bewegung entwickelt, auf die ich sogar ein wenig stolz bin. Zudem sind Kooperationen und Freundschaften entstanden, die ich vor zwei Jahren kaum für möglich gehalten hatte.

Die eigenen Erfolgsgeschichten, die mir meine Leser immer und immer wieder berichten, bestätigen den eher einfach anmutenden, aber hochwirksamen Leitsatz:

„Nur wer sein Vorhaben entschlossen in die Tat umsetzt, wird am Ende erfolgreich sein!"

Lesen Sie auf www.immopreneur.de zur eigenen Inspiration einige dieser Erfolgsgeschichten.

Inhaltsverzeichnis

1. Kann ich wirklich in Immobilien investieren?

Mein persönlicher Appetithappen

Lange habe ich überlegt, wie ich Ihnen das Investieren in Immobilien möglichst realistisch schmackhaft machen kann. Denn bevor Sie den sprichwörtlich passiven Einkommensstrom aus den Zahlungen Ihrer Mieter empfangen, ist eine Menge Arbeit notwendig. Da stehen erst einmal trockene Themen wie Ihre persönliche Bonität, Standortbeurteilungen, Objektprüfungen, Finanzierungsstrategien, Zieldefinitionen und nicht zuletzt diverseste Renditekalkulationen für Ihre Investments im Vordergrund. Also brauchen Sie ein wenig Motivation.
Ich habe mir daher ein reales Investment, das ich selbst im Jahr 2012 in der Gegend um Frankfurt am Main getätigt habe, als meinen persönlichen Appetithappen für Sie ausgesucht. Auch wenn dieses Investment bereits einige Jahre zurückliegt, gelten die hier vorgestellten Grundsätze auch heute noch uneingeschränkt. Bei dem genannten Investment geht es um ein Mehrfamilienhaus aus den 1970er-Jahren mit Renovierungs- und Sanierungsbedarf. Zum einen ist dieses Haus so gut dafür geeignet, weil ich Ihnen daran fast alle relevanten Themen erläutern kann, zum anderen ist es mir aufgrund zahlreicher guter, aber auch einiger schlechter Erfahrungen noch immer noch sehr präsent.
Immobilien sind für mich – Sie werden es später noch detailliert sehen – ausschließlich Renditeobjekte bzw. „Betriebe", mit denen Geld verdient wird. Schutz vor Inflation oder Steuerspareffekte sind gut, aber nur Nebeneffekte – wenngleich wir diese intensiv für unsere Zwecke nützen wollen. Auch zu eigenen Wohnzwecken sind Immobilien (manchmal) gut, aber das ist hier nicht das Thema.
Warum bevorzuge ich Immobilien und nicht z. B. Gold oder Aktien als Geldanlage? Nun, das hat mehrere Gründe. Auch wenn man theo-

retisch Gold und Aktien mit einem Darlehen beleihen kann, macht es mit Immobilien erst richtig Freude. Die Bank beleiht Immobilien sehr gerne und der Investor auch – also eine klassische Win-Win-Situation. Gold (und alle anderen Rohstoffe) lassen sich theoretisch zwar ebenfalls beleihen, doch wer zahlt Ihnen Zinsen? Gold generiert keinen Cashflow. „Okay, dann setze ich auf Aktien", denken Sie vielleicht. Stimmt, gute Aktien generieren über ihre Dividenden einen Cashflow. Nur werden Sie Aktien niemals in dem Maß beleihen können wie Immobilien. Das liegt daran, dass die Aktienmärkte in unseren Breiten wesentlich schwankungsanfälliger (volatiler) sind als die hiesigen, als sehr stabil geltenden Immobilienmärkte. Immobilien sind darum des Bankers und somit auch des Investors Liebling! Wer das Spiel mit den Banken (also die Immobilienbeleihung) perfekt beherrscht, kann mit Immobilien ein riesiges Vermögen aufbauen.

Mein Investment ist ein Mehrfamilienhaus aus den 1970er-Jahren. Es hat insgesamt sieben Wohnungen, davon eine im Souterrain. Das 7-Familienhaus wurde mir von einem Makler, den ich bereits von einem früheren Deal gut kannte, klassisch mit einem kurzen Exposé angeboten.

Die Eckdaten waren:
Für Eigennutzer bzw. Investoren: 6-Familienhaus zu verkaufen.
Kaufpreis: 490.000 €
Wohnfläche: ca. 480 m²
Nutzfläche: ca. 120 m²
Grundstücksfläche: ca. 790 m²
Anzahl Garagen: 3
Wohneinheiten z. Zt. frei: 3
Jahresnettomiete (Soll): ca. 37.400 €

Nach eingehender Besichtigung des Hauses und Prüfung aller Details stellte sich der voraussichtliche Gesamtaufwand nach Verhandlung des Kaufpreises wie folgt dar:

Kaufpreis (verhandelt): 445.000 € Kaufnebenkosten: 53.400 € (ca. 12 %) Renovierung und Sanierung (laut Kostenschätzung): 70.000 € Gesamtinvestitionskosten gerundet: 570.000 €

Um nicht unnötig Kapital zu binden, sollte der Kauf mit einem möglichst hohen Fremdkapitalanteil finanziert werden. Nach intensiven Bankgesprächen sah die Finanzierungsstruktur wie folgt aus:

Eigenkapital: 70.000 € Bankdarlehen: 500.000 €

Somit finanzierte ich 88 Prozent der Gesamtinvestitionskosten mit einem Darlehen meiner Bank. Ich habe also ein Haus mit Gesamtkosten von 570.000 Euro mit einem recht kleinen Eigenkapitalanteil von 70.000 Euro finanziert. Dies habe ich bewusst so gemacht, doch dazu (dem sogenannten Hebeleffekt) später mehr.
Die Darlehenskonditionen waren für damalige Verhältnisse sehr attraktiv, nämlich:

Darlehensbetrag: 500.000 Euro Zinssatz: 2,7 % Zinsbindung: 10 Jahre Anfängliche Tilgung: 2 %

Schauen wir uns die Einnahmen und die Ausgaben an: Im Zuge der Recherche stellte sich heraus, dass tatsächlich drei der sieben Wohnungen frei waren. Diese konnte ich also herrichten, wie ich wollte, und vermietete sie zu marktüblichen Mieten. Außerdem ergab es sich, dass noch eine weitere Wohnung während des rund acht Wochen dauernden Ankaufsprozesses frei wurde. „Oh Gott, welch ein Drama!“, denken Sie jetzt vielleicht. War es aber nicht. Weil ich diese Wohnung nur ein wenig streichen lassen musste und dann für satte zwei Euro mehr je Quadratmeter vermieten konnte. Um abzukürzen: Auch die restlichen drei Wohnungen wurden innerhalb der nächsten zwölf Monate frei. Nicht, weil ich ein so schlechter Vermieter bin. Zwei Mieter zogen in eine andere Region, ein dritter hatte eine neue Lebensgefährtin und benötigte mehr Platz. Es war also Zufall.

Damit ergaben sich nach der Anlaufphase (so nenne ich die meist recht managementintensive Anfangszeit einer jeden neu erworbenen Immobilie) folgende Zahlen für den Cashflow:

4.300 € Mieteingang je Monat (statt 3.120 Euro, wie ursprünglich vom Makler angegeben!)
- 1.075 € Bewirtschaftungskosten (25 % für Instandhaltung, Hausverwaltung und kalkulatorischen Mietausfall)
- 1.960 € Kapitaldienst (Zinsen und Tilgung, zusammen 4,7 % p. a. des Darlehensbetrages von 500.000 €)
= 1.265 € je Monat freier (passiver) Cashflow vor Steuern

1.265 Euro übrig, jeden Monat! Ohne irgendetwas dafür zu tun. Denn die Hausverwaltung kümmert sich um alle lästigen Themen wie die jährliche Nebenkostenabrechnung, Einzug und Kontrolle der Mieteingänge, tropfende Wasserhähne und auch Anschlussvermietungen. Das ist doch der Wahnsinn!

Bezogen auf die Gesamtinvestitionskosten (also Kaufpreis, Kaufnebenkosten und Sanierungskosten) entspricht dies einer Rendite von

(1.265 € je Monat x 12 Monate) / 570.000 € Gesamtinvestition = 2,7 % – falsch!

Warum? Ganz einfach, die enthaltene Tilgung (zwei Prozent pro Jahr der Darlehenssumme) sind keine Kosten, sondern die Darlehensrückzahlung. Also sieht der Überschuss im ersten Monat wie folgt aus:

1.265 € freier Cashflow + 2 % x 500.000 € Darlehenssumme / 12 Monate = 833 € = 2.098 €, die die Mieter Monat für Monat erwirtschaften!

Nun die Renditeberechnung:

(2.098 € je Monat x 12 Monate) / 570.000 € Gesamtinvestition = 4,4 %

Das heißt, ich erhalte „Zinsen" von 4,4 Prozent auf mein Gesamtinvestment von 570.000 Euro. Netto, nach Abzug aller Kosten und Managementgebühren! Welche Anlage bietet das heute noch?
Jetzt wird es aber erst richtig interessant, versprochen. Um die genannten 2.098 Euro je Monat zu erhalten, habe ich tatsächlich doch gar nicht 570.000 Euro auf den Tisch gelegt. Sie erinnern sich sicherlich, es waren nur 70.000 Euro.
Und damit berechnet sich die sogenannte Eigenkapitalrendite wie folgt:

(2.098 € je Monat x 12 Monate) / 70.000 € Eigenkapital = 36,0 %

Das ist kein Scherz, es ist wirklich so. Das ist das Geheimnis, das ich Ihnen hier unbedingt verraten wollte. Immobilieninvestments lassen sich hebeln! Und dies ist erst die Anfangsrendite. Selbstverständlich habe ich mit meinen Mietern Indexmieten bzw. Staffelmieten vereinbart, das Darlehen „zahlt sich selbst" zurück (der Tilgungsanteil wird bei sinkendem Zinsanteil also immer größer), das Grundstück lässt sich optimieren, vielleicht gelingt es ein, zwei zusätzliche Apartments im Souterrain zu verwirklichen, die Optik und der Zustand des

Hauses werden mit der Zeit weiter verbessert, eine Münzwaschmaschine in der Waschküche bringt Zusatzeinnahmen etc. Und all dies nur mit einem einzigen Ziel: Erhöhung des Wohnwertes, was dann einen steigenden Cashflow und damit (Eigenkapital-)Rendite bringen wird. Damit werden in fünf bis zehn Jahren Renditen von 50 und mehr Prozent realistisch.

Aber nun der Wermutstropfen – seien Sie ehrlich, Sie haben schon auf den großen Haken an der Sache gewartet. Jede Medaille hat auch ihre Kehrseite, klar. Mit der Größe des Hebels (also mit geringerem Eigenkapitalanteil) steigt natürlich auch das Risiko des Investments. Wie Sie dieses jedoch sehr gut einschätzen und in den Griff bekommen, ist die grundlegende Idee für dieses Buch.

Zu guter Letzt: Ist es Ihnen aufgefallen? Ja? Sehr gut. Und wenn nicht? Nicht schlimm, denn ich verrate es Ihnen. Im Exposé war die Rede von einem Haus mit *sechs* Wohnungen und *drei* Garagen. Tatsächlich sind es jedoch *sieben* Wohnungen und *vier* Garagen. Solch gravierende Irrtümer sind leider üblich. In diesem Fall ein klarer Vorteil – trotzdem: Seien Sie stets auf der Hut.

Die weitere Entwicklung

Gerne möchte ich Ihnen die Fortenwicklung meines „Appetithappens" zwei Jahre später (während ich an der zweiten Auflage dieses Buches arbeite) nicht vorenthalten.

Neben der üblichen Mietpreisoptimierung, die ich nach einigen Reparaturen und einer optischen Aufarbeitung des Hauses vornehmen konnte, arbeite ich derzeit mit einem Architekten an der weiteren „Ausplanung" des Grundstückes. Erste Gespräche mit der zuständigen Genehmigungsbehörde haben zwischenzeitlich gezeigt, dass es uns voraussichtlich gelingen wird, im Souterrain drei statt zwei weitere Apartments einzubauen. Zudem prüfen wir intensiv einen zusätzlichen Neubau auf diesem Grundstück mit voraussichtlich drei bis fünf Apartments.

Da ich das Grundstück aber bereits mein Eigen nennen darf, fallen für den Neubau natürlich keine Grundstückskosten an. Insofern kann sich auch der noch ungeübte Immobilieninvestor sicher leicht vorstellen, welche Auswirkung dieser Effekt auf die Gesamtrendite des Investments bzw. auf den freien Cashflow der Immobilie, beispielsweise unter zusätzlicher Nutzung von geförderten Darlehen, haben wird.

Was macht erfolgreiche Immobilieninvestoren aus?

In Zeitschriften, in Seminaren oder in Form von Buchautoren – überall begegnen Ihnen Menschen, die sich scheinbar schon immer mit „der Wirtschaft" befassen. Sie sind und waren wesentlicher Teil unseres Wirtschaftssystems. Sie leben in einer anderen, meist verborgenen Welt. Sie haben quasi von Natur aus schon immer mit Geld, Wohlstand und vielleicht Immobilien zu tun. Der Erfolg dieser Menschen ist reines Glück, kommt aus dem Elternhaus bzw. sie haben ordentlich geerbt – denken Sie vielleicht. Nein, beileibe nicht allen ist ein Vermögen in den Schoß gefallen. Es war aber auch kein Zufall. Jedenfalls war dies bei mir und den mir bekannten, unternehmerisch denkenden Menschen nicht der Fall.
Als ich anfing, über Immobilien und Investments nachzudenken, war ich in der elften Klasse. Ja, es war Zufall, dass ich damals einen Makler kennenlernte. Ich bin jedoch heute fest davon überzeugt, dass dieser nur eine Tür für mich geöffnet hat, die sonst recht bald jemand anderes aufgetan hätte. Drei Monate nach dem Ende meines Studiums setzte ich meine bis dahin „herangereifte" Begeisterung für Immobilien frühestmöglich in ein eigenes Investment um. Die dritte Gehaltsbescheinigung war übrigens eine elementare Voraussetzung für den Erhalt einer Immobilienfinanzierung.
Also kann man hier doch nicht von Zufall sprechen. Ich wollte unbedingt kaufen und tat es – sobald es irgendwie ging. Es war also

offensichtlich eher mein unbedingter Wille, Eigentümer einer Investmentimmobilie zu werden. Nach dem Immobilienkauf begann die Phase des praktischen Lernens. Fehler passierten – aber fast ausnahmslos nur einmal, naja, vielleicht hin und wieder auch zwei- oder dreimal. Was mich aber nicht umbrachte, sondern stärker machte – ja, ich lebe noch. Mit der Zeit wurde ich sicherer und erfahrener bei jeder Entscheidung, die ich treffen musste. Ich lernte den Umgang mit den verschiedensten Markteinflüssen und Investitionsrechnungen. Zudem baute ich mir mit der Zeit ein breites und wertvolles Netzwerk im Immobilienmarkt meiner Region auf, eine zeitraubende und harte Arbeit, die sich erst nach einiger Zeit bezahlt machte.

Es ist also Fakt: Weder aus besonders wohlhabenden Umständen muss der geneigte Immobilieninvestor kommen, noch besonderes Glück haben. Vielmehr sind Durchhaltevermögen und unbedingter Wille entscheidend. Genau für diese Zielgruppe will dieses Buch ein wertvoller Helfer sein und Ihnen das nervenaufreibende, oft vergebliche Ausprobieren vieler Strategien, Taktiken und Methoden ersparen.

Bevor wir nun in das eigentliche Thema einsteigen, gilt es, noch einen Augenblick über Ihre persönlichen Ziele und Ansätze zu reden. Denn was helfen Ihnen Immobilien, wenn Sie nicht wissen, *wozu* Sie sie eigentlich besitzen möchten?

Wo möchte ich hin? Und wie komme ich dahin?

Wann haben Sie erstmals über Veränderungen Ihrer finanziellen Situation nachgedacht? Oder denken Sie ganz aktuell über Ihre Altersvorsorge nach? Welches sind die Produkte, die Sie hierfür idealerweise nutzen? Und warum? Wer kann Ihnen bei der Auswahl helfen? Nun, all das sind Fragen, die sich nicht so einfach ad hoc beantworten lassen. Dazu sind die Themen viel zu vielschichtig. Das

Wichtigste jedoch – das kann ich Ihnen verraten – ist, dass Sie darüber nachdenken. Und das tun Sie, indem Sie diese Zeilen hier lesen. Welches sind nun Ihre Ziele? Glauben Sie mir, es ist absolut entscheidend, sich diese klar zu machen. Während (fast) jeder – der Einfachheit halber bleibe ich bei den Finanzen – irgendwelche finanziellen Ziele hat, hat sie kaum jemand bisher aufgeschrieben. Tun Sie es. Es kostet nicht viel Zeit. Es ist außerdem wissenschaftlich erwiesen, dass, wer seine Ziele aufschreibt, erfolgreicher ist als derjenige, der sie sich nur vorstellt. Überlegen Sie, was Sie gerne hätten. Dies kann eine Gehaltserhöhung um 20 Prozent sein (hier weniger unser Thema), ein zusätzliches Einkommen von 1.000 Euro je Monat durch Immobilien oder ein Nettovermögen von 300.000 Euro in zehn Jahren. All das sind finanzielle Ziele. Solche Ziele sind wichtig, damit Sie wissen, in welche Richtung Sie gehen müssen. Was bringt Ihnen eine Neubau-Bauträgerwohnung mit drei Prozent Gesamtrendite, wenn Sie nur 50.000 Euro zur Verfügung haben und in fünf Jahren einen freien Cashflow aus Immobilien von 1.000 Euro je Monat haben möchten? Rein gar nichts. Daher definieren *und* quantifizieren Sie Ihr Ziel schriftlich. Geben Sie auch an, wann Sie es erreicht haben möchten und wie.

Ohne Ihren eigenen Vermögensaufbau (damit meine ich den allgemeinen Vermögensaufbau; also um finanziell frei zu werden oder die klassische Altersvorsorge; finanzielle Freiheit bedeutet übrigens, dass Sie vom Cashflow Ihrer Investments leben können, ohne gezwungen zu sein, zusätzlich tagtäglich im Angestelltenverhältnis oder als Selbständiger arbeiten zu müssen) selbst in die Hand zu nehmen, werden Sie höchstwahrscheinlich nur drittklassige Ergebnisse erzielen. Sie müssen daher selbst ans Werk gehen. Und denken – wie ein Investor.

„Doch wie denken klassische Investoren?“, fragen Sie sich vielleicht. Eine gute Frage. Nun, das ist gar nicht so schwer. Wie schon einleitend erwähnt, sollten Sie Immobilien als „Betrieb“ ansehen. So sollten Sie über jedes Investment denken. *Sie investieren, um Geld zu verdienen.* Das ist zunächst das einzige, wenngleich banale Ziel. Denken Sie immer an einen Unternehmenskauf. Ganz egal, ob es um die Frittenbude um die Ecke (die durchaus sehr interessant sein kann) oder um einen 100-Millionen-Euro-Konzern geht: die Grundprinzipien sind immer die gleichen. Kleine wie große Investoren kochen alle nur mit Wasser. Schauen Sie sich das Geschäftsmodell und die Zahlen des Unternehmens an. Sind diese halbwegs in Ordnung, „rechnen" Sie sich Ihren eigenen Businessplan durch, einschließlich Prognose für die nächsten Jahre. Das ist gar nicht so schwer – Sie werden es sehen. Sie würden doch nur investieren, wenn Sie davon überzeugt sind, am Ende eine stattliche Rendite zu erwirtschaften, die Ihrem eingegangenen Risiko entspricht. Also, Sie legen Ihr Geld entweder auf das Sparbuch bei der Bank mit quasi null Risiko und heute auch quasi null Zinsen. Oder Sie kaufen eben die Frittenbude um die Ecke, also ein Unternehmen. Klar, dass Sie dann eine gewisse Verzinsung Ihres Kapitals erwarten, Sie gehen ja auch ein höheres Risiko ein.

Die Kunst, die es nun zu lernen gilt, ist der Umgang mit Risiken, sie zu bewerten und anschließend in der Managementphase zu kontrollieren. Außerdem ist eine gewisse Fokussierung notwendig. Sie können nicht gleichzeitig alles über Frittenbuden, 100-Millionen-Euro-Konzerne und Immobilien verstehen. Das geht einfach nicht. Ich habe etwa hinsichtlich Aktienanlagen ein dermaßen schwaches Wissen, dass ich darüber nicht weiter reden möchte. Dies gilt auch für Frittenbuden. Mein Gebiet sind Immobilien. Und das finde ich auch gut so.

„Ja, aber ich muss doch diversifizieren!", sagt mir mein Bank- oder Finanzberater doch immer wieder. Ja und nein. Oder haben Sie schon einmal ein Unternehmen kennengelernt, etwa Ihren Metzger, der auch Schuhe und Schreibwaren verkaufen möchte, da der Verkauf von Fleisch und Wurst allein zu risikoreich ist? Sicher nicht. Und das hat auch seinen guten Grund. Der Metzger fokussiert sich auf sein Geschäftsmodell, von dem er am meisten versteht. Und das sind eben Fleisch- und Wurstwaren. Wenn er außerdem etwas von Marketing versteht, positioniert er sich in seiner Gegend als Metzger, der sein Handwerk versteht und immer beste Qualität bietet. Daher fokussiere ich mich nur auf Immobilien, teile sie in verschiedene Segmente ein und fokussiere mich weiter. Mein Spezialgebiet sind nämlich vermietete Rendite-Wohnimmobilien in und um Ballungszentren, gelegen in mittleren Wohnlagen, die über ein gewisses Aufwertungspotenzial verfügen oder aus schwierigen Verhältnissen stammen. So kennen mich meine Geschäftspartner. Suchen Sie sich Ihr ganz spezielles Segment aus. Wie Sie das mit einigen wenigen Schritten herausfinden, dazu später mehr. Ergänzend lege ich mein Geld auch in anderen Anlageklassen an, aber dabei gehe ich eher passiv vor. Ich suche mir also Bereiche, die deutlich weniger Arbeit machen. Aber auch hier denke ich selbst und überlasse die wichtigen Entscheidungen nicht allein einem Berater.

Selbstverständlich können Sie nach der Lektüre dieses Buches auch zu dem Schluss kommen, dass Immobilien Ihnen schlichtweg zu viel Arbeit machen. Sie entscheiden sich dann vielleicht, eher passiv zu investieren. Das ist selbstverständlich legitim und eine vernünftige Strategie, sofern Sie, wie erwähnt, selbst (mit-)denken.

So werde ich Bankers Liebling

Kassensturz – monatlicher Überschuss und aktuelles Nettovermögen

Es tut mir leid, schon wieder muss ich Sie enttäuschen. Wie Sie schon anhand der Überschrift vermuten können, werden Sie hier noch immer keine Immobilien „sehen". Nur noch etwas Geduld, Sie müssen nicht mehr lange ausharren.

Hier geht es um Ihre persönlichen finanziellen Voraussetzungen, damit Sie überhaupt in der Lage sein werden, gute Immobilieninvestments oder -anlagen zu tätigen. Bleiben wir zunächst auf dem klassischen Weg. Das heißt, Sie planen eine Immobilie zu kaufen, etwa in sechs Monaten, und möchten nun wissen, wie es losgehen sollte. Nun, Sie werden höchstwahrscheinlich eine Bankfinanzierung benötigen. Zumindest ist eine solche in vielen Fällen sehr sinnvoll. Doch bevor Sie überhaupt in der Lage sind, von der Bank eine Finanzierung zu bekommen, müssen Sie sich dazu auch in der Lage fühlen. Dafür müssen Sie wissen, wie es um Ihre Finanzen steht. Nur dann können Sie fühlen bzw. auch fundiert urteilen.

Orientieren wir uns an den Anforderungen, die eine Bank stellt. Warum die Arbeit doppelt machen, wenn wir gleich mit einer „bankgerechten" Gliederung arbeiten können? Die Bank beurteilt Ihre persönliche Bonität (hier geht es noch nicht um ein von Ihnen vorgeschlagenes Finanzierungsobjekt) u. a. anhand von zwei Kriterien. Diese sind Ihre Haushaltsrechnung und Ihre Vermögenssituation. Zudem werden ergänzend Daten von der Schufa bzw. ähnlichen Auskunfteien „beigemischt". Weiterhin spielt Ihre persönliche Kontoführung eine Rolle, sofern Sie schon Kunde bei der Bank sind. All dies zusammen gewichtet und bewertet die Bank und leitet daraus die Einschätzung Ihrer persönlichen Bonität ab, das sogenannte bankinterne Rating Ihrer persönlichen Bonität. Es ist eine Art Schulnote, ausgedrückt in Buchstaben bzw. Ziffern. Diese wird dann sehr fest im Computersystem der Bank verankert und Aktualisierungen werden nur noch gelegentlich vorgenommen, vor allem, wenn neue Erkenntnisse vorliegen. Dies macht nicht Ihr Berater, dieser darf dies gar nicht! Darum kümmern sich bewusst unabhängig gehaltene Abteilungen in der Bank.

Ihr Ziel muss es sein, ein bestmögliches Bankrating zu erhalten. Da die Bank hierfür erfahrungsgemäß einige Monate Zeit benötigt, sollten Sie umgehend mit diesen Vorbereitungen beginnen. Realistisch ist ein Zeitraum von sechs Monaten.

Beginnen wir mit Ihrer Haushaltsrechnung auf Monatsbasis. Dies ist eine den allgemeinen Bankkriterien entsprechende Aufstellung Ihrer

Nettoeinnahmen und -ausgaben. Listen Sie auf der einen Seite alle Einnahmen wie Nettogehalt, Aushilfsjobs und Kapital- und Zinserträge auf. Natürlich auch Immobilienerträge (Ergebnis nach Objektkosten, ohne Berücksichtigung von Finanzierungskosten), wenn Sie bereits welche haben. Damit wissen Sie, wie viel monatlich auf Ihrem Konto eingeht. Nun zu den Ausgaben. Hierbei gehen Banken sehr standardisiert vor, z. B. mit Pauschalbeträgen. Orientieren Sie sich im ersten Schritt trotzdem an Ihren tatsächlichen Kosten wie Miete und Nebenkosten, Kfz-Kosten inklusive Finanzierungsraten, Sparraten (auch wenn dies eigentlich keine „Kosten" sind), Club- und Vereinsbeiträge, Versicherungen, Altersvorsorgebeiträge, sonstige Darlehensraten, Immobilienfinanzierungen, Haushaltsgeld, Unterhaltsverpflichtungen sowie Durchschnittswerte für größere Anschaffungen und Urlaubsreisen. Auch erwartete Steuererstattungen und -zahlungen sollten Sie aufführen. So, jetzt wird es spannend. Bilden Sie jeweils die Summe Ihrer Einnahmen und Ausgaben und bilden Sie daraus die Differenz. Sind Einnahmen minus Ausgaben größer null? Prima. Das ist der Betrag, der Ihnen monatlich frei zur Verfügung steht, um z. B. eine Anzahlung für ein Investment anzusparen. Eine Zahl größer null macht Sie zu Bankers Liebling. Jedenfalls was die Haushaltsrechnung angeht. Und wenn die Zahl kleiner null ist? Ganz ehrlich, dann wird es höchste Zeit, dies zu ändern. Sie „verbrennen" nämlich jeden Monat Geld. Nicht nur, dass die Bank es überhaupt nicht mag, auch Sie sollten sich vorsehen! Arbeiten Sie an Ihren Einnahmen. Können Sie diese steigern? Oder arbeiten Sie an Ihren Ausgaben. Können Sie diese reduzieren? Letzteres dürfte höchstwahrscheinlich leichter sein. Gehen Sie Ihre Kosten und Ausgaben durch, und zwar vorzugsweise die laufenden (monatlich, vierteljährlich oder jährlich wiederkehrenden) Kosten. Gibt es sehr teure Versicherungen? Oder sind Versicherungen gar überflüssig geworden? Sparen Sie vielleicht drei Bausparverträge gleichzeitig an? Oder stottern Sie noch immer die Rate für Ihren Neuwagen, den Fernseher oder die Couch ab? Vielleicht noch ande-

re? Ohne einen positiven Haushaltsüberschuss können Sie das Thema Immobilien jedenfalls vergessen.
Nun zur Vermögensübersicht. Was haben Sie unter dem Strich per heute in der Tasche? Das ist die Frage. Auch hier arbeiten wir wieder mit zwei Seiten, den Verbindlichkeiten und den Vermögensgegenständen. Fangen wir wieder mit den erfreulichen Positionen an, also den Vermögensgegenständen. Listen Sie zunächst Ihre sofort verfügbaren und genau ermittelbaren Mittel auf wie Bargelder, Bankkontostände, Tagesgeld etc. Auch Geld, das Sie z. B. an Verwandte verliehen haben und zeitnah in voller Höhe zurückerhalten können, fällt unter diese Kategorie. In eine weitere Kategorie packen Sie Edelmetalle und Wertpapiere. Deren Wert ist auch recht genau zu ermitteln, auch wenn sie oft nicht gleich verfügbar sind. Es würde ja keinen Sinn machen, dass Sie Ihre Aktien heute verkaufen, wenn in der nächsten Zeit eine Hausse zu erwarten ist. Auch könnten Steuern Sie davon abhalten. Führen Sie die Aufstellung immer weiter fort. Nach unten hin lassen sich Vermögensgegenstände immer ungenauer bewerten bzw. sind erst mit größerer zeitlicher Verzögerung verfügbar. Relativ weit unten stehen meist Immobilien, da diese eben nicht schnell verkauft werden können und die Wertermittlung meist auch recht aufwendig ist. Oft spielen auch steuerliche Aspekte oder der momentane Immobilienmarkt eine Rolle. Noch ein Wort zu Ihrer (privaten) Rentenversicherung oder Ihren gegebenenfalls verpfändeten Guthaben. Listen Sie diese bitte gesondert auf. Da sie in der Regel nicht frei verfügbar sind, dienen sie nur zur Information. Denn oft sind sie nicht kapitalbildend, sondern sichern „nur“ spätere Rentenzahlungen und fließen deshalb nicht in die Gesamtberechnung ein. Auf der anderen Seite stellen Sie Ihre Verbindlichkeiten auf, etwa Kreditschulden für Auto, Sofa und Fernseher. Achten Sie darauf, dass Sie den aktuellen Darlehensstand eintragen, den Sie etwa auf dem letzten Kontoauszug finden. Weiterhin berücksichtigen Sie auch private Schulden, z. B. das Darlehen Ihrer Oma für den letzten Urlaub. Steuerschulden

und Darlehen für Ihre Immobilien gehören ebenfalls in diese Kategorie. Gesondert weisen Sie alle Bürgschaften (z. B. Bankbürgschaft für Ihre Mietkaution) und sonstigen Verpflichtungen aus, für die Sie haften.

Jetzt wird es wieder spannend: Bilden Sie erneut eine Differenz, diesmal Vermögen minus Schulden. Die hoffentlich positive Differenz ist Ihr Nettovermögen. Auch dieser Wert ist für die Bank äußerst interessant, und natürlich, wie er sich zusammensetzt. Daran kann die Bank beurteilen, ob Sie Zusatzsicherheiten für Investments darstellen können. Und wie sieht es aus, wenn die beschriebene Differenz negativ ist? Das bedeutet, dass Sie überschuldet sind. Das ist bedenklich. Sie sollten daran arbeiten, bis hin zur qualifizierten Schuldnerberatung!

Noch ein kurzes Wort zu den Konsumschulden, die Sie vielleicht noch für den letzten Großbildfernseher vor sich hertragen. Wenn Sie wirklich qualifiziert und nachhaltig Investor werden möchten, müssen Sie sich von diesem Ballast trennen. Führen Sie solche Darlehen so schnell wie möglich zurück. Viele Banken betrachten derartige Schulden als eine Art Negativmerkmal, das eine große Auswirkung auf Ihr Bankrating hat.

Dies war Ihr erster Schritt auf dem Weg hin zu Bankers Liebling. Sie kennen nun Ihre Einkommens- und Vermögenssituation. Diese können Sie auch ganz einfach anhand eines Musterschemas erstellen, das Sie im Bonusmaterial zu diesem Buch auf meiner Homepage www.erfolg-mit-wohnimmobilien.de finden. Das Schema sollten Sie alle drei Monate aktualisieren. Wenn Sie es jeweils unter einem neuen Dateinamen speichern, können Sie nach einiger Zeit die Entwicklung Ihrer Einkommens- und Vermögenssituation erkennen. Das ist äußerst aufschlussreich und kann richtig motivierend sein. Außerdem können Sie auf diesem Wege Ihre persönliche Optimierungsstrategie entwickeln – hin zu mehr Einkommen und Vermögen.

Externe Faktoren – die Daten der Auskunfteien

Während Sie beginnen, sich Gedanken über Ihre Einkommens- und Vermögenssituation zu machen, sollten Sie auch schon dem nächsten Thema Aufmerksamkeit schenken und die ersten Schritte möglichst umgehend einleiten, weil Sie dafür ebenfalls einige Monate Zeit brauchen. Es gibt zahlreiche Auskunfteien, die Daten zu Ihrer Person und Ihrem Zahlungsverhalten sammeln. Dies geschieht meist im Auftrag Ihrer Vertragspartner, etwa Versandhäuser, Vermieter und Banken im Rahmen von Finanzierungsanfragen. Die Vertragspartner fragen die Auskunfteien nämlich vor Abschluss einer Finanzierung an, ob Negativmerkmale zu Ihnen vorliegen. Außerdem werden fleißig bereitgestellte Wahrscheinlichkeitswerte über Ihr mögliches Zahlungsverhalten (sogenannte Scores) genutzt. Es liegt auf der Hand, dass diese Auskunft möglichst positiv ausfallen sollte. Hier kommen Sie als aktiver Investor wieder ins Spiel. Nach § 34 des Bundesdatenschutzgesetzes haben Sie nämlich das Recht auf Einsicht in Ihre Daten, die der jeweiligen Auskunftei vorliegen. Hierzu können Sie einmal pro Jahr – sogar kostenfrei – eine schriftliche Selbstauskunft anfordern. Deren Inhalt sind üblicherweise die der Auskunftei vorliegenden Personendaten wie Name, Geburtsdatum und Anschrift. Weiterhin kann die Selbstauskunft Daten über Zahlungs- und Forderungsinformationen sowie Scores über Ihr Zahlungsverhalten enthalten.

Während Sie die Berechnung der Scores nicht direkt kontrollieren können (die Auskunfteien sind nicht zur Veröffentlichung ihrer Berechnungsmethoden verpflichtet), können und sollten Sie die dafür verwendeten Grundlagen (wie Anschrift und frühere Anschriften sowie Namen) sehr wohl kontrollieren. Denn hier werden laut Recherchen in über 50 Prozent aller Fälle teils gravierende Fehler gemacht, die sich dann negativ auf Ihren Score-Wert auswirken können. Fordern Sie daher unbedingt eine Eigenauskunft bei den wichtigsten fünf bis zehn Auskunfteien an. Melden Sie Fehler und verlangen Sie eine entsprechende Korrektur. Da dieser Prozess zuweilen sehr aufwendig werden kann und somit mehrere Monate Zeit erfordert, sollten Sie möglichst umgehend beginnen. „An wen wende ich mich?", fragen Sie sich vielleicht. Die größeren und bekannteren Auskunfteien sind: Schufa Holding, Bürgel Wirtschaftsinformationen GmbH & Co. KG, Euro-Pro Gesellschaft für Data Processing mbH, Universum Group, IHD Kreditschutzverein e. V. und Arvato Bertelsmann. Weitere Informationen, Empfehlungen und gelegentliche Updates zu den wichtigsten Auskunfteien finden Sie wieder auf www.erfolg-mit-wohnimmobilien.de.

Die persönliche „Vorqualifizierung" für Immobilienfinanzierungen

Das Thema persönliche Vorqualifizierung ist sehr wichtig. In den USA ist es selbstverständlich, dass man ein Bankdarlehen nicht ohne Weiteres erhält, sondern erst, wenn man eine gewisse Kredithistorie über einen Zeitraum von z. B. zwei Jahren aufgebaut hat. Erst wenn man mehrere kleinere Darlehen bzw. Kreditkarten hat und diese Schulden fristgerecht zurückgezahlt hat, qualifiziert man sich für größere Finanzierungen.

Übertragen auf unser System können Sie sich einfach merken:

> „Ich erhalte ein (vernünftiges) Bankrating erst, wenn ich meine Hausaufgaben gemacht habe und auch sonst eine weiße Weste habe. Sobald die Bank ein Bankrating über mich in ihrem System führt, habe ich gewonnen. Dann habe ich mich für eine Immobilienfinanzierung vorqualifiziert!"

Oder als Formel:

> „Bankrating = persönliche Selbstauskunft (Haushaltsrechnung + Vermögensaufstellung) + korrigierte Daten bei den wichtigsten Auskunfteien + tadellose Kontoführung + sonstige Datenquellen der Bank (die leider nur die Bank kennt)"

Ich betone dies nicht, um Ihnen auf den Geist zu gehen. Es ist wirklich essenziell, um an gute und günstige Finanzierungen zu kommen.

Jetzt stellt sich noch die Frage, wie Sie vorgehen, sprich, wie bringen Sie der Bank am galantesten bei, dass Sie kreditwürdig sind und eine weiße Weste haben? Nun, das geht nur im persönlichen Gespräch. Vereinbaren Sie, nachdem Sie sich vorbereitet haben, einen Termin mit dem Banker Ihrer Wahl. Sprechen Sie mit ihm über Ihr Vorhaben, eine Immobilie kaufen zu wollen. Eine Immobilie zu Anlagezwecken natürlich. Besprechen Sie dies nur grundsätzlich – ohne konkretes Projekt. Seien Sie offen, das kommt gut an.

Geben Sie ihm Ihre bereits vorbereitete – optisch wirkende und klar gegliederte – Selbstauskunft über Ihre Einkommenssituation und Vermögensverhältnisse an die Hand sowie – gegebenenfalls auch erst im Nachgang – alle dies belegenden Unterlagen wie die letzten drei Gehaltsbescheinigungen etc.

Wenn Sie schon eine konkrete Projektvorstellung haben (vielleicht gegen Ende dieses Buches?), umso besser. Suchen Sie sich ein Beispielexposé. Rechnen Sie die Immobilie durch. Geben Sie ihr eine fiktive Finanzierungsstruktur und einen Businessplan mit allem, was dazugehört. Bereiten Sie alles auf, als ob Sie tatsächlich eine Finanzierung anfragen. Nur schöner und bunter – ansehnlich eben. Eine Präsentation. Sie betreiben nämlich Personalmarketing beim Banker. Treten Sie professionell und „geschäftlich" auf.

Ich nutze derartige Techniken gerne und oft. Nur mit dem Unterschied, dass ich sie für echte Projekte nutze. Die beschriebene Methode ist – mangels Projekts – aber definitiv nicht schlechter. Vor fünf Jahren konnte ich mit dieser Methode wirklich große Türen öffnen. Man erkannte nicht nur, dass ich in der Lage war, gewisse Projekte zu realisieren. Nein – und das ist entscheidend: Der Banker erkannte, dass ich in der Lage war, mich in der Projektarbeit auf das Wesentliche zu fokussieren und die Immobilie als „Geschäftsbetrieb" zu sehen und wie ein Manager vorzugehen. Außerdem – und das ist auch nicht zu unterschätzen – war er davon angetan, mal nicht immer nur Formulare und Zahlen sehen zu müssen. Er hatte regelrecht Vergnügen an meinem Projekt und stellte konkrete Fragen. Er hatte sich die Unterlagen tatsächlich im Detail angesehen. Der Mensch mag nun einmal schöne Bilder, das ist einfach nicht zu ändern. Von daher nützen Sie unbedingt diese einmalige Gelegenheit, „Eindruck zu schinden".

Die richtige Immobilienstrategie finden

So nützen Sie das Kapitalmarkt- und Geldsystem für sich

Sie haben Ihre Ziele definiert? Wissen Sie, wo Sie im Jahr X stehen wollen? Prima. Wenn nicht, holen Sie dies bitte nach, denn erst dann wird der kommende Abschnitt richtig wertvoll.
Ich gehe zunächst davon aus, dass Sie nicht unbedingt ein sehr kurzfristiges Ziel definiert haben. Außer natürlich „Ich beginne noch dieses Jahr mit dem Investieren in Immobilien!" oder so ähnlich. Das wäre natürlich klasse. Was ich sagen möchte ist, dass Ihr Ziel, der Sinn und Zweck Ihrer geplanten Immobilieninvestition, schon einige Zeit in der Zukunft liegen soll, weil Sie zum einen einige Zeit zum Umsetzen des geplanten Vorhabens benötigen und zum anderen – und dies sehe ich als Hauptgrund – sind Immobilienanlagen und -investments erst langfristig richtig lukrativ. Später werde ich Ihnen ergänzend einige durchaus interessante Kurzfriststrategien aufzeigen.

Als ich im Jahr 1998 mein erstes eigenes Immobilieninvestment tätigte, hatte ich als langfristiges Ziel, eines Tages die Mieteinnahmen des erworbenen Hauses zur freien Verfügung zu haben, selbstverständlich abzüglich laufender Bewirtschaftungskosten wie Instandhaltung, Mietausfall und Verwaltung. Auch die Darlehensschuld sollte getilgt sein. Ich rechnete damals mit einem Zeitraum von 25 Jahren bis zur Volltilgung meines Darlehens und passte die Finanzierungsbedingungen entsprechend an. Solange wollte ich die Erträge aus dem Haus, die ich kontinuierlich steigerte, reinvestieren. In dieses Haus und in andere Projekte sollten die operativen Überschüsse (Miete minus Kosten) in den ersten 25 Jahren fließen.
Was war mein damaliges Gedankenmuster und welche Effekte wollte ich nützen? Nun, es waren mehrere, allesamt langfristige Effekte. Angesichts der Zinsentwicklung der 1990er-Jahre bis 1998 lässt sich umgehend der erste Grund erkennen: Die langfristigen Zinsen waren günstig wie nie! Unter 5,0 Prozent konnte man damals eine Zehnjahresfinanzierung bekommen, nach fast neun Prozent im Jahre 1995 – nur drei Jahre zuvor. Der nächste Punkt war noch langfristiger gedacht: Ich hatte mich einige Zeit mit dem Thema Inflation und Zinsen befasst. Legen Sie Ihr Geld in Geldwerten (wie z. B. Anleihen) an, so erhalten Sie nur geringe Zinsen und die Inflation (im langfristigen Mittel ca. 1,5 bis 2,5 Prozent pro Jahr; derzeit sogar nur rund 0,5 Prozent) frisst gleichzeitig einen Teil der Zinsen und natürlich den Wert des Geldes auf. So werden schon bei einer niedrigen Inflationsrate von 1,5 Prozent 100 Euro in zehn Jahren nur noch 86,17 Euro wert sein. Nicht, dass mir 13,83 Euro abgenommen werden. Nein, es sind noch immer 100 Euro, aber sie sind eben nicht mehr so viel wert wie zehn Jahre zuvor.
Dieser Effekt kann noch verstärkt werden, wenn Sie den offiziellen Inflationsangaben nicht recht glauben wollen. Denn für die Berechnung der offiziellen Inflationsrate wird der sogenannte Warenkorb, der sämtliche von privaten Haushalten in Deutschland gekauften Waren und Dienstleistungen repräsentieren soll, herangezogen. Und über die politisch festgelegte Zusammensetzung dieses Warenkorbes kann freilich gestritten werden. Insofern kann Ihre persönliche Infla-

tionsrate, je nachdem wie sich Ihr persönlicher Warenkorb zusammensetzt, auch deutlich davon abweichen.
Mein Gedanke war also, die niedrigen Zinsen und die Inflation für mich zu nützen und nicht gegen mich arbeiten zu lassen: wenn das Geld mit der Inflation immer weniger wert wird, leihe ich mir eben welches. Weil – das ist der Clou – dann ja die Schulden Jahr für Jahr um besagte 1,5 Prozent sinken, ohne auch nur einen Euro zurückzuzahlen! Das heißt, ich baue Nettovermögen auf, einfach indem ich mir Geld leihe. Denn Nettovermögen ist ja gleich Vermögen minus Schulden, wie wir oben gelernt haben. Da die Schulden durch die Inflation immer kleiner werden, wächst mein Nettovermögen. Von 185.000 Euro, die ich mir im Jahr 1998 für mein erstes Investment geliehen hatte, waren im Jahr 2014, dem Jahr des Verkaufs dieser Immobilie, ohne Tilgung – man sagt „real" – laut offizieller Inflationsrate faktisch gerade noch 147.000 Euro übrig geblieben. 38.000 Euro Schulden – einfach verschwunden!
Nun kommt noch die Immobilie ins Spiel, ein sogenannter Sachwert, das Gegenteil von Geldwert. Die Mieter zahlen mir eine Miete, Monat für Monat. Bewirtschaftungskosten gehen ab. Der Rest ist das Nettoobjektergebnis. Er sollte natürlich größer oder gleich des Kapitaldienstes (das ist die monatliche Darlehensrate aus Zinsen und Tilgung, die an die Bank gezahlt werden muss) sein. Dann erwirtschaftet meine Immobilie einen positiven Cashflow vor Steuern. Und dieser wird mit der Zeit immer größer, da die Mieten schon allein wegen der Preissteigerungen durch die Inflation steigen. Dadurch ergibt sich ein zweiter Effekt, der mit dem ersten – Darlehensverzehr durch Inflation – überlagert wird. Und das ist die Mietsteigerung durch Inflation. Ich nutze die Inflation also in zwei Richtungen, und zwar jedes Mal günstig für mich. Dazu kommt noch ein dritter Effekt. Da das Darlehen aus dem Objektüberschuss darüber hinaus noch Jahr für Jahr zu einem gewissen Prozentsatz getilgt wird, reduziert sich die Schuld auch aus diesem Grund. Der vierte Effekt: Ich manage die Immobilie intensiv und erhöhe die Lebensqualität der Mieter. Das ist den Mietern auch eine höhere Miete wert. Und der fünfte Effekt: ... nein. Jetzt nicht mehr.

Das wird zu viel. Später jedoch mehr zu den Verdienstmöglichkeiten mit Immobilien. Aber Sie sehen jetzt schon, wie Sie das Geld- und Kapitalmarktsystem für Ihre Zwecke nützen! Das ist das Gedankenmuster, das hinter jeder Immobilieninvestition steht. Langfristig gesehen vor allem. Daher sind langfristige Investments so sinnvoll.
Damit Sie so richtig Appetit auf Ihr erstes (oder nächstes) langfristiges Immobilieninvestment bekommen, werfen Sie einen Blick auf die unten stehende Grafik. Erkennen Sie den Effekt? Dargestellt ist die Entwicklung des Immobilienwertes, wie er sich mit der Zeit (durch die Inflation und weitere Effekte) von links nach rechts nach oben entwickelt. Dies ist die obere Linie. Die zweite Linie, die sich leicht nach unten entwickelt, ist der Stand des Darlehens. Dieses wird Jahr für Jahr leicht, etwa um zwei Prozent zuzüglich ersparter Zinsen, getilgt. Interessant ist nun die hellgraue Fläche zwischen der nach oben zeigenden Linie (Immobilienwert) und der nach unten zeigenden Linie (Darlehensvaluta). Anders ausgedrückt stellt die hellgraue Fläche die Differenz aus dem jeweiligen Immobilienwert abzüglich des jeweiligen Darlehensstandes dar. Genau dies ist das Nettovermögen, das damit Jahr für Jahr aufgrund beider Effekte ein wenig steigt. Damit öffnet sich also eine „Vermögensschere" zu Ihren Gunsten. Der negative Wert schrumpft, während der positive Wert steigt. Ist das nicht eine ideale Situation für den Immobilieneigentümer?

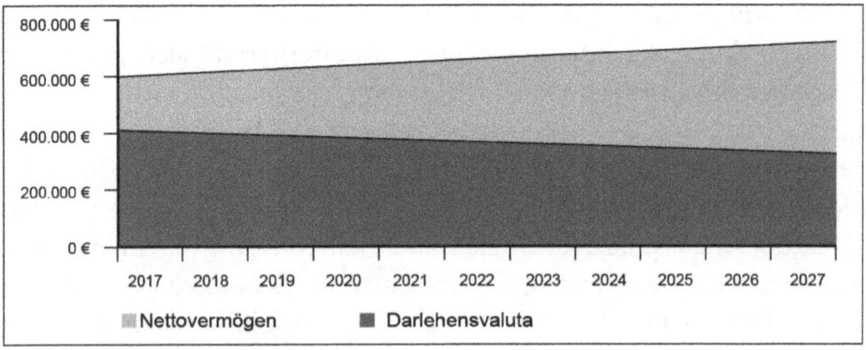

Die Nettovermögensschere

Die übergeordneten Strategien

Wie lassen sich die zahllosen Immobilienstrategien sinnvoll ordnen? Und nach welchen Kriterien? Kriterien können Immobilienart bzw. -nutzung sein oder die Investmentgröße, was auch immer. Alles nicht falsch. Am praktischsten hat sich dafür die Orientierung an den verschiedenen „Phasen des Immobilienlebenszyklus“ erwiesen, wie es auch an Universitäten gelehrt wird.

Der Lebenszyklus einer Immobilie beginnt entweder mit der Beräumung eines brach liegenden Grundstückes oder dem Abriss einer Altbebauung. Damit gehen selbstverständlich eine Projektidee, eine Initiierung sowie erste Konzeptionen für eine neue Immobilie einher. Im Folgenden wird die neue Immobilie „entwickelt“, was nichts anderes bedeutet als Planen und Bauen, bis sie „betriebsbereit“ ist. Dieser Zeitraum kann zuweilen sehr lange dauern und ist spezialisierten Unternehmen vorbehalten, aber erfahrene Privatinvestoren können sich (im kleineren Bereich) zuweilen ebenfalls sehr gut in diesem Bereich betätigen. Ist die Immobilie betriebsbereit, also fertiggestellt und „abgenommen“, kann sie der regulären – langfristigen – Nutzung zugeführt werden. Dies ist in der Regel (und sinnvollerweise) die längste Phase des Lebenszyklus einer Immobilie. Während der Nutzungsphase kann es durchaus zu Anpassungen oder Umnutzungen kommen. Am Ende des Lebenszyklus steht dann der erneute Abriss, und alles beginnt von vorne. Der Immobilienlebenszyklus lässt sich darum auch besonders gut in Form eines Kreises darstellen.

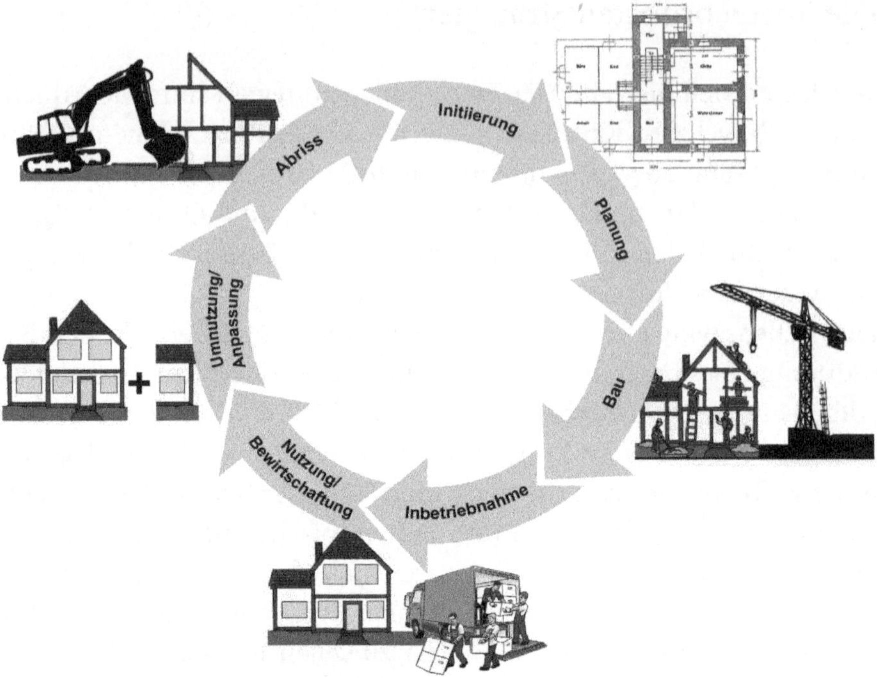

Der Immobilienlebenszyklus

Ein weiteres Phänomen der Immobilienwirtschaft möchte ich Ihnen nicht vorenthalten: die Wertschöpfung, die mit Immobilien in Abhängigkeit des Lebenszyklus generiert werden kann. Hiernach verhält es sich so, dass der zusätzliche Wert, der mit Immobilien geschaffen werden kann, abhängig vom Lebenszyklus ist. Wie sich aus folgender Grafik gut erkennen lässt, wird gerade in der Anfangszeit, also in der Projektentwicklungsphase, die größte Wertsteigerung generiert (gestrichelte Linie). Selbstverständlich steht dieser möglichen Wertsteigerung auch das größte Risiko gegenüber. Denn einsichtig ist sofort, dass das „Liegenlassen" einer Immobilie wesentlich weniger risikobehaftet ist als die Neuentwicklung. Aus Sicht des Privatinvestors sind die zusätzlichen, hier nicht dargestellten Aufwertungsmöglichkeiten im Bestand meist sehr interessant. Denn diese können oft – „bei laufendem Betrieb" oder auch einmal „am offenen Herzen" – risikoreduziert und dennoch teilweise stark werterhöhend umgesetzt werden.

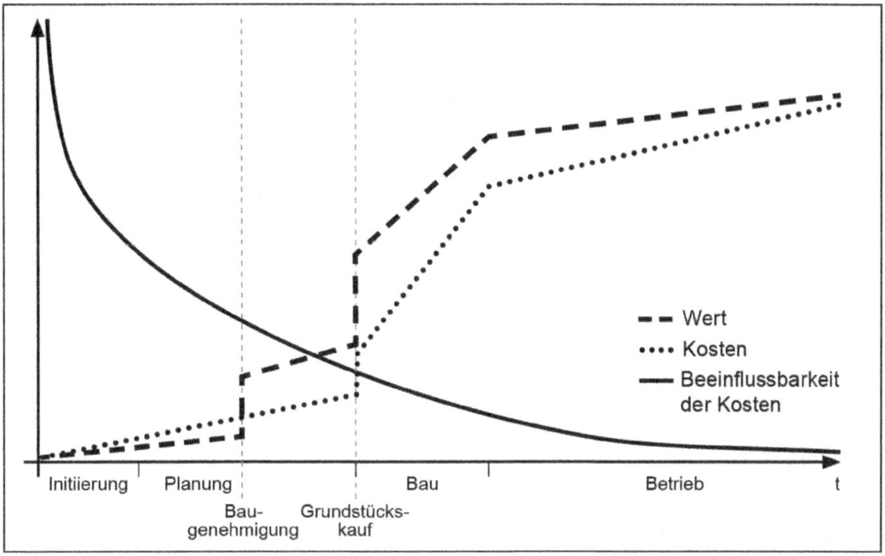

Die Wertschöpfung mit Immobilien in Abhängigkeit des Lebenszyklus

Entwickeln

Fangen wir bei der „Geburt" einer Immobilie an. Sie heißt in der Immobilienwirtschaft unspektakulär Projektentwicklung. Sie bildet die erste grundlegende Gruppe von Strategien. Die Hauptplayer in der Immobilienwirtschaft, die diese Strategie verfolgen, sind Projektentwickler und Bauträger.

Unter „Entwicklung" sind also die Managementtechniken für das „Erschaffen" von Immobilien zu verstehen. Der früheste Punkt der Wertschöpfungskette ist die sogenannte Rohbaulandentwicklung. Praktisch und beispielhaft ausgedrückt bedeutet dies Folgendes:

Damit gebaut werden kann, egal ob Wohn-, Gewerbe- und Freizeitflächen, muss das Land zuerst rechtlich aufbereitet werden. Das heißt, im ersten Schritt müssen die Voraussetzungen für die Baurechterlangung geschaffen werden. Dies kann z. B. die sogenannte Entwidmung von Bahn- und Bundesflächen sein. Auch müssen gegebenenfalls Eigentumsverhältnisse geklärt werden. Erst danach kann z. B. ein Bebauungsplanverfahren eingeleitet werden. Dieses führt dann – ohne hier auf die weiteren rechtlichen Details einzugehen – meist nach mehreren Jahren zu dem sogenannten Planungsrecht nach dem Baugesetzbuch. Danach kann ein konkreter Bauantrag gestellt werden, der, soweit alles genehmigungsfähig ist, nach einiger Zeit genehmigt wird. Das ist dann die sogenannte bauordnungsrechtliche und damit konkrete Baugenehmigung. Für unsere Zwecke als Privatinvestoren sind solche Entwidmungs- und Rohbaulandentwicklungen eher uninteressant, weil sie sehr lange dauern, meist sehr groß und vor allem teuer sind. Außerdem ist die rechtliche Komplexität nicht zu unterschätzen. Ich wollte aber, dass Sie wissen, dass es so etwas gibt.

Als Privatinvestoren setzen wir nicht so früh an. Außerdem sollten die ausgewählten Grundstücke möglichst innerstädtisch liegen. Das heißt, uns interessieren Grundstücke in Städten und Gemeinden mit Baureserven und mit bereits vorhandenem Planungsrecht. Hierzu wieder ein Beispiel: Im Jahr 2009 habe ich ein 3-Familienhaus in Frankfurt am Main erworben. Besonders interessant an dieser Liegenschaft waren die innerstädtische Lage und das große Grundstück. Nun hatte sich damals ereignet, dass der Voreigentümer das Grundstück bereits geteilt hatte und das sogenannte Hinterliegergrundstück, das faktisch nur eine Wiese war, separat an einen „Häuslebauer“, also an einen potenziellen Eigennutzer, verkaufte. Dieser hatte, als ich mich für das Haus zu interessieren begann, bereits eine konkrete Planung für ein 2-Familienhaus erstellen lassen, inklusive Durchfahrtsrecht über das mich interessierende Vorderhausgrundstück. So weit, so gut. Das Grundstück, auf dem sich mein begehrtes Haus befand, hatte nämlich trotz Teilung immer noch eine stolze Größe von fast 600 Quadratmetern. Währenddessen kam mir die zündende Idee: Warum nicht so frech sein und den Platz auf „meinem" Grundstück nützen und noch ein Hinterhaus zwischen dem bereits geplanten Haus und dem ganz vorne an der Straße liegenden Altbau meiner Begierde vorsehen? Noch während ich über den Ankauf verhandelte, ging ich auf das Bauamt der Stadt und erkundigte mich nach dem vorhandenen Planungsrecht und einem eventuellen Bebauungsplan. Dabei stellte sich heraus, dass es in der Tat einen sehr alten Bebauungsplan aus den 1960er-Jahren mit entsprechendem Gestaltungsspielraum gab. Zusammen mit einer Architektin führte ich ein erstes Gespräch mit dem zuständigen Sachbearbeiter des Bauamtes. Das Ergebnis: Ja, ein zusätzliches Hinterhaus ist durchaus möglich. Na, wenn das kein Wissensvorsprung gegenüber dem Verkäufer und den anderen Kaufinteressenten, die es natürlich gab, war! Ein Grundstück mit einer Baureserve, von der keiner weiß. Es war also klar, ich erwarb das Haus, obwohl das Baurecht noch keineswegs sicher war. Ich hatte ja noch keine Baugenehmigung (welche dann das sogenannte Baurecht wäre). Dafür war einfach keine Zeit. „Aber warum kauft er dann ein solches Haus? Und was ist, wenn er die Baugenehmigung nicht erhält?", denken Sie vielleicht. Ein riesengroßes Risiko? Nein, denn ich hatte ja nur ein 3-Familienhaus mit großem Garten gekauft und bezahlt – auf der Basis des Ist-Zustandes. Das ist der Kern: Es kann nichts schief gehen, wenn sich das Haus schon „so" rechnet.

Zusammenfassen lässt sich diese grundlegende Hauptstrategie daher folgendermaßen: Als aktiv agierende Privatinvestoren interessieren wir uns immer für Potenziale, vor allem, wenn sie innerstädtisch und damit wertvoll sind. Bauen müssen wir übrigens nicht selbst. Denn die eigentliche Wertgenerierung ist die Baurechtschaffung, also die Baugenehmigung, nicht das Bauen an sich. (Bitte blättern Sie noch einmal zurück zur letzten Grafik. Dort sehen Sie es. Die gestrichelte Kurve steigt ganz besonders steil zum Zeitpunkt der

Baugenehmigung an. Hier wird also das Geld verdient.) Solche Potenziale gilt es also zu finden. Idealerweise werden solche Gelegenheiten nicht (direkt) bezahlt und Sie finden sie zusammen mit einer Cashflow-Immobilie (z. B. ein klassisches Mehrfamilienhaus). Damit sichern Sie sich ab und kommen recht einfach an Ihre Finanzierung. Da dies jedoch eine der anspruchsvollsten Strategien ist, sollten Sie sich hier erst ans Werk machen, wenn Sie sich weiter in das Thema private Immobilieninvestments eingearbeitet und erste Erfahrungen gesammelt haben.

Optimieren

Nicht weniger interessant - oft sogar interessanter - als das Entwickeln ist das Optimieren im Bestand. Mit Optimieren ist das stetige Hinterfragen und Verbessern des derzeitigen Immobilienzustandes gemeint, also einen ständigen Soll-Ist-Abgleich zu betreiben. Diese Strategie wird während des gesamten Lebenszyklus einer Immobilie verfolgt, von der Entwicklung bis zum Abriss (und der erneuten Entwicklung). Für den Privatinvestor ist meist der Zeitraum vom Ankauf - also der Prüfung auf Optimierungsmöglichkeiten - bis hin zum Verkauf - z. B. „hübsch machen der Braut" für den Verkauf - von großem Interesse. Aber auch die Zwischenphase, die sogenannte Haltephase, ist ein wesentlicher Part dieser Hauptstrategie.

Auch hierzu wieder ein Beispiel, das 3-Familienhaus des vorherigen Abschnitts: Die Wohnung im Erdgeschoss war während des Ankaufsprozesses noch vermietet. Sie ist gut aufgeteilt und ausgestattet, mit Laminat, gepflegter Raufasertapete und einem weißen Bad. Gut für eine „gute mittlere" Wohnlage. „Was lässt sich an einer solchen Wohnung dann noch optimieren?", fragen Sie sich vielleicht. Nun, zieht der Mieter aus, kann sie nach dem Streichen gleich wieder vermietet werden. Da der derzeitige Mieter im Vergleich zu ähnlichen Wohnungen in der Gegend eine vergleichsweise niedrige Miete zahlt, können Sie natürlich eine höhere marktgerechte Miete verlangen. Oder falls der Mieter wohnen bleibt, empfiehlt es sich, anhand des Mietspiegels zu prüfen, ob eine Mietpreisanpassung möglich ist. Tatsächlich trat hier der erste Fall ein – der Mieter kündigte noch während des Ankaufsprozesses. Nun zur zweiten Wohnung im ersten Obergeschoss: Sie war wesentlich aufregender und stand schon längere Zeit leer. Die Ausstattungsdetails waren ein stark abgewohnter Teppich, ein sogenanntes Frankfurter Bad (zugänglich von der Küche aus) mit 1960er-Jahre-Fliesen, einem unpraktischen Grundriss und einer die prachtvollen Stuckaturen verdeckenden abgehängten Gipskartondecke auf 2,50 Meter Höhe. Zu jener Zeit waren aber gerade lichtdurchflutete 3,20 Meter hohe Altbauräume – mit Stuckelementen und Flügeltüren – äußerst gefragt. Also Großbaustelle in dieser Wohnung und anschließend Vermarktung als „wunderschöne Altbauwohnung: Erstbezug nach Sanierung", die sich dann natürlich äußerst gut rechnete. Die dritte Wohnung war unspektakulär. Mittlere Ausstattung mit mittlerer Miete. Also erst einmal nichts zu tun. Nachdem dieses Haus voll vermietet war und die sonstigen Allgemeinbereiche des Hauses soweit in Ordnung waren, ging es an die Außenanlagen, besonders an die Optik und das Erscheinungsbild. Alles kleinere Maßnahmen, die aber wichtig für die Vermietung und Mieterzufriedenheit waren. Es ist ein niemals endender Prozess, vor allem, weil sich die Märkte und die Mieternachfrage ständig ändern. Ziehen z. B. einmal die Mieter der Dachgeschosswohnung aus, lässt sich überlegen, einen Dachausschnitt (als Dachterrasse) einzubauen, weil eine Dachreparatur sowieso in den nächsten Jahren fällig ist. Auch dies wird den Ertrag des Hauses steigern, also eine weitere Optimierung.

Optimierungsstrategien im Bestand sind – wenn professionell und steuerorientiert aufgesetzt – hervorragend für den fortgeschrittenen Privatinvestor geeignet. Einfachere Maßnahmen können sogar problemlos von Anfängern umgesetzt werden. Denn solche Immobilien lassen sich wegen des bereits vorhandenen Cashflows recht problemlos finanzieren. Weiterhin sind solche Optimierungsmaßnahmen – abgesehen von Totalsanierungsfällen, von denen dringend abzuraten ist – meist überschaubar, gut budgetierbar und zeitlich oft auch flexibel umsetzbar. Mit solchen Strategien lassen sich „dahinsiechende Rohdiamanten" bei meist geringem Risiko wunderbar wieder zum Leben erwecken und unglaubliche Potenziale heben.

Liegenschaften

Liegenschaften? Das ist doch ein Gegenstand und keine Strategie? Regungslos, ruhig und langweilig – meinen Sie? Ja, genau. Ruhiger geht kaum. Denn gemeint sind hier passive Haltestrategien. Sprich, Sie kaufen eine Immobilie, lassen sie liegen und kassieren nur noch Miete – leider ist es nicht ganz so, aber fast.

Ein wenig Arbeit ist trotzdem notwendig, z. B. die stetige Beobachtung des Marktes, um bei gegebener Zeit eine Optimierungsstrategie umzusetzen. Oder eine Mietanpassung und vielleicht auch die Anpassung des Wohnwertes an die sich weiter entwickelnde Umgebung der Liegenschaft.

Das Schöne an dieser Strategie ist, dass die Zeit Ihr Freund ist, jedenfalls an gut ausgesuchten Standorten. Denn an solchen Standorten besteht eine nachhaltig gute Mieternachfrage, die mit der Zeit vielleicht sogar noch besser wird. Solche Standorte heißen auch ganz einfach Wachstumsregion und sind meist verkehrstechnisch günstig gelegene Gegenden in Ballungszentren mit gutem Wohnwert. Also, warum ist die Zeit Ihr Freund? Ganz einfach, weil sie für Sie arbeitet. Wir haben z. B. die bereits erwähnten Inflationseffekte oder das Darlehen, das Monat für Monat durch die Mieter ein Stück zurückgezahlt wird. Oder eine positive Marktentwicklung, die eine höhere Marktmiete bringt. Oder eine Aufwertung des Umfeldes, weil die Gegend zunehmend beliebter wird. In Frankfurt am Main waren solche Gegenden das Ostend oder das Gutleutviertel. Vor der Standortentscheidung der Europäischen Zentralbank oder der Entwicklung des Europaviertels waren beide wirklich unansehnliche Ecken.

Diese Hauptstrategie ist für alle Investoren und Anleger gleichermaßen geeignet, egal ob für Anfänger, Fortgeschrittene oder Vollprofis.

Beliebt ist diese Strategie vor allem, weil sie den geringsten Aufwand mit sich bringt. Natürlich vorausgesetzt, Sie nutzen für das operative Tagesgeschäft die Dienste einer verlässlichen Hausverwaltung.

Die Strategien im Detail

Hier wollen wir ans Eingemachte gehen. Ziel der Überlegungen ist, dass Sie die verschiedensten Strategien kennenlernen und einordnen können, um dann Ihre persönliche Vorgehensweise, die Ihnen am besten liegt, ausfindig zu machen. Doch bevor wir uns den einzelnen Strategien widmen, möchte ich Ihnen eine Entscheidungshilfe an die Hand geben.

Eigentumswohnung oder Mehrfamilienhaus als Erstinvestment
Schauen wir uns einmal genauer an, worin sich die Eigentumswohnung von einem Mehrfamilienhaus als Investment grundsätzlich unterscheidet bzw. wo die Vor- und Nachteile im Einzelnen liegen.
Bei Eigentumswohnungen handelt es sich in der Regel um überschaubare Investments mit eher „kleinen" Zahlen, außer Sie überlegen den Erwerb einer Penthouse-Wohnung in München-Schwabing. Der Eigenkapitaleinsatz ist in der Regel überschaubar, der Verwaltungsaufwand nach Erwerb eher gering. So erstellt die WEG-Verwaltung die lästige Nebenkostenabrechnung, ihr obliegt zudem die Betreuung aller Dienstleistungen rund um die Immobilie wie z. B. der Abschluss der Gebäudeversicherung und alle Wartungs- und Serviceverträge. Auch die Überwachung der gesetzlichen Auflagen wie die wiederkehrenden Legionellenprüfungen werden von der WEG-Verwaltung übernommen.
Ein Traum, denken Sie sich jetzt. Aber jede Medaille hat auch ihre Kehrseite. Mit dem Erwerb einer Eigentumswohnung erwerben Sie auch einen Anteil an einer Gemeinschaft. Das heißt, je größer die WEG-Gemeinschaft ist, umso geringer wird Ihr Einfluss auf Ent-

scheidungen der Gemeinschaft, z. B. auf bauliche Änderungen oder Sanierungen von Allgemeinflächen. Notwendige Optimierungen am Gebäude werden, wenn überhaupt, sehr langsam oder nicht in dem gebotenen Umfang umgesetzt. Und sollte sich die Gemeinschaft dann doch tatsächlich durchgerungen haben und eine bauliche Maßnahme umsetzen, dann vielleicht zu einem für Sie ungünstigen Zeitpunkt, der Ihre steuerliche und cashflowoptimierte Strategie durchkreuzt.

Die einzige bauliche Optimierungsmöglichkeit ist somit allein auf Ihre Wohnung beschränkt. Und genau da kommen wir zum nächsten Punkt: Sie erwerben eine Wohnung mit einem einzigen Mieter. Wenn dieser seine Mietzahlungen, aus welchen Gründen auch immer, einstellt, entfallen schlagartige Ihre kompletten Einnahmen, und sämtliche Kosten müssen Sie allein tragen.

Nicht unerwähnt bleiben sollte, dass der Aufwand bei der Ankaufsprüfung einer Eigentumswohnung aufgrund der zusätzlichen Unterlagen wie WEG-Protokolle, Teilungserklärung etc. meist deutlich höher ist.

Oh Gott, warum dann eine Eigentumswohnung und nicht doch ein Mehrfamilienhaus kaufen? Bei letzterem sind Sie Herr im Haus. Sie können bestimmen, wann und welche bauliche Maßnahme zur Optimierung durchgeführt werden soll. Wenn ein Mieter nicht mehr zahlt, dann sind noch die anderen Mieteingänge da, die den Ausfall wenigstens teilweise kompensieren.

Ja, das hört sich viel besser an. Aber Moment: Wer erstellt nun die Nebenkostenabrechnung, wer überwacht die Dienstleister und wer schließt die notwendigen Verträge ab? Und dann noch die gesetzlichen Auflagen. An was Sie als Vermieter alles denken müssen! Doch glücklicherweise gibt es hier Abhilfe in Form von Hausverwaltungen.

Auf dann zum Mehrfamilienhaus. Doch Obacht! Hier sind die Zahlen etwas „größer“ – sei es das Investmentvolumen, die Fläche, die Strategie oder der Handlungsbedarf. Beim Erwerb eines Mehrfamilienhauses müssen Sie sich über die anfallenden Instandhaltungs-

oder Sanierungsmaßnahmen des Gebäudes für die nächsten fünf bis zehn Jahre bewusst sein. Dabei ist nicht der tropfende Wasserhahn in der Wohnung gemeint, sondern: Wann hat welches Bauteil (Heizung, Dach, Fenster etc.) sein Lebensalter überschritten? Wann ist mit größeren Instandhaltungsmaßnahmen zu rechnen? Zudem sollten bereits während der Ankaufsprüfung Überlegungen vorgenommen werden, mit welchen Maßnahmen Sie das Gebäude und somit die Miete optimieren. Das heißt, Sie müssen sich bereits beim Besichtigen des Gebäudes über Ihre Strategie und den Umfang des Investments im Klaren sein.

Wie lautet nun das Resümee, fragen Sie sich jetzt? Es gibt Profi-Investoren, die nur in Eigentumswohnungen investieren und damit sehr erfolgreich sind. Andere ziehen es vor, Mehrfamilienhäuser mit Instandhaltungsstau zu erwerben, um sie zu optimieren, und sind hier sehr erfolgreich unterwegs. Es zählt nur eins: Machen Sie vorher unbedingt Ihre Hausaufgaben!

Einfaches „Halten im Bestand"

Dies haben wir oben im Kapitel „Hauptstrategien" gerade eben „Liegenschaften" genannt. Da diese Strategie so grundsätzlich ist, gehen wir hier noch ein wenig mehr, auch aus steuerlicher Sicht, ins Detail, um Potenziale und Mechanismen herauszuarbeiten.

Diese Strategie wird nämlich nicht nur vom Geldsystem sowie vom Kapital- und Immobilienmarkt begünstigt. Auch das Finanzamt ist ein großer Verfechter dieser Strategie. Es belohnt Sie sogar, wenn Sie die Immobilie mindestens zehn Jahre Ihr Eigen nennen. Denn nach zehn Jahren „im Privatvermögen" dürfen Sie Immobilien steuerfrei verkaufen. Das heißt, der Verkaufsgewinn ist komplett steuerfrei! Im Umkehrschluss bedeutet dies, dass es überhaupt keinen Sinn macht, eine privat gehaltene Immobilie z. B. nach neun Jahren Haltedauer zu verkaufen.

Ein Beispiel: Sie kaufen heute einen schicken Altbau, Baujahr 1910. Der Kaufpreis beträgt inklusive Kaufnebenkosten 400.000 Euro.

Davon entfallen 100.000 Euro rechnerisch auf das Grundstück (zur Berechnung bzw. Schätzung dieses Wertes später mehr). Also entfallen 300.000 Euro auf das Gebäude, das nach den hiesigen Steuergesetzen mit 2,5 Prozent pro Jahr abgeschrieben werden darf. Wäre es nach 1924 gebaut worden, dürften nur 2,0 Prozent pro Jahr abgeschrieben werden. 2,5 Prozent von 300.000 Euro sind 7.500 Euro jährliche Abschreibung. Verkaufen Sie Ihre Immobilie nun nach neun Jahren zu einem Verkaufspreis von 500.000 Euro, sähe die Steuerrechnung wie folgt aus:

Kaufpreis inklusive Kaufnebenkosten: 400.000 Euro
Gebäudewertanteil steuerlich: 300.000 Euro
./. Abschreibung neun Jahre x 7.500 Euro = 67.500 Euro
= Buchwert: 332.500 Euro

Verkaufserlös: 500.000 Euro
./. Buchwert 332.500 Euro
= Verkaufsgewinn: 167.500 Euro

Sie ahnen es sicher schon: Diesen Gewinn müssten Sie mit Ihrem persönlichen Steuersatz, also 44,31 Prozent (inklusive Solidaritätszuschlag, ohne Kirchensteuer, wegen des hohen Gewinns nämlich der Höchststeuersatz – sofern Sie keine weiteren Verluste geltend machen), versteuern. 74.219 Euro hätten Sie an das Finanzamt abzuführen!

Was passiert, wenn Sie die Immobilie ein Jahr später verkaufen? Sie zahlen genau null Euro Steuern auf den Verkaufserlös. Der ist dann nämlich komplett steuerfrei! Genau dies sollten Sie immer im Auge haben. Der Dreh- und Angelpunkt Ihrer langfristigen Haltestrategie im Privatvermögen sollte also eine mindestens zehnjährige Haltedauer sein.

Wichtige Voraussetzungen für den steuerfreien Verkaufserlös sind nach heutiger Rechtslage:

a) Sie halten die Immobilie im Privatvermögen, also vermögensverwaltend; die Immobilie unterliegt damit der Einkommensteuerart „Vermietung und Verpachtung“
b) Sie halten die Immobilie mindestens zehn Jahre und
c) Sie sind nicht gewerblich als Grundstückshändler tätig bzw. haben Ihr Gewerbe klar von der Vermögensverwaltung getrennt.

Zusammengefasst lässt sich sagen, dass diese Strategie nicht nur durch die Zeit, sondern auch durch das Finanzamt begünstigt wird. Warum sollten Sie diese Umstände daher nicht strategisch für Ihre Zwecke nützen und geradezu darauf ausrichten? Suchen Sie also Immobilien, die für eine Haltedauer von mindestens zehn Jahren geeignet sind.

Hier noch einmal kurz und bündig die wesentlichen Eckpfeiler bzw. Mechanismen, die die langfristige Haltestrategie so außerordentlich attraktiv machen:

1. *Inflationseffekte*: Durch die Inflation wird der reale Wert eines Darlehens Jahr für Jahr kleiner, auch wenn es nicht getilgt wird. Weiterhin steigt der Wert eines Hauses, da die Mieten (an guten Standorten) langfristig steigen werden.
2. *Darlehenstilgung*: Da wir uns ausschließlich Immobilien suchen, die spätestens nach der Anlaufphase einen positiven Cashflow generieren, zahlen uns die Mieter das Darlehen Monat für Monat ab. Anzuraten ist meist eine Tilgung im eher höheren Bereich von zwei bis vier Prozent.
3. *Standortaufwertungen*: Wenn es Ihnen gelingt, an Standorten zu investieren, die sich mit der Zeit positiv weiterentwickeln, steigt die erzielbare Marktmiete. Das heißt, die Mietpreissteigerung ist dann sogar größer als die Inflationsrate und Sie werden sich außerordentlich freuen, wenn mal wieder eine Wohnung zur Neuvermietung ansteht.

4. *Steuerfreier Verkaufserlös nach zehn Jahren*: Das ist das große Bonbon des Finanzamtes für den erfolgreichen Verkauf Ihrer Immobilie.

Durch die ersten drei Punkte öffnet sich also, wie bereits einleitend gezeigt, eine Wertschere zu Gunsten des Privatinvestors. Denn während der Immobilienwert Jahr für Jahr steigt, sinkt die Darlehensschuld ebenso kontinuierlich. Das Nettovermögen (Immobilienwert minus Darlehensschuld) steigt durch die Überlagerung beider Effekte (jeweils zu unseren Gunsten) Jahr für Jahr überproportional. Allein auf diese Weise kann sich in zehn Jahren „passiv" (!) – wir werden es später noch in einem Kalkulationsbeispiel sehen – ein zusätzliches Nettovermögen von 250.000 Euro aus einem Gesamtinvestment von 600.000 Euro entwickeln, und das unter konservativen Kalkulationsannahmen!

Renovierungen und Anschlussvermietungen

Nun wollen wir nach der passiven Haltestrategie endlich aktiv ans Werk gehen. Beginnen wir mit den überschaubaren einfacheren Maßnahmen, die aber durchaus große Effekte nach sich ziehen können:

Hier handelt es sich um ganz praktische Dinge wie das Herrichten von Wohnungen nach einem Mieterwechsel, etwa den Austausch von abgewohnten Boden- und Wandbelägen. Hier sollten Sie aber keinesfalls gedankenlos einfach den vorhandenen Belag durch einen gleichwertigen ersetzen, sondern lage- und nutzerorientiert vorgehen. Was bringt ein hochwertiger Luxus-Dielenboden in einer einfachen Lage? „Viel", denken Sie vielleicht, denn dann könnte ich die Wohnung doch besser vermieten. Ja, das stimmt. Aber ein einfaches, optisch ansprechendes Laminat tut es da vielleicht auch – und das zu einem Viertel der Kosten. Soll heißen: Denken Sie über Ihre Zielgruppe nach, also die Menschen, die in der Gegend wohnen, denn nur sie zählen. Nicht Ihr Geschmack, auch nicht der Geschmack Ihrer Freunde und Bekannten. Nein, der Geschmack Ihrer Ziel-

gruppe ist entscheidend. Das bedeutet natürlich, dass Sie Ihre Zielgruppe intensiv kennenlernen müssen. Dazu später noch mehr.
Sie fragen sich sicher, „wie viel“ Renovierung vor einer Vermietung sinnvoll ist. Das ist ganz einfach. *So viel wie nötig und so wenig wie möglich.* Das bedeutet, Sie sollten die Qualität bieten, die Ihnen langfristig den besten Ertrag bietet, also die bestmögliche (nicht zwingend höchste) Miete und einen angemessenen (in dieser Gegend üblichen) Vermarktungszeitraum zur Vermietung. Sicher lassen sich frisch gestrichene Wohnungen mit hellem, freundlichem und gepflegtem Erscheinungsbild – gerade in schwierigen Mietmärkten – am besten vermieten.
Noch ein Wort zur Badgestaltung. Ist es noch in klassischem 1960er-Jahre-Chic gehalten? Oder gar ein „Frankfurter Bad“? Das Bad ist nämlich Mieters Liebling. Es ist entscheidend für Ihren Vermietungserfolg – in fast jedem Mietmarkt. Von daher lohnt sich ein genauer Blick immer. Oft lassen sich 1960er-Jahre-Bäder leicht modernisieren. Für die Gestaltung wählen Sie idealerweise moderne, aber unbedingt neutrale Farben und Fliesenformate. Neutral deswegen, damit möglichst viele Mieter damit „klar kommen“. Auch die Badausstattung sollte zur Lagequalität passen. Ein Luxusbad in einer mäßigen Lage ist wenig sinnvoll. Daher mein Tipp: Schauen Sie sich regelmäßig Badausstellungen an und gehen Sie auch auf Messen.
Lassen Sie uns abschließend einen Blick auf die Küche werfen. Auch hier kann oft mit kleinen Maßnahmen ein großer Effekt erzielt werden. Der Boden sollte immer mieterfreundlich mit Fliesen belegt sein. „Wasserfestes“ Laminat oder ähnlicher Quatsch bringt Ihnen gar nichts, wenn Ihrem Mieter wieder ein Topf mit heißem Wasser abhandenkommt. Gerade in Mietwohnungen soll so etwas durchaus passieren. In der Küche bitte Fliesen, nichts als Fliesen. Und auf den Fliesen? Eine Einbauküche? Warum nicht, auch wenn dies oft als schwierig gilt. Gerade wegen der möglichen Abnutzung der Küche und den daraus resultierenden Reparaturen. Aber wie oft müssen Sie etwas an Ihrer Küche reparieren? Doch höchstens alle paar Jahre.

Genau aus diesem Grund bin ich ein großer Freund von vermieteten Einbauküchen, insbesondere in kleineren Wohnungen, da dort die Mieter eher seltener bereit sind, selbst zu investieren. Das hat mit der durchschnittlichen Mietdauer zu tun, die erfahrungsgemäß in kleinen Wohnungen eher kurz ist. Also, loten Sie aus, was Ihnen eine Einbauküche mehr an Miete bringen kann. Dann rechnen Sie: Kaufpreis der Küche für eine kleine 2-Zimmer-Wohnung: 1.500 Euro, eher einfacher Standard, Mehrmiete 35 Euro je Monat. Nun rechnen Sie 1.500 Euro / (35 Euro x 12 Monate) und erhalten damit den Amortisationszeitraum, hier etwas mehr als dreieinhalb Jahre. Wenn das kein klasse Investment ist! Ergänzt sei hier, dass sich das Geld natürlich auch verzinsen muss und mal die eine oder andere Reparatur bezahlt werden muss. Dann rechnen Sie vorsichtshalber eine Jahresmiete als „Puffer" – noch immer ein gutes Investment, oder?

Mietanpassungen im Bestand

Jetzt wird es juristisch. Als strategisch orientierte Investoren interessieren uns das BGB, Paragraphen rund um das Mietrecht, diverse Mietrechtsreformen der letzten Jahre und juristische Kommentare sowie Rechtsprechung an dieser Stelle weniger. Uns interessieren die Gestaltungsmöglichkeiten und Wege vom Grundsatz her. Das heißt, wir müssen die Methoden kennen. Aber das Formulieren von juristisch gesetzeskonformen Mieterhöhungsschreiben ist definitiv nicht die Aufgabe eines gut organisierten Immobilienanlegers oder -investors. Dafür gibt es Hausverwaltungen (die auf Musterschreiben zurückgreifen) und natürlich auf das Mietrecht spezialisierte Rechtsanwälte.

Aber die Möglichkeiten sollten Sie kennen, denn sie sind die Rahmenbedingungen für ein erfolgreiches Immobilienmanagement.

Anpassung der Miete an die ortsübliche Vergleichsmiete

Die Anpassung der Miete an die ortübliche Vergleichsmiete ist die am weitesten verbreitete Möglichkeit, eine bestehende Vertragsmiete an die aktuellen Marktgegebenheiten anzupassen. Das heißt aber nicht, dass Sie mit solch einem Anpassungsbegehren von heute auf morgen die „Marktmiete" erhalten. Nein, Sie können die Miete nur in engen gesetzlichen Grenzen „Richtung" Marktmiete anpassen. Das sollte Ihnen bewusst sein.

Was ist die „Marktmiete", oder anders ausgedrückt, die „ortsübliche Vergleichsmiete"? Das ist die Miete, die (angeblich) derzeit für vergleichbare Wohnungen in vergleichbaren Lagen üblicherweise gezahlt wird, also eine Art Standardmiete. Doch wie wird sie ermittelt? Zum einen kennen Sie sicher den guten alten Mietspiegel, den es in vielen großen und größeren Städten und Gemeinden gibt. Der „Amtliche Mietspiegel" ist ein offizielles Werk. Achten Sie darauf, weil unter dem Begriff Mietspiegel vielfach x-beliebige Preisvergleiche und Ähnliches angeboten werden. Uns interessieren die offiziellen Mietspiegel, da nur sie von Gesetzes wegen für Mietanpassungen verwendet werden dürfen. Die offiziellen Mietspiegel werden meist von der Gemeinde in Zusammenarbeit mit Mieter- und Vermietervereinen und -verbänden erstellt auf Basis umfangreicher Marktanalysen und -befragungen. Handelt es sich beim Mietspiegel um einen sogenannten qualifizierten Mietspiegel, wurde er nach wissenschaftlichen Grundsätzen erarbeitet. Letztgenannte Mietspiegel sind im Streitfall vermutlich „gerichtsfester".

Einen großen Kritikpunkt an Mietspiegeln möchte ich Ihnen nicht vorenthalten: die grundsätzlich veralteten Daten. In Frankfurt am Main z. B. war im September 2016 der Mietspiegel 2016 gültig. Im aktuellen Frankfurter Mietspiegel heißt es im Vorwort „Auf Basis des Mietspiegels 2014 erfolgt in dem gesetzlichen Abstand von zwei Jahren eine Fortschreibung [das ist der 2014er-Mietspiegel] anhand des vom Statistischen Bundesamt ermittelten Preisindexes für die Lebenshaltung aller privaten Haushalte [Verbraucherpreisindex]. Zugrunde gelegt wurden die Indexwerte Stand April 2013 (105,1) und April 2015 (107,0). [das ist eine Erhöhung um 1,8 Prozent]". Im 2014er-Mietspiegel findet sich im Grußwort die Formulierung: „Im

Laufe des Jahres 2013 wurden ca. 3.500 Frankfurter Haushalte für die Erstellung des vorliegenden Mietspiegels zu ihren Mieten und Nebenkosten befragt." – Das heißt, dass der derzeit (!) gültige Mietspiegel auf Mietpreisen des Jahres 2013 zuzüglich 1,8 Prozent basiert! Laut Erhebungen von Immobilienscout24 betrugen die Preissteigerungen binnen Dreijahresfrist mit über zehn Prozent aber mehr als das 5-fache.

Nach den gesetzlichen Regelungen können Sie sich nun schriftlich mit einem sogenannten Mieterhöhungsverlangen an Ihre Mieter wenden unter Beachtung formeller Kriterien wie Fristen, Formulierungen und Handlungsmöglichkeiten. Derzeit dürfen Sie die Miete innerhalb einer Dreijahresfrist um maximal 20 Prozent erhöhen innerhalb der sogenannten Kappungsgrenze. In zahlreichen Ballungsräumen mit „angespanntem Wohnungsmarkt" wurde diese sogar auf 15 Prozent herabgesetzt – eine Folge der weiteren Mietmarktregulierung. Die Höchstgrenze wird dabei aber vom „aktuellen" Mietspiegel markiert – abhängig von der Lage, Alter, Größe und Ausstattung der Wohnung. Der Mieter hat ab Erhalt des Erhöhungsbegehrens eine gewisse Zeit zur (schriftlichen) Zustimmung. Erfolgt diese nicht, haben Sie als Vermieter wiederum innerhalb eines engen Zeitfensters nur die Möglichkeit zu klagen. Das ist auch der Grund, warum Sie hier unbedingt einen Fachmann einschalten sollten. Die möglichen Stolperfallen sind derart vielfältig, dass sie hier gar nicht alle genannt werden können.

Da die ortsübliche Mietspiegel-Vergleichsmiete, wie eben gesehen, meist schon einige Jahre alt ist, laufen Sie in dynamischen Märkten immer dem aktuellen Markt mit größerem Abstand hinterher. Es gibt aber Wege, dies im Rahmen der Mietvertragsgestaltung zu verhindern. Diesen mietvertraglichen Gestaltungsmöglichkeiten widmen wir uns weiter unten.

Noch ein Wort zu Gemeinden, wo es keinen Mietspiegel gibt, meist kleinere und mittlere Städte sowie ländliche Regionen. Dort hat der Gesetzgeber die Möglichkeit der Mietanpassung mit Hilfe von mindestens drei sogenannter Vergleichswohnungen geschaffen. Sie müssen als Vermieter drei vergleichbare Wohnungen finden und deren Mietpreise kennen, dann können Sie Ihr Mieterhöhungsverlangen begründen. Aber auch mit einer Mietdatenbank (fortführende Datensammlung von Mieten) oder einem Sachverständigengutachten können Sie arbeiten. Auch all diese Verfahren haben viele Stolpersteine und sollten daher ebenfalls Spezialisten vorbehalten sein.

Mieterhöhung aufgrund von Modernisierungen

Sie planen die Modernisierung des Bades in einer Mietwohnung oder den Anbau von Balkonen? Oder wollen Sie energetisch modernisieren und einfach verglaste Fenster durch energetisch aktuelle Fenster austauschen? All dies sind Maßnahmen, an deren Kosten Sie Ihren Mieter beteiligen können. Auch dieses Verfahren ist juristisch stark geregelt, was bedeutet, dass Fehler nahezu immer zulasten Ihrer Geldbörse als Vermieter gehen.

Modernisierungsmaßnahmen, deren Kosten Sie Ihren Mietern weitergeben können, sind alle Maßnahmen, die, vereinfacht ausgedrückt, den Energiebedarf verringern, also alle energetischen Sanierungen. Aber auch alle baulichen Maßnahmen, die den Gebrauchswert der Wohnung nachhaltig erhöhen oder die allgemeinen Wohnverhältnisse auf Dauer verbessern, zählen dazu. Die Schaffung von neuem Wohnraum (z. B. Balkonanbau oder Zuordnung eines weiteren Wohnraums zur Wohnung) fällt ebenfalls darunter. Die Kosten solcher Maßnahmen dürfen Sie derzeit in Höhe von elf Prozent der Investitionskosten jährlich auf die Miete aufschlagen. Allerdings müssen Sie vorher die sogenannten Instandhaltungskosten abziehen, die Sie für die Reparatur sowieso aufgewendet hätten. Damit amortisieren sich Ihre Modernisierungsmaßnahmen (wiederum ohne Berücksichtigung des Zinseszinseffektes) in gerade einmal rund neun Jahren.

Sollte die Modernisierungsumlage tatsächlich auf acht Prozent reduziert werden, so wie dies derzeit diskutiert wird, hat dies einen investitionshemmenden Einfluss. Verstärkt würde dies durch eine mögliche „Kappungsgrenze". Die diskutierte „zweite" Kappungsgrenze besagt, dass die Miete in einem Zeitraum von acht Jahren um nicht mehr als 50 Prozent und maximal um vier Euro pro Quadratmeter steigen darf. Dennoch wird eine gegebenenfalls reduzierte Modernisierungsumlage, gekonnt eingesetzt, auch in Zukunft ihren Beitrag zur Optimierung der Objektrendite leisten.

Aus Investorensicht sind solche Modernisierungsmaßnahmen daher ein durchaus interessantes Gebiet. Zum einen sorgen sie für einen höheren Cashflow durch höhere Mieteinnahmen, oft sogar in Verbindung mit vergünstigten Darlehen (z. B. durch die KfW für energetische Sanierungen). Auf der anderen Seite erhöhen solche Maßnahmen natürlich auch den Wert Ihrer Immobilie, sind also Cashflow-Optimierer und Wertsteigerer in einem.

Einvernehmliche Vereinbarung einer neuen Miete

Eine weitere Möglichkeit der Mietpreisanpassung ist die einvernehmliche Vereinbarung mit Ihrem Mieter. In Deutschland gilt nämlich (zum Glück) der Grundsatz der Vertragsfreiheit. Dies bedeutet, dass Sie – in gewissen Grenzen natürlich – vereinbaren dürfen, was Sie wollen. Ein Beispiel: Im Jahr 2013 wandte sich meine Hausverwaltung freundlich an eine langjährige Mieterin mit einem Mieterhöhungsbegehren im klassischen Sinne, also der Anpassung der Miete an den aktuellen Mietspiegelwert. Die Mieterin stimmte dem jedoch nicht zu, jedenfalls nicht so schnell. Juristisch wäre jetzt nur noch der Klageweg möglich gewesen. Da ich diesen wegen des Aufwandes, der Kosten und des oft ungewissen Ausganges vermeide, wo es nur geht, gab ich (und dies war mein einziges persönliches Zutun in dieser Angelegenheit) meinem Hausverwalter folgenden Satz mit auf den Weg: „Dann vereinbaren Sie eine Anpassung der Miete in zwei Schritten. 40 Euro dieses Jahr und noch einmal 40 Euro im kommenden Jahr." Persönlicher Zeitaufwand: 30 Sekunden. Das ursprüngliche Mieterhöhungsbegehren belief sich auf 80 Euro je

Monat. Diese Einigung würde mich gerade einmal 480 Euro (12 x 40 Euro je Monat geringere Mieteinnahmen) „kosten". Dem stimmte die Mieterin zu und der Fall war erledigt.
Erkennen Sie die Kraft eines professionellen Managements? Eine Hausverwaltung, die die operativen Themen und vor allem formellen Schritte – anhand standardisierter Abläufe – beherrscht, und ein wenig Steuerung aus dem Hintergrund durch den Investor oder Eigentümer sind die ideale Konstellation für nachhaltiges Immobilienmanagement. Welches Ergebnis hätte ich allein erreicht? Wahrscheinlich hätte ich viel falsch gemacht, außerdem fehlt mir als Eigentümer der persönliche Abstand zur Mieterin. Deshalb ist eine „zwischengeschaltete" und gute Hausverwaltung unverzichtbar.

Staffelmietvereinbarungen

Staffelmietvereinbarungen und die im nächsten Abschnitt beschriebene Indexmiete sind, im Gegensatz zu Mietanpassungsmöglichkeiten, Instrumente der Mietvertragsgestaltung. Das heißt, dass Sie die künftige Mietentwicklung bereits im Vorfeld mit dem Mieter vereinbaren. Im Text des Mietvertrages legen Sie mit einer Staffelvereinbarung konkrete Daten und Erhöhungsbeträge fest. Damit erhöht sich die Miete automatisch, ohne während der Mietvertragslaufzeit irgendetwas tun zu müssen. Sollte der Mieter die Anpassung – aus welchem Grund auch immer – später nicht akzeptieren, können Sie diese sehr leicht einfordern. Der Mieter ist nämlich umgehend in Zahlungsverzug.
Auch dieses Verfahren ist im Mietrecht formal genau geregelt. Danach muss eine Staffelmietvereinbarung konkret und betragsmäßig formuliert sein. Eine Formulierung wie „die Miete erhöht sich jährlich um drei Prozent" geht daher nicht. Weiterhin muss die Miete jeweils für mindestens ein Jahr unverändert bleiben. Bewährt haben sich Formulierungen in Tabellenform, z. B. „Die Miete beträgt 500 Euro. Sie erhöht sich zu folgenden Terminen auf folgende Beträge:
ab 1.1.2016 auf 525 Euro,

ab 1.1.2017 auf 550 Euro,
ab 1.1.2018 auf 575 Euro und
ab 1.1.2019 auf 600 Euro."

Diese Aufzählungen können durchaus einen Zeitraum von zehn oder 15 Jahren umfassen.

Sofern Sie Staffelmietvereinbarungen einsetzen, sollten Sie wissen, dass Sie parallel (d. h. bis zum Termin der letzten Staffel) keine andere Mietanpassung vornehmen dürfen, also weder eine Modernisierungserhöhung noch eine Anpassung an die ortsübliche Vergleichsmiete. Während der letzte Fall eher selten praxisrelevant ist, sollten Sie in Häusern oder Wohnungen, wo Sie Modernisierungen planen, vor Abschluss einer Staffelvereinbarung unbedingt genau rechnen bzw. vergleichen.

Sollten Sie mit Ihrer Staffelmiete irgendwann ein Mietpreisniveau von mehr als 20 Prozent über der ortsüblichen Vergleichsmiete erreichen, kommt – sofern Sie ein geringes Wohnungsangebot ausnutzen – das Wirtschaftsstrafgesetz, der sogenannte Mietwucher, ins Spiel. Entsprechende Vorsicht ist also geboten.

Zudem gilt in Gebieten mit einem „angespannten Wohnungsmarkt" vielfach die sogenannte Mietpreisbremse. Diese wurde im Jahr 2015 eingeführt und beschränkt nicht nur die Neuvermietung auf den Mietspiegelwert zuzüglich zehn Prozent. Vielmehr dürfen auch die genannten Mietpreisstaffeln diesen Wert nicht übertreffen. Aufgrund der derzeit sehr niedrigen Inflationsrate ist in dynamischen Mietmärkten vielfach eine Staffelmietvereinbarung einer Indexklausel vorzuziehen. Sie laufen sonst leicht Gefahr, der laufenden Marktentwicklung hinterherzulaufen.

Indexmieten

Im Gewerbemietrecht schon seit Jahrzehnten ein absolut übliches Instrumentarium, setzen sich Indexmieten in den letzten Jahren nach einer Modernisierung des Mietrechts im Jahr 2001 auch mehr und mehr im Wohnungsbereich durch. Mit einer Indexklausel wird die vereinbarte Miete durch eine einfache – und standardisierte – Vertragsformulierung an die Entwicklung des Verbraucherpreisindexes gekoppelt. Vereinfacht ausgedrückt, geht die Mietpreisentwicklung mit der offiziellen Inflationsrate mit. Genau dies ist für Immobilieninvestoren durchaus reizvoll. Erinnern Sie sich an die „Schere", die mit der Zeit größer werdende Differenz von Vermögen und Schulden, dem Nettovermögenszuwachs durch die Inflationsrate?

Mit der Indexmiete haben Sie ein Instrumentarium, mit dem Sie die Entwicklung der Miete mithilfe des Verbraucherindexes fast automatisieren können. Der jeweilige Stand des aktuellen Verbraucherpreisindexes wird monatlich vom Statistischen Bundesamt bekannt gegeben. Ausgewiesen wird eine Punktezahl, bezogen auf eine sogenannte Indexbasis. Die derzeit aktuelle Indexbasis ist das Jahr 2010. Ein Beispiel:

Im November 2015 hatte der Verbraucherpreisindex mit der Basis 2010 = 100 einen Wert von 107,1. Zwei Jahre zuvor (November 2013) stand dieser noch bei 106,1. Damit hätte bei entsprechender Geltendmachung eine Miete von ursprünglich 1.000 Euro wie folgt erhöht werden können: 1.000 Euro x 107,1 / 106,1 = 1.009,43 Euro. Dies wäre eine Erhöhung der Miete um 9,43 Euro bzw. 0,943 Prozent binnen Zweijahresfrist gewesen.

In der Praxis hat sich dieses Instrument durchaus bewährt. Mieter akzeptieren solche Indexvereinbarungen oft viel wohlwollender als fest vereinbarte Staffelbeträge. Sie können bei Mietvertragsabschluss als Vermieter sehr gut mit der allgemeinen Preissteigerung argumentieren. Außerdem müssen Sie hier, im Gegensatz zu Staffelvereinbarungen, keine umständlichen Daten und Tabellen aufführen. Eine einmal vereinbarte Indexmiete gilt für die gesamte Mietdauer. Zudem greift die oben genannte Mietpreisbremse nicht bei Indexklauseln. Das heißt, dass die indexierte Miete auch über die gede-

ckelte Miete (ortsübliche Vergleichsmiete zuzüglich zehn Prozent) hinausgehen darf.
Die Indexmiete hat jedoch auch einige Nachteile. Hinsichtlich weiterer Anpassungen der Miete an die ortsübliche Miete oder aufgrund von Modernisierungen gilt nahezu der gleiche Grundsatz wie bei der Staffelmiete – beides ist gar nicht oder nur sehr eingeschränkt möglich. Indexmieten passen sich zudem nicht vollautomatisch an. Sie müssen diese jedes Mal bei Ihrem Mieter, formal korrekt und rechnerisch nachvollziehbar, in Textform geltend machen.
Hinsichtlich der künftigen Indexentwicklung sollten Ihnen die aktuell sehr niedrige Inflationsrate von gerade einmal 0,3 Prozent und auch die – theoretische – Negativentwicklung (also Deflation) bewusst sein. Dann könnte nämlich Ihr Mieter die Herabsetzung seiner Miete bei Ihnen als Vermieter geltend machen.
Wegen der zahlreichen Stolpersteine empfiehlt sich hier ganz besonders: schalten Sie unbedingt eine mit diesen Dingen vertraute Hausverwaltung bzw. einen spezialisierten Rechtsanwalt ein.

Modernisierungen, energetische Sanierungen und Nachsanierungen

Hierunter fallen Maßnahmen, die über die eingangs beschriebenen einfachen Wohnungsrenovierungen wie Austausch von Wand- und Bodenbelägen hinausgehen. Aber auch Nachsanierungen gehören dazu, d. h. Maßnahmen, die zur Vollendung früherer Sanierungen durchgeführt werden. Beispielhaft seien hier die Sanierungen in Ostdeutschland, wie sie in der Nachwendezeit durchgeführt wurden, erwähnt. Vielfach wurden sie so ausgeführt, dass die Qualität mäßig war und entsprechende Nachbesserungen notwendig wurden.
Zum Themenkomplex Modernisierungen und größere Instandsetzungen wieder ein Beispiel, erneut ein Mehrfamilienhaus in der Gegend um Frankfurt am Main, das ich im Jahr 2012 erworben habe. Noch während des Ankaufsprozesses hatte ich mich entschieden, es einer Langfriststrategie zu unterziehen, es also mindestens zehn Jahre zu halten. Weiterhin – und hier wird es noch einmal ein wenig

steuerlich – plante ich, es in einigen Jahren grundlegend in Schuss zu bringen. Konkret stand der Austausch der Fenster, die Neueindeckung und Dämmung des Daches, der Austausch der veralteten Ölzentralheizung durch eine moderne Gaszentralheizung sowie die Verbesserung einiger weiterer technischer und optischer Umstände an.

Sie fragen sich nun vielleicht, warum ich diese Maßnahmen nicht gleich nach dem Erwerb des Hauses umgesetzt habe. Eine berechtigte Frage. Es hat wieder steuerliche Gründe. Während das Finanzamt hinsichtlich des steuerfreien Verkaufserlöses ab dem elften Jahr mein Freund ist, ist dies bei der Vornahme von größeren Sanierungsmaßnahmen bereits ab dem vierten Jahr der Fall. Es geht hier konkret um den sogenannten anschaffungsnahen Aufwand. Das Steuergesetz besagt nämlich, dass größere Investitionen wie Modernisierungen und Renovierungen in den ersten drei Jahren nach dem Kauf einer Immobilie – wiederum im Privatvermögen – zwar vorgenommen werden dürfen, der Aufwand dafür aber nur mit dem Gebäude abgeschrieben werden darf.

Also, ich kaufte das Haus. Der Kaufpreis inklusive Kaufnebenkosten betrug 400.000 Euro. Davon waren wiederum 100.000 Euro rechnerisch für das Grundstück und ein fiktiver Anteil von 300.000 Euro für das Gebäude. In den ersten drei Jahren darf ich nun – nach steuergesetzlicher Vorgabe und unter Beachtung weiterer Spielregeln – „nur" 15 Prozent des Gebäudeanteils für Instandhaltungen und Modernisierungen aufwenden, zuzüglich Umsatzsteuer. In unserem Fall sind dies also 300.000 Euro x 15 Prozent x 1,19 für die Umsatzsteuer = 53.550 Euro brutto für alle Handwerkerrechnungen zusammen. Da sich der rechnerische Gebäudeanteil anfangs immer nur schätzen lässt, sollten Sie auch hier äußerst vorsichtig ans Werk gehen. Ich persönlich würde aus Vorsichtsgründen vermutlich nicht mehr als 45.000 Euro in den ersten drei Jahren in das Gebäude stecken.

Was passiert nun? Solange Sie unter dieser Grenze bleiben, den sogenannten anschaffungsnahen Aufwand also niedrig halten, dürfen

Sie die Instandhaltungen und Modernisierungen (unter gewissen Regeln) voll als Werbungskosten geltend machen. Das heißt, Sie können sie sofort von der Steuer absetzen. Sollten Sie den Betrag aber in den ersten drei Jahren überschreiten, dann dürfen Sie den gesamten Betrag nur mit dem Abschreibungssatz von 2,5 Prozent (für Altbauten bis Baujahr 1924) oder 2,0 Prozent (für alle jüngeren Wohngebäude) abschreiben. Also erhalten Sie Ihre Steuererstattung auf 40 oder 50 Jahre verteilt!
Sollten Sie Ihre Investitionen erst ab dem vierten Jahr tätigen, dann haben Sie (nahezu) volle Freiheit. Sie können auch 200.000 Euro investieren und diese sofort als Werbungskosten geltend machen. Oder – und dies ist ein weiterer interessanter Gestaltungsspielraum – verteilen Sie diesen Betrag freiwillig auf zwei bis fünf Jahre und genießen so mehrere Jahre in Folge eine recht hohe Steuererstattung. Welch ein Schlaraffenland! Daher wollen wir auch diesen Umstand als professionell aufgestellte Privatinvestoren strategisch für uns nützen.
Noch ein weiteres Steuerdetail, das künftig zu Ihren wichtigsten steuerlichen Regeln gehören sollte: Grundsätzlich sollten Sie immer vermeiden, dass Ihre Investitionen – auch später – als Herstellungskosten gewertet werden. Herstellungskosten sind gemäß den Steuerregeln (u. a. laut Handelsgesetzbuch und entsprechender Rechtsprechung dazu) zum einen Erweiterungen und zum anderen sogenannte wesentliche Verbesserungen. Steuerlich unvermeidbare Erweiterungen sind leicht zuzuordnen. Dies sind z. B. Wohnflächenerweiterungen durch zusätzliche Räume, Balkonanbauten etc., können aber auch Umnutzungen sein wie die Umwandlung einer Gaststätte in Wohnräume.
Diffiziler wird es bei den wesentlichen Verbesserungen. Hierbei handelt es sich um „Verbesserungen", die z. B. aus einer derzeit unbewohnbaren Immobilie eine bewohnbare Wohnung oder ein bewohnbares Gebäude „machen". Nun zum Kern der Sache, der Abgrenzung von wesentlichen Verbesserungen von der gewünschten

„einfachen“ Instandsetzung. Dreh- und Angelpunkt ist dabei die Erhöhung des Gebrauchswertes des Gebäudes durch die erfolgten Sanierungsmaßnahmen in ihrer Gesamtheit, welche also den Gebrauchswert (die Nutzbarkeit) des Gebäudes deutlich verbessern! Der Bundesfinanzhof hat es uns hier in einem Punkt ausnahmsweise einfach gemacht. Sie dürfen Gewerke zählen. Und zwar ist die Gebrauchswerterhöhung für Investoren dann steuerschädlich, wenn mindestens drei der folgenden vier Gewerke einer Standarderhöhung unterzogen werden: die Gewerke sind Elektro, Heizung, Sanitär und Fenster, oder vereinfacht Haustechnik und Fenster.
Doch was bedeutet „Gebrauchswerterhöhung“ genau? Hierzu gibt die Finanzverwaltung mit dem BMF-Erlass vom 18.7.2003 konkrete Anhaltspunkte: Sie teilt die vier Gewerke in die Standards „sehr einfach“, „mittel“ und „sehr anspruchsvoll“ ein.
Von einem sehr einfachen Standard kann ausgegangen werden, wenn dieser wirklich (wie im realen Leben) einfach ist, also z. B. einfach verglaste Fenster oder einzelne Kohleöfen statt Zentralheizung. Sehr anspruchsvoller Standard kann hingegen als „Luxus“ bezeichnet werden. Alles dazwischen – ein durchaus weites Feld – kann als mittlerer Standard bezeichnet werden. In Mietgebäuden dürften wir uns daher erfreulicherweise sehr oft in diesem mittleren Feld bewegen.
Insgesamt lässt sich also sagen, dass Sie – nehmen Sie größere Sanierungen auch nach den drei ersten Jahren vor – unbedingt auf die vier Hauptgewerke schauen müssen. Eine unbedingte – vorherige – Absprache mit Ihrem Steuerberater ist dabei zwingend notwendig. Dokumentieren Sie alles mit Fotos, bevor Sie anfangen zu bauen. Sie sollten auch aufpassen, wenn Sie größere Reparaturen auf mehrere Jahre verteilen. Das Finanzamt schaut sich nämlich immer Zeiträume von fünf Jahren an und betrachtet diese dann als „eine Maßnahme“.
Insgesamt sollten Sie aus steuerlicher Sicht bei der Planung von größeren Instandsetzungen und Modernisierungen bereits genutzter Wohnungen und Mehrfamilienhäuser also wie folgt vorgehen:

1. Prüfung und Beachtung des anschaffungsnahen Aufwandes innerhalb der ersten drei Jahre ab Erwerb (genauer gesagt: ab dem „Übergang von Nutzen und Lasten“; dies ist der Tag, ab dem der Besitz der Immobilie mit allen mit ihr verbundenen Rechten und Pflichten auf den Erwerber übergeht). Hier hat der Fiskus eine Höchstgrenze von 15 Prozent des Gebäudewertes zuzüglich Umsatzsteuer gesetzt. Diese Grenze ist gewerkeunabhängig.
2. Vermeiden Sie – auch später – die Erhöhung des Standards von mindestens drei der folgenden vier Hauptgewerke: Elektro, Heizung, Sanitär und Fenster. Maßgebend ist die Gesamtmaßnahme innerhalb eines Fünfjahreszeitraumes.

Dies sind Ihre Regeln, die Sie unbedingt einhalten müssen, weil Sie nur dann in größtmöglichem Umfang Steuern erstattet bekommen. Wenn Sie mögen, sogar – unter genialer Ausnutzung des Progressionseffektes (mehr dazu ➔ Kapitel „Kleines Steuer-Einmaleins“) – auf zwei bis fünf Jahre verteilt.
Und noch ein weiterer Clou dieser Strategie: Da diese Maßnahmen regelmäßig werterhöhend sind, können Sie diese sehr leicht meist komplett bei Ihrer Bank finanzieren. Sie erhalten also eine riesengroße Steuererstattung und legen unter Umständen nicht einen einzigen Euro selbst auf den Tisch.

Lösung von Mieterstrukturproblemen
Eine weitere Strategie, die sich leicht vom etwas erfahreneren Immobilieninvestor umsetzen lässt: Gesucht werden gezielt Häuser, deren Mieterbesatz nicht zueinander oder nicht zur Lage der Immobilie passt. Dann läuft nämlich meist etwas schief. Da wir auch hier immer nur den Ist-Zustand zahlen, haben solche Häuser ebenfalls Aufwertungspotenzial. Mieten werden oft unpünktlich oder gar nicht gezahlt oder es gibt sonstige Probleme im Haus, die selbstverständlich eingepreist werden.

Nach dem Kauf kommt dann die Managementkompetenz des Investors zum Tragen. Behutsam und mit entsprechender Erfahrung sollten solche Häuser angegangen werden. Es kann einige Zeit dauern, aber – haben Sie die Probleme erst einmal gelöst – ist das Ertragspotenzial groß.

Beseitigung von Bewirtschaftungsdefiziten

Wenn die Verwaltung „hinkt", sich ein signifikanter Instandhaltungsstau aufgebaut hat oder das Erscheinungsbild mäßig ist oder in den letzten Jahren auch einfach nur in die falschen Maßnahmen investiert und das Haus „verbaut" wurde, kann man von Bewirtschaftungsdefiziten sprechen. Der Grund für kleinere, aber sehr störende Mängel wie fehlende Briefkastenbeschriftung oder Treppenhausbeleuchtung sind oft schlichtweg überforderte Alteigentümer oder Eigentümer, die das Haus selbst verwalten oder es ihrem alteingesessenen Hausmeister (allein) überlassen.

Solche Häuser sind definitiv Investors Liebling. Sie sind auch sehr gut für Anfänger geeignet – vorausgesetzt, die Defizite sind nicht allzu groß. Warum sind diese Häuser so begehrt? Ganz einfach, Sie zahlen nur diesen einfachen „Zustand". Und Sie können diese Defizite nämlich meistens durch einfachste Maßnahmen beseitigen. Eine ordentliche Briefkastenbeschilderung kostet keine 200 Euro, ein „Durchgang" eines Gärtners durch den verwilderten Garten ist bereits für wenige hundert Euro zu haben. Viele schlimm wirkende Umstände lassen sich schnell und einfach beseitigen und haben eine große Wirkung (vor allem auf die Wohnqualität und damit Vermietbarkeit).

Oft gibt es gerade bei solchen Häusern Umstände, die den Einkauf zusätzlich begünstigen. Als ich 2009 ein Haus in Frankfurt am Main erwerben wollte, erhielt ich in der „Hausunterlagenbeschaffungsphase" einen Anruf. Der Verkäuferin ginge es derzeit nicht gut, sie müsse ins Krankenhaus und könne sich nicht um den Hausverkauf kümmern. Aber dafür ist ja auch der Makler da. Ok, gut, dachte ich. Mit ihm verhandelte ich weiter und klärte alle noch offenen Themen. Als es dann Zeit für ein verbindliches Kaufangebot wurde, hatte ich herausgefunden, dass es noch zwei andere Kaufinteressenten gab. Um mich von ihnen abzuheben, kam mir die zündende Idee: der Schuppen. Er blockierte die zugesicherte Durchfahrt des Hinterliegernachbarn. Die Verkäuferin hatte zugesichert, den Schuppen noch innerhalb der nächsten zwei Monate abzureißen. Angesichts ihrer Situation war der Abbruch äußerst lästig und so bot ich an, wenn der Verkauf der Liegenschaft an mich innerhalb der nächsten vier Wochen beurkundet werden sollte, den Abbruch des Schuppens komplett in Eigenregie und auf eigene Kosten zu übernehmen. Sie ahnen schon: Genau dies war der Grund, warum ich den Zuschlag erhielt, wie ich später erfuhr. Die Kosten für den Abbruch: gerade 4.500 Euro.

Standortaufwertungen

Wie schon bei den „Liegenschaften“ erwähnt, handelt es sich bei Standortaufwertungen um eine sehr passive Strategie. Allein der Standort-Research ist maßgebend: Haben Sie einen guten, aussichtsreichen Standort gefunden und dort investiert, können Sie außer Abwarten eigentlich nichts mehr tun (mehr dazu ➔ Kapitel „Makro- und Mikrolage“).

Umnutzungen und Nachverdichtungen

Umnutzungen und Nachverdichtungen sind dem sehr erfahrenen Investor vorbehaltene Strategien. Hierbei geht es sehr in die Projektentwicklung mitsamt den damit verbundenen baurechtlichen Aspekten.

Klassische – und oft lohnende – Umnutzungsprojekte sind die Umwandlung von ehemaligen Gaststätten in Wohnungen oder die Umwandlung eines gesamten Bürohauses in Wohnungen. Eine Nach-

verdichtung kann, neben der klassischen Nutzung einer Grundstücksreserve, der nachträgliche Ausbau eines Dachgeschosses oder die Schaffung eines Souterrain-Apartments sein. Beides sind zwingend baugenehmigungspflichtige Maßnahmen.
Eine erste Orientierung, ob entsprechende Vorhaben genehmigungsfähig sind, geben Ihnen zwei grundlegende Vorschriften: Erstens die Landesbauordnungen mit Regelungen zum Schall-, Brand- und Wärmeschutz, zur erforderlichen Raumhöhe, zu den Belichtungsverhältnissen sowie etwa über den Abstand zu Nachbargrundstücken. Zweitens liefert das Baugesetzbuch (BauGB) mit Regelungen zur „örtlichen Zulässigkeit" von Vorhaben erste Anhaltspunkte. So sind Vorhaben innerhalb eines mit einem Bebauungsplan überplanten Gebietes zulässig, wenn u. a. die dort aufgeführten Bestimmungen über die Art und das Maß der baulichen Nutzung eingehalten werden. Sollte sich Ihr Vorhaben in einem Gebiet befinden, wo es keinen Bebauungsplan gibt, es sich jedoch „innerhalb der im Zusammenhang bebauten Ortsteile" befinden, so orientiert sich die Zulässigkeit – vereinfacht ausgedrückt – an der Art und Weise der Nachbarbebauung (auch „sich einfügen" oder „Bebauung nach § 34" genannt). Allen genannten Regelungen ist gemein, dass sie einem Ermessenspielraum der baugenehmigenden Behörden unterliegen. Und dieser ist in der Praxis zuweilen groß.
Unter der Art der baulichen Nutzung versteht man die baurechtliche Gliederung der verschiedenen Nutzungsarten für die Flächennutzungsplanung und die Bebauungsplanung. Damit steuern Regionen und Gemeinden die Bebauung der ausgewiesenen Bauflächen bzw. Baugebiete. Für uns sind insbesondere die Wohnbauflächen „W" und die gemischten Bauflächen „M" von Bedeutung. Weiterhin werden im Flächennutzungsplan noch gewerbliche Bauflächen „G" und Sonderbauflächen „S" ausgewiesen. In den Festsetzungen für die konkreteren Bebauungspläne werden diese noch weiter aufgegliedert:

Kleinsiedlungsgebiete	WS
reine Wohngebiete	WR
allgemeine Wohngebiete	WA
besondere Wohngebiete	WB
Dorfgebiete	MD
Mischgebiete	MI
Kerngebiete	MK
Gewerbegebiete	GE
Industriegebiete	GI
Sondergebiete	SO

Unter dem Maß der baulichen Nutzung sind dagegen Stellgrößen für die Beschränkung der Bebauungsdichte (durch das Baurecht) zu verstehen. Vielfach werden diese Größen in Bebauungsplänen zur Festsetzung genutzt. Das Maß der baulichen Nutzung lässt sich mit diesen Größen einschränken:

Grundflächenzahl (GRZ)
Geschossflächenzahl (GFZ)
Baumassenzahl (BMZ)
Anzahl der Vollgeschosse
Höhe der baulichen Anlage

Eine Grundflächenzahl (GRZ) von 0,4 bedeutet, dass das Grundstück zu einem Anteil von maximal 40 Prozent bebaut werden darf.
Dagegen gibt die Geschossflächenzahl (GFZ) an, wie groß die maximal zulässige Gesamtfläche aller Geschosse im Verhältnis zur Grundstücksfläche sein darf. Hat ein Haus beispielsweise eine Geschossfläche von 250 Quadratmetern (an den Außenmauern gemessen) und zwei Vollgeschosse mit einer zugehörigen Grundstücksfläche von 1000 Quadratmetern, so beträgt die GFZ 0,5 (250 m^2 x 2 / 1.000 m^2).

Die Baumassenzahl (BMZ) wird im Wohnungsbereich eher selten genutzt. Diese Kennzahl orientiert sich, vereinfacht ausgedrückt, am umbauten Raum der baulichen Anlagen.
Die Höhe der baulichen Anlage begegnet Wohnungsinvestoren dagegen öfters in Bebauungsplänen. Bezugsgrößen können beispielsweise die Erdgeschossfußbodenhöhe, die Traufhöhe, aber auch die Firsthöhe sein.
Vermutlich ist Ihnen auch der Begriff Bruttogrundfläche (BGF) schon einmal untergekommen. Diese Flächendefinition ist nicht dieser Thematik hier zuzuordnen, sondern wird in Architektur und Planung sowie im Bauwesen verwendet, um die Baukosten zu ermitteln. Sie wird in der DIN 277 festgelegt. Danach ist die BGF vereinfacht die Summe aller Geschossflächen, gemessen an den fertigen Außenflächen (also den Wänden). Die Flächen von Balkonen, Kellern, Dächern etc. werden meist anteilig miteinbezogen. Diese Flächendefinition dient auch der Berechnung des Sachwertes (mehr dazu ➔ Kapitel „Praktische Analyse und Auswertung von Wertgutachten“).
Unter Umnutzungen und Nachverdichtungen fallen aber auch wesentlich kleinere Maßnahmen wie z. B. Parkplatzmarkierungen auf Ihrem Grundstück, wo bisher nur Brachland war. Damit können Sie etwa auf einfache Weise Zusatzerträge durch Vermietung zusätzlicher Stellplätze generieren.

Wohnungsprivatisierungen

Hierunter wird die rechtliche Aufteilung eines Mehrfamilienhauses in einzelne Eigentumswohnungen nach dem Wohnungseigentumsgesetz (WEG) und der anschließende einzelne Abverkauf der Wohnungen verstanden. Die Wohnungen werden üblicherweise vom „Aufteilenden“ einzeln an Mieter, Eigennutzer oder an Kapitalanleger verkauft. Solche Maßnahmen werden fast ausnahmslos von spezialisierten Unternehmen durchgeführt.
Dennoch sollte sich der Privatinvestor einmal eingehend mit dem Aufteilungsprozess befassen. Der Grund liegt einmal mehr auf der

Hand. Für die Aufteilung eines Mehrfamilienhauses ist vielfach „nur" Papierarbeit mit überschaubaren Kosten erforderlich.

Einkauf aus Sondersituationen und Lösung von rechtlichen Problemen

Wiederum ein sehr spannendes Feld für den Privatinvestor. Unter Sondersituationen verstehen Immobilieninvestoren Einkaufsquellen, die nicht alltäglich sind. Oft resultieren diese Umstände aus den wirtschaftlichen Umständen des Voreigentümers, z. B. Insolvenzen, Zwangsversteigerungen oder laufende Bankverwertungen. Oft sind diese Situationen mit speziellen juristischen Problemen behaftet, die es erst einmal zu lösen gilt.

Das sind allesamt sehr interessante Einkaufsquellen, nur werden Sie dort ohne eingehende Erfahrung und ein großes spezialisiertes Netzwerk nicht weit kommen. Insofern sind diese Einkaufsquellen besser für „später" geeignet.

„Fix und Flip" (gewerblich)

Abschließend möchte ich Ihnen diese recht bekannte gewerbliche Strategie nicht vorenthalten. Der Begriff „Fix und Flip" kommt aus den USA und bedeutet so viel wie „Reparieren und Weiterverkaufen". Sie bietet sich an, wenn Sie einige Zeit Erfahrung gesammelt haben und zügig Kapital aufbauen möchten. Ich habe in jüngerer Zeit aber auch zahlreiche Junginvestoren kennengelernt, die sich sehr intensiv dieser Strategie mit dem Ziel eines zügigen Kapitalaufbaus widmen.

Auch bei dieser Strategie suchen Sie in der Regel nach Immobilien, die Defizite aufweisen, um sie zu beseitigen. Der Kern dieser Strategie besteht jedoch darin, die Immobilie anschließend nicht im Eigenbestand zu halten, sondern weiterzuverkaufen. Sie kaufen also Immobilien besonders günstig ein bzw. Sie heben den Wert der Immobilie durch mehr oder weniger intensive Renovierungsmaßnahmen. Damit erreichen Sie eine baldige frühe Gewinnrealisierung,

verbunden mit einer eher kurzen Kapitalbindung. Das ist, wie Sie sich leicht vorstellen können, sehr managementintensiv und darüber hinaus mit vielen Stolperfallen behaftet.
Mit einer solchen gewerblichen Strategie haben Sie es also nicht zwingend auf Cashflow-Immobilien abgesehen. Beispielsweise können Eigennutzer Ihre Käuferzielgruppe sein. Sinnvoll ist, sich in einem ersten Schritt mit allen erdenklichen Immobilientypen zu befassen, die recht zügig gehandelt werden können, um daraus die geeignetsten auszuwählen. Denn die Geschwindigkeit des Weiterverkaufes ist neben der Risiko- und Gewinnmarge die wichtigste Stellgröße in diesem Spiel. Gute Immobilienhändler schaffen es, ihr Kapital bis zu dreimal im Jahr einzusetzen. Das bedeutet, dass sie mit dem gleichen Geld alle vier Monate einen kompletten Immobiliendeal von Anfang bis Ende durchziehen. Solch eine Geschwindigkeit ist freilich nicht immer und überall möglich. In „normalen" Märkten sollte es Ihnen aber gelingen, Ihr Geld binnen sechs bis zwölf Monaten, höchstens aber nach 18 Monaten wieder aus dem Deal herauszuholen. Die Vermarktungsdauer in Ihrem Markt ist daher von ganz besonderer Bedeutung. Wichtig bei der Analyse von Märkten ist zudem der Umstand, dass es sich bei den einzelnen Märkten entweder um Käufer- oder um Verkäufermärkte handelt. Das heißt, entweder ist es relativ einfach, Immobilien einzukaufen oder zu verkaufen. Darauf sollten Sie sich einstellen. Beides gleichzeitig ist naturgemäß nicht einfach umzusetzen.
Was sind nun übliche Handelsmargen, auf die wir uns einstellen dürfen und müssen? Denken Sie immer daran: Die Handelsmarge deckt nicht nur den Gewinn ab, sondern vornehmlich das Risiko. Es ist daher keine Gier und auch nicht verwerflich, wenn Immobilienhändler gewisse Mindesthandelsspannen als erforderlich erachten. Angenommen, Sie starten mit dem Handel von einfachen Eigentumswohnungen. Sie kaufen einzelne Wohnungen in der Größenordnung von 100.000 Euro (Gesamtkosten), renovieren diese ein wenig und verkaufen sie weiter. Zwei Parameter erscheinen mir für

die Bestimmung der Handelsmarge besonders wichtig: die Zeit, die Sie investieren, und das Risiko, das Sie eingehen. Nehmen wir einmal an, Sie schaffen es, ein solches Investment mit einem Arbeitseinsatz von 20 bis 30 Tagen von der Suche über die Ankaufsprüfung, dem Management der Renovierung bis hin zum Verkauf abzuwickeln. Unterstellen Sie einen persönlichen Tagessatz von 500 Euro für Ihre Arbeitsleistung, kommen Sie allein für Ihre Arbeit schnell auf eine Mindestmarge von 10.000 bis 15.000 Euro. Hinzu kommen noch ein Risikoaufschlag und der Gewinn. Bezogen auf 100.000 Euro addiert sich dies schnell auf 20.000 bis 25.000 Euro auf. Damit haben Sie eine erste Größenordnung, an der Sie sich orientieren können. 20 bis 25 Prozent Handelsmarge sind weitverbreitete Zahlen. Und denken Sie daran: Selbstverständlich variiert dies stark, je nachdem, welches Risiko Sie eingehen bzw. welche Größenordnung Ihre Investments haben. Aber auch bei großen Investments begegnen Ihnen nicht selten Margen von 15 Prozent und mehr.

Banken finanzieren solche Strategien, jedoch nicht in dem Maße, wie sie es gerne bei Buy-and-Hold-Strategien tun. Denn diese Geschäfte sind kurzfristig und entsprechend risikobehaftet. Hier werden Sie, wenn Sie Ihre ersten Flip-Immobilien nicht allein durch Cash finanzieren können, einiges an Überzeugungsarbeit zu leisten haben. Finanziert werden derartige Deals dann sinnvollerweise variabel.

Steuerlich gesehen halten Sie eine Immobilie im „Umlaufvermögen", Sie schreiben sie also nicht ab. Wichtig ist, dass Sie Ihr Gewerbe sauber vom sonstigen Immobilienbestand trennen. Dies geschieht vornehmlich durch eine entsprechende Zuordnung in der Steuererklärung. Und eines ist klar: Da diese Strategie gewerblich ist, sind die Gewinne zu versteuern. Die steuerlichen Regeln sind so klar wie einfach: Der komplette Aufwand, den Sie für Kauf, Renovierung, Finanzierung, Bewirtschaftung, Vermietung und Verkauf aufwenden, stellen einen Aufwand dar, der Ihren zu versteuernden Erlös entsprechend mindert. Dieser so geminderte Verkaufserlös (übri-

gens Ihre Handelsmarge) unterliegt dann Ihrer persönlichen Einkommensteuer, sofern Sie Ihren Immobilienhandel nicht in einer Kapitalgesellschaft betreiben. Professionalisieren Sie Ihren Immobilienhandel, werden Sie hier und da einige Stellschrauben – auch steuerlich – optimieren können. Ein Steuerberater ist hierbei Ihr wertvollster Helfer.
Wenn Sie beginnen, ernsthaft über ein Immobilienhandelsgeschäft nachzudenken, ist es ungemein wichtig, dass Sie sich auf Ihre Stärken besinnen. Lagern Sie diejenigen Arbeiten aus, von denen Sie nur wenig oder nichts verstehen. Arbeit werden Sie genug haben. Konzentrieren Sie sich vielmehr darauf, Ihr Geschäftsmodell mit der Zeit immer mehr zu verfeinern. Damit wird es Ihnen gelingen, ein System aufzubauen, das Sie immer und immer wieder duplizieren bzw. weiter skalieren können.
Ein Kalkulationsschema für die „Fix und Flip"-Strategie unter Berücksichtigung des Steuereffektes finden Sie im Bonusmaterial zu diesem Buch.

So entwickeln Sie Ihre persönliche Strategie

Sie haben nun viele verschiedene Strategien kennengelernt. Doch welche ist gut für Sie? Eine, mehrere oder gar alle? Nun, das können nur Sie entscheiden. Ein paar Hinweise habe ich bereits gegeben, welche Strategie sich wann für wen eignet. Es kann natürlich auch sehr sinnvoll sein, sich auf die Kombination von zwei oder drei Strategien gleichzeitig zu fokussieren. Sicher ist, dass Sie sich fokussieren sollten. Alles sollten Sie nicht tun, Sie werden sich dann mit an Sicherheit grenzender Wahrscheinlichkeit verzetteln.
Was ich Ihnen jedoch an die Hand geben kann, ist eine Einteilung der einzelnen Maßnahmen, Kriterien und Strategien in ein System, anhand dessen Sie sich entscheiden können.

Groß oder klein beginnen?

Überlegen Sie unbedingt frühzeitig, welche Immobiliengröße Sie anpeilen wollen. Nur Wohnungen oder gleich Mehrfamilienhäuser? Oder Wohnungspakete? Oder Wohnanlagen und Mehrfamilienhäuser ab 1,5 Millionen Euro Investitionsvolumen?

Es gibt Menschen, die favorisieren den kleinen Einstieg und „üben" erst einmal mit einer kleinen Eigentumswohnung. Außerdem lernen Sie so, wie sich ein Immobilieninvestment anfühlt. Schon öfter habe ich von Menschen gehört, die kurz vor dem Notartermin fast erstickt wären vor Aufregung, weil die ausgesuchte Immobilie langsam wirklich real wurde. Gehören Sie zu diesen Menschen? Dann fangen Sie unbedingt klein an. Gewöhnen Sie sich langsam an den Gedanken, Immobilieneigentümer zu werden. Steigern können Sie sich höchstwahrscheinlich schnell.

Anderen Menschen macht es überhaupt nichts aus, wenn sie über große Zahlen nachdenken und vielleicht auch schon damit arbeiten. Wenn Sie zu diesen Leuten gehören: auch gut. Dann fangen Sie größer an.

Der Zeithorizont: kurz- oder langfristig?

Das Für und Wider kurz- oder langfristiger Immobilienstrategien haben Sie eben kennengelernt. Nun stellt sich die Grundsatzfrage: Wollen Sie kurz- oder langfristig in Immobilien investieren? Also den „schnellen" oder den „stetigen" Euro? Nun, das hängt sicher davon ab, was Sie sich als Ziel gesetzt haben. Viel Geld in kurzer Zeit generieren? Das ist möglich, birgt aber auch höhere Risiken und erfordert eine größere Expertise. Dann ist „Fix und Flip" vielleicht das Richtige für Sie. Oder denken Sie eher in langen Zeiträumen, mögen den monatlich wiederkehrenden Cashflow und eine stetige Wertentwicklung? Dann sind Sie eher der „langfristige Typ".

Aktiv oder passiv?

Wollen Sie richtig Gas geben? Vielleicht sogar in einiger Zeit Ihre volle Arbeitszeit für eigene Immobilieninvestments nutzen? Dann schauen Sie vielleicht eher auf die „mühsameren" Strategien, die aber auch mehr Aufwertungspotenzial bieten, also Immobilien mit Problemen vielleicht. Oder wollen Sie erst einmal starten und schauen, wie sich alles entwickelt oder anfühlt? Sie sind stark im Job eingebunden? Dann sind einfache, passive Strategien vermutlich das Richtige für Sie.

Chancenorientiert oder sicher?
Auch dies ist eher wieder eine Frage des Aufwandes, den Sie betreiben möchten, aber auch Ihrer Risikoneigung. Stehen Sie am Anfang Ihrer Laufbahn als Immobilieninvestor? Dann sind die sicheren, einfacher strukturierten Deals eher geeignet. Also Kaufen, Vermieten und Halten.

Kaufen Sie mehrere Immobilien!
Warum wiederholen Sie nicht, was Sie schon einmal erfolgreich umgesetzt haben? Denken Sie groß und bauen einen „Immobilienbestand" auf, „diversifizieren" Sie. Mit jeder Immobilie, die Sie kaufen, gewinnen Sie nicht nur Erfahrung, auch Ihr monatliches Einkommen steigt. Und auch das Nettovermögen vermehrt sich mit den richtigen Immobilien quasi von selbst stetig. Unter Beachtung gewisser Kriterien können Sie sogar einen riesigen Bestand aufbauen!

Unser Fokus: die „Immostrategie 10/3"

Jeder kann „seine" Strategie(n) finden. Sinnvollerweise sollten Sie sich möglichst mit mehreren (aber nicht zu vielen) Strategien befassen. Denn was passiert, wenn Sie – aus welchem Grund auch immer – einmal Ihre Strategie ändern müssen? Für einen solchen Fall mit mehreren Strategien vertraut zu sein, ist durchaus sinnvoll.
Im Folgenden möchte ich Ihnen eine kombinierte Strategie vorstellen, die sich aus mehreren unterschiedlichen Rahmenbedingungen

ableitet, die „Immostrategie 10/3". Wofür stehen die Ziffern 10 und 3? Das hat (einmal mehr) steuerliche Gründe. Die beiden Zahlen markieren zwei Zeiträume in Jahren, zehn und drei Jahre. Erinnern Sie sich? Verkaufen Sie eine privat gehaltene Immobilie nach einem Zeitraum von mindestens zehn Jahren, können Sie den Verkaufserlös komplett steuerfrei vereinnahmen. Wenn Sie die Immobilie nach mehr als drei Jahren intensiv renovieren, greift der sogenannte anschaffungsnahe Aufwand glücklicherweise nicht.

In der Kombination bzw. Berücksichtigung beider Sachverhalte steckt großes Potenzial. Warum suchen wir uns nicht einfach die passende Immobilie für genau diese Strategiekombination? Machen Sie sich klar, dass Sie eine Immobilie suchen, die nicht unbedingt sofort instand gesetzt werden muss. Also eher kein Haus, an dem bereits Notreparaturen am Dach notwendig sind und die Heizung ausgefallen ist. Den Mietern ist ja kaum zumuten, dass sie noch drei Jahre warten sollen, weil solche Notreparaturen nicht in Ihr Steuerkonzept passen. Finden Sie also z. B. ein Haus mit einer alten Heizungsanlage, die mit gelegentlichen Kleinreparaturen noch eine Weile funktioniert, oder eine Immobilie mit älteren Fenstern, die sich mit geringem Aufwand noch einmal herrichten lassen. Wenn Sie zudem planen, die Immobilie mindestens zehn Jahre Ihr Eigen zu nennen, profitieren Sie von zwei Steuereffekten zu Ihren Gunsten:

a) Erhaltungsaufwendungen können voll als Werbungskosten geltend gemacht werden; das Finanzamt erstattet daher einen ansehnlichen Betrag
b) der Verkaufserlös wird aus heutiger Sicht vollkommen steuerfrei sein.

Wegen dieser Effekte habe ich mich sehr stark auf diese Strategie fokussiert, weil sie einfach umsetzbar ist, aber auch langfristig und cashfloworientiert ist. Vor allem aber haben Sie mit dieser Strategie den Staat auf Ihrer Seite. Denn der fördert sie geradezu (steuerlich als auch mit günstigen KfW-Finanzierungen). Weiterhin liegt hier ein gewisser Fokus auf dem aktiven Management, das eines der großen Immobilienwerttreiber ist.

Die „Immostrategie 10/3“ ist eine ideale, staatlich geförderte Kombination aus „Halten im Bestand“ und einer oder mehreren Optimierungsstrategien.

Der „Rohdiamant“

In diesem Abschnitt möchte ich Ihnen ein idealtypisches Projekt für die „Immostrategie 10/3“ mit einigen Extraeffekten vorstellen, um zu zeigen, was prinzipiell möglich ist.
Nehmen wir ein fiktives Mehrfamilienhaus, Baujahr 1970, in einer Wohngegend mit mittlerer Wohnqualität in einem guten Ballungsraum. Nicht genau im Stadtzentrum, sondern in einem verkehrstechnisch gut angebundenen Vorort. In dem Haus befinden sich sieben Wohnungen. Angeboten wird es klassisch über einen Makler, Eigentümer ist ein älterer Herr, der bereits die meiste Zeit wohlverdient in Südfrankreich lebt. Daher kümmert sich der Hausmeister um die Ordnung im und um das Haus. Da die Renovierung der frei gewordenen Wohnungen immer aufwendiger wurde und der Hausmeister wenig Zeit hat, stehen derzeit drei Wohnungen leer. Vier Wohnungen sind, wenn auch zu einem niedrigen Preis, vermietet.
Weiterhin gehören zu dem Grundstück ein großer Garten, einige Allgemeinflächen und vier Garagen. Die Garagen sind übergroß, da sie in ein ehemaliges Werkstattgebäude eingebaut wurden. Im Keller befinden sich eine ältere Ölzentralheizung, mehrere Hausmeister- und Partyräume sowie ein derzeit nicht vermietetes Souterrain-Apartment. Die Fenster, die Fassade und das Dach sind in einem eher unterdurchschnittlichen Bauzustand. Auch die Wohnungen

bräuchten zumindest eine grundlegende Renovierung, teils neue Bäder. Ein echter „Rohdiamant" also.

Dieses Haus ist deswegen so gut für die „Immostrategie 10/3" geeignet, weil keine wirklich dringenden und größeren Notreparaturen anstehen. Es kann also instand gesetzt werden, aber die Reparaturen müssen nicht gleich vorgenommen werden. Im Ankaufsprozess wird bereits ein Maßnahmenplan erstellt, kurz-, mittel und langfristig notwendige Reparaturen werden dort mitsamt Schätzkosten aufgeführt. Dieser Plan dient auch bereits als Grundlage für die Preisverhandlung und später als Umsetzungsplan für die vorgesehene Immobilienstrategie. Bezahlt wird die Immobilie auf Basis der derzeitigen Durchschnittsmiete, in guten Mietmärkten zuzüglich der fiktiven Vermietung der leer stehenden Wohnungen – aber im derzeitigen Zustand. Erforderliche Instandsetzungen werden abgezogen. Nachdem die Immobilie gekauft und die Finanzierung gestemmt wurde, werden die drei leer stehenden Wohnungen renoviert und vermietet. Dies wird nicht allzu intensiv betrieben, da wir uns ja in den ersten drei Jahren zurückhalten müssen. Der instandhaltungsnahe Aufwand – 15 Prozent des Gebäudewertes – bremst uns. Ein ordentlicher Puffer für kleinere und mittlere Notreparaturen wird in den Anfangsjahren stets in der Kasse gehalten.

In den ersten Jahren fokussieren wir uns auf das Management, übergeben das Haus an eine vernünftige Hausverwaltung und sprechen mit dem Hausmeister. Kommt dieser mit der neuen Eigentümersituation gut klar, spricht nichts gegen seine Übernahme. Kleinere Unzulänglichkeiten wie die mäßige Briefkastenbeschriftung oder die klemmende Hauseingangstür werden gleich in Ordnung gebracht. Schauen wir uns die Bestandsmietverhältnisse an. Sind die vier Wohnungen vernünftig belegt und nicht überbelegt? Sind die Mieten marktgerecht oder haben wir Luft nach oben? Eventuell ziehen wir gleich in der Anfangsphase die ersten Mietpreisanpassungen durch.

Nun haben wir erst einmal ein wenig Ruhe. Nein, haben wir nicht. Es ergibt sich nämlich, dass die Chemie mit der Hausverwaltung nicht stimmt. Das sind Unwägbarkeiten, die vorkommen. Wir tauschen sie aus, Extrakosten nicht ganz eine Drittel Monatsmiete.
Der Cashflow des Hauses ist mittlerweile ganz passabel. Drei neu vermietete Wohnungen und vier „in Richtung" Mietspiegel angepasste Mieten. Auch die Garagen sind wieder voll vermietet, und einen zusätzlichen Außenstellplatz konnten wir durch eine entsprechende Markierung im Hof auch noch vermieten. Das war schon ein wenig Arbeit, wir haben uns nun eine Ruhephase verdient, die wir aber selbstverständlich zum Nachdenken nützen. Gibt es noch weitere Potenziale auf dem Grundstück? Kann das Dach weiter ausgebaut werden? Oder gibt es Platz für ein zweites Souterrain-Apartment? Oder können die übergroßen Garagen in Wohnraum umgewandelt werden? Es stehen also erste Informationsgespräche auf dem Bauamt an, rein informativ bzw. orientierend natürlich.
Im zweiten Jahr beginnen wir mit der genaueren Untersuchung des Gebäudes und der Eruierung weiterer Maßnahmen. Welche Maßnahmen sind baulich unbedingt notwendig? Zumindest Heizung, Fenster und Dach müssen angegangen werden. Weiterhin hat sich zwischenzeitlich herausgestellt, dass nicht nur die Fassade gestrichen werden muss, sondern dass einige Eisen der Balkone freiliegen, eine kleinere Balkonsanierung also anzuraten ist. Mit der Zeit entsteht ein detaillierter Maßnahmen- und Kostenplan, sinnvollerweise unterstützt von einem erfahrenen Ingenieur oder Architekten.
Auch energetische Sanierungen spielen eine Rolle. Natürlich werden alle Maßnahmen auch dahingehend geprüft, ob sie wirtschaftlich sinnvoll sind. Rechnet sich die große Photovoltaik-Anlage auf dem Dach überhaupt? Oder die Volldämmung der Fassade? Sprich, erhalten Sie für diese Maßnahmen einen Ertrag, der mindestens die Kosten deckt? Oder planen Sie sogar, Größeres umzusetzen wie die Umwandlung der Garagen in schicke Apartments? All dies bauen wir in unser Baukonzept ein.

Irgendwann ist das Jahr vier erreicht. Wir schreiten wieder zur Tat. Zuvor haben wir uns intensiv mit unserem Banker (wegen der zusätzlichen Finanzierung) und dem Steuerberater (damit uns steuerlich nichts anbrennt) unterhalten. Dann werden die Bauleistungen ausgeschrieben und die Mieter informiert, u. U. werden ihnen Mietanpassungen wegen Modernisierungen angekündigt oder es werden idealerweise Modernisierungsvereinbarungen mit den Mietern getroffen. Schließlich wird intensiv gebaut von Frühjahr bis Herbst. Dann sind nur noch einige übliche Baumängel zu beseitigen.

Und das Jahr fünf? Was tun wir? Fast nichts mehr. Nun ist die Hausverwaltung Chef im Ring, denn das Tagesgeschäft steht im Vordergrund. Wir schauen nur noch gelegentlich nach dem Rechten, auf die Umgebung und den Immobilienmiet- und -kaufmarkt. Spätestens jetzt arbeiten wir bereits an unserem nächsten Projekt.

Ach ja, was machen wir ab dem Jahr elf? Klar, wir verkaufen steuerfrei. Aber nur, wenn wir wollen. Weil der vorhandene Cashflow des Hauses ja auch nicht zu unterschätzen ist. Auch der Verkauf an den Ehepartner oder die Kinder kommt in Betracht. Durch solch einen Vorgang (Verkauf an Verwandtschaft ersten Grades) heben Sie stille Reserven – sogar ohne Grunderwerbsteuerpflicht. Und sollte sich einmal die Steuergesetzgebung ändern, haben Sie Ihren steuerfreien Verkauf bereits einmal realisiert. Zudem spricht vielfach auch nichts dagegen, wenn Ihre Verwandtschaft die betreffende Immobilie dann ihrerseits – basierend auf dem hoffentlich deutlich höheren Verkaufspreis – ihrerseits neu finanziert. Auf diese Weise werden auf einfache Art und Weise neue Mittel für weitere Investments frei. Zudem kann in einem solchen Fall von einer neuen – höheren – Abschreibung profitiert werden.

Noch etwas. Sie haben es vielleicht erkannt. Das Projekt war nicht erfunden – ich habe geflunkert. Solche Projekte gibt es tatsächlich, und auch Sie können solche „Rohdiamanten“ finden. Dazu später noch mehr.

Pfiffige Strategiekombinationen

Sie haben weiter oben gesehen, dass Sie zwei, drei oder auch sieben der genannten Strategien beliebig miteinander kombinieren können. Da einige davon auch noch nach dem Immobilienkauf „Kann"-Strategien sind, müssen Sie nicht sofort alles umsetzen. Vielmehr ist ein chronologischer Plan für die Abarbeitung der verschiedenen Themen, sortiert nach Prioritäten und Dringlichkeiten, essenziell. Durchdenken Sie die verschiedenen Möglichkeiten mehrfach. Gespräche mit Spezialisten wie versierten Architekten und Steuerberatern helfen weiter. Sie werden bald erkennen, dass gewisse Kombinationen besonders sinnvoll sind. Wenn Sie z. B. planen, die Ölzentralheizung durch eine Gaszentralheizung zu ersetzen, dann sollte vorher klar sein, ob Sie das zusätzliche Souterrain-Apartment einbauen möchten. Denn vielleicht verwenden Sie den Platz, der durch die Herausnahme des Öltanks frei wird, eben für dieses Apartment – und z. B. nicht als vergrößerten Mieterkeller. Dies bedeutet wiederum, eher früher denn später zum Bauamt zu gehen. Das liegt natürlich meist auf der Hand - und wird, wegen der unendlich vielen Möglichkeiten, trotzdem immer wieder übersehen.

Ihr persönliches Spezialistenteam

Durch die Beschäftigung mit den vielen möglichen Handlungsalternativen im Immobiliengeschäft wurde Ihnen hoffentlich schon einiges transparenter. Nun kommen unsere Spezialisten ins Spiel, denn der gemeine Immobilieninvestor ist ein Manager. Er arbeitet ganz bewusst nicht alles selbst ab, sondern hat sich mit der Zeit ein gutes, hochwertiges Spezialistennetzwerk aufgebaut. Im Idealfall kennen sich diese Spezialisten auch untereinander, so dass sie bei Gelegenheit schnell eine komplexere Aufgabe im Team abarbeiten können. Welche Spezialisten sind dies nun?

Der Steuerberater

Einer Ihrer wichtigsten Berater im Hintergrund ist der mit Immobilienthemen vertraute Steuerberater. Damit meine ich nicht einen Steuerberater, der das jeweils vergangene Jahr „in Formularen abbildet“ und die Formulare Ihrer Steuererklärung ausfüllt. Wesentlich entscheidender ist die strategische Beratung, bevor Sie sich in einem Immobilienprojekt engagieren. Gemeint ist also die langfristige Planung Ihres Vermögensaufbaus als auch die konkrete Projektberatung, wenn Sie ein Projekt umsetzen wollen. Sie können sich zwar selbst gut mit Steuern auskennen – wenn es Ihnen denn liegt –, aber an die Detailtiefe und Aktualität eines Steuerberaters werden Sie niemals herankommen. Darum ist er ein unverzichtbarer Berater.

Der Hausverwalter

Der Hausverwalter gleich nach dem Steuerberater? So wichtig? Ja, definitiv. Auch wenn Sie anfangs vielleicht noch geglaubt haben, dass Hausverwalter nur einfache Aufgaben des Tagesgeschäfts zu erledigen haben – vergessen Sie es. Wer hat eine wirklich breite Managementerfahrung für Häuser in Ihrer Gegend? Wer kennt die typischen Sorgen und Nöte der Mieter am besten, tagein, tagaus? Wer kennt die besten und effektivsten Schritte, mit zahlungsunwilligen Mietern umzugehen? Oder die neuesten Miettrends für die Wohnungsvermietung? Oder wer hat eine Warteliste von Mietinteressenten für genau Ihre Wohnung? Hausverwalter sind unverzichtbar. Auch als Puffer zwischen Ihnen als Vermieter und den Mietern. Wollen Sie wirklich am Sonntagvormittag mit Ihrem Mieter die letzte Nebenkostenabrechnung durchgehen? Haben Sie gar Lust, erst einmal dreizehn Seminare zu den Themen Nebenkostenabrechnung, Hausbewirtschaftung, neueste Auflagen zu Haustechnik, Legionellengefahr, Trinkwasserprüfung, Rauchmelder, Vermietung,

Mieterhöhung, Einzug von Miete usw. usw. zu belegen? Bitte tun Sie dies nur, wenn Sie Verwalter sein wollen! Dann müssen Sie aber Profi werden.

Der Bausachverständige

Wofür brauchen Sie einen Bausachverständigen eigentlich? Nun, hoffentlich nur einmal je Projekt, nämlich bei der Ankaufsprüfung. Kaufen Sie nie eine Immobilie, ohne vorher einen Bauexperten „durchzuschicken". Noch so unscheinbare Dinge können plötzlich ganz große Themen werden. Das sind z. B. kleine Schimmelflecken, Wasserränder oder kleine Risse in der Wand, meist unbedeutende Dinge, aber manchmal stecken auch sehr große – und teure – Bauschäden dahinter.
Achten Sie bei der Beauftragung von Bausachverständigen auf den Leistungsumfang. Es gibt nämlich Bausachverständige, die gerne ausführliche Gutachten schreiben. Diese brauchen Sie aber nicht. Was benötigen Sie im Fall einer Ankaufsprüfung? Eine kurze Stellungnahme sowie einen groben Kosten- und Zeitplan für die spätere Beseitigung der gefundenen Bauschäden. Für ein typisches Mehrfamilienhaus kommen vielleicht drei bis fünf Seiten zusammen. Nur besondere Sachverhalte bzw. Erkenntnisse werden gegebenenfalls etwas ausführlicher behandelt. Dies ist dann eine wesentliche Grundlage für Ihre Ankaufsverhandlung.
Mittlerweile gibt es auch einige Internetplattformen, die bundesweit eine Hausbesichtigung und -begutachtung zum Pauschalpreis anbieten. Trotz der internen Qualitätskontrolle, die gute Portalbetreiber organisieren, haben Sie als Auftraggeber meist kaum einen Einfluss auf die Person des Gutachters, aber gerade dieser ist entscheidend.
Es wird nicht einfach, den richtigen Gutachter zu finden. Erste Anlaufstationen sollten immer Ihnen bekannte Marktplayer sein, die Ihnen vielleicht mit einer persönlichen Empfehlung weiterhelfen.

Am Ende werden Sie sich aber immer selbst eine Meinung bilden müssen. Versuchen Sie einen Überblick über das Leistungsspektrum des Gutachters zu gewinnen, hinterfragen Sie seine Arbeitsmethoden und vor allem: fragen Sie ihn nach Referenzen.

Der Architekt

Architekten gibt es viele. Nicht der Zahl nach, sondern untergliedert nach Fachrichtungen. Das ist auch gut so. Manche Architekten arbeiten als Bausachverständige – aber eben nicht alle! Viele Architekten haben sich auf die klassische Planung spezialisiert und planen am liebsten Neubauten. Das sind die „Künstler" unter den Architekten. Wieder andere planen ebenfalls gerne, haben aber einen besonderen Bezug zum Bauamt ihrer Gemeinde. Das sind die „Verhandler und Strategen" unter den Architekten, die besonders für das Auslegen des vorhandenen oder das Schaffen neuen Baurechts bei der Bauaufsicht bzw. Planungsbehörde geeignet sind. Wieder andere Architekten finden ihr Glück in der Bauleitung bzw. im Baumanagement, also der Überwachung der Bauausführung. Sie sind die „Manager". Alle haben ihre Daseinsberechtigung. Eine gewisse Vorsicht sollten Sie daher walten lassen, wenn sich ein Architekt als „Multitalent" präsentiert. Jeder hat nämlich seine Stärken und Schwächen! Architektenteams, die zusammen ein breites Aufgabenspektrum abdecken, können dagegen sehr hilfreich sein.

Der Rechtsanwalt

Ja, einen Rechtsanwalt benötigen Sie unbedingt. Und zwar nicht erst, wenn Ihnen Ärger droht. Vor allem in der Ankaufsabwicklung ist ein auf Immobilientransaktionen spezialisierter Anwalt unverzichtbar. Oder glauben Sie, dass Sie als Nichtjurist auch nur den

Hauch einer Chance haben, komplexe Kaufverträge zu verstehen? Selbst wenn Sie die Klauseln wörtlich verstehen sollten, können Sie niemals die ganze aktuelle Rechtsprechung kennen. Und weil es verboten ist, übernimmt der Notar, der den Kaufvertrag beurkundet, keineswegs diese Funktion.
Auch in der Managementphase kann es mal vonnöten werden, dass Sie einen Rechtsanwalt zur Durchsetzung Ihrer Ansprüche brauchen. Hier erweist es sich oft als sehr vorteilhaft, auf die Empfehlung Ihres Hausverwalters zu hören. Damit vergrößern Sie nicht nur Ihr Netzwerk um einen vermutlich guten Rechtsanwalt. Nein, Sie haben auch gleich zwei bereits aufeinander eingespielte Teammitglieder.

Der Makler

Klar, Makler bringen Ihnen Deals. Aber sollten Sie einen langfristigen Kontakt zu bestimmten Maklern aufbauen? Ja, unbedingt. Erstens lebt das ganze Immobiliengeschäft von Vertrauen. Wenn der Makler schon zwei, drei gute Deals mit Ihnen durchgezogen hat, warum soll er sich nicht wieder bei Ihnen melden? Zweitens sind Makler gute Informationsquellen für Ihre Marktrecherche, die Sie ständig betreiben sollten. Drittens sind Makler auch bei der Wohnungsvermietung durchaus hilfreich.

Das Backoffice – Ihr Getriebe im Hintergrund

Macht es Ihnen Freude, sich mit Nebenkostenabrechnungen und Kontoauszügen zu befassen oder Fragebögen von Behörden auszufüllen? Vereinbaren Sie gerne Termine mit Ihren Mietern oder buchen Sie gerne Reisen? Wenn nicht – und vor allem, wenn Sie Ihre wertvolle Zeit für Ihre Kernaufgaben nützen möchten – sollten Sie sich Unterstützung besorgen. Dies kann eine 450-Euro-Kraft, ein Freelancer oder ein Serviceunternehmen sein.

Wenn Sie sich erstmals mit dem Thema Outsourcing von Dienstleistungen beschäftigen, schauen Sie sich doch mal nach Freelancern um. Hierzu gibt es vor allem im Internet sehr gute Portale. Viele Freelancer leben im Ausland und suchen händeringend Jobs – „von zu Hause aus". Solche Portale sind z. B. www.freelancer.de, www.twago.de oder www.projektwerk.com. Aber auch Portale mit sogenannten virtuellen Assistenten wie www.cloudsecretary.de, www.my-vpa.com oder www.eassistentin.de sind hilfreich.
Das Delegieren und Outsourcen ist im Immobiliengeschäft unverzichtbar. Viele der kleinen lästigen Tagesarbeiten lassen sich so auf sehr einfache Weise abgeben. Denkbar ist auch die Weitergabe eines großen Teils des Immobilienankaufsprozesses. Weitere zahlreiche Portale, Quellen sowie Tipps und Tricks rund um das Thema Outsourcing finden Sie im Bonusmaterial zu diesem Buch.

Privat oder geschäftlich? Die Rechtsformen

GbR, GmbH, GmbH & Co. KG oder gar eine GmbH & Co. KG a. A.? Es ist durchaus sinnvoll, über solche Themen nachzudenken. Denn gewisse Unternehmensformen helfen, das Risiko Ihrer Immobilien oder gar Ihrer Finanzierungen zu begrenzen. Außerdem können erstaunliche Steuervorteile damit einhergehen. Einige (Literatur-)Tipps dazu finden Sie im Anhang.
Eine kurze Empfehlung, wenn Sie am Anfang Ihrer Immobilieninvestments stehen: Machen Sie es nicht zu kompliziert. Beginnen Sie „einfach". Bedenken Sie, dass Sie sonst vielleicht nie anfangen, und auch die Kosten ausgefeilter Unternehmenskonstruktionen sind nicht unerheblich. Für den Kauf einer Eigentumswohnung sind sie generell ungeeignet. Beginnen Sie klein und „privat". Nur die Möglichkeiten, die diese Welt bietet, sollten Sie bald kennenlernen. Wenn Sie dann tiefer einsteigen, werden Sie vielleicht schon bald Ihre erste GmbH und oder sogar eine Holding gründen. Wer kann das heute schon wissen?

2. Professioneller Immobilieneinkauf leicht gemacht

So finden Sie Ihren Investitionsstandort

Ist Ihr Wohnort bzw. Ihre Nachbarschaft der richtige Standort? Viele (angehende) Investoren und Anleger suchen lange nach dem passenden Standort für ihr erstes Immobilieninvestment. Oft liest man, dass die Nachbarschaft – die man ja besonders gut kennt – hierfür am besten geeignet wäre. Dies trifft jedoch nur manchmal zu. Und zwar nur dann, wenn Ihr Standort ein guter Investitionsstandort ist. Sie benötigen also idealerweise einen guten Investitionsstandort, der in Ihrer Nähe liegt. Ist dies (zufällig) Ihre Nachbarschaft, haben Sie besonderes Glück gehabt.

Gute Investitionsstandorte zeichnen sich durch eine wachsende oder zumindest stabile Bevölkerung aus. Auch die wirtschaftliche Dynamik sowie die Kaufkraft und der Wohlstand der Bevölkerung sollten gut sein. Weiterhin spielt das Miet- und Kaufpreisniveau eine wichtige Rolle. Nicht zuletzt sollten die Nähe zu einem Ballungsraum, die Infrastruktur und Verkehrsanbindung stimmen. Die Prognose für die nächsten 20 Jahre sollte ebenfalls vorwiegend positiv oder mindestens stabil sein. Sie sehen, ein wichtiges und komplexes Thema, das mit der entsprechenden Expertise und Sorgfalt bearbeitet werden sollte.

Wo und wie finden Sie den geeigneten Standort, auf den Sie sich spezialisieren möchten? Nicht zwingend in Ihrer Nachbarschaft! Schauen Sie nach aussichtsreichen Gegenden, die Sie gut per Auto bzw. Bahn erreichen können. Zur weiteren Beurteilung helfen Ihnen die Prüfkriterien, die Sie in den Kapiteln zur Ankaufsprüfung finden. Dort lesen Sie, wie Sie Ihre ersten Standortideen neutral und sachlich dahingehend prüfen, ob sie wirklich für Immobilieninvestments geeignet sind. Erst wenn Sie sich entschieden haben, wo Ihre „Jagd nach Immobilien“ losgehen kann, lohnt es sich, auch die folgenden Schritte zu gehen.

Ihr Suchprofil – so beschreiben Sie Ihre Wunschimmobilie

Jetzt geht es an die Definition Ihrer Idealimmobilie. Was genau suchen Sie? Beschreiben Sie Ihre – realistisch einkaufbare – Wunschimmobilie so genau wie möglich in zwei, drei Sätzen. Orientieren Sie sich dabei auch an Ihren Managementstrategien. Im ersten Schritt fokussieren Sie sich möglichst genau auf Ihre ideale Immobilie. Das ist die Immobilie, die Sie unbedingt „haben wollen“, um Ihre Strategien umzusetzen bzw. Ihr erstes Etappenziel zu erreichen. Im zweiten Schritt bauen Sie eine gewisse Spannbreite ein. Beispielsweise hat Ihre Idealimmobilie eine Größe von 500 Quadratmetern Wohnfläche, aber auch Größen von 400 bis 600 Quadratmetern sind natürlich akzeptabel. Damit erhöhen Sie Ihre Trefferwahrscheinlichkeit. Nachdem Sie sich eingehend Gedanken über die verschiedensten Kriterien gemacht haben, steht in Ihrem Suchprofil dann beispielsweise:

„Gesucht werden Immobilien mit folgenden Kriterien: Mehrfamilienhäuser im gesamten Rhein-Main-Gebiet. Die Häuser sollten über laufende Einkünfte verfügen. Von Interesse sind auch Objekte mit Bewirtschaftungsdefiziten, niedrigem Mietniveau oder Instandhaltungsstau. Je nach Standort- und Immobilienqualität wird eine Mindestrendite von sechs bis sieben Prozent angestrebt. Gesucht werden:

Häuser mit sechs oder mehr Wohneinheiten
Baujahr: ab 1950

Gewerbeanteil: maximal 20 % der Jahresgesamtmiete
Wohnfläche: 400 bis 1.000 m^2
Kaufpreis: 300.000 bis 1.500.000 €
mindestens „mittlere“ Wohnlage.

Das ist nun Ihr Fokus. Alles andere lassen Sie bitte links liegen.
Ihr Suchprofil sollte klar gegliedert und ansprechend gestaltet sein. Wunder wirken Bilder von Immobilien, wie Sie sie suchen. Auch Hinweise zur Maklerprovision und Ihre genauen Kontaktdaten gehören in ein Suchprofil. Ein Beispiel für ein Suchprofil finden Sie auf meiner Unternehmensseite www.triamis.de.
Das Suchprofil ist Ihr Dreh- und Angelpunkt für Ihren Immobilieneinkauf. Es hilft Ihnen, sich mit der Zeit über Ihre „Zielimmobilie“ immer klarer zu werden. Vor allem aber wird es Ihnen beim strategisch organisierten Immobilieneinkauf einen unschätzbaren Dienst erweisen. Verlinken Sie Ihr Profil z. B. in jeder E-Mail, stellen Sie es auf Ihre Homepage und drücken Sie es auch jedem Interessierten in die Hand. Verteilen Sie es. Es soll gelesen werden! Wenn Sie besonders mit der Zeit gehen: nützen Sie Social-Media-Kanäle wie Xing, Facebook und Twitter!

Klassische Einkaufsquellen – die Jagd beginnt

Nachdem Sie sich Ihr persönliches Bild über Ihre Wunschimmobilie gemacht haben, geht es damit auf die Suche. Jetzt beginnt die Jagdsaison! Glauben Sie mir, fast so schön wie eine eigene Immobilie sein Eigen nennen zu dürfen, ist die Jagd nach diesen Schätzen. *Der Weg ist das Ziel* – Sie werden sehen. Nutzen Sie Ihren gesamten Scharfsinn, Ihre Energie und vor allem Ihre Kreativität!

Der Makler als Einkaufsquelle – was kann er, was nicht?

In vielen Regionen läuft der Großteil des gesamten Immobilienmarktes, vielerorts mehr als 80 Prozent, über Makler. Makler sind daher die meist wichtigste Einkaufsquelle. Vergessen Sie das große Gejammere und Gezeter über Maklerprovisionen. Sie ist einfach Bestandteil eines (fast) jeden Deals. Kalkulieren Sie sie einfach ein. Rechnet sich der angebotene Deal inklusive der Maklerprovision (und sonstigen Kosten)? Gut. Und wenn nicht? Dann suchen Sie sich den nächsten Deal oder bieten Sie einfach „Ihren" Preis an. Das Allerwichtigste ist: gute Makler verdienen ihre Provision, weil sie sie wert sind. Können Sie sich z. B. einen älteren Herrn, der vorzugsweise in Südfrankreich lebt und eigentlich mit dem Verkaufsobjekt nichts mehr am Hut hat, in der Preis- und Kaufvertragskonditionenverhandlung vorstellen? Wirklich? Also, ich nicht so sehr. Und wie soll er den Markt einschätzen? Realistisch, meine ich natürlich. Makler sind (meist) hervorragende Markteinschätzer und Vermittler! Sie „kanalisieren" den anstehenden Deal – besonders, wenn es schwierig oder gar emotional wird, denn sie haben den notwendigen Abstand. Ich hätte viele Deals ohne Makler nie umsetzen können.

Pflegen Sie daher den regelmäßigen Kontakt zu den Maklern Ihrer Region. Natürlich nicht zu allen Maklern, aber zu vielen, z. B. zehn bis zwanzig. Finden Sie heraus, wer besonders stark im Markt vertreten ist. Wer hat passende Objekte in ausreichender Zahl? Konzentrieren Sie sich auf diese Makler. Treten Sie ein – in den Dialog. Diskutieren Sie mit ihnen die aktuellen Markttrends und geben Sie ihnen selbstverständlich Ihr Suchprofil an die Hand. Seien Sie aber bitte nicht enttäuscht, wenn Sie nicht gleich – vor allen anderen – die tollsten, besten Deals angeboten bekommen. Diesen „Status" müssen Sie sich nämlich erst erarbeiten. Außerdem haben die verschiedenen Makler ein unterschiedliches Vorgehen. Diese kennenzulernen ist zunächst Ihre Aufgabe.

Ist es Ihnen gelungen, ein besonderes Verhältnis zu einem Makler aufzubauen, werden Sie schnell sehen, dass sich dies lohnt. Beginnen Sie beispielsweise damit, dass Sie Ihre Provision immer in versprochener Manier pünktlich und in voller Höhe zahlen. Denn die meisten Makler haben ein wesentliches Problem: zahlungsunwillige Immobilienkäufer. Wie wohlklingend werden dann Sätze wie „Ich zahle Ihre Provision gerne, zügig, in voller Höhe und vorbehaltlos" sein? Spüren Sie die Kraft, die Sie damit entfalten können? Sie können dem sogar noch „eins draufsetzen": In der Gewerbe-Immobilienvermietung ist es durchaus üblich, dass Makler für besonders gute Leistungen „incentiviert" werden. Dies bedeutet nichts anderes, als dass sie gegebenenfalls eine Belohnung – über die übliche Provision hinaus – erhalten. Warum ein solches Vorgehen nicht auf den „einfachen" Immobilieneinkauf übertragen? Aber auch das Inaussichtstellen einer langfristigen Zusammenarbeit bei der Vermietung oder gar dem späteren Weiterverkauf der Immobilien kann durchaus motivierend sein. Denken Sie daher immer langfristig und kreativ – das Potenzial ist groß.

Privatverkäufer

Privatpersonen sind, auch wenn der Umgang mit ihnen zuweilen anstrengend werden kann, in der aktuellen Marktlage oftmals noch bessere Einkaufsquellen. Sie finden verkaufsbereite Privatverkäufer über viele Wege.

Privatverkäufern sollten Sie immer eine besondere Aufmerksamkeit schenken. Versuchen Sie vor allem frühzeitig herauszufinden, warum verkauft werden soll. Damit erfahren Sie nämlich Vieles zur Verkaufsmotivation des Anbieters. Hat er es eilig? Oder ist gar besonders großer Druck vorhanden? Dies ist oft bei persönlichen Ereignissen wie Scheidung, Krankheit oder beruflich veranlasstem Umzug der Fall. Unter solchen Bedingungen werden Sie oftmals tatsächlich verkaufsbereite Verkäufer mit der entsprechenden Bereitschaft finden, Ihnen entgegenzukommen. Es kommt allerdings auch oft vor, dass Privatverkäufer den Markt nur „antesten“ möchten, also gar nicht oder nur mit großem Anreiz (und hohem Preis) verkaufsbereit sind. Sicher ist Ihnen sofort klar, auf wen Sie sich konzentrieren sollten. Nicht ohne Grund ist die Scheidung „Maklers Liebling“.

Innovative und kreative Einkaufsquellen

Hiermit meine ich nicht irgendwelche Absonderlichkeiten, sondern einfach Ideen, auf die Sie vielleicht nicht sofort gekommen wären. Denkbar ist vieles. Auch hier sind Ihrer Kreativität natürlich keine Grenzen gesetzt.
Haben Sie über die folgend aufgeführten Ideen hinaus noch eigene, vielversprechende Ansätze? Ja? Dann lassen Sie es mich doch wissen. Über besonders innovative Einkaufsquellen diskutiere ich nämlich regelmäßig mit der Community auf www.immopreneur.de.

Zwangsversteigerungen

Davon haben Sie sicher schon gehört. Von den sagenumwobenen Schnäppchen, die Sie auf Zwangsversteigerungen machen können. Vergessen Sie es gleich wieder. Jedenfalls in und um Ballungszentren gehen die Preise mittlerweile derart hoch, dass sich bei diesen Gelegenheiten nur noch selten wirklich gute Gelegenheiten bieten. Dennoch gibt es sie auch heute noch, nur seltener und verborgener. Meist handelt es sich dabei um etwas komplexere Immobilien in etwas schwierigeren Lagen, die – in der Hand eines erfahrenen Investors oder Entwicklers – erst einmal weiterentwickelt werden müssen. Umnutzungen, Erweiterungen und Optimierungen sind

hier die gängigsten Themen. Oder es müssen zunächst schwierige rechtliche Probleme gelöst werden.
Weiterhin sind Zwangsversteigerungen mit derartig vielen Fallstricken behaftet, dass Sie niemals „nur einfach eine Immobilie ersteigern" sollten. Da gilt es, sich zunächst mit dem gesamten Rechtsgebiet der Zwangsversteigerung, den Verfahrensarten, Bietgrenzen und sonstigen Rahmenbedingungen ausführlichst zu befassen. Zwangsversteigerungen sind ein sehr interessantes Feld, aber auch ein absolutes Spezialgebiet!
Sie möchten sich aber dennoch mit Zwangsversteigerungen befassen? Na gut, ok. Dann rate ich Ihnen aber dringend folgendes Vorgehen: Versuchen Sie im ersten Schritt ein erstes Gefühl für den Ablauf von Zwangsversteigerungen zu bekommen. Da Zwangsversteigerungen (abgekürzt ZVG) immer öffentlich sind, haben Sie das Recht, an jeder ZVG als Zuschauer teilzunehmen. Gehen Sie in den Gerichtssaal, wo die Immobilien „Ihres Reviers" versteigert werden. Termine finden Sie z. B. unter zvg-portal.de. Beobachten Sie dort alle Teilnehmer und Handlungen von der Terminеröffnung über die Bietstunde bis hin zum (möglichen) Zuschlag. Sollten Sie nach mindestens zehn Terminen noch immer der Meinung sein, dass es lohnend ist, sich näher mit diesem Thema zu befassen, wird eine Investition notwendig sein. Nämlich in Ihr Know-how. Sie sollten sich unbedingt weiterbilden oder einen in dieser Materie erfahrenen Partner bzw. Berater finden.
Alternativ kann es aber auch sinnvoll sein, Zwangsversteigerungen regelmäßig zu besuchen, ohne dass Sie wirklich mitbieten möchten. Jetzt fragen Sie sich sicher, was ich hier wieder „aushecke". Ganz einfach - nutzen Sie Zwangsversteigerungen doch einmal als Networking-Plattform. Ich habe mich in den letzten drei Jahren intensiv mit dem Thema Netzwerken auseinandergesetzt und dabei gelernt, dass ein solcher Ort, wo alle „Verfahrensbeteiligten" zusammenkommen und vielfach sogar ein wenig Zeit für Gespräche haben, nahezu ideal ist. Also, ran an die Verfahrensbeteiligten!

Kommerzielle Auktionen

Kommerzielle Auktionen, wie sie z. B. von der Sächsischen Grundstücksauktionen AG durchgeführt werden, sind rechtlich nicht im Geringsten mit Zwangsversteigerungen vergleichbar. Während Immobilien „unfreiwillig“ in der ZVG landen, werden sie in kommerzielle Auktion „freiwillig eingeliefert“. Das Auktionshaus agiert nämlich ähnlich wie ein Makler, nur dass Immobilien dort live in einem Saal oder online versteigert werden. Der Ablauf ist vergleichbar mit den Kunstauktionen der ganz großen Auktionshäuser.
Solche Auktionen werden von den einzelnen Auktionshäusern stark beworben, auch im Ausland. Das hat dann aber zur Folge, dass oft sehr viele Interessenten auf wenige interessante Immobilien bieten. Die Folge sind meist hohe Preise. Aber auch hier gilt: es kommt auf den Einzelfall an. Gerade Spezialimmobilien in einem besonderen Umfeld suchen auf solchen Auktionen einen Bieter.

Insolvenzverwalter und notleidende Objekte

Dies ist eine durchaus interessante Einkaufsquelle. Wie Sie sich vorstellen können, herrscht bei einem Insolvenzverwalter oder bei notleidenden Objekten ein höherer Verkaufsdruck. Und genau diesen können wir uns als Investoren zu Nutze machen.
Sie werden aber nicht einfach bei den Insolvenzverwaltern Ihrer Umgebung anrufen und nach verfügbaren Immobilien fragen können. Höchstwahrscheinlich werden Sie über die nette Dame am Empfang nicht hinauskommen, denn Insolvenzverwalter dürften die meistbeschäftigen Menschen überhaupt sein. Ein guter (indirekter) Weg kann jedoch Ihr Netzwerk sein mit persönlichen Empfehlungen. Es wird mit der Zeit fast automatisch entstehen. Spätestens dann, wenn Sie aus allen möglichen Ecken interessante Immobilienangebote erhalten.

Derartige Einkaufsquellen zu nützen, bedarf aber immer einer gewissen Erfahrung, da die rechtlichen Umstände meist kompliziert sind. Zudem ist ein guter, auf Immobilientransaktionen spezialisierter Rechtsanwalt für die Strukturierung komplexer Deals unabdingbar.

Bankabteilungen und Verwertungsgesellschaften

Auch Banken und Verwertungsgesellschaften sind hervorragende Einkaufsquellen. Sie erreichen sie auch viel leichter als Insolvenzverwalter. Bei den Banken müssen Sie sich einfach nach den passenden Abteilungen erkundigen. Wo werden die schwierigen Fälle bearbeitet? Gibt es gar eine „Work-Out"-Abteilung? Auch hier sollte Ihre erste Anlaufstation ein Ihnen bekanntes Gesicht sein, z. B. Ihr Finanzierungsberater.
Noch wesentlich offener sind die sogenannten Verwertungsgesellschaften. Dies sind Dienstleistungsunternehmen, die Immobilien im Auftrag von Banken „aufbereiten" und vor allem (oft sehr zügig) verwerten. Diese Unternehmen sind vertriebsseitig oft wie klassische Makler organisiert. Sie werden sie daher meist erst auf den zweiten Blick erkennen.

Kleine Wohnungsgesellschaften

Dies ist eine Idee, in welche Richtung Ihre Kreativität gehen könnte. Stellen Sie zunächst alle mittleren und kleinen Wohnungsgesellschaften Ihrer Gegend in einer Liste zusammen. Dann lassen Sie ihnen von Zeit zu Zeit ein freundliches Anschreiben zusammen mit Ihrem Suchprofil zukommen. Denn oft kommt es vor, dass Wohnungsgesellschaften „irgendwo" Immobilien im Bestand haben, die nicht mehr zu ihren anderen passen. Damit gemeint sind die soge-

nannten Portfoliokriterien, also z. B. Häuser, die in Größe, Lage oder Zustand nicht mehr dem sonstigen Bestand der Gesellschaft entsprechen.
Können Sie sich ungefähr vorstellen, welche „Macht“ Ihr Anschreiben hat, wenn der Vorstand der Gesellschaft gerade drei Monate zuvor beschlossen hat, sich von einigen Immobilien zu trennen? Genau, dann sind Sie „dran“! Solche Fälle kommen immer wieder vor.

Fondsgesellschaften

Fondsgesellschaften sind Vehikel (d. h. Gesellschaften), in den Immobilien „gesammelt“ werden. Sinn und Zweck dieser Fonds ist die Kapitalanlage durch viele kleine oder wenige große Anleger. Diese beteiligen sich somit indirekt an Immobilien. Anleger können Privatpersonen, aber auch große Gesellschaften wie Versicherungen sein.
Doch wie gehen Sie hier vor? Klar, wie bei den Wohnungsgesellschaften. Aber, wo finden Sie sie? Da fällt mir vor allem das Verbandswesen ein: Jedes Unternehmen, das etwas auf sich hält, ist heutzutage in einem oder mehreren Berufsverbänden vertreten. Ein Beispiel für einen solchen Zusammenschluss ist der „Verband Geschlossene Fonds“. Dort sind insbesondere größere Fondsgesellschaften zu finden. Aber auch die örtliche IHK können Sie ansprechen.

Bauträger(-restanten und -pakete)

Was ist das denn? Gar nichts Kompliziertes, wie Sie gleich sehen werden. Bauträger sind die Entwickler neuer Wohngebäude, die sie dann gerne in Eigentumswohnungen aufteilen und einzeln verkau-

fen. Ihre Zielgruppe sind, je nach Lage, meist Selbstnutzer, aber auch Kapitalanleger.
Können Sie sich vorstellen, welche Wohnungen sich am besten verkaufen lassen? Natürlich die schönsten, also die Wohnungen im ersten Obergeschoss mit großem Balkon und zur Sonnenseite hin ausgerichtet. Doch hier taucht ein klassisches Standardproblem von Bauträgern auf: Es gibt regelmäßig Wohnungen, die einen eher mäßigen Schnitt haben, zur lauten Seite ausgerichtet sind, im Erdgeschoss auf der dunklen Seite liegen etc. Und genau diese Wohnungen lassen sich eben nicht so zügig verkaufen.
Jetzt kommen Sie ins Spiel. Aus dem oben genannten Grund verfügen viele Bauträger nämlich über ein mittleres oder größeres Paket an „übrig gebliebenen" Wohnungen, den sogenannten Restanten. Und da Entwickler (und Bauträger) vor allem eines hassen, nämlich gebundenes Kapital in Restanten, können Sie sich vielleicht vorstellen, welche Wirkung Ihr Schreiben auch hier zur rechten Zeit haben kann.

Steuerberater

Sehr viele Anleger haben ein sehr vertrauensvolles Verhältnis zu ihrem Steuerberater. Mit ihm werden vielmals auch die Grundlagen der eigenen Vermögensverwaltung diskutiert und entschieden. Daher sind Steuerberater im Allgemeinen sehr gut informierte Menschen und wissen oft, ob einer ihrer Mandanten derzeit einen Verkauf in Erwägung zieht. Sie helfen gerne aus, da sie mit guten Empfehlungen ihren Mandanten durchaus unter die Arme greifen. Vertrauen zu guten Steuerberatern aufzubauen ist daher obligatorisch.

Hausverwaltungen

Ähnlich verhält es sich mit Hausverwaltungen. Auch diese unterstützen gerne ihre Kunden. Vielfach arbeiten sie bereits mit Maklern zusammen, aber direkte Anfragen lohnen sich vielfach trotzdem.

Sonstige verdeckte Quellen

Wie wir gesehen haben, gibt es die unterschiedlichsten Quellen, viele sind direkte Quellen, aber einige sind auch eher indirekter Natur, z. B. die zuletzt genannten Steuerberater und Hausverwalter. Sie werden auch Multiplikatoren genannt. Teilen Sie Ihre Quellen daher in „indirekt" und „direkt" ein und richten Sie Ihre Marketingstrategie, denn nichts anderes ist Ihre Einkaufsstrategie, konsequent danach aus.

Nachdem Sie Ihr System aufgestellt, erprobt und mit der Zeit verfeinert haben, denken Sie weiter nach. Welche Quellen gibt es noch? Nehmen Sie sich z. B. eine Branchengliederung der IHK (leicht im Internet zu finden und zuweilen sehr detailliert) zur Hand. Lassen Sie Ihre Gedanken kreisen und brainstormen Sie. Damit werden Ihnen weitere Ideen für teils äußerst kreative Einkaufsquellen kommen.

Eine weitere – sehr effektive – Möglichkeit ist das Netzwerken. Mir ist bewusst, dass ich mich wiederhole. Aber: Gehen Sie auf Stammtische – Immobilienstammtische meine ich natürlich. Treffen Sie sich mit anderen Investoren und tauschen Sie sich aus über spannende Einkaufsquellen. Ich bin sehr stolz, dass sich in Deutschland nunmehr seit einem Jahr eine signifikante Immobilienstammtisch-Kultur mit lokalen Treffen entwickelt, ähnlich wie es diese bereits seit den 1980er-Jahren (!) in den USA gibt.

Noch ein Tipp, der – ein wenig reflektiert – eine extrem große Wirkung erzielen kann. Die Immobilienwirtschaft habe ich persönlich

als sehr, sehr konservative Branche kennengelernt. Das ist keine 08/15-Floskel, es ist tatsächlich so! In kaum einer anderen Branche herrscht ein solch bewahrendes „Revierdenken". Wohingegen sich die heutige Gesellschaft zunehmend öffnet. „Teilen" ist die Devise. Sehen Sie Ihren Konkurrenten vielmehr als Wettbewerber, der Sie anspornt, noch besser zu werden, als Sie es bereits sind.
Da ich in den letzten drei Jahren geradezu Unglaubliches - hervorgerufen durch eine gewisse Bekanntheit aufgrund meines Buches - erfahren durfte, möchte ich Ihnen an dieser Stelle Folgendes mit auf den Weg geben:
Lernen Sie zu teilen! Gehen Sie Kooperationen ein. Werfen Sie die Geheimniskrämerei der Immobilienwirtschaft über Bord!
Allein, wenn Sie dies beherzigen, werden Sie nach einer gewissen Zeit eine unglaubliche Dynamik in Ihrem Umfeld feststellen. Ihr Netzwerk wird exponenziell wachsen, Kooperationen werden entstehen, sogar Freundschaften - versprochen. Vernetzen Sie sich sehr gerne auch direkt (!) mit mir. Kommen Sie auf unsere Stammtische - Anlaufstation ist einmal mehr www.immopreneur.de.

Ihre persönliche Einkaufsstrategie entwickeln

Wo finden Sie die vielen Immobilienangebote, die Sie ab heute durchforsten wollen? Wie gehen Sie am besten vor? Und wie ordnen Sie die vielen Quellen? Klar, der Makler schickt Ihnen Exposés. Aber wo finden Sie weitere Angebote bzw. Hinweise auf weitere interessante Anbieter? In den klassischen Immobilienportalen und teilweise auch noch in Tageszeitungen, denken Sie vielleicht. Ja, das ist richtig. Aber es gibt noch zahlreiche weitere Möglichkeiten. Der folgende Weg kann daher niemals vollständig sein. Setzen Sie auch hier Ihre ganze Kreativität ein!

Immobilienportale

Damit gemeint sind die klassischen Internetportale wie www.immobilienscout24.de, www.immowelt.de, www.immonet.de, myimmo.de, www.wunschimmo.de und viele andere. Ersteres hat mittlerweile den mit Abstand größten Marktanteil und sollte daher unbedingt eine wesentliche Quelle Ihrer Immobilienrecherche sein.
Nicht ganz so bekannt sind andere, oft übergreifende Portale wie www.nestoria.de, www.nuora.de, www.zoomsquare.de und www.immobilo.de. Diese Portale bedienen sich der Daten mehrerer (teilweise zahlreicher) Immobilienportale und fassen diese in ihrem Datenbestand zusammen.
Weiterhin nicht zu unterschätzen sind auch heute noch Tageszeitungen, lokale Zeitungen, Anzeigenblätter, Anzeigenportale jeglicher Art sowie die in diesem Zusammenhang eher weniger bekannten eBay-Kleinanzeigen.
In der Praxis werden Sie vermutlich viele dieser Plattformen nützen, wenn auch nicht alle. Wegen der sich überschneidenden Daten ist das auch nicht notwendig bzw. sinnvoll. Welche dieser Portale Ihnen am besten liegen, erfahren Sie durch intensives Testen und Ausprobieren, denn in jeder Gegend gibt es den einen oder anderen Schwerpunkt.
Nützen Sie den von den meisten Portalen angebotenen Service zum Anlegen und Abspeichern eigener Suchprofile mit entsprechender Registrierung. Damit erhalten Sie täglich die neuesten Angebote automatisch per E-Mail. Gerade mit der Anlage von verschiedenen, sich überschneidenden Suchprofilen, die Sie mit der Zeit verfeinern, können Sie schnell, kostenfrei und effektiv einen kompletten Marktüberblick erhalten.
Der Nachteil dieser Methode ist allerdings, dass Sie auf diese Weise von interessanten Immobilienangeboten in guten Lagen meist gleichzeitig mit tausend anderen Mitbewerbern erfahren. Sobald Sie eine E-Mail mit einem Angebot erhalten, ist es nämlich „öffentlich".

Diese Art der Immobilienvermarktung heißt daher auch Retailmarkt.
Für den Einstieg in einen (neuen) Immobilienmarkt ist diese Methode jedoch sehr gut geeignet. Damit lernen Sie vor allem die immer wieder erscheinenden Marktplayer kennen und welche Immobilientypen zu welchen Preisansätzen angeboten werden. Auch den verschiedenen Parallelmärkten (Einfamilienhäuser, Mietwohnungen etc.) und den Vermarktungszeiträumen sollten Sie einen hohen Grad an Aufmerksamkeit widmen.
Zudem sind öffentliche Immobilienangebote auch heute noch eine sehr gute Einkaufsquelle, wenn Sie ein wenig um die Ecke denken. Einen „7-Prozenter" mitten in Frankfurt werden Sie so kaum finden, aber wenn Sie allein eine Idee haben, wie Sie eine bestimmte Immobilie ganz besonders aufwerten können, haben Sie eben nicht Hunderte von Mitbewerbern. Beispielsweise können dies besondere Problemlösungen oder Vermietungsstrategien sein. Wenn es Ihnen etwa gelingt, in kleineren und mittleren Universitätsstädten ein Konzept speziell für Studenten (hoch-, mittel- oder niedrigpreisig) zu entwickeln, das Ihre Mitbewerber (noch) nicht auf dem Schirm haben, können Sie auch öffentlich günstig einkaufen. Ein solcher Immobilienkauf steht immer in Relation zum Nutzungskonzept, das damit verfolgt wird.

Suchanzeigen

Als durchaus interessant hat sich die Immobilienakquise mittels Suchanzeigen erwiesen. Hierzu geben Sie – in den vorher von Ihnen recherchierten und für Ihre Gegend relevanten – Portalen und Zeitungen einfach eine Suchanzeige auf. Etwa in der Art „Suche Mehrfamilienhaus in und um Frankfurt am Main. Gerne auch renovierungsbedürftig. email@domain.de". Viele Anzeigen können Sie sogar kostenlos aufgeben. Ratsam ist der Einsatz gesonderter E-Mail-

Adressen, damit Sie diese wegen des zunehmenden Spams von Zeit zu Zeit austauschen können.
Sie sollten nicht enttäuscht sein, wenn Ihre erste Suchanzeige keinen Erfolg bringt. Denn auch hier gilt: Masse statt Klasse. Schalten Sie besonders viele Anzeigen – erst ab einer gewissen Menge werden Sie entsprechenden Rücklauf erhalten. Zudem erreichen Sie mit vielen Anzeigen, dass Sie in Ihrem Markt „sichtbar" werden. Die Marktteilnehmer nehmen Sie wahr, Sie werden registriert, Sie „branden" sich, man erinnert sich an Sie. Unangeforderte Geschäftsgelegenheiten werden die Folge sein.

Online-Suchtools

Online-Suchtools wie IMV Marktdaten, Imtect oder desk.immo sind sehr effektive Werkzeuge zur Durchforstung bereits veröffentlichter Immobilienangebote. Damit widmen Sie sich also erneut dem Retailmarkt, aber auf sehr effektive Weise. Diese Tools werden als Abomodell angeboten, und ihre Methode besteht darin, die Daten aus zahlreichen Portalen und Tageszeitungen zu bündeln. Sie erlauben zudem sehr unterschiedliche und recht genaue Suchfilter. Auch die Herkunft der Immobilienangebote – ob über Makler oder privat – lässt sich auf diese Weise recht genau einzugrenzen.

Presseveröffentlichungen

Sollten Sie in Erwägung ziehen, professionell auftreten zu wollen, d. h. als Unternehmen am Markt wahrgenommen zu werden, sind Presseveröffentlichungen ein sehr wirksames Mittel. Dank der vielen Distributionskanäle und vor allem dank der freien PR-Portale wie openpr.de können Sie Ihre Pressenachricht heutzutage kostenfrei sehr breit verteilen. Das wichtigste Kriterium einer guten Pressemeldung ist natürlich eine Geschichte. Geben Sie daher nur eine Pressemeldung heraus, wenn Sie etwas Interessantes zu berichten haben. In dem erwähnten Presseportal können Sie sehr leicht Beispiele recherchieren.

Internetmarketing

Die Zuwachsraten des Internets sind noch immer extrem hoch. Von daher ist eine ausgeklügelte Internetmarketingstrategie mittlerweile unverzichtbar. Dies mag Sie vielleicht ein wenig erstaunen, wenn Sie an den typischen Immobilienverkäufer denken, auf den Sie es „abgesehen" haben. Aber Fakt ist, dass fast jeder das Internet mittlerweile mehr oder weniger intensiv nutzt.

Machen Sie sich daher mit den verschiedenen Medienkanälen vertraut, wenn Sie sie nicht bereits nützen, in erster Linie mit den typischen Social-Media-Plattformen wie Xing, Facebook, LinkedIn und auch Twitter. Eine Homepage und ein Blog sind als Dreh- und Angelpunkt Ihres professionellen Tuns ebenfalls ein unerlässliches Werkzeug. Überlegen Sie sich, was Sie der Netzgemeinde bieten möchten. Denn damit Ihr Marketing aufgeht, müssen Sie geben, sehr viel sogar, Inhalte und Informationen, den sogenannten Content. Guter Content ist immer gefragt. Wenn Sie sehr guten Content anbieten, wird er sogar – ohne weiteres Zutun – fast automatisch im Internet verteilt. Quasi wie ein Virus – das nennt sich dann virale Verbreitung.

Um eine Idee von den Möglichkeiten des Internets zu bekommen, folgen Sie den verschiedenen Links und begutachten Sie die verschiedenen Social-Media-Kanäle. Ich verspreche Ihnen, das Internet wirkt. Sehr sogar. Sie brauchen jedoch einen längeren Atem, bis es soweit ist. Und holen Sie sich, wenn Sie die Sache intensiver betreiben wollen, einen Berater für Internetmarketing und -kommunikation an Bord.

Diese Strategie können Sie so intensivieren, dass Sie irgendwann als „der“ Experte auf Ihrem Fachgebiet gelten. Der Aufbau eines Expertenstatus ist sozusagen die Krönung Ihrer Bemühungen. Hierzu kombinieren Sie idealerweise viele der hier vorgestellten Strategien vom Aufbau eines informativen Internetauftritts, der Nutzung zahlreicher Social-Media-Kanäle und der Herausgabe regelmäßiger Pressemeldungen bis hin zum Schreiben von Fachartikeln oder gar eines eigenen Buches.
Das Internetmarketing, das ich selbst sehr intensiv betreibe, ist die Grundlage dessen, warum Sie heute dieses Buch in Händen halten. Ohne Internet hätten Sie es wohl eher nicht gefunden.

Der langfristige Netzwerkaufbau

Sie sehen, alles mündet immer wieder in dieses Thema: Ihre persönliche Verflechtung mit den Playern der Immobilienwirtschaft in Ihrem Markt. Nur darum geht es. Irgendwann werden Sie es geschafft haben. Sie werden ein sehr großes wertvolles Netzwerk aufgebaut haben und sich darin als Experte für Ihr Fachgebiet positioniert haben. Dann tritt ein Effekt ein, der Umkehrung der Ereignisse genannt wird. Die Marktteilnehmer beginnen, nach Ihnen zu suchen, Anfragen an Sie zu richten und – das ist das Hauptziel – Ihnen unaufgefordert zahlreiche Geschäftsgelegenheiten anzubieten.
Wie hat alles angefangen? Wissen Sie es noch? Genau, Sie haben erst einmal nur gegeben.

Erst geben, dann nehmen, das ist die Devise

Ihr Netzwerk wird nun quasi von allein wachsen. Sie bekommen ganz automatisch Einträge für Ihren Newsletter, Kommentare zu Ihren Blogbeiträgen, Facebook-Freundschaftsanfragen und sonstige Anfragen aller Art. Ihr Netzwerk wächst „organisch“ und Sie müssen es jetzt „nur“ noch pflegen. Langfristigkeit gewinnt also einmal mehr!

Ihre Suche fokussieren

Spätestens jetzt ist es an der Zeit, sich intensiv (erneut) mit Ihrer Organisation zu befassen. Denn wie wollen Sie die guten von den weniger guten Immobilienangeboten trennen? Hierfür brauchen Sie klare Kriterien. Nehmen Sie sich erneut Ihr Suchprofil an die Hand. Haben Sie es mit der Zeit weiter verfeinert? Prima. Nützen Sie es konsequent und sortieren Sie unpassende Immobilienangebote aus. Entwickeln Sie Filtertechniken, damit Sie sich künftig nur noch auf die Perlen, also die passenden Angebote, konzentrieren können.
Sinnvolle „interne Suchkriterien“, die sich neben dem offiziellen Suchprofil bewährt haben, sind beispielsweise Indikatoren, die Ihnen Immobilien mit einem gewissen Wertpotenzial versprechen. Einerseits kann dies die aktuelle Vermietungssituation der Immobilie sein. Steht etwa das Mietniveau in einem gewissen Missverhältnis zu den aktuellen Marktmieten, liegt also eine sogenannte Underrent-Situation vor? Sind die Mieten eher niedrig? Das ist schlecht, meinen Sie jetzt vielleicht. Nein, definitiv nicht. Warum? Sie haben es doch auf die Immobilien abgesehen, die noch ein gewisses Potenzial nach oben haben. Und solche „unter Markt“ liegenden Mieten können doch nur nach oben gehen, oder?
Auch Immobilien, die optisch nicht mehr optimal sind, zählen in diese Kategorie. Denn diese lassen sich mit recht einfachen Mitteln wieder in Schuss bringen. Das künftige Mietniveau orientiert sich dann natürlich an der neuen ordentlichen Optik der Liegenschaft. Also: kleine Investition, große Wirkung.
Oder gibt es irgendein Problem auf Verkäuferseite zu lösen, z. B. der Schuppenabbruch, Sie erinnern sich? Oder wurde der Verkäufer gerade geschieden und muss sich mit seiner Exfrau auseinanderset-

zen. All dies sind Probleme der Verkäufer, die wir gerne lösen.
Um es im Kern zusammenzufassen: wir suchen keine Schnäppchen, wir suchen Immobilien, die noch einen gewissen Schliff benötigen. Außerdem lösen wir gerne die Probleme der Verkäufer. Wir suchen also „Rohdiamanten" aus besonderen Umständen.
Doch was zahlen Sie für diese Immobilien? Zahlen Sie „das 15-fache der möglichen Miete in fünf Jahren" oder „das 15-fache der heutigen Miete"? Sie ahnen es. Wir orientieren uns natürlich am Ist-Zustand der Immobilie, denn wir lösen doch das Problem. Daher wollen auch wir für die Problemlösung (durch Wertentwicklung und Cashflow-Erhöhung) bezahlt werden. Kaufen Sie daher nie auf Basis von Hoffnungen und Zukunftswerten ein! Das machen nur Retailkäufer. Als ernsthafte Investoren wollen wir doch zu Großhandelskonditionen einkaufen, oder?
Als Privatinvestor haben Sie – gegenüber institutionellen Investoren – zudem den einmaligen Vorteil der Kreativität und Flexibilität. Kleine Organisationen können sich erfahrungsgemäß viel leichter an sich ändernde Rahmenbedingen anpassen. Gehen Sie daher kreativ an die Sache und sondieren Sie laufend neue Konzepte. Denken Sie in Nischen. Warum vermieten Sie nicht einmal Einzelzimmer in Studentenstädten oder widmen sich einer ganz anderen Investmentklasse wie beispielsweise dem Self-Storage? Der Immobilienmarkt besteht nicht nur aus Eigentumswohnungen und Mehrfamilienhäusern in mittleren Lagen großer Ballungszentren. Haben Sie Ihre Spezialisierung bzw. Nische gefunden und sich dort intensiv eingearbeitet, kommen die Deals. Sie sind dann allen anderen (auch großen) Playern eine Nasenlänge voraus.
Wie bestimmen Sie nun den Kaufpreis? „Der steht doch in der Anzeige oder im Exposé", denken Sie vielleicht. Mitnichten! Diese Zahl ist absolut uninteressant. Wir kalkulieren unseren Angebotspreis selbst. Wie das geht, sehen Sie im Folgenden.

3. Die Ankaufsvorprüfung

Die Auswertung des Exposés

Sinn und Zweck der Ankaufsvorprüfung ist eine möglichst pragmatische und vor allem zügige Durchsicht der uns bisher bekannten Immobiliendaten. Es geht hier, und daran werden Sie sich gewöhnen müssen, nicht um die Genauigkeit der Ergebnisse, sondern um Geschwindigkeit. Denn Sie werden ab heute viele Angebote „durchprüfen". Umso mehr Sie schaffen, umso besser wird Ihr Ergebnis am Ende sein. Ausnahmsweise sollten Sie auf „Masse statt Klasse" achten. Daher wird von nun an auch eine gewisse Organisation unabdingbar sein.
Wie gehen wir konkret vor? Nehmen wir als erstes Beispiel ein x-beliebiges Exposé aus einem Immobilienportal, idealerweise passend zu Ihrem gewünschten Immobilientyp und aus Ihrer Gegend. Der eine Betrachter wird die „blumige" Exposé-Variante erwischen, der andere eine eher nüchterne, mit wenigen Details versehene. Auch die Detailtreue und die Qualität von Text und Bildern werden sehr unterschiedlich sein. Auch daran sollten Sie sich gewöhnen und lernen, die für Sie relevanten Informationen herauszufiltern. Welche das sind? Ganz einfach, alle Kriterien, die wir im Folgenden behandeln werden.

Erste Zahlen

Die Maklerformel

„Eine Formel, nach dem Makler benannt? Das ist aber seltsam", denken Sie vielleicht. Makler rechnen nicht wirklich viel. Nicht, weil sie es nicht können, sondern weil sie eher pragmatische Menschen

sind und den ganzen Tag mit einer riesengroßen Menge an Informationen umgehen. Ja, aber genau da liegt der Hase im Pfeffer!
Freuen Sie sich also auf eine einfache Formel. Ein Beispiel: Eine 1-Zimmer-Eigentumswohnung mit Balkon, Abstellraum und Außenstellplatz, erworben im Jahr 2011 zu Vermietungszwecken (wozu sonst?). Diese gut geschnittene Wohnung in einem ordentlichen und vor allem pflegeleichten 1990er-Jahre-Haus wurde zu einem Kaufpreis von 74.000 Euro angeboten. Sie war in einem vernünftigen Zustand und zudem gerade frei geworden, so dass kalkulatorisch als mögliche Miete die übliche Marktmiete angesetzt werden konnte. Dies waren zehn Euro je Quadratmeter Wohnfläche und 35 Euro für den Stellplatz.
Mit der aus dem Exposé bekannten Wohnfläche von 43 Quadratmetern lässt sich schnell die Jahresmiete für die Wohnung und den Stellplatz ermitteln:

Mietpreis Wohnung: 10 € / m^2 x 43 m^2 = 430 €
Mietpreis Stellplatz: 35 €
Gesamtmiete Netto (kalt): 465 € x 12 Monate = 5.580 € pro Jahr.

5.580 Euro sind also die Gesamtjahresmiete, die ich in zwölf Monatshäppchen à 465 Euro von meinem Mieter erhalten werde. Dazu kommen noch die Nebenkostenvorauszahlungen des Mieters. Diese sollen hier aber nicht weiter aufgeführt werden, da diese aus Sicht des Anlegers oder Investors nur durchlaufende Posten sind. Etwa für die Heizkosten, den Hausmeisterdienst oder auch die Versicherungen. Für uns als Wohnimmobilieninvestoren ist daher die Nettokaltmiete die entscheidende Rechengröße.
Mit der Nettokaltmiete berechnen wir den vorläufig geschätzten Wert der Wohnung und kommen damit zum Kern der Maklerformel. Man kann es auch den einen von zwei Kernen des gesamten Immobilienmarktes nennen. Es handelt sich nämlich um den sogenannten Multiplikator, der auch häufig Vervielfältiger genannt wird.

Der Multiplikator ist der „Faktor auf die Jahresmiete", mit dem der Wert der Immobilie auf äußerst einfache Weise berechnet wird.
In der Region, in der ich arbeite, lag dieser Wert damals bei etwa 14 bis 16, im Mittel bei 15, während er heute bei rund 20 liegt. Das ist ein Erfahrungswert. Damit können wir umgehend den Marktwert der Immobilie berechnen:

Erste Werteinschätzung der Immobilie („Maklerformel"): Jahresnettomieteinnahmen (JNME) x Multiplikator = Marktwert im konkreten Fall: 5.580 € x 15 = 83.700 €.

Die Immobilie hat also einen ungefähren Marktwert von 84.000 Euro. Der Multiplikator ist eine Variable, in die verschiedene Umstände einfließen. Und welche sind das? Nun, das ist in erster Linie die Lage (aber um Himmels willen nicht „Lage, Lage, Lage", denn es gibt daneben noch viele andere Kriterien für die Beurteilung von Immobilien. Die Lage ist durchaus wichtig, aber nicht alleinentscheidend). Also Stadt, Stadtviertel und Straße. All dies hat einen wesentlichen Einfluss. Doch in welcher Stadt gilt welcher Multiplikator? Nun, ganz einfach, das macht der Markt. Der Marktwert entsteht aus Angebot und Nachfrage – so einfach ist es. So ist es sehr verständlich, dass eine jeweils gleiche Immobilie in beliebten Zuzugsregionen wie der Innenstadt von München viel teurer ist als z. B. im Vogelsbergkreis. Während im Vogelsbergkreis der Multiplikator vielleicht zehn beträgt, beläuft er sich für die gleiche Immobilie in München durchaus auf den Faktor 25 oder gar 30! Der Markt, der wiederum (empirisch) den Multiplikator bestimmt, orientiert sich nämlich an den Chancen und Risiken in den jeweiligen Gegenden. Während im Vogelsbergkreis eher mit einer lauen Dynamik zu rechnen ist und vielleicht sogar mit ernsthaften Vermietungssorgen, können Sie in München durchaus mit einem äußerst stabilen bzw. wachsenden Umfeld rechnen. Der Multiplikator ist also ein Chancen-Risiko-Parameter.

Nehmen wir für das weitere Verständnis einmal ein paar Kehrwerte des Multiplikators. Das sind nämlich Prozentsätze. So wird aus 15 1/15 = 6,7 Prozent. Das bedeutet nichts anderes, als dass sich Ihr investiertes Kapital (nur der Kaufpreis allein) mit 6,7 Prozent verzinst. Hierbei handelt es sich um die sogenannte risikoadjustierte Verzinsung des Kapitals: hohes Risiko bedeutet hohe Zinsen und umgekehrt. Schauen wir noch einmal nach München und in den Vogelsbergkreis. In München betrug der genannte Faktor 25, also errechnet sich die Kapitalverzinsung (oder auch Rendite) mit 1/25 = 4 Prozent bzw. 1/30 = 3,33 Prozent. Dagegen erhalten Sie im Vogelsbergkreis eine Rendite von 1/10 = 10 Prozent.

„Dann kaufe ich doch nur noch im Vogelsbergkreis ein", denken Sie jetzt vielleicht. Nein, das ist mitnichten zu empfehlen, denn Sie haben dort das wesentlich größere Risiko. Was passiert, wenn dort Menschen wegziehen, weil sie auch in der Stadt leben möchten oder müssen, um einen Job zu finden? Klar, keiner oder nur noch wenige mieten Ihre Wohnung, Leerstand und fallende Mietpreise sind die Folge. Da können Sie sich schnell eine blutige Nase holen! – Oder Sie entwickeln eine Spezialstrategie für sogenannte C- und D-Standorte.

Und in München? Ja, da ist die Welt doch in Ordnung, jeder möchte Ihre Wohnung haben. Mieter haben sich bei Ihnen zu bewerben. So weit, so gut. Die Frage ist aber, was der Preis dafür ist. Das ist nämlich die äußerst schmale (wenn auch sichere) Rendite von vier bzw. 3,33 Prozent und durchaus auch weniger. Damit werden Sie lange brauchen, um auf einen grünen Zweig zu kommen.

Doch was sollen Sie denn dann tun? München oder Vogelsbergkreis? Sie ahnen es. Ja, genau, irgendwo in der Mitte liegt vermutlich die Wahrheit – jedenfalls für die meisten Investoren.

Der Multiplikator und sein Kehrwert sind künftig Investors wichtigste Zahlen. In dieser Tabelle finden Sie die für wohl wichtigsten Zahlen überhaupt:

Multiplikator	8	9	10	11	12	13	14	15	16	18	20	22	24	26	28	30
Rendite in %	12,5	11,1	10,0	9,1	8,3	7,7	7,1	6,7	6,3	5,6	5,0	4,5	4,2	3,8	3,6	3,3

Multiplikator und Rendite im Verhältnis zueinander

Zurück zur Bestimmung des Multiplikators: Einen wesentlichen Einfluss darauf hat die Gegend, in der die Immobilie liegt. Es gibt aber auch noch einen zweiten Umstand, der eine große Rolle spielt, nämlich die Immobilie selbst. Nehmen Sie z. B. Frankfurt am Main, eine mittlere Gegend im Norden der Stadt. Dort lag im Jahr 2011 der Multiplikator für eine Durchschnittsimmobilie bei 14 bis 16. Das bedeutet, dass Immobilien, die risikoreicher sind, einen eher niedrigen Multiplikator haben und risikoärmere Immobilien einen entsprechend höheren, also verschiedene Multiplikatoren an der gleichen Stelle. Sprich, steht die Immobilie „gut da", so rechtfertig dies eben einen höheren Multiplikator bzw. eine niedrigere Rendite. Der Kehrwert von 16 ist nämlich 6,3 Prozent, wohingegen der Kehrwert von 14 bei 7,1 Prozent liegt. Immerhin eine Zinsdifferenz von 0,8 Prozentpunkten! Die gute Immobilie ist – bei gleicher Miete – teuer, die Rendite niedriger.
Damit haben wir also beide Einflussfaktoren auf Rendite bzw. den Multiplikator: die Qualität bzw. Güte des Standortes als auch die Immobilie selbst.
Der Wert unserer Beispielimmobilie liegt also voraussichtlich leicht über dem Angebotspreis. Denn 5.580 Euro x 15 = 83.700 € sind der geschätzte Marktwert der Immobilie an diesem Standort. Der Angebotspreis lag bei 74.000 €, wie Sie sich erinnern. Sie können also mit einem „Einkaufsgewinn" von 10.000 € rechnen. „Nicht schlecht", denken Sie sicher! Ja, aber leider nicht ganz!
Schon wieder ein Pferdefuß. Ja, so ist das im Immobiliengeschäft. Überall liegen Stolperfallen, Haken und Ösen. Was fehlt hier? Bisher hatte ich es nicht erwähnt.

Erstens die Kaufnebenkosten. Leider kosten Immobilienan- und -verkäufe in Deutschland Geld. Da sind in der Regel die Grunderwerbsteuer (derzeit je nach Bundesland 3,5 bis 6,5 Prozent), Notar- und Gerichtskosten (rund 1,5 bis 2 Prozent) und gegebenenfalls die Maklercourtage (je nach Standort 3,0 bis 6,0 Prozent zuzüglich Umsatzsteuer). In Frankfurt sind dies, grob gerechnet, zusammengenommen ca. 12 Prozent.
Weiterhin werden Sie die begehrte Immobilie vielleicht nicht sofort vermieten können, da sie noch renoviert werden muss. Im obigen Fall waren dies einige Kleinreparaturen (gesprungene Fliesen etc.) und ein neuer Anstrich, in Summe rund 2.000 Euro.
Damit ergibt sich folgende Rechnung:

Angebotspreis: 74.000 €
Kaufnebenkosten (12 %): 8.880 €
Renovierungskosten: 2.000 €
Summe: rund 85.000 €.

Der letzte Wert heißt auch Gesamtinvestitionskosten (GIK). Ihn sollten Sie als Investor immer im Auge haben, denn das ist letztlich das Geld, das auf den Tisch gelegt werden muss. Rechnen Sie also immer mit den GIK!
Die so ermittelten GIK vergleichen Sie mit dem Marktwert, den Sie mit der Maklerformel ermittelt haben, also 85.000 Euro vs. 83.700 Euro. Die Immobilie wird demnach ungefähr zum Marktwert angeboten.
Welche Werte sind nun maßgebend bzw. am Ende entscheidend? Wann rechnet sich Ihre Immobilie – und wann nicht? Betrachten wir wieder die Rendite, also den Kehrwert des Multiplikators oder die Verzinsung Ihres Kapitals. Dazu rechnen wir nun zwei verschiedene Renditen aus. Die Bruttorendite (damit arbeitet der Markt) und die Nettorendite (damit arbeiten wir als umsichtige Investoren. Auf diese Weise sehen Sie schnell, was das Immobilieninvestment wirklich bringt).

Die Bruttorendite gemäß Exposé berechnet sich wie folgt:

Bruttorendite = Jahresnettokaltmiete / Angebotspreis
= 5.580 € / 74.000 € = 7,5 %

Und die Nettorendite:

Nettorendite = Jahresnettokaltmiete / (Angebotspreis + Kaufnebenkosten + Renovierungskosten) bzw.
Nettorendite = Jahresnettokaltmiete / Gesamtinvestitionskosten
= 5.580 € / 85.000 € = 6,6 %

Die Nettorendite dieser Immobilie liegt also 0,9 Prozentpunkte unter der Bruttorendite.
Nachdem seit dem Kauf dieser Immobilie nunmehr ganze fünf Jahre vergangen sind, möchte ich Ihnen an dieser Stelle einmal die Auswirkung einer (hier positiven) Marktentwicklung aufzeigen.
Einerseits sprach ich von einer Miete von zehn Euro pro Quadratmeter für dieses 1-Zimmer-Apartment. Da sich die Mietpreise in Frankfurt am Main seit 2011 intensiv weiterentwickelt haben, dürfen wir heute mit vielleicht 14 Euro pro Quadratmeter rechnen. Zudem könnten wir diese Wohnung heute möblieren, was wir hier aber außer Acht lassen.
Allseits bekannt ist zudem, dass sich die Kaufpreisfaktoren in Ballungszentren ebenfalls intensiv entwickelt haben. In den heutigen Marktverhältnissen (wir schreiben das Jahr 2016) dürfen wir für diese Wohnung gerne – konservativ betrachtet – mit einem Multiplikator von 20 rechnen. Damit stellt sich unsere Wertermittlung wie folgt dar:

Mietpreis Wohnung: 14 € / m² x 43 m² = 602 €
Mietpreis Stellplatz: 40 €

Gesamtmiete Netto (kalt): 465 € x 12 Monate = 7.704 € pro Jahr
Jahresnettomieteinnahmen (JNME) x Multiplikator = Marktwert
im konkreten Fall: 7.704 € x 20 = 154.080 €.

Damit hat sich der Wert der Immobilie in fünf Jahren nahezu verdoppelt. Grund dafür war lediglich die positive Marktentwicklung – Mieten und Multiplikatoren betreffend.

Zu allerletzt noch ein persönlicher Hinweis. Hatte ich Ihnen bisher an irgendeiner Stelle empfohlen, einen Abschnitt noch einmal durchzulesen oder gar durchzuarbeiten? Nein, oder? Diesmal möchte ich es tun. Bitte lesen Sie nicht nur. Rechnen Sie mit! Diese Zahlen hier sind wichtig!

Der Vergleichspreis

Nachdem wir uns intensiv mit der Maklerformel als wesentlicher Marktgröße auseinandergesetzt haben, möchte ich Ihnen eine zweite, nicht unwichtige Größe erläutern. Das Erfreuliche an dieser Zahl ist, dass sie noch einfacher zu handhaben ist.

Vielen Marktteilnehmern ist die Maklerformel nämlich doch ein wenig zu kompliziert, sie vergleichen daher lieber einfach nur die Quadratmeterpreise der Immobilien. Genau dies wollen wir jetzt auch tun.

Im Exposé der vorgestellten Wohnung stand, dass sie eine Größe von 43 Quadratmetern Wohnfläche hat. Wie alle anderen Parameter des Exposés glauben wir dies vorerst vorbehaltlos. Wichtig ist nur, dass es die Wohnfläche (berechnet nach der Wohnflächenverordnung) ist und nicht irgendeine andere Fläche. Im Umlauf sind nämlich viele Arten von Flächendefinitionen. So enthält beispielsweise die sogenannte Nutzfläche oft auch Kellerraumflächen, die überhaupt nicht zur Wohnfläche der Wohnung gehören. Grob gesagt ist die Wohnfläche die Fläche der Wohnung, die Sie zwischen den

Wänden ausmessen können. Maßgebend sind alle Räume der Wohnung, auch Flur, Bad und Küche, Abstellräume, nur soweit sie innerhalb der Wohnung liegen. Balkone zählen auch dazu, jedoch nur anteilig zu 25 oder 50 Prozent. Sollte es sich um eine Dachwohnung mit Dachschrägen handeln, werden unter einer lichten Höhe von 2,0 Metern noch gewisse pauschale Abzüge getätigt. Ist im Exposé also von Wohnfläche die Rede, ist klar geregelt, wie die Fläche berechnet sein sollte. Mit dieser Angabe können Sie also vergleichen, so wie es der Markt auch tut.

Nun der versprochene einfache Teil: Der Vergleichspreis der Wohnung wird im Jahr 2011 wie folgt ermittelt:

Wohnfläche der Wohnung: 43 m²
Stellplatz außen: 1

Vergleichspreis (ähnliche Immobilien, ähnliche Standorte):
1.900 € / m² Wohnfläche
Vergleichspreis Stellplatz außen: 7.500 € / Stellplatz

Damit sind Sie in der Lage, eine zweite Werteinschätzung der Immobilie über den Vergleichspreis vorzunehmen:

Wohnfläche x Quadratmeterpreis + Vergleichspreis Stellplatz
= Marktwert
43 m² x 1.900 € / m² + 7.500 € / Stellplatz = 89.200 €

Die genannten Preise von 1.900 € und 7.500 € sind ebenfalls Erfahrungswerte, die sich aus der Kenntnis der Gegend und ihres Immobilienmarkts ergeben. Damit liegt der Vergleichspreis der Wohnung leicht über dem Marktwert laut Maklerformel (dies waren 83.700 €) und auch über den hochgerechneten GIK, wenn Sie die Wohnung für 74.000 € kaufen sollten. Die GIK betragen nämlich rund 85.000 €. Insgesamt dürfen wir daraus folgern, dass der Angebotspreis für diese Immobilie marktgerecht war. Dies gilt aber nur, solange (bei der späteren Objektprüfung) keine besonderen Umstände wie z. B. größere Baumängel festgestellt werden.

Der Cashflow-Überschlag

Nachdem wir uns intensiv mit der überschlägigen (und vor allem pragmatischen) Wertermittlung befasst haben, wollen wir grob abschätzen, ob die Immobilie auch einen positiven monatlichen Überschuss liefert. Denn dies ist ja der Sinn und Zweck unserer Bemühungen. Auch dies lässt sich auf sehr einfache und verlässliche Weise tun. Hierfür gelten ebenfalls Erfahrungswerte.
Schauen wir uns erneut die Nettokaltmiete, die maßgebende Einkommensposition, an. In unserem Fall waren dies 465 € je Monat. Nun kommen die monatlichen Kosten ins Spiel. Dies sind einerseits die sogenannten Bewirtschaftungskosten, also Hausverwaltungs- und Instandhaltungskosten. Weiterhin setzen wir eine kleine Reserve für das Mietausfallrisiko an. Diesen Wert können wir für unsere Gegend guten Gewissens mit 20 Prozent ansetzen, der etwas genaueren Ermittlung dieses Wertes widmen wir uns später. Hier geht es erst einmal um die grobe Abschätzung. Eine weitere Position auf der Kostenseite ist der Kapitaldienst für die monatlichen Zins- und Tilgungszahlungen, d. h. die monatliche Rate für das Darlehen. Hier hat es sich bewährt, im ersten Schritt anzunehmen, dass die Immobilie (ohne Renovierungs- und Nebenkosten) zu 100 Prozent finanziert werden soll. Für die Zins- und Tilgungsleistung setzen wir unter damaligen Zinsbedingungen fünf Prozent an, drei Prozent Zinsen und zwei Prozent anfängliche Tilgung des Darlehens. Damit berechnet sich der Cashflow-Überschlag für die Wohnung auf Monatsbasis wie folgt:

Nettokaltmiete (NKM): 465 € pro Monat
- Bewirtschaftungskosten: 20 % der NKM = - 93 €
- Kapitaldienst: 5 % des Angebotspreises / 12 Monate (!) = - 308 €
= Cashflow: 64 € je Monat

Der Mieter sorgt also dafür, dass Sie jeden Monat 64 Euro auf Ihr Konto überwiesen bekommen, ohne dass Sie irgendetwas dafür tun müssen, denn die Hausverwaltung übernimmt das Tagesgeschäft. Das ist echtes passives Einkommen!

Erlauben Sie mir noch einen Hinweis zu dieser Vorgehensweise. Mir ist bewusst, dass diese Werte nicht der Realität entsprechen. Sie bilden sie aber hinreichend genau ab, und zwar auf schnelle Art und Weise. Und genau das benötigen wir. Denn wir wollen viele Immobilien durchsehen, um die besten zu finden. Da Sie sich auf eine (oder wenige) Gegenden konzentrieren sollten, werden Sie die Marktgegebenheiten mit der Zeit intensiv kennenlernen und auch alle Schätzwerte und sonstigen Zahlen. Sie werden – versprochen – bald in der Lage sein, sämtliche in diesem Kapitel dargestellten Berechnungen „mit scharfem Blick" im Kopf durchzurechnen.

Abschließend erlauben Sie mir noch einen Tipp zur Vereinfachung Ihrer Arbeit. Gerade zu Beginn kann Ihnen ein kleines Excel-Tool viel Arbeit abnehmen. Ein solches finden Sie im Bonusmaterial zu diesem Buch.

Das nähere Umfeld (Mikrolage)

Selbstverständlich werden Sie zu Beginn Ihrer Einkaufsbemühungen nicht jede Straße in Ihrer Gegend kennen. Das ist (zunächst) kaum möglich. Sehr erfahrene „Local Player" kennen nach einiger Zeit aber durchaus jeden Straßenzug ihres Reviers. Damit gemeint sind nicht nur die Namen der Straßen und wie man sie erreicht. Nein, sie können sich jederzeit vorstellen, wie die Straße konkret aussieht, wer hier wohnt, wo es gute Einkaufsgelegenheiten gibt und wie das gesamte Erscheinungsbild wirkt. Wenn Sie auch so weit sind, werden Sie Ihren Immobilieneinkauf noch viel effektiver gestalten können.

Im Folgenden möchte ich Ihnen eine Methode vorstellen, wie Sie auch ohne detaillierte Ortskenntnis von zu Hause aus prüfen können, ob die von Ihnen auserkorene Immobilie in einer vernünftigen Gegend liegt. Hierzu bedienen wir uns des Internets. Für den ersten Eindruck genügt das durchaus. Eine Ortsbesichtigung machen Sie als gut organisierter Immobilieneinkäufer nämlich erst dann, wenn Sie sich bereits für eine Immobilie „vorentschieden" haben. So sparen Sie ungemein Zeit und kaufen auch nicht die berühmte Katze im Sack. Sollte die Objektanschrift im Exposé nicht genannt werden, werden Sie diese in der Regel nur durch ein Telefonat mit dem Anbieter erfahren. Welches Vorgehen sich hier bewährt hat, werden wir gleich im nächsten Abschnitt sehen.

Wieder ein konkretes Beispiel: Ein Mehrfamilienhaus im Frankfurter Stadtteil Niederrad, eine durchaus interessante Gegend. In einem ersten Schritt griff ich zu einer Karte (z. B. Google Maps) und schaute mir die Gegend von oben an. Damit erkannte ich schnell, dass das Haus in einer ruhigen Wohngegend mit kleinteiliger Bebauung liegt. Die nächste Durchgangsstraße war rund drei Blöcke entfernt, wo auch eine Straßenbahn fährt. Es handelte sich also eine ruhige, vermutliche gewachsene Wohnlage mit guter Verkehrsanbindung.

Der zweite Schritt, um in größeren Städten einen guten bildlichen Eindruck der Wohngegend zu erhalten, ist Google Earth, das wesentlich schneller und komfortabler ist als die Satellitenansicht von Google Maps. Nach Eingabe der Adresse werden Sie an das Haus Ihrer Begierde „herangeflogen". Manchmal stimmen die Hausnummernzuordnungen nicht ganz, aber Sie werden Ihr Haus meist recht schnell in der näheren Umgebung finden. Ein Highlight, bislang leider nur in Großstädten verfügbar, ist Google Streetview, womit Sie virtuell durch die Straßen rund um Ihr Haus fahren können.

Fahren Sie auch „um den Block", schauen Sie sich die Gegend an. Haben Sie sich daran gewöhnt, bewegen Sie sich fast wie in der Realität durch die Straßen. Erkennen Sie das Potenzial? In kleineren Gemeinden können Sie ergänzend die Karten von Bing zur Hand nehmen. Dort gibt es vielerorts hervorragende Vogelperspektiven mit 3D-Ansicht.
Durch die Möglichkeiten des Internets kennen Sie nun die Lage Ihrer Immobilie schon recht gut. Sie kennen auch die Bebauung, den Gesamteindruck des Straßenzuges und mit welchen Verkehrsmitteln die Gegend erreichbar ist – ohne bislang dort gewesen zu sein. Sie haben ebenfalls einen ersten Eindruck der dort lebenden Menschen gewinnen können. Haben Sie die Autos registriert? Sind diese eher groß und nobel oder eher Klein- und Mittelklassewagen? Denn über die Autos in der Umgebung, aber auch mithilfe des sonstigen Erscheinungsbildes können Sie auf einfache Art und Weise Rückschlüsse auf die Bevölkerungsschichten bzw. Milieus schließen, die diese Gegend bevorzugen. Nun widmen wir uns noch der qualitativen und quantitativen Lagebeurteilung durch Dritte. Gemeint ist damit, welches Mietpreisniveau dort vorrangig herrscht und welche Wohnqualität. Wie beurteilen andere Portale und Institutionen diese? Neben dem bisher gewonnenen persönlichen Eindruck kommen jetzt objektive Bewertungen ins Spiel. Auch dies lässt sich über kostenfreie Internetportale recherchieren. Hierfür werden meist eingefärbte Karten genutzt. Die verwendeten Farben bedeuten z. B. gute, mittlere oder einfache Wohnlage. Manchmal werden auch Miet- und Kaufpreise in Euro je Quadratmeter angegeben. Entsprechende Karten finden Sie unter „Capital Kompass" der Zeitschrift Capital, www.immobilienscout24.de, www.wohnpreis.de und im Anhang des Mietspiegels Ihrer Gemeinde, sofern es dort einen Mietspiegel gibt.
Am Ende dieser Recherchen, die Sie mit ein wenig Übung in fünf bis zehn Minuten erledigen können, wissen Sie recht genau, in welcher Lage Ihr Haus liegt. Außerdem haben Sie schon jetzt eine recht genaue Vorstellung von Mieterklientel und den möglichen Miet- und

Kaufpreisen in dieser spezifischen Lage. Entspricht all dies Ihren Vorstellungen? Dann geht es gleich weiter mit dem nächsten „Vor"-Prüfungspunkt. Im Zuge der konkreten Ankaufsprüfung werden wir uns noch ein wenig genauer mit der Lagebeurteilung befassen.

Die Objektqualität - erste Einschätzungen

Neben der Lagebeurteilung ist auch eine Vorprüfung der Objektqualität unabdingbar. Da wir auch hierfür zugunsten von Schnelligkeit (möglichst) noch keine Objektbesichtigung vornehmen wollen, ist dieser Punkt - gerade als Anfänger - durchaus anspruchsvoll. Sie werden aber mit der Zeit damit vertraut und die verschiedenen Kriterien und Signale schnell und leicht einordnen können.
Beginnen Sie mit einer Fragerunde. Gemeint ist damit, dass Sie den Immobilienanbieter, oft den Makler, anhand des vorliegenden Exposés (oder der Anzeige) spätestens jetzt telefonisch kontaktieren sollten. Gehen Sie im Vorfeld das Exposé durch und notieren Sie sich die fünf (maximal sieben bis zehn) wichtigsten Fragen, die Sie stellen wollen. Das sind idealerweise die wichtigsten und augenscheinlichsten Lücken des Ihnen vorliegenden Exposés. Bewährt hat es sich, offene und geschlossene Fragen zu stellen. Eine offene Frage zu Beginn des Gespräches ist etwa: „Wie ist der bauliche Gesamteindruck des Hauses?" Sie lassen dem Gegenüber damit freien Lauf, Ihnen Gutes und Schlechtes über die von Ihnen begehrte Immobilie zu erzählen. Oft werden durch solche Fragen schon frühzeitig Dinge zu Tage gefördert, nach denen Sie konkret nie fragen würden. Manchmal erledigen sich damit alle weiteren Fragen. Geschlossene Fragen sind entsprechend gegenteilig, z. B.: „Aus welchem Baujahr ist die Heizungsanlage? Wann wurde denn die letzte Wartung vorgenommen?" Hier erwarten Sie konkrete, zielgerichtete Antworten.
Welche Fragen sind wann sinnvoll und wonach sollten Sie sich im ersten Schritt erkundigen? Wie bereits erwähnt, sollten es nicht allzu

viele Fragen sein. Der Grund ist, dass Ihr Gegenüber im Falle eines Erstkontaktes schnell die Motivation verlieren wird, wenn er die siebzehnte Detailfrage beantworten soll. Auch Ihnen wird dies nicht viel weiterhelfen. Konzentrieren Sie sich daher auf die wichtigsten Dinge. Sinnvolle Fragen sind beispielsweise:

- Bitte nennen Sie mir die genaue Anschrift des Hauses.
- Sind derzeit alle Wohnungen voll vermietet?
- Könnten Sie mir eine Mieterliste mit der Auflistung aller Wohnungen inklusive Quadratmeterangaben, Nettokaltmiete, letzter Mietanpassung etc. zukommen lassen?
- Sind die vorhandenen Stellplätze bzw. Garagen extra vermietet oder sind die Mieten in den von Ihnen genannten Wohnungsmieten enthalten?
- Falls Wohnungen leer stehen: Ist die mögliche Miete für die leer stehenden Wohnungen bereits in der von Ihnen genannten Gesamtmiete enthalten oder nicht?
- Gibt es nennenswerte Mietrückstände?
- Gibt es Rechtsstreitigkeiten mit den Mietern?
- Gibt es sonstige Probleme oder besondere Vorkommnisse mit den Mietern?
- Falls die Quadratmeterangaben unschlüssig erscheinen: Sind in der von Ihnen genannten Nutzfläche auch Kellerflächen enthalten? Oder beinhalten diese nur die Flächen der Wohnungen?
- Bitte beschreiben Sie kurz die vorhandene zentrale Gebäudetechnik wie Heizungsanlage, Elektrohauptverteilung und Wasserversorgung.
- Welches Baujahr haben die verschiedenen technischen Anlagen?
- Wann wurden zuletzt größere Modernisierungen, Sanierungen oder Erneuerungen vorgenommen? Welche Anlagen oder Bauteile waren davon betroffen?

- Sind die Fenster, das Dach bzw. das Treppenhaus in Ordnung oder besteht hier Renovierungsbedarf?
- Ist das Dach ausgebaut oder sind hier Abstellräume untergebracht?
- Wie ist der bauliche Zustand des Hauses insgesamt? Sehen Sie irgendwo Problembereiche? Gibt es akuten Reparaturbedarf?
- Wie sind die Wohnungen ausgestattet?
- Ist Laminat in den Wohnungen verlegt oder Teppich?
- Gibt es Einbauküchen?
- Wann wurden die Bäder zuletzt modernisiert? Wie sehen diese aus? Modern oder eher aus den 1960er-Jahren?
- Sind die Wohnungen Ihrer Meinung nach problemlos wiedervermietbar? Wenn nicht: warum nicht?
- Können Sie mir Grundrisspläne zur Verfügung stellen?

Bitte beachten Sie, dass es eben auf jeden Einzelfall ankommt. Mal ist die Frage nach den Mietverhältnissen besonders wichtig, mal steht die Haustechnik im Vordergrund. Bringen Sie daher Ihre fünf bis zehn Fragen vor (!) dem Telefonat in eine Rangfolge. Am Anfang sollte immer die wichtigste Frage stehen. Es kann nämlich durchaus vorkommen, dass Ihr Gesprächspartner bereits sehr früh, z. B. nach der dritten Frage, die Motivation verliert. Und dies wäre sehr dumm, wenn Sie Ihre zwei wichtigsten Fragen noch gar nicht gestellt haben.

Die Vorentscheidung

Nach Auswertung der Ihnen nun vorliegenden Unterlagen und Informationen sollten Sie einen groben Überblick über den rechtlichen, kaufmännischen und technischen Zustand der Immobilie haben. Soweit möglich, versehen Sie aufgedeckte Defizite mit einem grob ermittelten Eurobetrag und ziehen Sie diese Beträge von dem

von Ihnen bereits vorläufig kalkulierten Immobilienwert ab. Wo dies nicht möglich ist, treffen Sie Annahmen und formulieren Sie diese im folgenden Abschnitt mit dem dort näher beschriebenen Angebotsschreiben entsprechend aus.
Sie haben es also geschafft: Sie haben einen Überblick über die Immobilie Ihres Herzens gewonnen und diesen sogar mit ersten Zahlen versehen. Besser geht es nicht. Das Gute an diesem vielfach praxiserprobten Verfahren ist, dass es schnell und vor allem wirksam ist. Sie stecken somit nur so viel Aufwand in die ersten Schritte, wie unbedingt notwendig ist.
Jetzt haben Sie die Wahl. Entweder festigen Sie Ihre Eindrücke durch einen ersten Besichtigungstermin, oder Sie vertrauen auf Ihre bisherigen Erkenntnisse. Ersteres ist gerade bei etwas anspruchsvolleren Immobilien und noch nicht so großer Immobilienerfahrung zu empfehlen. Auf einen Besichtigungstermin können Sie demgegenüber vor allem bei einer klaren Informationslage, eher ordentlichen Immobilien, vorliegenden Innenbildern und reichlich Immobilienerfahrung vorerst verzichten.
Der erste Besichtigungstermin vor Ihrer Angebotserstellung sollte in jedem Fall noch keine detaillierte technische Prüfung sein. Sie können ihn daher durchaus allein wahrnehmen. Gehen Sie auch hier systematisch vor. Versuchen Sie, Besichtigungstermine immer gleich zu strukturieren. Beginnen Sie z. B. immer im Dach, gehen dann durch das Treppenhaus, einige exemplarische Wohnungen und schließlich in den Keller zu den Technikräumen. Abschließend widmen Sie sich noch dem Außenbereich. Viele andere „Routen" sind denkbar, wichtig ist nur, dass Sie nichts auslassen. Und da hilft der Wiederholungseffekt ungemein.
Sinn und Zweck der Erstbesichtigung ist ein Gesamteindruck sowie die Feststellung eventueller Besonderheiten. Idealerweise sollten Sie beim Besichtigungstermin keine Überraschungen mehr erleben, Sie hatten ja schon die Fragerunde mit dem Makler.

Die Angebotserstellung

Wie gehen Sie nun konkret vor, wenn Sie Blut geleckt haben? Nun, Sie bieten den Ankauf der Immobilie zu Ihren Bedingungen an. Hierfür orientieren Sie sich in erster Linie an Ihren Erkenntnissen, Annahmen und Zahlen. Ebenso ist aber unbedingt die Motivation des Verkäufers zu berücksichtigen. Vorzugsweise widmen Sie sich den Verkäufern mit einem höheren „Leidensdruck“, denn bei ihnen ist die Abschlusswahrscheinlichkeit um ein Vielfaches höher.
Ihr Angebotsschreiben an eine unter Druck stehende Verkäuferin in einem nicht allzu stark umkämpften Markt könnte beispielsweise so lauten:

> „Sehr geehrte Frau Immobilienverkäuferin,
> vielen Dank für den angenehmen Besichtigungstermin am vergangenen Freitag und den anschließenden Bürotermin bei Herrn Immobilienmakler. Ihre Liegenschaft gefällt mir sehr gut. Gerne möchte ich Ihnen daher mein Angebot wie folgt unterbreiten.
> Vorneweg möchte ich mich Ihnen kurz vorstellen. Der Region rund um Frankfurt am Main bin ich schon immer fest verbunden. Beruflich bin ich schon seit langer Zeit im gewerblichen Immobilienbereich als Vermietungs- und Fondsmanager tätig. Zudem interessiere ich mich bereits seit dem Ende meines Studiums vor allem für Altbauten und deren Sanierung bzw. Instandsetzung.
> Im Rhein-Main-Gebiet habe ich in den letzten Jahren bereits einige Immobilien erworben. Ihre Liegenschaft würde sehr gut zu meinem bisherigen Immobilienbestand passen.
> Dass in dem von Ihnen angebotenen Haus derzeit zwei Wohnungen leer stehen, halte ich, wie besprochen, für ein lösbares Problem. Auch mit den notwendigen Reparaturarbeiten werde ich umgehen können. Für nachteilig halte ich jedoch, dass einige Wohnungen über keinen Balkon verfügen und nur drei Außenstellplätze vorhanden sind. Ich habe mich in den letzten Jahren jedoch bereits

vielfach mit solchen Gebäuden wie dem Ihrigen auseinandergesetzt.
Unter der Beachtung der vorgenannten Umstände kann ich Ihnen den Kauf der Immobilie konkret zu den folgenden Bedingungen anbieten:
Der Kaufpreis beträgt 585.000 Euro [dieser Wert ist völlig unabhängig vom im Exposé genannten Angebotspreis. Vielmehr wird dieser Wert allein durch die eigene Projektkalkulation ermittelt]. Die Zahlung des Kaufpreises kann vorbehaltlos kurzfristig nach dem Notartermin, nach Erledigung der üblichen Abwicklungsvoraussetzungen und entsprechender Mitteilung durch den Notar erfolgen. Der Notartermin kann kurzfristig nach der Angebotsannahme durch Sie stattfinden. Für die weitere Objektbesichtigung und Prüfung der Objektunterlagen benötige ich rund ein bis zwei Wochen Zeit. Da der Makler sowohl für Sie als Verkäuferin als auch für mich als Käufer arbeitet, schlage ich eine hälftige Teilung der Maklerprovision vor.
Unter den genannten Umständen sehe ich mich in der Lage, die Immobilie in dem Zustand zu erwerben, in dem sie sich derzeit befindet. Eine weitergehende Haftung Ihrerseits kann, nach erfolgter Objektprüfung durch mich, daher höchstwahrscheinlich ausgeschlossen werden.
Ich sehe mich organisatorisch und finanziell in der Lage, den Ankauf Ihrer Immobilie zügig und professionell umzusetzen. Mein Angebot steht jedoch noch unter dem Vorbehalt der weiteren Objektprüfung. Ich halte mich bis zum [Frist von 14 Tagen] an mein Angebot gebunden.
In Erwartung Ihrer kurzfristigen Rückmeldung verbleibe ich für heute mit freundlichen Grüßen,
Ihr Thomas Knedel“

Gehen Sie standardisiert vor, aber entwickeln Sie Ihren eigenen Stil. Fertigen und sammeln Sie auf die verschiedenen Situationen und Marktverhältnisse zugeschnittene Musterschreiben, die Sie dann mit der Zeit weiter verfeinern und immer wieder verwenden.

4. Die sorgfältige Ankaufsprüfung

Haben Sie eine positive Antwort auf Ihr Immobilienangebot erhalten? Wunderbar! Herzlichen Glückwunsch. Nun wird es ernst! Oft wird dies ein Anruf des Maklers sein, aber auch schriftliche Antworten sind möglich. Sollte die Antwort keine unlösbaren Bedingungen enthalten, geht es jetzt ans Eingemachte. Sie werden erstmals wirklich Zeit, Aufwand und Geld in ein durchaus noch nicht sicheres Immobilienengagement investieren müssen.
Es hat sich bewährt, als ersten Schritt möglichst frühzeitig einen (weiteren) Besichtigungstermin zu vereinbaren. Der Grund ist, dass Makler und Verkäufer für solche Termine üblicherweise ein wenig Vorlauf benötigen, da sie natürlich auch mit den verschiedenen Mietern sprechen müssen. Denn Sie wollen nun möglichst jede Wohnung von innen sehen und zusammen mit Ihrem Bauschadensspezialisten begutachten. Ist der Termin erst einmal vereinbart, können Sie die Wartezeit bis dahin sehr sinnvoll für die weiteren Untersuchungen nützen.
Neben der Vereinbarung eines Termins für eine umfassende Objektbesichtigung hat es sich zudem bewährt, möglichst frühzeitig mit der „Jagd" auf die vollständigen Objektunterlagen zu beginnen. Daran führt kein Weg vorbei. Sie benötigen zumindest alle banküblichen Objektunterlagen. Hierfür gibt es sehr gute Checklisten, die Sie in jedem Fall nützen sollten. Haken Sie dort jede einzelne Unterlage, die Sie ergattern können, ab. Da Sie sich vorzugsweise mit Häusern aus weniger professionellen Quellen befassen, rechnen Sie gleich zu Beginn mit Überraschungen. Spätestens jetzt sollten Sie sich wieder an Ihr sorgsam zusammengestelltes Spezialistenteam erinnern.
Wesentlicher Bestandteil einer Ankaufsprüfung ist neben der ausführlichen Beschäftigung mit den Objektunterlagen die professionelle Datensammlung für Ihren Standort. Es gibt nämlich einige durchaus interessante, kostenpflichtige Internetportale, die sehr

nützliche Zahlen, Karten, Bevölkerungsdaten und vieles mehr für die Standortprüfung anbieten. Der unschätzbare Vorteil solcher Portale ist, dass Sie mit geringem Aufwand einen ganzen Datenkatalog erhalten, mit dem Sie viele der nachfolgenden Themen sehr leicht durchprüfen können. Der Erwerb eines solchen oft kombinierten Kataloges, zu eher geringen Kosten von vielleicht 50 bis 100 Euro, ist eigentlich zwingende Voraussetzung für die endgültige Investmententscheidung. Die Datensätze enthalten idealerweise Informationen über Bevölkerungsentwicklung, Beschäftigungssituation, Infrastruktur, Baufertigstellungen, Bevölkerungs-, Milieu- und Altersstruktur, Bildung, Haushaltszahlen und -größen, Einkommen, Kaufkraft, Immobilienbestand, Miet- und Kaufpreise für die verschiedenen Immobilientypen einschließlich ihrer Trends aus verschiedenen Quellen, Vermarktungsdauern, Behördenanschriften und diverse Karten. Anbieter sind z. B. www.on-geo.de, www.wohnmarktanalyse.com und zahlreiche weitere.

Weiterhin hat es sich bewährt, mit jedem Schritt, den Sie im Weiteren abarbeiten werden, Ihre Investmentkalkulation aufzubauen. Diese wird nämlich von jetzt an keine grobe Schätzung mehr sein, vielmehr sollen alle Zahlen, Annahmen und Variablen sukzessive verifiziert und belastbar gemacht werden. Denn am Ende stehen ein verbindlicher Kaufvertrag und eine Kaufpreiszahlung, die Sie später nicht mehr revidieren können. Ein solcher Prozess, Sie haben es vielleicht schon einmal gehört, wird im gewerblichen Bereich auch häufig „Due Diligence“ genannt, was nichts anderes ist als eine „sorgfältige Prüfung“.

Makrolage

Im Prinzip kennen Sie Ihre Makrolage bereits bestens. Sie ist nämlich Ihr Revier bzw. Ihre Region – und Ihr Investitionsstandort. An dieser Stelle sollen Sie noch einige weitere Kriterien an die Hand bekommen, wie Sie Ihre persönliche Einschätzung noch weiter festigen können.

Neben den kostenlosen Internetportalen wie „Wegweiser Kommune" und „Prognos Zukunftsatlas" sowie den genannten kommerziellen Datenanbietern gibt es noch zahlreiche weitere Daten, die Sie – allerdings mit ein wenig mehr Mühe – nützen können. Sinnvoll ist es, all diese Daten in einem System zusammenzuführen und dann zu gewichten, um sie am Ende in einer belastbaren Entscheidungsgrundlage (Punktezahl) zu bündeln. Solche Systeme heißen Benchmarkingsysteme und liefern ein standardisiertes, belastbares und objektives Beurteilungssystem für den Immobilienstandort. Besonders aussagekräftig sind solche Systeme, um verschiedene Standorte untereinander zu vergleichen.

Welche Kriterien sollten Bestandteil eines solchen Systems sein? Das ist keine einfache Frage. So sollen die zu erhebenden Daten für die verschiedenen Kriterien halbwegs gut zugänglich sein und gleichzeitig Aussagen liefern für die Gesamtbeurteilung des Standortes. Selbstverständlich gibt es hier viele Nuancen, so dass Sie vielleicht andere Kriterien für wichtiger halten als jemand anders.

Beginnen Sie mit den eher einfach zugänglichen Zahlen der Statistischen Ämter von Kommune, Land und Bund. Dort werden Sie zunächst die sehr sinnvollen Zahlen zu Beschäftigungsverhältnissen und Arbeitslosigkeit finden. Denn dort wo gearbeitet wird, herrschen vermutlich eine gewisse Zufriedenheit und ein gewisser Wohlstand. Außerdem sind Orte mit einer höheren Beschäftigungsquote vielfach beliebte Zuzugsgebiete und Gegenden mit positivem Trend für die Zukunft. Weiterhin sollten die Daten zur Bevölkerungsstruktur und -entwicklung hinreichend Beachtung finden. Neben den erwähnten Trends in der Bevölkerungsentwicklung sollten Sie Ihren Blick auch auf die Struktur der Bevölkerung lenken. Gerade die Altersstruktur und die Zahl der Haushalte mit Kindern sind sehr interessante Zukunftsindikatoren. Auch eine genauere Befassung mit den Wohlstandsindikatoren wie Kaufkraft und Armutsindikatoren ist unabdingbar. Diese Daten erhalten Sie glücklicherweise oft in aggregierter Form, z. B. unter „Wegweiser Kommune".

Neben diesen eher allgemeinen Bevölkerungsdaten sollten Sie sich natürlich auch dem Immobilienmarkt widmen. Dieser lässt sich recht gut in verschiedene Sachgebiete unterteilen und jeweils getrennt bewerten. Dazu gehören u. a. die Preisniveaus von Kauf- und Mietimmobilien und deren Trends. Diese Trends sind auch hinsichtlich der Immobilienmärkte von besonderer Bedeutung. Schließlich wollen Sie, soweit es geht, tatsächlich in die Glaskugel schauen, weshalb auch die Marktdynamik der verschiedenen Immobilienmärkte nicht unbedeutend ist. Diese lässt sich recht leicht anhand des vorhandenen Angebots und der Vermarktungsdauer der jeweiligen Angebote einschätzen. Auch die Leerstandsquoten sind ein guter Indikator. All diese Marktdaten halten die gängigen Immobilienportale (oftmals allerdings nicht unentgeltlich) als auch (oftmals übersichtlicher) die bereits genannten kommerziellen Datenportale bereit.

Ein weiteres großes Feld für die Beurteilung der Lagequalität ist die vorhandene Infrastruktur, die der Standort bietet. Unter Infrastruktur ist nicht nur die Verkehrsanbindung mittels Bahn, Bus und Auto sowie die Versorgung mit Medien wie Gas, Strom und Wasser zu verstehen. Auch die vorhandenen Einkaufs- und Freizeitmöglichkeiten stellen einen wichtigen Standortfaktor dar. Die Beschaffung dieser Informationen gestaltet sich in der Regel oftmals etwas mühsamer und kleinteiliger. Gute Anlaufstationen sind die Seiten der Kommunen, Übersichtskarten z. B. von www.immobilienscout24.de (mit informativen Umgebungskarten inklusive Lageinformationen zu Bildungseinrichtungen, Einkauf, Freizeit, Gesundheit und Sport), die örtlichen Verkehrsverbände und allgemeine Stadtpläne. Gute Anlaufstellen können aber auch typische Freizeit- und Tourismusportale sein.

Zum Schluss möchte ich Ihnen noch eine sehr aussagekräftige Kombination zweier bereits vorgestellter Hauptkriterien vorstellen. Dies ist die sogenannte Erschwinglichkeit. Damit ist das Preisniveau der untersuchten Immobilien (z. B. der Preis einer Eigentumswohnung für eine bestimmte Haushaltsgröße) im Verhältnis zum lokal vorherrschenden Einkommensniveau gemeint. Wie vom Immobilienverband Deutschland (IVD) jährlich publiziert, sind diese Verhältnisse nämlich - je nach Standort - grundverschieden. Im Jahr 2016 waren in München - wenig überraschend - Einfamilienhäuser im Verhältnis zum Durchschnittseinkommen am teuersten, währenddessen sie in Bielefeld am erschwinglichsten waren. Diese Werte lassen sich, mit ein wenig Vergleichs-, Anpassungs- und Rechenarbeit, auf vermietete Immobilien übertragen.

Im Bonusmaterial zu diesem Buch finden Sie ein Beispiel für solch ein Benchmarkingsystem für Makrostandorte, das Sie leicht auf Ihre Bedürfnisse anpassen können. Außerdem finden Sie dort auch noch einmal geordnet zahlreiche Datenquellen für die verschiedenen Datensätze.

Die Erfahrung zeigt, dass jeder Standort sowohl Vor- als auch Nachteile hat - am Ende steht trotz aller Objektivierungsversuche eine Abwägungsentscheidung. Versuchen Sie, so gut es geht, Ihr Bauchgefühl, das Sie selbstverständlich einsetzen sollen, unter Kontrolle zu behalten. Behalten Sie dazu vor allem die Haupttrends im Blick, und Sie werden gute Standortentscheidungen treffen.

Wenn Sie sich einmal „endgültig" für eine Region entschieden haben, werden Sie vermutlich nur schwer davon zu überzeugen sein, diese in der Zukunft zu ändern. Der Grund dafür ist, dass Sie Ihren Standort für einen nachhaltigen Investitionsstandort halten werden. Dennoch ist eine gelegentliche Überprüfung Ihrer heute ermittelten Kenntnisse unbedingt anzuraten.

Mikrolage

Nachdem wir uns ausführlich Gedanken um die Makrolage gemacht haben, geht es jetzt näher an Ihr Haus der Begierde heran und wir

versuchen, die näheren Lagekriterien genauer zu durchleuchten und objektivierbar zu machen.
Mit der Lageeinschätzung zur allgemeinen Wohnqualität durch Dritte hatten wir uns bereits befasst. Quellen hierfür sind, wie bereits erwähnt, Portale wie „Capital Kompass“ und www.wohnpreis.de sowie in größeren Gemeinden oftmals eingefärbte Stadtkarten im Anhang des örtlichen offiziellen Mietspiegels. Durch das Internet vollzieht sich in diesem Bereich derzeit ein starker Wandel. Die Plattform wohnpreis.de versucht beispielsweise, klassische wissenschaftliche Methoden mit ergänzenden weichen Faktoren zu kombinieren. Nutzer des Portals haben seit einiger Zeit die Möglichkeit, ihrer Meinung nach falsch beurteilte Lagen zu melden, die daraufhin noch einmal genauer betrachtet werden – ein klassischer Fall von Crowdsourcing. Mit dieser Methode lassen die Portalbetreiber die breite Masse für sich arbeiten – mit dem Ziel, viele gute Daten zu erheben und gleichzeitig die Nutzer einzubinden.
Wir wollen nun an die eigene Einschätzung der Situation gehen. Auch hier empfiehlt sich wieder ein Benchmarkingsystem mit Gewichtungspunkten in Tabellenform. Einige der Kriterien zur Makrostandortanalyse empfehlen sich auch für den Mikrostandort, vor allem die verkehrstechnische Erschließung und Infrastrukturaspekte. Besonders auf kleinteiliger Ebene sind die bereits erwähnten Lagekarten von Immobilienscout24 geeignet. Für Daten zur Bevölkerungsstruktur, Bildungs- und Kaufkraftkriterien werden Sie aber öfter auf die Dienste kommerzieller Portale zurückgreifen müssen.
Die Immobilienmarktdaten zu den Miet- und Kaufpreisen können Sie wieder anhand der Immobilienportale sammeln, während Marktdynamikdaten (z. B. die Vermarktungsdauer) eher verborgen sind bzw. nur mit höheren Aufwand oder Kosten zu ermitteln sind.
Bevor Sie abschließend alle Fakten in Ihrem Benchmarkingsystem bewerten und gewichten, ist jetzt eine persönliche Erkundung des Umfeldes unabdingbar. Denn nur so können Sie wirklich alle Nuancen der Umgebung – vom Flair bis hin zu besonderen Einflüssen

und Eindrücken jeglicher Art – vollständig erfassen. Weiterhin können Sie nur so einen Blick auf die unmittelbaren Nachbarhäuser und -situationen werfen, was durchaus relevant sein kann und z. B. störende Betriebe in der Nachbarschaft wie etwa Speditionen mit entsprechendem Verkehrsaufkommen ausfindig machen.
Darüber hinaus hat es sich bewährt, Zeitungsartikel, Online-Portale und -Gruppen (beispielsweise auf Facebook und Xing) über „alle" Themen Ihres Quartiers zu studieren. Nicht nur, dass diese Lektüre zuweilen unterhaltsam ist, liefert eine solche Recherche oft auch Erkenntnisse, nach denen Sie aktiv gar nicht suchen würden. Dies können aktuelle politische Themen oder auch stadt- bzw. verkehrsplanerische Projekte sein. Genauso werden Ihnen Veranstaltungshinweise weitere Informationen zu Ihrer Mieterklientel geben.
Letztendlich wird es aber immer Ihrer persönlichen Gesamteinschätzung auf Basis Ihrer bisher gemachten Erfahrung vorbehalten sein, sich für oder gegen einen Standort zu entscheiden. Mannigfaltige Kriterien sorgen hier ebenfalls dafür, dass jeder Mikrostandort seine eigenen Vor- und Nachteile aufweist. Entscheidend ist in erster Linie, dass Sie nicht an einem klassisch „falschen" Standort investieren. Dies sind z. B. „sterbende" Standorte mit starken Abwanderungstendenzen oder Quartiere, die vielleicht in einigen Jahren in ihrer jetzigen Form gar nicht mehr existieren werden. Ein Beispiel der extremen Art aus dem Rhein-Main-Gebiet? Der Magistrat der Stadt Offenbach beschloss im Jahr 1999 den damals zum sozialen Brennpunkt gewordenen Stadtteil Lohwald komplett aufzulösen, die Wohnhäuser ausnahmslos abzureißen und die Bewohner auf andere Stadtteile zu verteilen. Diese Maßnahmen wurden in der Folge tatsächlich bis zum Jahr 2003 umgesetzt. Heute steht an gleicher Stelle das familienfreundliche Viertel „An den Eichen".
Idealerweise finden Sie also Standorte, deren Entwicklung in die andere Richtung geht. Also Standorte mit positiver Entwicklungstendenz. Wie Sie diese erkennen? Dies ist meist eine Kombination aus positiven Standortfaktoren, dem Image der Lage und natürlich

der Entwicklungsdynamik. Innerstädtische Quartiere durchlaufen durchaus ähnliche Phasen, die sich systematisieren lassen. Oft entwickeln sich solche Standorte von einer eher einfachen Nutzungsmischung über eine kreative Nutzungsphase hin zu gefragten, „hippen Locations“ für junge und jung gebliebene Bewohner. Diese werden mit der Zeit älter (und wohlhabender), und damit steigen die Preise. Gute Beispiele für solche Quartiere in verschiedenen Phasen sind in Berlin (Prenzlauer Berg), in Frankfurt am Main (Gallusviertel und Nordend) und Dresden (Neustadt) zu finden. Landen Sie in solchen Vierteln rechtzeitig „Ihren“ Deal, haben Sie gewonnen. Das sind echte Potenzialstandorte. Mein Tipp: Recherchieren Sie solche Standorte anhand aktueller Preisentwicklungen und Presseberichte.

Einen Kritikpunkt zu solchen Quartiersentwicklungen möchte ich Ihnen aber nicht vorenthalten. Verdrängungseffekte der angestammten Bevölkerung, die sich durchaus extreme Preissteigerungen nicht mehr leisten können, sind eine ernstzunehmende Entwicklung, mit der gerade Immobilieninvestoren unbedingt mit entsprechendem Fingerspitzengefühl umgehen sollten.

Miet- und Kaufpreise

Sie kennen nun die Lage Ihrer Immobilie richtig gut? Prima, das war der Sinn und Zweck dieser Übung. Dann bleiben wir noch einen Augenblick „in dieser Gegend“. Kennen Sie mittlerweile auch Ihren Immobilienmarkt? Wissen Sie, was Eigentumswohnungen in Ihrer Straße kosten und welches die Preisunterschiede zwischen „vermietet“ und „frei“ sind? Nein? Nicht so genau wenigstens? Kein Thema. Denn dafür benötigen Sie Zeit und können auch nicht mal eben im Internet nachschauen. Vielmehr müssen Sie ein Gefühl für Ihren Markt entwickeln, und dieses basiert nun eben mal auf Erfahrung und Wahrnehmung von Trends und einer gewissen Zeit.

Was sind die besten Quellen, sich einen Überblick über den Markt zu verschaffen? Selbstverständlich sämtliche Immobilienangebote aus Ihrer Gegend. Denn Sie bekommen doch bereits automatisch E-Mails von mindestens zwei, drei größeren Immobilienportalen, wie in den Anfangskapiteln empfohlen? Wenn nicht, ist es jetzt Zeit, dies nachzuholen. Nehmen Sie sich genau diese Angebote zur Hand. Werten Sie sie aus, versuchen Sie herauszufinden, wie lange sie ungefähr in den Portalen verfügbar sind und welches ungefähr die Preisspannen, je nach Immobilientyp, -lage und -zustand sind. Wenn Sie sich bereits auf einen speziellen Immobilientyp fokussiert haben, können Sie die vorliegenden Angebote leicht mit einer kleinen selbstgebauten Tabelle auswerten. Dort sollten sich Werte wie Quadratmeter, Angebotspreise, Vermarktungsdauern, Quadratmeterpreise etc. leicht auswerten lassen. Bilden Sie dann, wenn Ihnen eine gewisse Menge an Angeboten vorliegt, Durchschnittswerte mit Von-bis-Angaben. Da dies meist nicht hunderte Angebote sind, lohnt sich eine weitere statistisch korrekte Auswertung oft nicht. Statistisch bereits ausgewertete Daten nutzen wir ohnehin aus professionellen Quellen, denn dies spart ungemein viel wertvolle Zeit.
Es hat sich zudem gut bewährt, wenn Sie in Dialog mit den verschiedenen Marktteilnehmern treten. So lohnen sich Gespräche mit Maklern und vielleicht auch Bankabteilungen meist sehr. Nicht nur erweitern Sie so ganz nebenbei Ihr Netzwerk Schritt für Schritt, sondern Sie erhalten auf diese Weise hautnah die besten Informationen zu aktuellen Marktentwicklungen, -informationen und -trends. Oft erstellen Maklerhäuser auch eigene Marktberichte, die im Vergleich mit anderen Datenquellen eine durchaus wertvolle Hilfe sein können. Beachten Sie hierbei aber unbedingt, dass die Qualität dieser Berichte unterschiedlich ist. Sprechen Sie mit den Maklern möglichst auch immer über verschiedene Immobilientypen. Denn auch der Mietmarkt ist interessant. Spätestens dann, wenn Sie vor Ihrer ersten Vermietungsaufgabe stehen.

Nachdem wir uns eher mit Einzeldaten und -eindrücken der Marktplayer befasst haben, stehen noch die gesammelten Daten auf dem Programm. Hier greifen wir wieder auf die Datenquellen zurück, wie wir sie schon bei der Lagebeurteilung kennengelernt haben. Hierzu ergänzend finden Sie sehr wertvolle Daten (weil aus erster Hand) im größten Immobilienportal Deutschlands, Immobilienscout24. Nutzen Sie die dort angebotenen kostenlosen Preiskarten und Trendgrafiken. Diese sind leider nicht mehr sehr detailliert, basieren aber auf einer hervorragenden Datenbasis. Ergänzend hierzu werden seit einiger Zeit von Immobilienscout24 auch Kaufdaten angeboten. Hierzu sollten Sie aber unbedingt bedenken, dass viele der großen oben genannten Datenanbieter auch auf Immobilienscout24-Daten zugreifen. Bevor Sie also kaufen, klären Sie die Quelle bzw. Herkunft der Daten.

Nicht vorenthalten möchte ich Ihnen die genauesten und direktesten Daten für Kaufimmobilien, die es gibt. Sie erkennen es vielleicht schon an meiner Formulierung, es ist wirklich so. Allerdings sind sie nicht umsonst, aber die Welt werden Sie nicht investieren müssen. Welche Daten meine ich? Klar, die Daten der offiziellen Gutachterausschüsse. Das sind offizielle Kaufpreissammlungen aus echten Kaufverträgen, die die Notare den Gutachtern nach Abschluss eines jeden Kaufvertrages melden. Da sie hierzu verpflichtet sind, ist diese Datensammlung annähernd lückenlos! Ordern Sie daher künftig jedes Frühjahr oder Sommer den Grundstücksmarktbericht beim Gutachterausschuss Ihrer Gemeinde. Er erscheint meist jährlich und kostet in Frankfurt am Main rund 35 Euro. Eine Investition, die sich wirklich lohnt. Denn die Daten der Gutachterausschüsse basieren nicht, wie sonst üblich, auf Angebotspreisen, sondern auf echten Transaktionspreisen.

Noch tiefer in diese Materie können Sie einsteigen, wenn Sie vom Gutachterausschuss (anonymisierte) Einzeldaten, passend zu Ihrem aktuellen Investment, anfordern. Dies wird oft „Auszug aus der Kaufpreissammlung des Gutachterausschusses“ genannt. Damit ha-

ben Sie Einzelpreise ähnlicher Transaktionen zum direkten Vergleich parat. Beachten Sie aber, dass dies wegen der erforderlichen Handarbeit mit signifikanten Kosten verbunden sein kann. Auch ist im Vorhinein oft nicht sichergestellt, wie viele sinnvolle Datensätze geliefert werden können. Ein solches Vorgehen eignet sich daher eher nicht als Standardvorgehen, bestenfalls für Sonderfälle.
Ähnlich gelagert sind formelle Wertgutachten, die Sie erstellen lassen können. Sie sind allerdings gerade in der Ankaufsprüfung eher weniger sinnvoll. Oft werden solche Gutachten aber durch die finanzierende Bank veranlasst, weil diese nämlich dazu verpflichtet ist, das von Ihnen „beigebrachte“ Finanzierungsobjekt entweder hausintern oder durch externe Gutachter bewerten zu lassen (mehr dazu ➔ Kapitel „Die Immobilienfinanzierung“).

Die kaufmännische Objektprüfung

Unter der kaufmännischen Objektprüfung – Zahlen und Unterlagen erst einmal außen vor gelassen – versteht man den Abgleich der angebotenen Wohnung oder des Hauses mit den Bedürfnissen der Zielgruppe, d. h. der Mieter. Im Zentrum steht also die Frage nach der Vermietbarkeit Ihrer Wohnungen. Widmen wir uns im ersten Schritt den Wohnungsgrößen und der Zimmeranzahl. Da Sie Ihren Mietmarkt bereits gut kennen, wissen Sie vermutlich schon ungefähr, welche Wohnungsgrößen mehr und welche weniger gefragt sind. Sie können die Marktgängigkeit der verschiedenen Wohnungsgrößen z. B. aus der Anzahl der Angebote und den Vermarktungsdauern in Ihrer Region feststellen. Aber auch die Befragung von Maklern wird Sie hier sehr zügig voranbringen. Denn was bringt es Ihnen, wenn Sie tolle familiengerechte 4-Zimmer-Wohnungen mit 150 Quadratmetern Wohnfläche Ihr Eigen nennen, in Ihrer Gegend aber eher kleine 1- und 2-Zimmer-Singlewohnungen gefragt sind? Bevor Sie kaufen, müssen Sie also

Ihre Mieterkernzielgruppe und deren Bedürfnisse unbedingt intensiv kennenlernen.
Neben der Zimmerzahl und Wohnungsgröße spielt der Wohnungsschnitt eine große Rolle. Vermeiden Sie, wenn es irgendwie geht, Durchgangszimmer, also „gefangene Räume". Zumindest wenn Ihre Zielgruppe Haushalte mit mehr als zwei Personen sind. Neben einigen Kriterien, auf die wir gleich noch zu sprechen kommen, sollten die Wohnungsgrundrisse halbwegs praktisch und „normal" gestaltet sein. So sollten beispielsweise Bäder (wie in Altbauten durchaus noch vorzufinden) nicht von der Küche aus zu erschließen sein. Gästezimmer, die außerhalb der Wohnung im Dachgeschoss liegen und sonstige Extrazimmer wie Hobbyräume sollten Sie immer als zusätzliche Nutzfläche und keinesfalls als Wohnfläche werten, denn sie gehören nicht zur „abgeschlossenen" Wohnung.
Interessant ist es zudem, sich einen Augenblick mit den typischen Mieter-, aber auch Käuferwünschen für eine gute Wohnung auseinanderzusetzen. Hierzu gibt es erfreulicherweise einige interessante Studien und Beobachtungen diverser Institute. Exemplarisch sei hier der „Marktmonitor Immobilien 2013" der Hochschule Nürtingen-Geislingen vorgestellt. Laut dieser Studie sind besonders negative Vermarktungseinflüsse Heizungen mit Einzelöfen (78 Prozent), ein fehlender Balkon (77 Prozent), hohe Heizkosten (70 Prozent), Lage der Wohnung im Erdgeschoss oder im vierten Obergeschoss ohne Aufzug (61 Prozent), eine veraltete Sanitärausstattung (58 Prozent) und ein „problematischer" Grundriss (66 Prozent). Die Prozentangaben geben dabei die jeweilige Relevanz für die Miet- und Kaufinteressenten aus Sicht der befragten Makler an. Insgesamt sind dabei noch zwei weitere Trends feststellbar: zum einen ist die Relevanz dieser Kriterien in den letzten drei Jahren – aufgrund der aktuellen Anspannung auf den Immobilienmärkten – nahezu durchweg leicht zurückgegangen. Weiterhin sind Kauf- und Mietinteressenten in Märkten mit einer gewissen Knappheit, also vornehmlich in den von uns bevorzugten Ballungszentren, weniger wählerisch. Nach meiner

Einschätzung und Erfahrung sind vor allem die Kriterien Heizung, Balkon und Bad sehr wichtig. Als Investor müssen Sie sich also bei „defizitären" Wohnungen immer fragen, welcher Aufwand notwendig ist, um diese negativen Kriterien zu beseitigen. Denn gerade hier liegen Werterhöhungspotenziale, die Sie als vorausschauender Anleger und Investor suchen. Beispielsweise können Sie eine wenig gefragte Erdgeschosswohnung durch einen Privatgarten (mit eigenem Zugang) deutlich aufwerten. Damit „drehen" Sie die Qualität der Wohnung sozusagen im Handumdrehen um.
Bei der systematischen Immobilienbesichtigung achten Sie idealerweise genau auf diese Kriterien. Nehmen Sie anfangs eine kleine Checkliste mit den zehn wichtigsten Kriterien zur Hand, damit Ihnen nichts entgeht. Außerdem hat es sich bewährt, während der Besichtigung mit Grundrissplänen zu arbeiten und Erkenntnisse vor Ort direkt dort einzutragen. Falls Sie noch keine Pläne zur Hand haben? Erstellen Sie vor Ort einfach Handskizzen. Ergänzend dazu haben sich Fotos bewährt. Fragen Sie aber auf jeden Fall den Makler und den Mieter, ob Sie Fotos machen dürfen, Sie bewegen sich schließlich im sehr privaten Bereich. Sollten Ihnen bereits Objektunterlagen vorliegen, was hoffentlich der Fall ist, gleichen Sie auf diese Weise später sehr einfach Ihre aktuellen Erkenntnisse mit den Objektunterlagen ab.

Die technische Objektprüfung

Nun wird es technisch. Aber keine Angst, Sie müssen weder Bauschadensexperte sein noch werden. Vielmehr ist Ihr gesunder Menschenverstand gefragt, kombiniert mit dem Spezialwissen des von Ihnen engagierten Experten.
Wie schon mehrmals erwähnt, gibt es durchaus Wohnungen, deren Beurteilung Sie selbst vornehmen können. Dies sollten Sie aber – zwingend – nur tun, wenn Sie sich absolut sicher fühlen. Dies kann

z. B. dann sein, wenn die von Ihnen zu begutachtende Wohnung noch nicht sehr alt ist und etwa aus den 1990er-Jahren stammt. Dann spielen bauliche Themen, sofern die Immobilie ordentlich gebaut wurde, eine eher untergeordnete Rolle. Solche „jugendlichen Immobilien“ sind gerade für Investoren, die erstmals in Immobilien investieren, sehr sinnvoll. Das Thema Instandhaltung bleibt bei solchen (ordentlich gebauten) Immobilien meist für viele Jahre noch durchaus überschaubar.

Weiterhin sollten Sie auf einen Baufachmann nur verzichten, wenn Sie bereits Erfahrung in solchen Dingen an der Seite eines Experten gesammelt haben. Befassen Sie sich daher auch selbst mit den technischen Begebenheiten von Mehrfamilienhäusern und Wohnungen. Insgesamt bleibt die Entscheidung für oder gegen einen Experten Ihre alleinige Grundsatzentscheidung, die Ihnen kein Fremder abnehmen kann. Haben Sie jedoch nur irgendwo den leisesten Verdacht, dass baulich irgendetwas im Argen liegen könnte, wäre es geradezu fahrlässig, keinen Baufachmann einzuschalten.

Wie gehen Sie nun vor beim Besichtigungstermin? Es hat sich auch hier bewährt, standardisiert und mit entsprechenden Checklisten zu agieren. Besprechen Sie Ihre „Tourplanung“ möglichst noch vor dem Termin mit Ihrem Experten und versuchen Sie, sich später beim Termin daran zu halten. Ihr Weg führt, wie schon beschrieben, z. B. vom Dach durch die Wohnungen in den Keller und abschließend nach draußen. Als sehr sinnvoll hat es sich erwiesen, dass Sie als Investor vornehmlich ein Auge für die oben beschriebenen kaufmännischen Themen haben und Sie die Technik eher „am Rande“ mitbegutachten und die aktuellen Erkenntnisse nur gelegentlich mit Ihrem Experten besprechen.

Themen, denen Sie sich bzw. Ihr Experte widmen sollten, sind neben der Erfassung des rein baulichen Zustandes auch Hinweise auf frühere Um- und Anbauten, Modernisierungen sowie das Baujahr und der Pflegezustand der technischen Anlagen. Auch die Erfassung des energetischen Zustandes (Dämmung der verschiedenen

Bauteile, Energieverbrauch der technischen Anlagen etc.) gehört in eine solche Begutachtung. Es hat sich (auch auf Expertenseite) bewährt, hier anhand eigener oder standardisierter Checklisten vorzugehen. Eine umfangreiche Liste dazu finden Sie im Bonusmaterial zu diesem Buch.

Nun kann es vorkommen, und genau dafür nehmen wir unseren Experten mit, dass Besonderheiten auftauchen. Das können z. B. Wasserränder an Decken oder kleinere oder größere Schimmelflecken sein. Hier gilt es unbedingt, die Ursache festzustellen. Der Grund für solche Schadensbilder kann unbedeutend, aber auch eine mittlere Katastrophe sein. Um dies seriös feststellen zu können, ist eine nähere Untersuchung, gegebenenfalls mit weiteren Hilfsmitteln bzw. Messgeräten, unabdingbar. Ein versierter Bauschadensgutachter ist in der Regel in der Lage, dies sofort vornehmen zu können und z. B. lokale Temperatur- und Feuchtemessungen durchzuführen. In Einzelfällen werden längere oder mehrere Untersuchungstermine notwendig sein. Aber eine belastbare Tendenz wird Ihnen Ihr Experte meist schon beim ersten Termin nennen können.

Eine klassische Ursache von Schimmelflecken an Außenwänden oder -ecken können Wärmebrücken sein, etwa im Bereich von Balkon- und Fensteranschlüssen. Vielfach ist aber auch „nur" ein falsches Lüftungsverhalten des Mieters die Ursache – ein- und dasselbe Erscheinungsbild mit gravierend unterschiedlicher Ursache. Dies zu beurteilen ist daher allein die Aufgabe eines versierten Experten.

Haben Sie den Termin erfolgreich absolviert, geht es an die Auswertung der Notizen. Ihrem Bauschadensexperten sollten Sie die Aufgabe geben, alle festgestellten Mängel unter Nennung der größten Einzelpositionen pragmatisch zusammenzufassen. Ein ausführliches Schadensgutachten benötigen Sie nämlich nicht, sondern lediglich einen Überblick über die gefundenen Schäden, eine Einschätzung des Gesamteindruckes sowie einen übersichtlichen Maßnahmen- und Kostenplan zur Beseitigung der gefundenen Schäden, eventuell nach Dringlichkeit sortiert.

Dieser Plan (je nach Immobilie und Schwierigkeitsgrad nicht mehr als eine bis zehn Seiten lang) wird dadurch zu einem Ihrer wichtigsten Dokumente, mit dem Sie in der Folge arbeiten. Sie können es nämlich vielfach einsetzen: Erstens ist es eine hervorragende Argumentationshilfe, wenn es in die Kaufvertragsverhandlung geht. Schließlich kommt der Plan von einem „neutralen“ Experten für Bauschäden! Weiterhin wird ein solcher Maßnahmen- und Kostenplan auch bei Ihrem Banker auf Wohlwollen stoßen. Denn auch dieser verlässt sich sehr, sehr gerne auf externe Experten. Außerdem dokumentieren Sie so der Bank gegenüber Ihr professionelles Vorgehen – ein nicht zu unterschätzender Pluspunkt, um an Ihre Finanzierung zu kommen. Und als letzten Punkt sollten auch Sie sich um ein Vielfaches wohler mit einem solchen Plan in der Hand fühlen, oder?

Abschließend noch ein paar Worte zu einem Sonderthema, das Sie gerade bei älteren, vielleicht auch einmal umgebauten Immobilien beachten sollten: das Baurecht. Sie und Ihr Bauexperte sollten einen Blick dafür entwickeln. Es ist nämlich keineswegs selbstverständlich, dass in der Vergangenheit alle An- und Umbauten baurechtlich genehmigt wurden. Sprich, Schwarzbauten sind gar nicht so selten. Auch heute noch und in Deutschland.

Genauer werden wir uns mit diesem Thema noch bei der Überprüfung der Objektunterlagen befassen. Anlässlich der Objektbesichtigungen sollten Sie aber auf jeden Fall auf entsprechende Hinweise achten und gegebenenfalls auch nachfragen. Wie bekommen Sie solche Hinweise? Die Praxiserfahrung zeigt, dass alles, was einmal ein- oder umgebaut wurde, betroffen sein kann. Klassiker sind vor allem nachträglich ausgebaute Dachgeschosswohnungen, aber auch Souterrain-Wohnungen. Weiterhin können dies nicht genehmigte Anbauten wie ein Wintergarten oder gar massive Gebäudeteile sein, aber auch die nachträgliche Öffnung der Fassade zum Nachbarn hin – also ein zusätzliches Fenster in der Grenzwand – erlebt man immer wieder. All dies sind Umstände, die Sie hellhörig werden lassen sollten. Zumindest eine genauere Untersuchung – anhand der vorliegenden Baugenehmigungen – ist dann zwingend anzuraten.

Mieter und Mietverträge

Nachdem wir uns ausführlich mit dem äußeren Erscheinungsbild von Umfeld und Immobilie beschäftigt haben, wird es jetzt „menschlich" und auch ein wenig rechtlich. Hier geht es zunächst um die Menschen, die in der von Ihnen anvisierten Immobilie leben. Da Sie nun das weitere und nähere Umfeld gut kennen und auch wissen, welcher „Typ Mensch" in dieser Gegend lebt, sollten Sie ein wenig reflektieren, ob die Menschen, die in Ihrem Haus leben, dort „hineinpassen". Es ist keineswegs zwingend, dass in einem Haus nur Typ Mensch A (beispielsweise junge Familien mit Kindern) lebt. Was Sie aber immer beachten sollten, ist, ob Ihre Mieterstruktur insgesamt zum näheren und weiteren Umfeld passt und auch, dass es keine individuellen „Störfaktoren" gibt.
Während der Objektbesichtigung hat es sich bewährt, sich mit den Mietern zu unterhalten. Auf diese Weise erfahren Sie nämlich nicht nur – oft ungefiltert – viele Details zum Haus. Sie erfahren dabei meist auch Interessantes zum Verhältnis der Mieter untereinander, der allgemeinen Stimmung im Haus, zu „Störfaktoren" und auch Informationen zum Verhältnis zwischen Mietern, Hausverwaltung und Eigentümer. Aus all diesen Informationen können Sie durchaus interessante Rückschlüsse ziehen.
Neben den menschlichen Faktoren ist darüber hinaus die rechtliche Einbindung der Mietverhältnisse in den Geschäftsbetrieb Immobilie von entscheidender Bedeutung. Hierbei werden Sie keine andere Wahl haben, als sich einen Mietvertrag nach dem anderen vorzunehmen und am Ende einzuschätzen, ob diese akzeptabel sind oder nicht. Ziehen Sie wieder einen Spezialisten hinzu. Dies kann ein guter Hausverwalter oder – besser, aber in der Regel auch kostenin-

tensiver – ein auf Mietrecht spezialisierter Rechtsanwalt sein. Sie können natürlich alle „Normalfälle" auch selbst bearbeiten und Ihren Spezialisten nur im Bedarfsfall bei komplexeren Fällen konsultieren.

Nehmen Sie sich im ersten Schritt die Mieterliste, die Sie hoffentlich vorliegen haben, vor. Gleichen Sie die Liste mit den erhaltenen Mietvertragskopien ab. Konzentrieren Sie sich zunächst nur auf die wirtschaftlichen Rahmendaten. Dies sind zumindest die genaue (verwechslungsfreie!) Wohnungsbezeichnung, die Wohnfläche, der Mietername, das Einzugsdatum, die aktuelle (heutige!) Nettokaltmiete, die aktuelle Nebenkostenvorauszahlung, eventuell die letzte Mietanpassung und sonstige Spezialitäten, die mietvertraglich vereinbart sein können. All dies erfassen Sie möglichst in einer Excel-Tabelle oder in einem Online-Kalkulationstool, wo Sie später leicht weitere Angaben ergänzen können. Gleichen Sie diese Tabellenwerte mit den Ihnen vorliegenden Mietverträgen ab. Nicht nachvollziehbare Angaben sollten Sie markieren und beim Verkäufer hinterfragen. Selten stimmen wirklich alle Angaben in den Listen, und fehlende Bausteine müssen manchmal in regelrechter Sisyphusarbeit zusammengetragen werden. Sie haben jedoch keine andere Wahl. Forschen und jagen Sie, bis Sie jedes Mosaiksteinchen beieinander haben. Hier sind Ausdauer und vor allem Hartnäckigkeit gefragt.

In einem zweiten Schritt gilt es, die Mietverträge auch juristisch zu prüfen. Das ist eine Aufgabe für einen spezialisierten Rechtsanwalt. Was Sie selbst mit ein wenig Erfahrung vornehmen können, ist die erste Grobeinschätzung zu diesem Thema. Nehmen Sie den ersten Mietvertrag zur Hand, denn nun geht es in den Text. Die folgende Aufzählung kann natürlich nicht vollständig sein und soll auch keinen Rechtsratgeber ersetzen. Es geht vielmehr darum, Ihren Sinn für die wichtigsten Themen aus Investorensicht zu schärfen.

Beginnen wir mit dem Mieter. Hier sollte unbedingt geprüft werden, ob der oder die im jeweiligen Mietvertrag genannten Personen auch die tatsächlichen Mieter sind. Zumindest eine der genannten Personen sollte auch heute noch Mieter sein. Vielfach kommen nämlich Veränderungen vor, die nicht sauber dokumentiert wurden. Es passiert, dass Mieter einmal Wohnungen untereinander im Haus tauschen und Mietverträge nicht entsprechend umgeschrieben werden. Unklarheiten beim Mieterbesatz in der jeweiligen Wohnung sollten Sie zwingend vor dem Kauf klären. In besonderen Fällen ist es ratsam, dass Lücken oder falsche Angaben noch vor dem Kauf zwischen Alteigentümer und Mieter bereinigt werden. Fordern Sie dies gegebenenfalls im Rahmen der Kaufvertragsverhandlungen.

Die nächste Standardklausel ist die genaue Bezeichnung der Mietsache. Auch hier gibt es vielfach ungenaue Bezeichnungen. Klären Sie dies. Eine gute Bezeichnung ist z. B. „Vermietet wird in der Liegenschaft Beispielstraße 1, 12345 Beispielort, die Wohnung Nr. 1, gelegen im Erdgeschoss rechts, mit folgenden Räumen: Wohnzimmer, Schlafzimmer, Küche, Bad und Flur; Abstellräume: Kellerraum Nr. 1. Die genaue Lage von Wohnung und Abstellraum ist im beigehefteten Plan (Anlage 1) rot umrandet dargestellt.“ Quadratmeterangaben müssen solche Klauseln nicht enthalten. Vielfach sind diese eher schadhaft, da sie unnötiges Streitpotenzial bieten.

Ebenfalls nicht unbedeutend ist die genaue Angabe der Mietzeit, also Einzugsdatum bzw. Übergabedatum (etwa anhand eines separaten Protokolls), Kündigungsfristen und -ausschlüsse und gegebenenfalls Zeitmietverträge. Über den Umgang mit den Mietpreisangaben im Vertrag sprachen wir gerade schon im Zusammenhang mit der Mieterliste. Als bewährt und gut kann eine Klauselformulierung wie diese hier angesehen werden: „Die monatliche Nettokaltmiete für den in § xy bezeichneten Mietgegenstand beträgt 450,00 Euro zuzüglich monatlicher Betriebs- und Heizkostenvorschuss (gemäß § xy) von 95,00 Euro, also eine Gesamtmiete von 545,00 Euro ab Mietbeginn.“

Sehr interessant aus Investorensicht werden nun eventuell bereits vertraglich geregelte Mietanpassungsmöglichkeiten. Dies können sogenannte Index- und Staffelmietklauseln sein. Im Kapitel „Immo-

bilienmanagement und -verwaltung“ gehen wir noch intensiv auf dieses für Investoren besonders wichtige Thema ein.
Betriebs- oder auch Nebenkostenklauseln sollten eigentlich Standard sein. Leider finden sich gerade in „selbstgebauten“ Mietverträgen, aber auch in Formularmietverträgen geradezu fürchterliche Abwandlungen des allgemeinen Stands der Gesetzeslage bzw. der Rechtsprechung. Aus Investorensicht sind solche Nebenkostenklauseln von ganz besonderer Bedeutung, was vor allem im Wesen des deutschen Wohnungsmietrechts begründet liegt. Ist auch nur eine Kleinigkeit in solchen Klauseln – „entgegen der rechtlichen Zulässigkeit“ – zum Nachteil des Mieters geregelt, kann die gesamte Klausel unwirksam sein. Was wiederum zur Folge hätte, dass der Vermieter die Kosten (Monat für Monat!) zu tragen hätte. Solchen Klauseln ist daher eine besondere Aufmerksamkeit zu schenken. Während Sie sich am Anfang vermutlich schwer mit diesem unhandlichen Thema tun werden, erkennt das geschulte Auge nachteilige Formulierungen auf einen Blick. Da dieser Abschnitt nicht mit der aktuellen Rechtsprechung und weiteren Themen zur Nebenkostenabrechnung überfrachtet werden soll, erlauben Sie mir hier den Hinweis auf entsprechende Fachliteratur oder besser – Ihren Spezialisten. Eine gute Orientierungshilfe sind Formularmietverträge, wie sie von den Haus-&-Grund-Verbänden meist sehr aktuell herausgegeben werden. Zusammenfassend lässt sich aber sagen, dass grundsätzlich alle Betriebskosten des Gebäudes wie Versorgerkosten, Grundsteuern, Versicherungen, Hausmeister (jedoch keine Verwaltungskosten), Wartungen (aber keine Reparaturen), Müll, Wasser, Heizung inklusive Ablesedienst, Gartenpflege (aber nicht -gestaltung und -neuanlage) etc. wie in der Betriebskostenverordnung aufgeführt, auf die Mieter umlegbar sind. Aber nur, wenn dies auch wirksam im Mietvertrag vereinbart ist.
Ein weiteres Thema, das unmittelbare monetäre Auswirkungen auf Ihre Kasse haben kann, sind mietvertragliche Regelungen über den Zustand der Mieträume. In solchen Klauseln sollte klar und deutlich

geregelt sein, in welchem Zustand der Mieter die Wohnung erhalten hat und in welcher Beschaffenheit er sie zurückzugeben hat. Idealerweise sollte ein Übergabeprotokoll vorliegen, in dem der Zustand der Wohnung genau, z. B. raumweise beschrieben ist. Dieses sollte am Übergabetag vom Mieter und vom Vermieter unterzeichnet werden. In der laufenden Mietzeit, also zwischen Übernahme und Rückgabe der Wohnung, sollte der Mieter dazu verpflichtet sein, die Wohnung ordentlich zu behandeln und regelmäßig zu renovieren. Letztgenannter Sachverhalt wird oft ausführlich in sogenannten Schönheitsreparaturenklauseln geregelt. Ergänzend sollten idealerweise Kleinreparaturen in der Wohnung vom Mieter übernommen werden. Auch zu diesem recht komplexen Sachverhalt gibt es eine umfangreiche Rechtsprechung, die sich durchaus öfter ändert. Sollten die Formulierungen in der Schönheitsreparaturenklausel unwirksam sein, dann gilt die gesetzliche Regelung. Und diese besagt – man beachte –, dass der Vermieter die Schönheitsreparaturen (während des gesamten Mietverhältnisses!) auf eigene Kosten vorzunehmen hat. Die möglichen Stolperfallen in solchen Klauseln sind also ebenfalls vielfältig.

Idealerweise sollte jeder Mietvertrag durch eine Mietkaution unterlegt werden. Obwohl die Gesetzgebung schon seit langem die Vereinbarung einer Mietkaution von drei Nettokaltmieten erlaubt, kommt es noch oft vor, dass diese völlig fehlen. Achten Sie hinsichtlich der Mietkaution darauf, dass sie vertraglich vereinbart ist und dass sie Ihnen vom Verkäufer mit der Objektübergabe auch ausgehändigt wird. Sollte eine solche mietvertragliche Vereinbarung fehlen, haben Sie leider Pech gehabt.

Wie eingangs erwähnt, werden in guten Wohnungsmietverträgen über die genannten Themen hinaus noch viele weitere Sachverhalte geregelt. Dies können Klauseln zum Umgang mit Wohnungsschlüsseln, zur Haftpflichtversicherung des Mieters, genaue Kündigungsfristen, Regelungen zur Nebenkostenabrechnung, Klauseln zur Fälligkeit der Miete, Benutzung der Mieträume, Tierhaltung, Untervermietung, bauliche Veränderungen und Modernisierungen, Heizungs- und Lüftungsverpflichtung, Zutrittsrecht des Vermieters sowie ähnliches sein. Ihr Rechtsberater wird Ihnen zur Qualität dieser Klauseln schnell eine Einschätzung geben können.

Noch ein Hinweis zu den vielen Klauseln, die Sie eben in Ihrem Mietvertrag gelesen haben: Sollten Sie sich über zahlreiche klare oder „harte" Formulierungen in dem gerade betrachteten Mietvertrag freuen, muss ich Ihnen gleich wieder einen Strich durch die Rechnung machen. Der Übeltäter ist die deutsche Gesetzgebung und die Rechtsprechung. Denn es gilt Folgendes: Viele Textpassagen in solchen Vertragstexten machen beim Lesen erst einmal Freude. Doch es kommt nicht selten vor, dass genau solche Regelungen „zum Nachteil des Mieters" sind. Dies bedeutet, nicht-juristisch ausgedrückt, dass solche Passagen durch die aktuelle Gesetzeslage ersetzt werden, und diese ist meist sehr mieterfreundlich. Das Resultat ist – und hier müssen Sie sich wirklich hüten –, dass eine augenscheinlich sehr vermieterfreundliche Klausel in der Tat genau das Gegenteil bewirkt.

Am Ende denken Sie vielleicht, welch ein Scherbenhaufen die eben durchgesehenen Mietverträge sind. Vermutlich haben Sie Recht, das ist durchaus oft so. Der Grund ist einerseits, und das ist eigentlich nicht nachteilig, dass die Mieter vielleicht schon mehr als zwanzig Jahre in dem von Ihnen begehrten Haus wohnen und da ist es selbstverständlich, dass die mietvertraglichen Regelungen, verglichen mit heutigen Maßstäben, seltsam anmuten. Andererseits sind schlichtweg semiprofessionelle Vermieter, die sich Beratungskosten sparen wollen und lieber ihre eigenen Verträge „stricken", der Grund für weniger gut formulierte Mietverträge. Wie gehen Sie als Investor oder professionell organisierter Anleger mit solchen defizitären Mietverträgen um? Im Prinzip ist das recht einfach. Sie müssen die gefundenen Defizite in Euro bewerten und zum Bestandteil Ihrer Investmentkalkulation machen. Hierauf werden wir im Kapitel „Die Investmentkalkulation" intensiv eingehen.

Zuletzt fragen Sie sich vielleicht noch, ob es irgendwelche Mietvertragskriterien gibt, die den Haus- oder Wohnungskauf unmöglich oder zumindest sehr schwierig machen können. Die gibt es, aber sie sind eher selten. So kam es durchaus schon vor, dass – gerade unter Verwandten – Mieter eine größere Mietvorauszahlung leisten, um so lange und vor allem „sicher" wohnen zu dürfen. Oder es gibt gelegentlich Vereinbarungen mit Mietern, dass diese die ihnen überlassene Wohnung nicht nur renovieren sollen, sondern sogar sanieren. Hierfür werden, durchaus berechtigt, vergünstigte Mieten vereinbart. Auch viele andere Spezialfälle sind denkbar, denn in Deutschland besteht der Grundsatz der Vertragsfreiheit. Hinsichtlich all dieser Fälle sollten Sie als Kaufinteressent besondere Aufmerksamkeit walten lassen, denn solche Vereinbarungen können den Wert einer Wohnung erheblich beeinflussen. Eine durch den Mieter beim Einzug vorgenommene größere Wohnungssanierung kann bedeuten, dass er quasi unkündbar geworden ist und dass Sie kaum eine Möglichkeit haben werden, die Miete künftig an die aktuellen Marktverhältnisse anzupassen.

Objektunterlagen

Vielfach haben wir bereits verschiedenste Objektunterlagen angesprochen. Nun geht es darum, ein System aufzubauen, damit Ihnen nichts entgeht. Gleichzeitig denken Sie immer auch an die Bank, denn deren Hunger nach Objektunterlagen ist besonders groß. Die Überschneidung der zwei Unterlagenlisten (eine für Sie als Investor und eine für die Bank) liegt vermutlich im Bereich von über 80 Prozent. Arbeiten Sie daher sinnvollerweise mit nur einer einzigen Liste und markieren Sie dort für später die Unterlagen, die für die Bank bestimmt sind. Dies ist nämlich von Bank zu Bank durchaus unterschiedlich. Eine entsprechend vorbereitete, auf langjähriger Erfahrung basierende Liste finden Sie im Bonusmaterial zu diesem Buch.

Im Folgenden gehen wir nur noch auf die Positionen ein, die wir bisher noch nicht besprochen haben.

Exposé

Sollten Sie ein Exposé eines Maklers vorliegen haben, freut sich Ihr Banker immer. Denn in guten Exposés findet er für den ersten Überblick (hoffentlich) alle relevanten Objektdaten.

Grundbuchauszug

Beginnen wir am Anfang. Dies ist meist der Grundbuchauszug, das grundlegendste Dokument einer Immobilie. In Deutschland haben wir das Glück, dass für das Grundbuch ein sehr starker Vertrauensschutz gilt. Nicht-juristisch bedeutet dies, dass der Wahrheitsgehalt und die Verbindlichkeit des Grundbuches sehr hoch sind.
Haben Sie bereits einen Grundbuchauszug zur Hand? Gut, denn wir wollen nun ein wenig in die Details einsteigen. Das Grundbuch ist in Deutschland immer gleich strukturiert. Auf dem Deckblatt finden Sie neben dem zuständigen Amtsgericht, bei dem das betreffende Grundbuch geführt wird, die sogenannte Blattnummer, eine eindeutige Zuordnungsnummer. Man bezeichnet den gesamten Grundbuchauszug als „Blatt", auch wenn dieser immer deutlich mehr als eine Seite umfasst.

Auf der dem Titelblatt folgenden Seite finden Sie das sogenannte Bestandsverzeichnis. Dort sind die Liegenschaften bezeichnet, um die es hier geht. Eindeutig lassen sich die Liegenschaften anhand der dort genannten Flur- bzw. Flurstücknummern zuordnen. Das sind die einzelnen Grundstücksparzellen. Diese können Sie in ihrer Dimension anhand sogenannter Katasterkarten eindeutig zuordnen.

Darüber hinaus finden Sie im Bestandsverzeichnis Angaben über die Größe der Grundstücksteile und die Anschrift der Liegenschaft. Da sich die Anschrift – z. B. durch die Neuzuordnung von Hausnummern durch die Gemeinde – mit der Zeit ändern kann und diese nicht unbedingt im Grundbuch nachgetragen wird, ist hier Vorsicht geboten. Auf die Grundstücksbezeichnungen können Sie sich dagegen in der Regel verlassen. Auf der folgenden Seite finden Sie meist Veränderungsvermerke, die aber in der Regel schon Bestandteil des Bestandsverzeichnisses sind.

Amtsgericht Ort

Grundbuch

von

Stadtteil

Blatt 1234

Dieses Blatt ist sur Fortführung auf
EDV umgestellt worden und dabei an
die Stelle des bisherigen Blattes
getreten. In dem Blatt enthaltene
Rötungen sind schwarz sichtbar.

Freigegeben am 12.04.2012, Xxxxxxxxx

Xxxxxxxxx xx Xxxxxxxxxxx XXXX · Geändert am XX.XX.XX · Abdruck vom XX.XX.XX · Seite 1/8

Titelblatt des Grundbuches

Auf der dem Titelblatt folgenden Seite finden Sie das sogenannte Bestandsverzeichnis. Dort sind die Liegenschaften bezeichnet, um die es hier geht. Eindeutig lassen sich die Liegenschaften anhand der dort genannten Flur- bzw. Flurstücknummern zuordnen. Das sind die einzelnen Grundstücksparzellen. Diese können Sie in ihrer Dimension anhand sogenannter Katasterkarten eindeutig zuordnen. Darüber hinaus finden Sie im Bestandsverzeichnis Angaben über die Größe der Grundstücksteile und die Anschrift der Liegenschaft. Da sich die Anschrift – z. B. durch die Neuzuordnung von Hausnummern durch die Gemeinde – mit der Zeit ändern kann und diese nicht unbedingt im Grundbuch nachgetragen wird, ist hier Vorsicht geboten. Auf die Grundstücksbezeichnungen können Sie sich dagegen in der Regel verlassen. Auf der folgenden Seite finden Sie meist Veränderungsvermerke, die aber in der Regel schon Bestandteil des Bestandsverzeichnisses sind.

Amtsgericht Ort | **Grundbuch von** Stadtteil | **Blatt** 1234 | **Bestandsverzeichnis** | Einlegebogen 1

Laufende Nummer der Grundstücke	Bisherige laufende Nummer d. Grundstücke	Bezeichnung der Grundstücke und der mit dem Eigentum verbundenen Rechte: Gemarkung (Vermessungsbezirk)	Karte: Flur	Karte: Flurstück	Liegenschaftsbuch	Wirtschaftsart und Lage	Größe: ha	a	m²
		a	b		c/d	e			
1	2	3					4		
1		01	1	10	255	Grünland, (Obstb.), in den Grundwiesen		8	35
2		01	2	20	311	Gartenland, Xxxxxxxxxxx		5	09
3		01	3	123/400	311	Gebäude und Freifläche, Hof-und Gebäudefläche, Xxxxxxxxxxx		5	57
4/ zu 2	-	Grunddienstbarkeit (Geh-, Fahr-, Versorgungs- und Entsorgungsleitungsrecht) an dem Grundstück Gemarkung Xxxxxxxxxxx Blatt XXXX BestVerz.-Nr. 3 (Flur 8 Flurstück in Abt. II Nr. 2; hier vermerkt am							

Xxxxxxxxx xx Xxxxxxxxxxx XXXX · Geändert am XX.XX.XX · Abdruck vom XX.XX.XX · Seite2/8

Bestandsverzeichnis im Grundbuch

Sollten Sie einmal rote Linien oder Unterstreichungen im Grundbuchauszug finden, bedeutet dies nicht etwa, dass diese Passagen besonders wichtig sind. Vielmehr wurden diese Bereiche markiert, weil sie gelöscht wurden. Eine sehr wichtige Eigenart des Grundbuches also.
Interessanter wird die nächste Seite, die sogenannte Abteilung I. Dort wird der derzeitige Eigentümer verzeichnet. Dies können natürliche und juristische Personen (Unternehmen) sein, aber auch Gemeinschaften. Oft findet man Vermerke wie „Herr Meier und Frau Meier zu je ½“. Hier handelt es sich um eine Bruchteilsgemeinschaft oder Miteigentümergemeinschaft, was nichts anderes bedeutet, als dass die vermutlichen Eheleute gemeinschaftliche Eigentümer mit je gleichem Anteil sind. Hier an dieser augenscheinlich eher unspektakulären Stelle kann es gelegentlich sogar mal recht aufregend werden. Mir passierte dabei einmal Folgendes: Ich erwarb eine Wohnung von einem wirklich netten Herrn aus Israel, der sie mir zu einem angenehmen Preis überließ, weil er ein wenig unter Verkaufsdruck stand. Nach der Beurkundung des Kaufvertrags beim Notar, der Übertragung und Umschreibung des Eigentums auf mich, erhielt ich ein Rechtsanwaltsschreiben einer Dame, dass ich den Kaufpreis der Wohnung, soweit noch nicht geschehen, nicht an den Verkäufer zahlen solle. Was war passiert? Nun, seine ehemalige Frau hatte ihren Anspruch auf den sogenannten Zugewinnausgleich geltend gemacht, da sie eben geschieden waren. „Ja, und warum hat er sich im Vorfeld nicht ordentlich darum gekümmert?“, fragen Sie sich jetzt vielleicht? Ganz einfach, ich wusste nichts von der Geschichte, ich konnte es auch gar nicht wissen. Denn der Verkäufer hatte in der Beurkundung angegeben, dass er „ledig“ sei. Eine Lüge also, und ich hatte auch keinen Anlass, genauer nachzufassen. Was war „rechtlich“ geschehen? Ich hatte auf das Grundbuch vertraut, und die liebe Gattin wollte eben ihre durchaus berechtigten Ansprüche geltend machen. Eine Pattsituation also. Zum Glück hatte sich der Fall nach einem Rechtsanwaltsschreiben und einigen Telefona-

ten für mich erledigt, warum auch immer. Ich hörte jedenfalls nie wieder etwas davon. Seien Sie und Ihr Berater also immer auf der Hut. Versuchen Sie, Ihre Verkäufer und deren Verhältnisse so gut wie möglich kennen zu lernen. Eine hundertprozentige Sicherheit können Sie aber niemals haben. Aber sehr nah können Sie daran kommen.

Amtsgericht Ort | **Grundbuch von** Stadtteil | **Blatt** 1234 | **Abteilung I** | Einlegebogen 1

Laufende Nummer der Eintragungen	Eigentümer	Laufende Nummer der Grundstücke im Bestandsverzeichnis	Grundlage der Eintragung
1	2	3	4
1	Margit Mustermeier geb. Mustermeier (geb. 01.01.1955), Musterstadt Die Eigentümerin ist ledig; berichtigt am 02.02.1982	1	Das in Band XX Blatt XXX eingetragene Eigentum bei Umschreibung auf das Loseblatt-Grundbuch hier eingetragen am 02.01.1982
		2,3	Das in Band XX Blatt XXX eingetragene Eigentum bei Umschreibung auf das Loseblatt-Grundbuch hier eingetragen am 02.01.1982
	Fortsetzung	unten!	

Xxxxxxxxx xx Xxxxxxxxxxx XXXX · Geändert am XX.XX.XX · Abdruck vom XX.XX.XX · Seite4/8

Abteilung I des Grundbuches

Im Grundbuch folgt die Abteilung II – Lasten und Beschränkungen. Umso weniger in diesem Abschnitt steht, umso besser. Die meisten gängigen Belastungen sind wenig dramatisch, typischerweise nicht oder kaum störende Durchfahrts- oder Leitungsrechte für Nachbarn. Hier können aber auch Wohn- oder Nießbrauchrechte, oft zugunsten von Verwandten, eingetragen sein. Wenn Letzteres der

Fall ist, ist äußerste Vorsicht geboten. Denn im schlimmsten Fall bedeutet dies, dass Sie zwar ein Haus erwerben, aber keine Mietzahlungen erhalten. Die erhält nämlich der Nießbrauchberechtigte. Hinsichtlich Lasten und Beschränkungen ist es daher unabdingbar, zu prüfen, ob diese wertrelevant sind oder nicht. Sollte es hier in der Vergangenheit Veränderungen gegeben haben, finden Sie diese Veränderungsvermerke wiederum auf der folgenden Grundbuchseite.

Amtsgericht Ort | Grundbuch von Stadtteil | Blatt 1234 | Abteilung II | Einlegebogen 1

Laufende Nummer der Eintragungen	lfd. Nummer der betroffenen Grundstücke im Bestandsverzeichnis	Lasten und Beschränkungen
1	2	3
1	2	Auflassungsvormerkung zum Zwecke der Grundstücksumlegung für die Stadt Musterstadt (Main); gemäß Bewilligung vom 11.05.1912; eingetragen am 20.05.1912 in Blatt XXX; neugefaßt und umgeschrieben am 08.01.1980.
2	3	Grunddienstbarkeit (Geh-, Fahr-, Versorgungs- und Entsorgungsleitungsrecht) für den jeweiligen Eigentümer des Grundstücks Flur 1 Flurstück 10 (Gemarkung Stadtteil Blatt 1234); gemäß Bewilligung vom 02.02.1982 (UR-Nr.XXX/XXXXAS Notar Xxxxxxxx Xxxxxxxxxxxx, Musterhausen am Main) eingetragen und nach § 9 GBO vermerkt am 22.02.1982.
3	2	Auflassungsvormerkung für Xxxxxxx Xxxxxxxxxxxx geb. am XX.XX.XXXX und Xxxxxx Xxxxxxx geb. Xxxxxxxxxx, geb. am XX.XX.XXXX , - zu je 1/2 -; Rang nach Abt. III Nr. 1; gemäß Bewilligung vom 07.11.2008 (UR-Nr. XXX/XXXXAS Notar Xxxxxxxx Xxxxxxxxxxxx, Musterhausen am Main) eingetragen am 22.02.1983.

Xxxxxxxxx xx Xxxxxxxxxxx XXXX · Geändert am XX.XX.XX · Abdruck vom XX.XX.XX · Seite5/8

Abteilung II des Grundbuches

In der Abteilung III – Hypotheken, Grundschulden, Rentenschulden verewigt sich in erster Linie die finanzierende Bank. Dies bedeutet, dass die Bank sich „an der Immobilie“ mit ihrem Darlehen absichert. Ein typischer Vermerk lautet:

„Grundschuld ohne Brief zu Vierhunderttausend Euro für irgendeine Bank AG, Frankfurt am Main; 15 % Zinsen jährlich; vollstreckbar

nach § 800 ZPO; gemäß Bewilligung vom 2.1.2010 (UR-Nr. 007/2010 des Notars Heinz Meier, Frankfurt am Main) eingetragen am 19.1.2010 in Blatt 0001, hierher übertragen am 15.2.2010."
Damit wird klar und deutlich Bezug auf eine ganz bestimmte Urkunde genommen, wo die weiteren Details dieser Grundschuld geregelt sind. Ausfertigungen der Urkunden werden ebenfalls beim Amtsgericht (genauer, beim Grundbuchamt) hinterlegt.

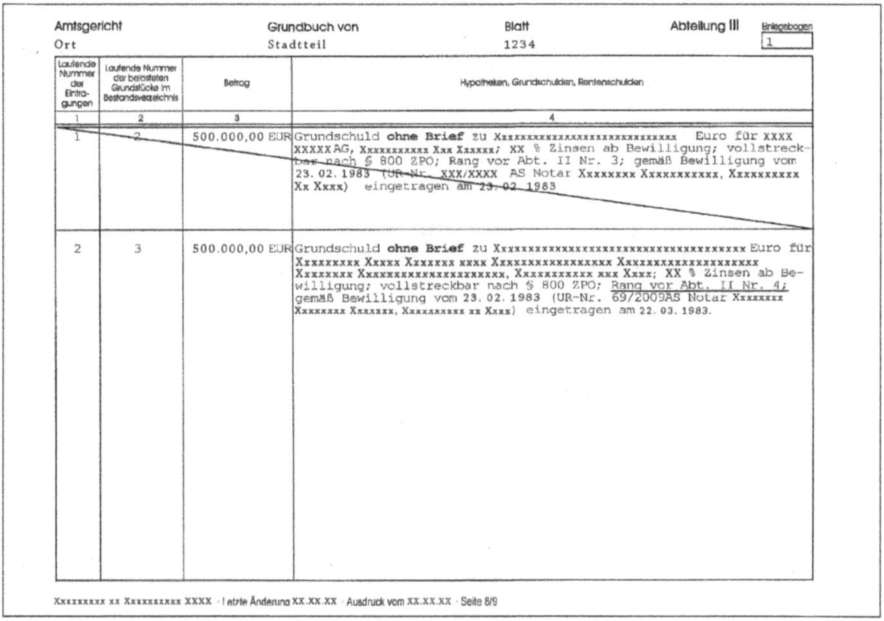

Amtsgericht Ort | Grundbuch von Stadtteil | Blatt 1234 | Abteilung III | Einlegebogen 1

Laufende Nummer der Eintragungen	Laufende Nummer der belasteten Grundstücke im Bestandsverzeichnis	Betrag	Hypotheken, Grundschulden, Rentenschulden
1	2	3	4
~~1~~	~~2~~	~~500.000,00 EUR~~	~~Grundschuld **ohne Brief** zu Xxxxxxxxxxxxxxxxxxxxxxxxxxxx Euro für XXXX XXXXX AG, Xxxxxxxxxx Xxx Xxxxxx; XX % Zinsen ab Bewilligung; vollstreckbar nach § 800 ZPO; Rang vor Abt. II Nr. 3; gemäß Bewilligung vom 23. 02. 1983 (UR-Nr. XXX/XXXX AS Notar Xxxxxxx Xxxxxxxxxx, Xxxxxxxxx Xx Xxxx) eingetragen am 23. 02. 1983~~
2	3	500.000,00 EUR	Grundschuld **ohne Brief** zu Xxxxxxxxxxxxxxxxxxxxxxxxxxxxxxxxxxxx Euro für Xxxxxxxxx Xxxxx Xxxxxxx xxxx Xxxxxxxxxxxxxxxx Xxxxxxxxxxxxxxxxxx Xxxxxxxx Xxxxxxxxxxxxxxxxxxx, Xxxxxxxxxx xxx Xxxx; XX % Zinsen ab Bewilligung; vollstreckbar nach § 800 ZPO; Rang vor Abt. II Nr. 4; gemäß Bewilligung vom 23. 02. 1983 (UR-Nr. 69/2009AS Notar Xxxxxxx Xxxxxxxx Xxxxxxx, Xxxxxxxxx xx Xxxx) eingetragen am 22. 03. 1983.

Xxxxxxxx xx Xxxxxxxxx XXXX · Letzte Änderung XX.XX.XX · Ausdruck vom XX.XX.XX · Seite 8/9

Abteilung III des Grundbuches

Abschließend möchte ich noch Ihren Sinn für eine weitere grundlegende Grundbuchspezialität schärfen: die Rangfolge der verschiedenen Positionen bzw. Rechte und Belastungen. Die Rangfolge orientiert sich normalerweise am Eintragungsdatum. Das heißt, dass das Recht, das zuerst eingetragen wurde, an erster Stelle steht. Sollte beispielsweise der Darlehensnehmer seine Darlehen nicht mehr vertragsgemäß tilgen, wird die finanzierende Bank diese irgendwann „fällig" stellen und im Extremfall die Zwangsversteigerung der Immobilie betreiben. Es kann aber durchaus vorkommen, dass der Erlös aus der Zwangsversteigerung nicht für die Befriedigung aller Gläubiger ausreicht. Und genau dies ist der Moment, in dem die Rangfolge der eingetragenen Rechte (also beispielsweise Grundschulden) bedeutsam wird. Denn regelmäßig werden zuerst die Gläubiger bedient, die „vorne" im Grundbuch stehen, deren Rechte also vorrangig eingetragen sind.

Übrigens gilt dies übergreifend für die Abteilungen II und III. Folgen weitere Lasten und Beschränkungen, reihen sich diese hinter den bestehenden ein. Es kann aber auch geregelt werden, dass die Reihenfolge geändert wird. In solchen Fällen finden Sie entsprechende Hinweise und Vermerke in den Eintragungstexten. Diese Änderungen können selbstverständlich nur mit Zustimmung aller davon betroffenen vorstehenden Rechteinhaber vorgenommen werden.

Sonderfall Erbbaurecht

Eine Besonderheit stellt das Erbbaurecht dar. Denn auch wenn es heißt, dass Gebäude und Grundstück „fest" miteinander verbunden sind, also nicht voneinander getrennt werden können, gibt es einmal mehr eine Ausnahme. Dies ist die rechtliche Trennung von Grund und Boden von den aufgehenden Gebäuden. Der „Erbbaurechtsnehmer" baut auf dem Grundstück normalerweise ein Gebäude und wird Eigentümer des Hauses – aber nicht des Bodens. Der „Erbbaurechtsgeber" stellt das Grundstück zur Verfügung. All dies wird im sogenannten Erbbaurechtsvertrag geregelt.

Wesentliche Kernelemente eines Erbbaurechtsvertrages sind viele Bausteine, die üblicherweise auch Elemente eines klassischen Mietvertrages sein können wie die genaue Bezeichnung des Erbbaurechtsgegenstandes, also des Grundstücks. Weiterhin werden viele Rechte und Pflichten der Parteien untereinander geregelt bis hin zum Erbbauzins. Die Laufzeit von Erbbaurechtsverträgen ist naturgemäß (wer kennt die klassischen 99 Jahre nicht?) langfristig ausgelegt. Entscheidend hinsichtlich der Handhabung von Erbbaurechtsverträgen ist, dass sie bei Weitem nicht so stark reguliert sind wie Wohnungsmietverträge. Denn die Juristen sehen hier keine schützenswerte bzw. vielfach benachteiligte Partei. In der Folge sind Gestaltung und Vielfalt solcher Verträge mannigfaltig und entsprechende Fußangeln, Stolperfallen und Hindernisse lauern daher an vielen Stellen. Von daher sollten Sie solche Immobilien unbedingt immer mit der Unterstützung einer spezialisierten Rechtsberatung prüfen.

Wenn Ihnen eine Immobilie mit Erbbaurechtsvertrag angeboten wird, befassen Sie sich im ersten Schritt nicht detailliert mit dem Erbbaurechtsvertrag. Vielmehr stellen Sie erst einmal vier Kernfragen in den Vordergrund. Die Beantwortung dieser Fragen ist, einmal mehr der Arbeitsökonomie geschuldet, Grundvoraussetzung für die weitere Beschäftigung mit einer solchen Immobilie. Diese Fragen lauten:

1. Welche Festlaufzeit hat der Erbbauvertrag?
2. Wie hoch ist der monatlich zu zahlende Erbbauzins?
3. Ist der vereinbarte Erbbauzins indexiert oder sonstigen Anpassungen während der Festlaufzeit des Vertrages unterworfen?
4. Wer ist der Erbbaurechtsgeber?

Nur wenn alle vier Antworten mindestens befriedigend ausfallen, lohnt es sich, sich weiter mit dem Thema zu beschäftigen. Dann sollten Sie das Erbbaugrundbuch und den Erbbaurechtsvertrag beim Verkäufer anfordern und intensiv rechtlich prüfen lassen. Fällt die Prüfung positiv aus, steht Ihrem Immobilieninvestment – unter

Anwendung der vorbeschriebenen Herangehensweise, Kalkulation und sonstigen Prüfung – wenig entgegen.
Nicht unerwähnt bleiben sollten die in Deutschland auch heute noch weitverbreiteten Vorbehalte gegenüber Erbbauimmobilien. Eigentlich sind diese Vorbehalte unverständlich, unter der Bedingung, dass die Finanzmathematik der Immobilie als Ganzes passt. Die Immobilie muss sich zwingend auch mit Erbbaurecht rechnen. Von daher ist die Höhe des Erbbauzinses das entscheidende Kriterium der vier Fragen. Schlimm ist daher, dass nur sehr selten in Verkaufsexposés von der Höhe der Erbbauzinsen gesprochen wird, während die erzielte Miete und die Nebenkostenvorauszahlungen oft centgenau aufgelistet werden. Sofern sie sich rechnen und mit einem gewissen Rabatt zu erwerben sind, habe ich daher für mich (genauer für meine Investitionskriterien) entschieden, dass Erbbauimmobilien durchaus in Frage kommen.
Warum verlangt er Rabatt? Ganz einfach, auch professionelle Immobiliengutachter belegen Erbbauimmobilien im Vergleich mit herkömmlichen Immobilien nach Berücksichtigung der Erbbauzinsen mit einem gewissen Wertabschlag, und zwar nicht ohne Grund. „Schließlich gehört mir der Grund und Boden nicht", denken viele. Allerdings – und dies ist einmal mehr entscheidend – denken auch viele Banken so. Deshalb kann es zuweilen mühsam sein, eine passende Finanzierung für solche Immobilien zu finden, und der Verkauf einer solchen Immobilie dauert gewöhnlich ebenfalls länger. So ist ein Wertabschlag eine logische Konsequenz.

Mietübersicht

Eine vernünftige Mieterliste ist unumgänglich. Sollten Sie vom Verkäufer, wie durchaus üblich, keine derartige Liste erhalten haben, nutzen Sie die von Ihnen selbst erstellte Liste. Tragen Sie dort ergänzend ein, ob und in welcher Höhe Mietkautionen vorliegen.

Einen Pluspunkt bekommen Sie, wenn Sie der Bank zusätzlich eine Liste aller offenen Forderungen gegenüber den Mietern und eventuelle Rechtsfälle liefern können. Diese Informationen brauchen Sie sowieso bis spätestens zum Beurkundungstermin.

Mietverträge

Als sinnvoll hat sich erwiesen, der Bank Mietverträge erst im zweiten Schritt zu übergeben. Der Grund ist, dass die Papierflut, die auf den Banker einbricht, meist extrem groß ist. Bieten Sie sie aber durchaus gleich im ersten Gespräch an und dokumentieren damit Ihr professionelles Vorgehen.

Bau- und Ausstattungsbeschreibung

Wenn Sie eine „jugendliche Immobilie" erwerben, haben Sie vielleicht Glück. Denn dann existiert noch eine Bau- und Ausstattungsbeschreibung des ehemaligen Bauträgers. Sollte dies nicht der Fall sein, sind Sie oder Ihr Baufachmann gefragt. Meist genügt eine einfache zwei- bis dreiseitige Baubeschreibung, in der neben einer allgemeinen Beschreibung des Hauses und der zentralen Haustechnik vor allem die Ausstattung der Wohnungen und der derzeitige Bauzustand insgesamt festgehalten sind. Es hat sich bewährt, wenn Sie auch hier ein gewisses, sich wiederholendes System aufbauen. Anhand der Erstellung (oder bei der Durchsicht) einer solchen Beschreibung können Sie leicht überprüfen, ob Ihnen irgendetwas bei der Hausbesichtigung entgangen ist.

Bauunterlagen

Darunter fallen alle sonstigen Bauunterlagen, die Sie sich vorstellen können und eine recht große Menge ergeben kann. Sehr wichtig sind Architektenpläne, vornehmlich Grundrisszeichnungen, Gebäudeschnitte, Ansichtszeichnungen und optimalerweise ein Lageplan mit Darstellung des gesamten Grundstücks. Auch einen aktuellen Katasterplan mit Darstellung der Flur- und Flurstücknummern sollten Sie sich immer organisieren. Diesen bekommen Sie bei Ihrer Gemeinde, z. B. beim Vermessungsamt.

Sollten Sie sich gerade auf dem Gemeindeamt befinden, erkundigen Sie sich am besten gleich auch nach dem vorhandenen Bau- und Planungsrecht auf Ihrem Grundstück. So ist vor allem die Information, ob ein Bebauungsplan existiert oder nicht, von wesentlicher Bedeutung. Sollte ein solcher existieren, organisieren Sie sich die entsprechende Karte, den Textteil und auch die sogenannte Begründung. Auch weitere, das Baurecht einschränkende Satzungen der Gemeinde wie Gestaltungs-, Erhaltungs- und Milieusatzungen kann es geben.

Weiterhin unabdingbar ist eine Wohnflächenberechnung, aus den vorhandenen Objektunterlagen oder selbst erstellt. Wie erwähnt, trauen Sie niemals irgendwelchen Quadratmeterangaben, sondern rechnen immer nach. Die genauen Regeln, wie Sie dies tun, finden Sie in der sogenannten Wohnflächenverordnung. Gegenüber der Bank besonders professionell wirkt eine Berechnung Ihres Baufachmannes, mit Stempel, Datum und Unterschrift.

Von besonderer Bedeutung sind die Baugenehmigungsunterlagen. Idealerweise sollte diese die kompletten Baugenehmigungspläne mit den sogenannten Grünvermerken (das sind die Prüfvermerke der Behörde) enthalten. Auch die Statik, Wärmeschutzberechnungen und offizielle Baubeschreibungen sollten Sie sichten.

Achten Sie bei der Baugenehmigung unbedingt darauf, dass die Örtlichkeit den Plänen entspricht. Sollte dies nicht überall der Fall sein, kann es sich hier, wie schon zu Anfang dieses Kapitels näher erläutert, um einen nicht genehmigten An- oder Umbau („Schwarzbau") handeln. Seien Sie bei offensichtlich nachträglich ausgebauten Souterrain-Apartments und Dachräumen besonders wachsam. Wenden Sie sich auch beim geringsten Verdacht an einen versierten Architekten zur weiteren Überprüfung. Dieser kann solche Fälle recht schnell erkennen, denn dafür ist sein Blick geschult. Er orientiert sich dabei hauptsächlich an den Vorgaben eines etwaigen Bebauungsplanes bzw. der jeweiligen Landesbauordnung, die – zumindest im „normalen" Wohnungsbau – recht gut zu handhaben ist. Sollte tatsächlich ein Schwarzbau festgestellt werden, gibt es grundsätzlich zwei Handlungsalternativen. Wenn der Bau bei entsprechender Antragstellung hätte genehmigt werden können, kann dies jetzt höchstwahrscheinlich nachgeholt werden. Aber Vorsicht, es gilt die jeweils aktuelle Rechtslage, und diese ändert sich – gerade im energetischen Bereich – von Zeit zu Zeit durchaus gravierend. In einem solchen Fall sollten Sie dies auf jeden Fall dem Verkäufer kundtun und – wollen Sie das Haus noch immer erwerben – eine entsprechende Vertragsverabredung mit ihm treffen. Darin kann z. B. geregelt werden, dass ein Teil der Kaufpreiszahlung erst dann fällig wird, wenn die entsprechende Baugenehmigung für den nachträglichen Bauantrag erteilt wird. Aber auch viele andere Ausgestaltungen sind möglich.

Schwarzbauten, die auch nachträglich nicht genehmigt werden können, sind dramatischer. Das sind beispielsweise Anbauten, die früher und auch heute dem Baurecht widersprechen. In solchen Fällen kann es in Extremfällen zu behördlichen Nutzungsverboten und Abbruchverfügungen kommen. Dann sollten Sie, haben Sie dies nicht bereits voll eingepreist, von solchen Bauten die Finger lassen.

Sollte es sich beim Haus Ihrer Begierde um einen Vorkriegsbau handeln, so wird die ursprüngliche Baugenehmigung in vielen Fällen verschollen sein. Dann werden Sie im Bedarfsfall vielfach nur die Möglichkeit haben, die einstige legale Errichtung der Wohnungen indirekt – beispielsweise mittels alter Archivunterlagen oder Katas-

terpläne – zu belegen. Ein solches Vorgehen ist allgemein anerkannt, kann aber auch einige Stolperfallen haben.
Ebenfalls nicht unwichtig sind Unterlagen über die Medien- oder Hausanschlüsse zu Ihrem Haus. Dies kann den Kanal, die Trinkwasserleitung, das Gas sowie den Telefon-, Internet- und Kabelfernsehanschluss betreffen.

Fotodokumentation

Als großer Freund einer ordentlichen Fotodokumentation sind Bilder für mich eine sehr wertvolle Gedächtnisstütze. Die Bilder können Sie auch für viele weitere Zwecke nutzen, an erster Stelle natürlich für die Bauschadensanalyse und Dokumentation des derzeitigen Zustandes. Weiterhin haben Sie mit einer guten Fotodokumentation immer einen guten Überblick über den Ausstattungsstandard der Wohnungen. Und nicht zuletzt freut sich auch hier Ihr Banker über die reichhaltigen Informationen. Idealerweise stellen Sie die Fotos für die Bank ebenfalls nach einem immer wiederkehrenden System zusammen. Wichtig sind Außenaufnahmen von vorne, aber auch von den Seiten und von hinten. Weiterhin spielen alle großen zentralen Gewerke der Gemeinschaftsflächen (Heizung, Sanitär, Elektroverteilung, Aufzug etc.) eine zentrale Rolle. Aber auch der allgemeinen Ausstattung des Hauses vom Keller über das Treppenhaus und den Hauseingang bis zum Dachboden sollten Sie eine ausreichende Aufmerksamkeit widmen. Zuletzt fügen Sie dieser Sammlung noch einige exemplarische Bilder über die typische Wohnungsausstattung bei. Bewährt hat es sich, die Bilder in ein Dokument einzufügen und kurz zu beschriften. Der Aufwand ist mit ein wenig Übung vertretbar.
Spezielle Schadensbilder, die Sie vielleicht anhand der Objektbesichtigungen gemacht haben, sollten Sie einer solchen Sammlung für die Bank nicht beifügen. Die Bilder sollten eher Bestandteil der Bau-

schadensanalyse Ihres Baufachmannes sein, die Sie dann der Bank geben.

Bauschadensanalyse

Da wären wir auch schon. Die Bauschadensanalyse ist die schon mehrfach diskutierte kurze Unterlage Ihres Bauschadensexperten. Sie sollte nicht mehr als einige wenige Seiten lang sein und die wesentlichen Schadensbilder beschreiben. Weiterhin sollten ein entsprechender Maßnahmen- und Zeitplan zur Beseitigung der vorgefundenen Schäden und eine entsprechende Kostenschätzung enthalten sein. Der Zeitplan sollte sich nicht nur an den aufgefundenen Schadensbildern allein orientieren, vielmehr spielen auch Finanzierungs- und vor allem Steueraspekte herein.
Ideal für die Bank ist auch hier ein „offizielles" Dokument mit Datum, Stempel und Unterschrift des Fachmanns. Sollten bauliche Themen keine große Rolle spielen (es ist z. B. nur ein Anstrich der Wohnung nötig), können Sie selbstverständlich mit einer eigenen Beschreibung und Kostenschätzung arbeiten.

Behördliche Auskünfte

Steht Ihre Grundsatzentscheidung für die Immobilie, sollten Sie alsbald einige behördliche Auskünfte vom Makler bzw. Verkäufer fordern, denn dies kann einen Moment dauern. Diese Informationen geben Ihnen Sicherheit über verschiedenartigste Eigenschaften der begehrten Immobilie. Um Ihren Deal zügig voranzubringen, werden Sie vielfach auch selbst an die entsprechenden Behörden herantreten müssen. Im Folgenden finden Sie die einzelnen Bereiche, denen Sie sich, je nach Immobilientyp und konkretem Verdacht, widmen sollten.

Baulastenauskunft: Neben den in der Grundbuchabteilung II vermerkten Rechten und Belastungen kann es noch weitere, nicht im Grundbuch eingetragene Rechte geben. Klassisch sind Rechte öffentlich-rechtlicher Natur, z. B. Feuerwehrüberfahrtsrechte. Sie benötigen daher einen sogenannten Auszug aus dem Baulastenverzeichnis für Ihr Grundstück, den Sie bei der zuständigen Bauaufsichtsbehörde erhalten. Bitte beachten Sie, dass es nicht in allen Bundesländern solche Verzeichnisse gibt.
Altlastenauskunft oder *Altlastengutachten*: Hier geht es um mögliche Schadstoffe in Grund und Boden sowie im Gebäude. Vor allem aufgrund von Vornutzungen (wie Tankstellen und Industriebetriebe) können signifikante Bodenverunreinigungen vorhanden sein. Eine erste Anlaufstelle sollte bereits beim kleinsten Verdacht das Umweltamt Ihrer Kommune sein. Fragen Sie dort nach dem Altlastenverdachtskataster. Wie der Name schon sagt, werden darin nicht unbedingt Fakten aufgeführt, der (begründete) Verdacht genügt bereits. Vielleicht existieren auch schon Bodengutachten, die Sie sich beschaffen können. Sollten Sie – bei entsprechendem Verdacht – auf diese Weise keine hinreichenden Erkenntnisse erlagen können, bleibt Ihnen nichts anderes übrig, als ein entsprechendes Bodengutachten bei einem Spezialisten in Auftrag zu geben. Eine recht überschaubare Investition, jedenfalls im Vergleich zu den im Raum stehenden möglichen Sanierungskosten. Sie können natürlich auch hier den Verkäufer wieder mit ins Boot holen, sprich, er sollte sich signifikant an den Gutachterkosten beteiligen.
Denkmalschutzauskunft: Ein eher einfacher Fall ist die sogenannte Auskunft über die Denkmaleigenschaft eines Gebäudes. Denn die „unteren“ Denkmalschutzbehörden führen Listen, in denen Einzeldenkmäler als auch Gebäudegruppen im sogenannten Ensembleschutz aufgeführt werden. Dort erhalten Sie mit der Auskunft Gewissheit, ob Ihr Gebäude von diesem, das Baurecht durchaus massiv einschränkenden Schutz betroffen ist. Denkmalgeschützte Gebäude sind per se nicht unbedingt nachteilig. Man sollte nur wissen, was

mögliche Auswirkungen und Auflagen sein können, die die Denkmalschutzbehörde im Falle eines Umbaus oder Abrisses erteilt. Gebäude innerhalb eines Ensembleschutzes sind meistens in ihrer äußeren Gestaltung, z. B. im Gesamterscheinungsbild mit dem gesamten Straßenzug, geschützt. Weiterhin hat die Denkmaleigenschaft eines Gebäudes im Falle des Umbaus Einfluss auf die steuerliche Behandlung der Umbaukosten (mehr dazu ➔ Kapitel „Das kleine Steuer-Einmaleins für Immobilieninvestoren").

Sanierungsgebietsauskunft: Sanierungsgebiete sind durch die Kommune festgelegte Gebiete innerhalb einer Gemeinde, deren Entwicklung gefördert werden soll. Sollte Ihre Immobilie in einem solchen Gebiet liegen, besteht nicht nur Potenzial für mögliche Förderungen durch die Gemeinde oder erhöhte Abschreibungen. Es kann auch wesentliche Beschränkungen hinsichtlich des Baurechts bis hin zu Sanierungsverpflichtungen geben. Daher ist die tiefere Kenntnis über die Rahmenbedingungen eines solchen Sanierungsgebiets unabdingbar.

Erschließungskostenauskunft: Hier geht es um sogenannte Kommunalabgabenbeiträge nach dem Kommunalabgabengesetz (KAG). Es kann nämlich sein, dass in der Vergangenheit beitragspflichtige Straßenbauarbeiten stattgefunden haben, die noch nicht mit dem Voreigentümer abgerechnet wurden. Dies sollte daher, auch unabhängig vom Ergebnis einer solchen gemeindlichen Auskunft, immer Thema des Grundstückskaufvertrages sein.

Negativerklärung zur Mietpreis- und Belegungsbindung: Es kann vorkommen, dass die Kommune im Rahmen des sozialen Wohnungsbaus ein Wohnungsbelegungsrecht hat oder dass sie Einfluss auf die Gestaltung der Mietpreise hat. Dieses Recht kann die Gemeinde auf verschiedensten Wegen erlangen. In Frankfurt am Main z. B. ist es seit einiger Zeit möglich, Belegungsrechte an einer Wohnung an die Stadt zu verkaufen. Da dies regelmäßig mit Mietpreisobergrenzen verbunden ist, hat dies signifikante Auswirkungen auf den Immobilienwert. Sollte kein Verdacht einer Mietpreis- oder Belegungsbindung bestehen, kann auch mit einer entsprechenden Kenntnis- oder Garantieklausel im Kaufvertrag gearbeitet werden.

Grundabgaben

Hierunter sind Grundsteuerbescheide sowie sogenannte Grundlagenbescheide, also der Einheitswertbescheid und gegebenenfalls der Messbescheid, zu verstehen. Der Einheitswertbescheid und der Messbescheid sind Berechnungsgrundlagen für die Ermittlung der Grundsteuer, die von der Gemeinde erhoben wird.

Wohngebäude- und Haftpflichtversicherungen

Versicherungen sind äußerst wichtig. Die Gebäudeversicherungspolice, also die Versicherung gegen Schäden aus Sturm, Hagel, Trinkwasser und einige weitere Gefahren sowie die Feuerversicherung, ist ein grundlegendes Dokument, das Sie in jedem Fall benötigen. Beim Immobilienverkauf passiert nämlich Folgendes: Die Versicherung geht auf Sie als neuen Immobilieneigentümer über. Erst nach erfolgter Eigentumsumtragung im Grundbuch haben Sie die Möglichkeit, diese Versicherung zu kündigen und durch eine neue – Ihren Vorstellungen entsprechende – zu ersetzen. Damit gewährleistet der Gesetzgeber, dass das von Ihnen erworbene Haus nicht versehentlich ohne Versicherungsschutz dasteht. Auch die Bank interessiert sich sehr für die Versicherungspolice.
Die Eigentümerhaftpflichtversicherung ist dagegen keine Objektversicherung. Versicherungsgegenstand einer solchen Versicherung sind vielmehr Ansprüche, die ein Geschädigter (etwa, weil er auf einem glatten Gehweg vor dem Haus ausgerutscht ist) Ihnen als Hauseigentümer gegenüber geltend machen könnte. Diese Versicherung wird gemeinerweise nicht automatisch auf Sie übertragen. Hier

müssen Sie selbst von Anfang an – und dies ist der zweite Pferdefuß – ab Besitzübergang (und nicht erst ab Eigentumsumschreibung!) für Deckung sorgen.

Energieausweis

Was wurde nicht alles in den letzten Jahren über den Energieausweis geschrieben. Meine ganz persönliche Meinung? Alles nur heiße Luft. Für Immobilieninvestoren ist die Vorlage eines Energieausweises ein Thema wie viele andere auch. Sie benötigen einen Ausweis, das ist klar. Schon die Bank wird danach fragen und vielleicht auch mal ein Mieter. Was tun Sie, wenn der Voreigentümer keinen Energieausweis vorlegen kann? Um Himmels willen, lassen Sie bitte deswegen niemals einen Deal sausen! Denn Sie können einen Energieausweis jederzeit selbst mit überschaubarem Budget erstellen lassen.
Es gibt zwei Sorten von Energieausweisen. Verbrauchsorientiert und bedarfsorientiert nennen sich diese. Die erste Version, die wegen der eher oberflächlichen und wenig repräsentativen Berechnungsmethode weniger anerkannte Variante, wird aus dem durchschnittlichen Energieverbrauch der letzten Jahre errechnet. Dazu werden im Regelfall die Energiekostenabrechnungen der letzten drei Jahre ausgewertet und in Relation zur Nutzfläche des Gebäudes gesetzt. Das ist alles. Genauer, aber auch ein wenig teurer, ist der bedarfsorientierte Energieausweis. Die Kennwerte für diesen Energieausweis werden vom Fachmann anhand der Gebäudegeometrie und der vorhandenen Technik im Gebäude „vorausberechnet". Gemeint ist also der voraussichtliche Energiebedarf in diesem Haus bei der derzeitigen Ausstattung. Diese Variante ist daher wesentlich aussagekräftiger. Letztendlich empfiehlt sich daher immer der bedarfsorientierte Energieausweis. Die Investition hält sich auch hier im überschaubaren Rahmen.

Betriebskostenabrechnungen der letzten drei Jahre

Die letzten Nebenkostenabrechnungen geben in sehr gebündelter Form viele Informationen über ein Haus preis. Ein geschultes Auge erkennt an einer Abrechnung schnell „Kostentreiber" oder sonstige Hausdefizite. Aber auch eine Aussage über die Qualität der bisherigen Hausverwaltung lässt sich anhand der Abrechnungen meist recht einfach ableiten. Weiterhin können Sie mit der Nebenkostenabrechnung leicht die monatlichen Vorauszahlungen der Mieter mit den tatsächlich entstandenen Nebenkosten abgleichen – natürlich nur, sofern die Abrechnung gut und vor allem vollständig ist.

Wiederkehrende Prüfungen, Wartungen und Dienstleistungen

Ich nenne es Kür. Erlebt habe ich es eher selten bei den von mir „ausgesuchten" Immobilien. Wenn Ihnen der Voreigentümer oder -verwalter vorbehaltlos eine Aufstellung über bisherige und künftige Prüfungen (aufgrund von Bauvorschriften, z. B. des Öltanks oder des Aufzuges), Wartungen und Dienstleistungen vorlegen kann, zeugt dies von einem wirklich guten Management. Damit können Sie schnell einen Überblick über nahezu alle Bewirtschaftungsthemen des Hauses gewinnen. Doch Realität ist dies leider allzu selten.

Sonderfall WEG-Unterlagen

Ich muss Sie hier noch mit einigen weiteren Besonderheiten belästigen. Der Grund ist, dass viele Investoren gerne in einzelne Wohnungen statt in ganze Häuser investieren. Wird ein Haus nämlich „in Eigentumswohnungen aufgeteilt", verändert sich die Objektdokumentation grundlegend.

Wir wollen uns daher neben den für Sie als Investor und für die Bank erforderlichen Unterlagen auch damit befassen, warum es diese Unterlagen gibt, was ihre Entstehungsgeschichte ist und was vor allem die Besonderheiten sind. Wir beginnen „lebenszykluskonform" mit der Gründung einer Wohneigentumsgemeinschaft (WEG).

Abgeschlossenheitsbescheinigung

Mit der Abgeschlossenheitsbescheinigung wird üblicherweise mittels direkter behördlicher Vermerke auf den Bauplänen des Hauses bescheinigt, dass die jeweiligen Wohnungen „in sich abgeschlossen" sind. Dies bedeutet, dass jede Wohnung beispielsweise durch Wände und Decken baulich von den anderen Wohnungen getrennt ist. Unter anderem müssen durch diese Trennung Wärme-, Brand- und Schallschutz gewährleistet sein. Weiterhin ist zwingend erforderlich, dass jede Wohnung einen abschließbaren Zugang hat. Die Abgeschlossenheitsbescheinigung hat somit rein bauordnungsrechtlichen Charakter. Sie stellt damit die wesentliche Grundlage für die Teilungserklärung dar.

Teilungserklärung

Die Teilungserklärung ist eine notarielle Urkunde, mit der der Grundstückseigentümer gegenüber dem Grundbuchamt erklärt, dass das Wohngebäude rechtlich in eigenständige Wohnungen aufgeteilt wird. Solche Aufteilungen werden, wie bereits erläutert, im Neubau üblicherweise von Bauträgern vorgenommen. Auch Bestandshäuser werden vielfach von sogenannten Aufteilern in einzelne Wohnungen aufgeteilt. Wesentliche Anlage der Teilungserklärung sind in der Regel die beschriebenen Planunterlagen der Abge-

schlossenheitsbescheinigung. Die dort nummerierten Wohnungen dienen der Teilungserklärung zur eindeutigen Zuordnung.
In der Teilungserklärung wird in erster Linie geregelt, welche Teile des Wohngebäudes Sondereigentum bzw. Gemeinschaftseigentum werden sollen. Sondereigentum stellen üblicherweise die in sich abgeschlossenen Wohnungen dar, von denen jede einen anderen Eigentümer haben kann. Das Gemeinschaftseigentum ist dagegen allen Wohnungseigentümern gleichermaßen zugänglich. Dies sind z. B. Flure, Treppenhäuser, gemeinschaftlich genutzte Kellerräume oder die Außenanlagen. Daneben gibt es auch noch sogenannte Sondernutzungsrechte, die den einzelnen Wohnungseigentümern zugeordnet werden können. Dies sind üblicherweise Kellerräume, Außenstellplätze, Gartenanteile oder ein Abstellraum im Dachgeschoss. An solchen Flächen wird aus Praktikabilitätsgründen üblicherweise kein Sondereigentum begründet, da eine „exklusive" Nutzung durch den jeweiligen Sondernutzungsberechtigten durchaus genügt.
Weiterhin wird in der Teilungserklärung geregelt, welche Bauteile zum Sondereigentum oder Gemeinschaftseigentum gehören. Hierunter ist z. B. die Zuordnung des Bodenbelags innerhalb einer Wohnung gemeint. Vielfach gehört die Betonkonstruktion der Decke zum Gemeinschaftseigentum, während der Estrich und das Parkett zum Sondereigentum gehören. Diese Abgrenzung ist deswegen bedeutsam, da sich danach die Instandhaltungsverpflichtung des jeweiligen Eigentümers richtet.
Neben der Bezugnahme auf die Abgeschlossenheitsbescheinigung zur eindeutigen Zuordnung der Wohnungen werden in der Teilungserklärung noch zahlreiche weitere grundlegende Themen der Eigentümergemeinschaft geregelt. Ein wichtiger Part ist die Zuordnung von sogenannten Miteigentumsanteilen zu den jeweiligen Wohnungen. Diese Zuordnung wird normalerweise anhand der prozentualen Nutzfläche vorgenommen. Daraus resultieren z. B. Bezeichnungen wie „98/10.000 Miteigentumsanteile". Dies ist – ein-

fach ausgedrückt – der rechnerische Anteil des jeweiligen Wohnungseigentümers am Gesamthaus. Dieser Wert ist vor allem eine wichtige Grundlage für das Stimmrecht und die Kostenbeteiligung innerhalb der Eigentümergemeinschaft.
Weiterer Bestandteil der Teilungserklärung ist die sogenannte Gemeinschaftsordnung der Eigentümer. In ihr wird das Verhältnis der Wohnungseigentümer untereinander und zur Hausverwaltung geregelt. Dies sind vor allem Themen wie der Unterhalt der Sondernutzungsrechte und des Gemeinschaftseigentums, mögliche Auflagen der Gemeinschaft im Zusammenhang mit dem Verkauf einzelner Wohnungen, Regelungen zur Instandhaltung und der große Themenkomplex rund um die Verwaltung und Abrechnung der Gemeinschaft. Auch Fragen zur Bestellung des Verwalters und des Verwaltungsbeirats aus dem Kreis der Wohnungseigentümer sowie der in der Regel jährlich abgehaltenen Versammlung der Eigentümer werden hier detailliert behandelt.

Wohnungsgrundbuch

Nachdem die Teilungserklärung durch den Notar beim zuständigen Grundbuchamt eingereicht wurde, erstellt dieses auf dieser Grundlage das sogenannte Wohnungsgrundbuch. Dies ist faktisch nichts anderes als die Aufteilung des bisherigen Grundbuches in z. B. zehn einzelne Grundbuchblätter (bei zehn einzelnen Wohnungen). Jedes einzelne Grundbuchblatt ist genauso gegliedert wie jedes andere Grundbuch auch.
Außer, dass das Grundbuch nun „Wohnungsgrundbuch" heißt, gibt es noch eine Besonderheit im Bestandsverzeichnis. Dort ist die Bezeichnung des Eigentums wesentlich ausführlicher beschrieben, als wir es aus den „normalen" Grundbüchern kennen. Eine typische Formulierung lautet:

„44/1.000 Miteigentumsanteil an dem Grundstück Gemarkung 17, Flur 7, Flurstück 7/5; Gebäude und Freifläche Beispielstraße 1; verbunden mit dem Sondereigentum an der Wohnung Nummer 10 des Aufteilungsplans; das Miteigentum ist durch die Einräumung der zu den anderen Miteigentumsanteilen gehörenden Sondereigentumsrechte beschränkt. Zur Veräußerung ist die Zustimmung des Verwalters erforderlich, ausgenommen … Sondernutzungsrecht: an Kfz-Abstellplatz Nummer 10."

Kernelemente einer solchen Eigentumsbeschreibung sind somit die genaue Bezeichnung der jeweiligen Wohnung nebst zugehöriger Sondernutzungsrechte sowie die Höhe des Miteigentumsanteils.

Versammlungsprotokolle der letzten drei Jahre

Wie erwähnt, treffen sich die einzelnen Wohnungseigentümer eines Hauses normalerweise jährlich zur Wohnungseigentümerversammlung. Grundlage dieser Versammlung sind das Wohneigentumsgesetz (WEG), die Gemeinschaftsordnung sowie die vielfältige Rechtsprechung dazu. Das Verfahren solcher Versammlungen ist, wie Sie sich sicher vorstellen können, sehr stark formalisiert.
Wesentliche Punkte, die die Eigentümer (und der Verwalter) einer solchen Gemeinschaft in den Sitzungen regeln, sind alle Fragen rund um die Verwaltung des Hauses wie Instandhaltung, Abrechnungsfragen, allgemeine Bewirtschaftung sowie viele andere Themen. Bei der Durchsicht früherer Versammlungsprotokolle sollten Sie vor allem auf kostenträchtige Themen und bereits laufende oder drohende Rechtsstreitigkeiten achten. Kostenträchtig können Beschlüsse zu größeren Reparatur- und Sanierungsmaßnahmen sein. Rechtsstreitigkeiten können die Eigentümer untereinander oder die Gemeinschaft als Ganzes z. B. gegen einen Handwerker betreffen. Besondere Vorsicht sollten Sie walten lassen, wenn einzelne Eigen-

tümer ihren Zahlungsverpflichtungen nicht nachgekommen sind. Da gerade gefasste Beschlüsse z. B. über größere Sanierungsarbeiten direkte Auswirkungen auf Ihre Kasse haben können, sollte mit dem Verkäufer eindeutig geregelt werden, wer solche eventuell noch offenen Kosten trägt.

Hausgeldabrechnung und Wirtschaftsplan

Ebenfalls eine Besonderheit der WEG sind die Hausgeldabrechnung über das abgelaufene Wirtschaftsjahr und der Wirtschaftsplan für das folgende Jahr. Hierin werden alle die Bewirtschaftung des Hauses betreffenden Kosten meist minutiös aufgeführt. Ein wesentlicher, eher unspektakulärer Kostenblock sind die Betriebskosten, die üblicherweise auf die Mieter umgelegt werden wie die Kosten der Versorger, Heizkosten und Versicherungskosten. Darüber hinaus enthalten Hausgeldabrechnungen normalerweise auch Positionen wie Instandhaltungskosten (für das Gemeinschaftseigentum), Verwaltungskosten und als Besonderheit die Instandhaltungsrücklage. Dies ist ein Sparbetrag, den die Eigentümer monatlich je nach Eigentumsanteil zu leisten haben.
Weiterhin finden Sie in der Hausgeldabrechnung einen Kontoauszug für das jeweilige Eigentümerkonto. Damit können Sie leicht feststellen, ob der Verkäufer der für Sie interessanten Wohnung in der Vergangenheit seinen Zahlungsverpflichtungen gegenüber der Eigentümergemeinschaft regelmäßig nachgekommen ist. Dieser Punkt ist für Sie als Käufer durchaus relevant, da Sie – je nach Fallkonstellation – für eventuelle Hausgeldrückstände des Voreigentümers mithaften können. Hier tauchen öfters einmal Unregelmäßigkeiten auf, entsprechende Vorsicht ist daher auf jeden Fall geboten.
Abschließend noch ein paar Worte zur Instandhaltungsrücklage, dem Sparguthaben der Eigentümergemeinschaft für künftige größere Reparatur- und Sanierungsaufwendungen. Als Erwerber einer

Wohnung werden Sie nicht nur Eigentümer der Wohnung und eventuell zugehöriger Sondernutzungsrechte, sondern auch Miteigentümer dieses Sparguthabens. Ihr Anteil an dem Sparguthaben, über das Sie selbstverständlich nicht frei verfügen können, entspricht Ihrer im Wohnungsgrundbuch aufgeführten Miteigentumsquote. Sollte Ihnen das vorhandene Guthaben der Instandhaltungsrücklage im Verhältnis zur Größe der Gemeinschaft sehr niedrig erscheinen, müssen Sie damit rechnen, dass im Falle größerer Reparaturen Sonderumlagen auf Sie zukommen werden. Dies sind von der Gemeinschaft im Bedarfsfall gesondert angeforderte Zahlungen der Eigentümer in die Gemeinschaftskasse. Es ist daher sehr ratsam, sich intensiv mit eventuell anstehenden Reparaturen des Gemeinschaftseigentums zu befassen. Eine gute Informationsquelle sollte neben dem Verkäufer auch der von der Eigentümergemeinschaft bestellte Verwalter sein.

5. Die Immobilienfinanzierung

Grundlegendes zur Bankfinanzierung

Nachdem wir uns bisher intensiv von der ersten Idee über die Akquisition, Vorprüfung, technische und kaufmännische Ankaufsprüfung und schließlich mit der Vorentscheidung für eine bestimmte Immobilie befasst haben, steht jetzt der hinter der Immobilie stehende „Sekundärdeal" auf dem Plan. Denn ohne Finanzierung werden Sie keine einzige Immobilie kaufen können: Der Immobiliendeal und die Finanzierung hängen zwingend voneinander ab. Weder mit einer Immobilie noch mit einer Finanzierung allein werden Sie leben können.
Es ist daher von grundlegender Bedeutung, dass Sie sich bereits in der Frühphase der Immobilienakquisition ausführlich mit der Immobilienfinanzierung befassen. Dies war auch der Grund, weshalb wir uns bereits zu Beginn mit Ihrer Einkommens- und Vermögenssituation sowie der Einschätzung und Optimierung der Ihrer Bonität zugrunde liegenden Daten beschäftigt haben. Im Folgenden wird diese Vorbereitung fortgeführt bzw. konkretisiert. Nachdem Sie bereits in der Vorbereitungsphase Kontakt zu mehreren Banken aufgebaut haben, müssen Sie diesen jetzt „nur noch" anhand konkreter Immobilien intensivieren. Entscheidend wird Ihr langfristiges Verhältnis zu mehreren Banken sein. Insofern ist es äußerst ratsam, dass Sie Ihre jeweiligen Banker stets hegen und pflegen. Dies gilt auch für Situationen, in denen es einmal nicht so gut läuft.
Neben dem Direktkontakt zu einigen Banken hat es sich bewährt, eine Geschäftsbeziehung zu einem oder zwei Finanzierungsvermittlern aufzubauen. Hier das richtige Unternehmen zu finden, ist nicht einfach, weil die einzelnen Vermittler sehr unterschiedliche Geschäftsansätze haben und tendenziell sehr breit aufgestellt sind.

Trotzdem haben sie leider meist den typischen „Häuslebauer" im Visier. Als Investoren bzw. Kapitalanleger suchen Sie dagegen Vermittler, die sich auf Anlageimmobilien spezialisiert haben. Doch wenn Sie einmal einen guten Vermittler gefunden haben, wird er Ihnen sicher viele neue Impulse geben, auf die Sie allein niemals gekommen wären. Bereichernd ist auch der große Marktüberblick, über den gute Finanzierungsvermittler verfügen. Die besten Kontakte zu Banken habe ich über Finanzierungsvermittler aufbauen können.

Die Vorbereitung Ihrer Finanzierungsanfrage

Vermutlich meinen Sie, dass jetzt noch einmal umfangreiche Vorbereitungsarbeiten auf Sie zukommen. Das Gute ist, dass das nicht der Fall ist. Warum? Ganz einfach. Sie haben bereits einen vollständigen Überblick über Ihre Einkommens- und Vermögenssituation und haben ihn bereits bankgerecht aufbereitet. Idealerweise liegt er bereits Ihrem Banker vor und dieser hat auch schon Ihr persönliches Rating in seinem System. Die Objektunterlagen, die ihr Banker im Weiteren benötigt, haben Sie sicher, wie im Vorabschnitt beschrieben, schon vorbereitet.
Wenn Sie nun glauben, dass Sie wegen Ihrer guten Vorbereitung nichts mehr zu tun haben, muss ich Sie leider enttäuschen. Denn neben der Aktualisierung Ihrer Einkommens- und Vermögensaufstellung müssen Sie sich jetzt intensiv Gedanken über die von Ihnen gewünschte Finanzierungsstruktur machen. Denn was nützt Ihnen eine Immobilienfinanzierung, wenn Sie nicht wissen, was Sie benötigen? Ihre Gedankenspiele rund um die Finanzierungsstruktur können Sie mit dem Auffüllen eines Wasserglases vergleichen. Dabei wird die Größe des Wasserglases durch das Investmentvolumen bestimmt. Es setzt sich aus dem Kaufpreis der Immobilie, den Kaufnebenkosten sowie den sonstigen Kosten wie etwa dem anfänglichen

Renovierungs- und Sanierungsaufwand zusammen. Nun gilt es, dieses Glas soweit aufzufüllen, dass es bis zur obersten Kante mit Wasser gefüllt ist. Erschwerend bekommt das Wasser allerdings nicht aus einer einzigen Leitung, sondern in diesem Fall sind es zwei Wasserleitungen. Die erste werden wir künftig „Eigenkapital" nennen und sie wird, wie wir später noch ausführlich sehen, meist der kleinere Anteil sein. Der Rest aus der anderen Leitung wird „Fremdkapital" genannt. Sie werden es sich schon gedacht haben: Sie sind Eigentümer der Leitung „Eigenkapital", den zweiten Teil, das „Fremdkapital", werden Sie sich (von der Bank) leihen müssen. Die Summe aus Eigenkapital und Fremdkapital muss daher immer (!) genau gleich groß wie das gesamte Investmentvolumen sein. Oder anders ausgedrückt: die Summe aller Finanzierungsbausteine muss immer der Summe aller Investitionsbestandteile entsprechen. Oder noch einmal anders ausgedrückt: die Gesamtfinanzierungssumme muss immer gleich den Gesamtinvestitionskosten sein. Weil dieser Punkt so essenziell ist, werden wir ihn später noch einmal im Rahmen der Immobilienkalkulation beim Investitions- und Finanzierungsplan näher betrachten.

Nun können Sie – für Ihre ersten Überlegungen – also sehr einfach Ihre vorläufige Finanzierungsstruktur für die von Ihnen ins Auge gefasste Immobilie ermitteln. Dazu nehmen Sie die Gesamtinvestitionskosten (Kaufpreis der Immobilie plus Kaufnebenkosten plus Renovierung bzw. Sanierung) und ziehen davon den Betrag ab, den Sie aus eigener Tasche investieren möchten. Der verbleibende Betrag ist das Fremdkapital (Darlehen), das Sie bei der Bank aufnehmen müssen.

Nun sind Sie ausreichend vorbereitet, um die ersten Banktermine für Ihr Finanzierungsvorhaben zu vereinbaren. Die Wartezeit auf den Termin mit Ihrem Banker können Sie hervorragend mit dem Lesen (und Durcharbeiten) des folgenden Abschnittes überbrücken.

Die Bestimmung des optimalen Eigenkapitalanteils

Dies ist ein sehr zentrales Thema. Ich hoffe, dass Sie eine gewisse Spannung verspüren. Wir werden gleich sehen, welche Kraft in der Bestimmung bzw. Optimierung des „richtigen“ Eigenkapitalanteils liegt. Lassen Sie uns darum gleich beginnen.
Ausnahmsweise möchte ich Ihnen gleich vorneweg die zentralen Stellgrößen nennen, um die es in diesem Abschnitt und vertiefend im gesamten Kapitel geht. So haben Sie die besten Voraussetzungen, um sich auf die verschiedenen Kriterien zur Bestimmung des optimalen Eigenkapitalanteils einer Immobilienfinanzierung zu fokussieren. Diese sind:

1. der Geldbetrag, der Ihnen frei zur Verfügung steht
2. Ihre persönliche Bonität nebst aktueller Einkommens- und Vermögenssituation
3. die Struktur Ihres derzeitigen Immobilienportfolios, sofern vorhanden
4. Ihre persönlichen und langfristigen Investmentziele
5. die von Ihnen gewählte Immobilienstrategie
6. Ihre Renditeerwartung
7. Ihre Risikobereitschaft
8. der Beleihungswert der zu finanzierenden Immobilie
9. die Kapitaldienstfähigkeit der zu finanzierenden Immobilie
10. die Möglichkeit, Zusatzsicherheiten zu stellen
11. die angebotenen Finanzierungskonditionen
12. die derzeitige Zinslandschaft
13. die regulativen Rahmenbedingungen von Seiten der Bank
14. die aktuelle Geschäftspolitik der finanzierenden Bank
15. sowie einige weitere Kriterien ...

Sicherlich haben Sie sich in der Vergangenheit bereits öfter mit dem Thema Sparen und Geldanlage befasst. Da Sie gerade dieses Buch lesen, gehe ich davon aus und behaupte, dass Sie vermutlich einen gewissen Geldbetrag auf Ihrem Konto zur Verfügung haben. Sehr wahrscheinlich möchten Sie genau diesen jetzt in eine Immobilie investieren. Da die Höhe des auf Ihrem Konto liegenden Geldbetrages nicht allentscheidend ist, wollen wir uns im Folgenden mit der grundsätzlichen Verwendung dieses zur Verfügung stehenden Geldes befassen.

Ohne Ihre Lebensumstände sowie Ihre weitere Vermögensstruktur zu kennen, hat sich eine gewisse Aufteilung eines solchen Geldbetrages in verschiedene „Töpfe“ als sinnvoll erwiesen. Eine entsprechende Vorgehensweise beschreibt der durchaus bekannte Autor und Geldtrainer Bodo Schäfer bildlich in seinem Buch „Der Weg zur finanziellen Freiheit“. Dreh- und Angelpunkt seines Systems zum Umgang mit Geld und seinem strategischen Weg zur finanziellen Freiheit ist in erster Linie der Aufbau einer finanziellen Notreserve, die Sie vor allen möglichen Unwägbarkeiten wie z. B. einem überraschenden Jobverlust schützen soll. Somit steht die Risikovorsorge immer an allererster Stelle. Ihre Höhe bemisst Schäfer anhand der kompletten laufenden Kosten und sollte mindestens zwölf Monate (ohne irgendwelche zusätzlichen Einnahmen) ausreichen. Das Geld in diesem ersten Topf wird wegen seines Charakters als Sicherheitsreserve entsprechend sicher angelegt. Dies bedeutet jedoch, dass die Kapitalrendite dieses Geldes entsprechend niedrig ist, wenn Sie sich die aktuelle Zinslandschaft vor Augen führen. Im zweiten Topf wird, wenn der erste gefüllt ist, Kapital für den Aufbau der sogenannten finanziellen Sicherheit angespart. Der Unterschied zum Kapitalstock im ersten Topf ist, dass dieses künftig nicht mehr verzehrt werden soll. Mit den Erträgen aus diesem Kapital sollen ebenfalls sämtliche laufende Kosten gedeckt werden. Der zweite Topf ist, wie Sie sich leicht vorstellen können, ungleich größer als der erste Topf, weil das einmal dort angelegte Kapital eben nicht mehr verzehrt wird. Die Rendite dieses Kapitals soll schon signifikant höher sein, also auch einem höheren Risiko unterliegen. Wenn Sie es geschafft haben, diesen zweiten Topf zu füllen, stehen Ihnen vielleicht sogar noch Mittel für den dritten Topf zur Verfügung. Er ist das Sammelbecken für den Aufbau Ihrer sogenannten finanziellen Freiheit. Die Größe dieses Topfes bemisst sich allein nach Ihren Wünschen, also dem von Ihnen angestrebten Lebensstandard. Dieses Kapital, so Schäfer, sollten Sie noch rentierlicher und damit noch risikofreudiger (jedoch kontrolliert) anlegen.

Jetzt fragen Sie sich vielleicht, was diese Ausführungen über die drei Töpfe (Bodo Schäfer nennt diese putzigerweise „Kessel") mit dem Eigenkapitalanteil Ihrer Immobilienfinanzierung zu tun haben. Nun, hier geht es letztlich darum, welchem Topf Sie das zu investierende Eigenkapital Ihrer Immobilienfinanzierung zuordnen möchten. Der erste Topf ist dafür im Prinzip ausgeschlossen, schon wegen der beschriebenen Sicherheitsaspekte. Nur Sie selbst können also folgende Frage beantworten: „Ordne ich meine Immobilie bzw. den Eigenkapitalanteil für diese Immobilie Topf zwei oder Topf drei zu?"

Was Sie unbedingt beachten sollten, ist, dass es eben nicht nur eine Rolle spielt, welche Zahl auf Ihrem Kontostand steht, sondern dass vielmehr Ihre gesamte (finanzielle) Lebensplanung entscheidend ist.

Neben den auf Ihrer persönlichen Ebene vorhandenen Einflusskriterien auf die Höhe des Eigenkapitalanteils spielt auch die Denkweise der finanzierenden Bank eine große Rolle. Erhält die Bank Ihre Finanzierungsanfrage, so prüft sie immer zwei Bereiche: die Immobilie, also den Beleihungsgegenstand, und die persönliche Bonität des Kreditnehmers. Letztere muss nun aktualisiert und – das ist der mühsamere Teil – Ihre Vermögensaufstellung sowie Einnahmen- und Ausgabenrechnung Ihres Haushaltes mit entsprechenden Dokumenten belegt werden. Typische Dokumente Ihrer Vermögensaufstellung sind Policen Ihrer Kapitallebensversicherungen, Kontoauszüge Ihrer Bausparverträge, Aktiendepots, Darlehensverträge und Unterlagen Ihrer vorhandenen Immobilien. Um dem Banker nicht mit Papier zu überfrachten, sollten Sie ihm dieses zuweilen umfangreiche Unterlagenkonvolut in einem ersten Schritt nur anbieten.

Ein wesentlicher Aspekt Ihres bestehenden Vermögens aus Sicht der Bank sind Ihre vielleicht schon in Ihrem Eigentum befindlichen Immobilien. Diese sollten Sie daher immer in Ihrer Vermögensaufstellung aufführen. Wesentliche Angaben dazu sind zumindest der ungefähre Marktwert, die Größe (Mietfläche in Quadratmetern), die Zahl der Wohneinheiten, der jährliche Mieteingang (netto-kalt), der aktuelle Darlehensstand sowie die Höhe des monatlichen Kapitaldienstes. Die Bank wird diese Angaben zur Auswertung Ihrer Vermögens- und Einkommenssituation verwenden. Von großer Bedeutung für die Bank wird die Qualität Ihrer Immobilien sein, nicht nur hinsichtlich deren baulicher Qualität, sondern vor allem anhand von typischen Zahlen und Daten. Daraus ergeben sich die Kapitaldienstfähigkeit und der Beleihungswert Ihrer Immobilien.

Nun zu Ihren Zielen, Wünschen, Erwartungen und insbesondere Ihrer Risikoneigung. Ihre langfristigen Investmentziele und Ihre Immobilienstrategie haben Sie ja bereits festgelegt. Sie soll jetzt möglichst zielorientiert umgesetzt werden. Hierbei spielt neben der eigentlichen Immobilienstrategie die Finanzierungsstruktur eine herausragende Rolle. Sind Sie beispielsweise sehr sicherheitsorientiert und haben eine gut gefüllte Kriegskasse, kann es sinnvoll sein, mit einem größeren Eigenkapitalanteil zu arbeiten. Bei einem entsprechend kleineren Fremdkapitalanteil folgt daraus, dass Zins- und Tilgungsleistungen ebenfalls geringer sind. Allein aus diesem Grund, der geringeren „Beleihung“ Ihrer Immobilie, hätten Sie ein sichereres Investment. Von zentraler Bedeutung ist also Ihre „Risikoneigung“. Im Extremfall können Sie auch reine Kapitalsicherung betreiben, indem Sie Ihre vorhandenen liquiden Mittel „ungehebelt“ komplett in einer Immobilie „parken“.

Daneben ist aber auch noch die Renditeerwartung von großer Bedeutung. Vereinfacht ausgedrückt ist die Rendite des von Ihnen eingesetzten Kapitals, also die Eigenkapitalrendite, der monatliche Überschuss nach Abzug aller Kosten, inklusive der Darlehenskosten, die Sie, bezogen auf Ihren Eigenkapitalanteil, erhalten. Dies ist demnach der Quotient von „Überschuss geteilt durch Eigenkapitalanteil“. Da dies ebenfalls eines der zentralen Themen der gesamten Immobilienwirtschaft ist, widmen wir uns ihm gleich ausführlich in einem Exkurs.

Selbstverständlich haben auch die von Ihnen zu finanzierende Immobilie und der Standort einen wesentlichen Einfluss auf die Höhe des Eigenkapitalanteils. Aus Bankensicht – Sie dürfen sich als Investor sehr gerne auch daran orientieren – spielen hier zwei Kriterien eine wesentliche Rolle. Dies sind, wie bei Ihren eventuell vorhandenen Bestandsimmobilien, wiederum die zentralen Stellgrößen Beleihungswert der Immobilie und die Kapitaldienstfähigkeit der Immobilie. Die Bank prüft Ihr Projekt auf Herz und Nieren, ob es zum einen „sein Geld wert ist“ und zum anderen, ob es in der Lage ist, aus eigener Kraft (also aus den Mieterträgen) nach Abzug der immobilienbezogenen Kosten, die Zinsen und die Tilgung für das Darlehen zu leisten. Sogenannte C- und D-Standorte, also Städte und Gemeinden mit einer schrumpfenden Bevölkerung, werden aus der Sicht der Bank besonders argwöhnisch beäugt, was auch gut ist. Hier wird vielfach eine deutlich höhere (und damit schnellere) Tilgung gefordert, welche aber sowieso in Ihrem Sinne sein sollte – allein aus Risikogesichtspunkten.

Einen nicht unerheblichen Einfluss auf den Eigenkapitalanteil haben Sie, wenn Sie der finanzierenden Bank eventuell zusätzliche Sicherheiten anbieten können. Hierbei kann es sich neben anderen Immobilien beispielsweise um Lebensversicherungen oder sonstige Guthabenkonten handeln. Mit dieser Methode können Sie sozusagen indirekt unbelastetes (und oft wenig produktives) Vermögen in den Wirtschaftskreislauf bringen, ohne es direkt einzusetzen.

Darüber hinaus gibt es noch weitere Einflussfaktoren auf den Eigenkapitalanteil, die eher unter „äußere Umstände“ einzuordnen sind. Zum einen spielt die aktuelle Lage an den Zinsmärkten immer eine wesentliche Rolle. Denn die Höhe des monatlich zu zahlenden Zinsaufwandes hat einen wesentlichen Einfluss auf die Kapitaldienstfähigkeit der Immobilie. Und gerade durch einen höheren Eigenkapitalanteil (und gleichzeitig niedrigeren Fremdkapitalanteil) können Sie die Kapitaldienstfähigkeit der Immobilie signifikant erhöhen. Die Kapitaldienstfähigkeit wird immer im Zusammenhang von Immobilie und zugehörigen Darlehen gesehen. Zum anderen haben auch die aktuellen Rahmenbedingungen (wie beispielsweise die recht aktuelle Verbraucherkreditrichtlinie), die Geschäftspolitik der jeweiligen Bank und damit letztendlich die im Darlehensvertrag vereinbarten Finanzierungskonditionen einen wesentlichen Einfluss auf die Höhe des durch den Kreditnehmer zur Verfügung zu stellenden Eigenkapitalanteils.

All diese Faktoren sowie vermutlich noch einige weitere haben mehr oder weniger Einfluss auf ihren Eigenkapitalanteil und damit auf die gesamte Finanzierungsstruktur Ihres Immobilienprojektes. Machen Sie nun eine kurze Pause mit einem Tee oder Kaffee, um den letzten Abschnitt noch einmal zu durchdenken, um dann gestärkt das folgende – für die gesamte Wirtschaft bzw. den Kapitalismus grundlegende – Thema Leverage- oder Hebeleffekt anzugehen.

Exkurs: Der Leverage- oder Hebeleffekt

Wie bereits mehrfach angekündigt, geht es hier um einen der wichtigsten wirtschaftlichen Zusammenhänge für Ihr künftiges oder auch weiteres Engagement als privater Immobilieninvestor: den Leverage- oder Hebeleffekt. Um das Thema praktisch anzugehen, orientieren wir uns wieder an einem konkreten Beispiel.

Nehmen wir ein Mehrfamilienhaus in einer eher mittelguten Gegend von Mainz, erworben unter nicht ganz einfachen Umständen. Der Preis dafür betrug nach allen Erstinvestitionskosten wie Kaufpreis, Kaufnebenkosten und einigen Renovierungskosten für die anschließende Neuvermietung insgesamt (alle Zahlen gerundet) 500.000 Euro. Der Mietertrag dieses Hauses konnte in der Anfangszeit von rund einem Jahr auf etwas mehr als 40.000 Euro pro Jahr gesteigert werden. Damit konnte ich also ein Haus mit Gesamtkosten von ziemlich genau dem 12,5-fachen der Jahresnettokaltmiete mein Eigen nennen (500.000 Euro geteilt durch 40.000 Euro; Gesamtinvestitionskosten geteilt durch Jahresnettokaltmiete). Welche Rendite ergibt sich daraus? Ganz einfach: der Kehrwert. In diesem Fall der Kehrwert von 12,5, was genau acht Prozent entspricht. Man könnte auch einfach 40.000 Euro durch 500.000 Euro, also die Jahresmiete durch die Gesamtinvestitionskosten, teilen. Dies führt zum gleichen Ergebnis, nämlich einer Rendite von acht Prozent. „Kein schlechter Wert", denken Sie vielleicht.

Auch wenn hier noch die laufenden Objektbewirtschaftungskosten wie Hausverwaltung, Instandhaltung etc. abzuziehen sind, lässt sich eine solche Rendite durchaus sehen. „Wie hoch fällt ein solcher Abzugsbetrag üblicherweise aus?", fragen Sie sich jetzt vielleicht. Nun, dafür gibt es hinreichend genaue Erfahrungswerte. Glauben Sie mir bitte zunächst einen realistischen Pauschalabzug von 20 Prozent der Nettokaltmiete. Damit reduziert sich Ihr Ertrag aus der Immobilie um 20 Prozent von 40.000 Euro, also auf 32.000 Euro pro Jahr. Auch diesen Betrag (fortan Nettoobjektergebnis) setzen wir nun ins Verhältnis zu den Gesamtinvestitionskosten von 500.000 Euro. Daraus ergibt sich noch eine Rendite von 6,4 Prozent, die sogenannte Nettorendite oder noch genauer die Nettoobjektrendite. Leider sind alle Renditebezeichnungen, die in der Immobilienwirtschaft im Umlauf sind, mal mehr und mal weniger präzise. Lassen Sie daher immer eine gewisse Vorsicht walten. Auch die Nettorendite der Immobilie lässt sich durchaus sehen.

Jetzt wird es spannend, denn die Finanzierungsstruktur kommt ins Spiel. Die Gesamtinvestitionskosten (GIK) von 500.000 Euro werden wir nun in einen Eigenkapital- und in einen Fremdkapitalanteil aufteilen. In einem ersten Schritt gehen wir von einem Eigenkapitalanteil von 200.000 Euro (40 Prozent der GIK) aus. Daraus ergibt sich, dass wir ein Darlehen in der Höhe von 300.000 Euro benötigen. Wir bekommen es derzeit für einen Zins von ungefähr drei Prozent pro Jahr. Vereinfachend nehmen wir an, dass das Darlehen nicht getilgt wird und damit die Zinslast Jahr für Jahr gleich bleibt, nämlich 9.000 Euro im Jahr (drei Prozent von 300.000 Euro). Diese Zinslast müssen wir nun, um das „Nettoobjektergebnis nach Finanzierungskosten" zu ermitteln, von diesem abziehen. Also 32.000 Euro minus 9.000 Euro, was 23.000 Euro im Jahr sind. Dies ist also der realistische Nettoertrag nach Finanzierungskosten aus einem wieder hergerichteten Mehrfamilienhaus in der Gegend um Frankfurt am Main. Um den noch zu berücksichtigenden Steuereffekt kümmern wir uns später noch.

Lassen Sie uns kurz überlegen, was Sie für das „passive Einkommen" vor Steuer von 23.000 Euro im Jahr tun mussten. Einerseits stehen hier der Einkauf und die Umsetzung des Immobilienprojektes als Gesamtes zu Buche. Weiterhin haben wir uns 300.000 Euro von der Bank geliehen, so dass wir „nur" 200.000 Euro eigenes Geld in die Hand nehmen mussten. Das heißt, wir haben letztendlich 200.000 Euro investiert, um daraus einen jährlichen Nettoertrag von 23.000 Euro zu generieren. Da dies nun langsam wirklich Freude bereitet, wollen wir auch diese Zahlen ins Verhältnis zueinander stellen. Wir teilen also den Nettoertrag der Immobilie von 23.000 Euro durch unser eingesetztes Eigenkapital von 200.000 Euro. Dies ergibt einen Wert von 11,5 Prozent. Dies ist unsere – durchaus Freude bereitende – Eigenkapitalrendite.

Jetzt fragen Sie sich vielleicht, was diese Zahlenspiele bedeuten. Lassen Sie mich das Geheimnis lüften. Im ersten Beispiel (Immobilienkauf ohne Bankfinanzierung) erwirtschafteten wir eine Nettorendite von 6,4 Prozent, bezogen auf unser Gesamtinvestment von 500.000 Euro. Im zweiten Beispiel (mit der gleichen (!) Immobilie, jedoch mit einer Bankfinanzierung von 300.000 Euro) erwirtschafteten wir eine Eigenkapitalrendite von 11,5 Prozent. Wir haben also allein durch Beschaffung einer Bankfinanzierung unsere Nettorendite von 6,4 auf 11,5 Prozent steigern können. Der Clou an diesen Sachverhalt ist, dass der sonstige Immobiliendeal in beiden Varianten identisch ist. Wir haben also das Gesamtinvestment von 500.000 Euro „gehebelt“. Denn wir „kontrollieren“ die gesamte Immobilie mit einem Investment von 200.000 Euro.

Wir wollen diese Erkenntnis noch treffender auf das reale Leben transferieren und mit einem noch geringeren Eigenkapitalanteil von 80.000 Euro durchrechnen. Wir setzen also ein Darlehen von 420.000 Euro und eine Verzinsung von drei Prozent ein. Von unserem Nettoobjektergebnis ziehen wir jährliche Zinsen von 12.600 Euro ab, was einem Nettoobjektergebnis nach Finanzierungskosten von 19.400 Euro im Jahr entspricht. Diesen Wert setzen wir ins Verhältnis zum reduzierten Eigenkapital von 80.000 Euro, was eine wirklich interessante Eigenkapitalrendite von 24,3 Prozent ergibt.

Zusammenfassend lässt sich festhalten, dass es auf diese Art und Weise gelingt, eine Immobilie mit durchaus bescheidenem Eigenkapitalanteil zu erwerben. Im vorliegenden Fall haben wir eine Gesamtinvestition von 500.000 Euro mit gerade einmal 80.000 Euro eigenem Geld getätigt. Oder anders ausgedrückt: Wir haben die ursprüngliche Nettoobjektrendite von 6,4 Prozent auf eine sagenhafte Eigenkapitalrendite von 24,3 Prozent gehebelt! Erkennen Sie das Potenzial, das in guten Immobilieninvestments stecken kann? Sollten Sie beispielsweise 500.000 Euro zur freien Verfügung haben, können Sie diese ohne Ausnutzung des Hebeleffektes nur in eine Immobilie investieren, wohingegen Sie mit einer entsprechenden Bankfinanzierung mit dem gleichen Betrag durchaus sechs Immobilien kaufen könnten. Anders ausgedrückt: Im ersten Fall erhalten Sie für Ihr Investment von 500.000 Euro eine Nettorendite von 6,4 Prozent (32.000 Euro im Jahr), im zweiten Fall bei einem Investment von 500.000 Euro eine gehebelte Nettorendite von 24,25 Prozent (121.250 Euro im Jahr).

Sollte es gelingen, was durchaus realistisch ist, den Mietertrag binnen Dreijahresfrist um zehn Prozent zu steigern, so steigert sich der Nettoertrag in beiden Varianten wie folgt:

Immobilie ohne Bankfinanzierung:
von 32.000 € auf 35.200 € pro Jahr, also 10 %
bzw. Nettorendite von 6,4 auf 7,0 %

Immobilie mit Bankfinanzierung:
von 121.250 € auf 141.250 € pro Jahr, also 16,5 %
bzw. Eigenkapitalrendite von 24,3 auf 28,3 %

Im ersten Fall erhalten Sie somit bei gleicher prozentualer Mietsteigerung einen Mehrertrag von 3.200 Euro im Jahr, wohingegen Sie im zweiten Fall einen Mehrertrag von 20.000 Euro im Jahr erzielen. Somit können Sie auf diese Weise nicht nur die Anfangsrendite, sondern auch künftige Mieterträge hebeln. In unserem Fall erhalten Sie allein dadurch einen mehr als sechsfach höheren Mehrertrag.
Das höhere Risiko solcher gehebelten Investments möchte ich Ihnen abschließend selbstverständlich nicht vorenthalten. So können Mietertragsrückgänge, aus welchem Grund auch immer, ähnlich drastische Auswirkungen – im umgekehrten Sinne natürlich – haben wie die zuletzt erläuterten positiven Effekte durch eine Mieterhöhung. Dies kann im schlimmsten Fall dazu führen, dass Sie Ihr Darlehen nicht mehr bedienen können. Von daher ist der stets äußerst umsichtige und vor allem kontrollierte Umgang mit solchen Methoden unabdingbar. Wie Sie diese in den Griff bekommen? Das ist gar nicht so schwierig. Die wichtigste Voraussetzung, solche Investments umsetzen zu können, ist das entsprechende Know-how über die entsprechenden Finanzierungs- und Risikostrukturen. Und hier sind Sie bereits auf dem besten Weg! Weiterhin ist es unabdingbar, jedes Immobilieninvestment auf Herz und Nieren zu prüfen und immer über genug freie finanzielle Mittel verfügen. Ein ausreichender Risikopuffer (beispielsweise in Form einer Barreserve in Höhe von sechs bis zwölf Monatsmieten, je nach Art und Komplexität Ihrer Investments) ist, wie wir bereits weiter oben gesehen haben, überlebenswichtig.

Möchten Sie Ihren Immobilienbestand zügig und effektiv aufbauen, werden Sie um eine teilweise auf den ersten Blick „aggressiv“ erscheinende Finanzierungsstruktur nicht herumkommen. Ziel einer jeden hohen Immobilienbeleihung muss es jedoch sein, diese in eine „solide“ bzw. konservative Finanzierungsstruktur – binnen recht kurzer Zeit – umzuwandeln. Das Handwerkszeug hierfür erhalten Sie mit den in diesem Buch beschriebenen intensiven Managementmethoden. Entscheidend ist daher, dass Sie sich auf den Verschuldungsgrad *nach* einer ersten Immobilienaufwertung fokussieren. Zudem werden Sie durch eine entsprechende Risikovorsorge, die wir weiter unten noch besprechen, jederzeit in der Lage sein, Ihre Investment- und Finanzierungsstrategie kontrolliert in die Hand zu nehmen.
Schließlich muss – dies ist essenziell – jedes Immobilieninvestment „zahlentechnisch“ mittels einer ausgefeilten Investmentkalkulation bis ins Detail in seine Bestandteile zerlegt werden. Und genau dies ist das nächste große Thema, dem wir uns widmen werden.

Bank-Finanzierungsformen

Falls Sie sich Hoffnungen gemacht haben, mindestens zehn kaum bekannte Finanzierungsformen der „Großen“ im Detail aufgezeigt und zerpflückt zu bekommen, muss ich Sie enttäuschen. Denn kein gescheiter Immobilieninvestor benötigt diesen Unsinn. Fakt ist, dass ungefähr 98 Prozent aller Immobilienfinanzierungen in einer von zwei gängigen Finanzierungsstrukturen aufgebaut sind. Von daher lassen wir seltene Exoten einfach links liegen und beschäftigen uns „nur“ mit zwei verschiedenen Finanzierungsformen. Einer langfristig und einer kurzfristigen orientierten. „Kurz“ oder „lang“, das genügt, wirklich. Einige seltenere Fälle möchte ich am Ende dieses Abschnittes daher nur der Vollständigkeit halber erwähnen.
Beginnen wir mit der Langfristfinanzierung, der unter Privatinvestoren mit Abstand am weitesten verbreiteten Finanzierungsform.

Den Grund für die große Verbreitung kennen Sie vermutlich. Ursächlich ist die von den meisten Investoren und Anlegern gewählte Immobilienstrategie. Und in Deutschland „ticken" die meisten Investoren eben langfristig, was durchaus sinnvoll ist. Dass die Struktur der Immobilienfinanzierung zur Immobilienstrategie passen sollte, versteht sich von selbst. Also Langfriststrategie kombiniert mit Langfristfinanzierung. Bitte beachten Sie unbedingt, dass mit einer Langfristfinanzierung nicht unbedingt eine langfristige Zinsbindung gemeint ist – auch wenn wir genau damit einsteigen!

Das Annuitätendarlehen

Die gängigste aller Immobilienfinanzierungen in Deutschland ist die langfristig orientierte und auch langfristig zinsgesicherte Finanzierung. In vermutlich über 95 Prozent der Fälle sind dies sogenannte Annuitätendarlehen. Was ist das Wesen eines Annuitätendarlehens? Die Idee dahinter ist ganz einfach. Ihre (meist) monatliche Rate ist immer gleich groß. Das ist der Sinn und Zweck! Denn Ihre Mieterträge sind auch immer gleiche, wiederkehrende Zahlungen, jedenfalls solange Sie sie nicht erhöhen. Die monatliche Rate solcher Darlehen besteht immer aus zwei Teilen, der Zins- und der Tilgungsleistung. Nehmen wir wieder das Beispieldarlehen von 300.000 Euro. Wir haben eine Zinsbelastung von drei Prozent, sagen wir „für 10 Jahre fest", und wollen es nun mit einer „anfänglichen Tilgung von zwei Prozent pro Jahr" tilgen. Weiterhin, und das empfiehlt sich für alle Immobiliendarlehen, sollten Sie standardmäßig einen monatlich – und nicht beispielsweise vierteljährlich - zu zahlenden Kapitaldienst (das ist die immer gleich bleibende Monatsrate, die sich leider nicht „Rate" nennt) vereinbaren. Wie sieht nun Ihr monatlicher Kapitaldienst aus? Er ist in der Summe immer gleich groß, nämlich genau fünf Prozent (drei Prozent Zinsen plus zwei Prozent Tilgung im ersten Monat) von 300.000 Euro, verteilt auf zwölf Monate, was gleichbleibende 1.250 Euro je Monat sind.

Nun wollen wir uns der Zusammensetzung der monatlichen Zahlungen widmen. Was passiert? Nehmen wir die erste Rate. Zwei Prozent Tilgung von 300.000 Euro durch zwölf Monate entsprechen einem Tilgungsanteil von genau 500 Euro im ersten Monat. Das bedeutet, dass Sie bereits im ersten Monat Ihre Darlehensschuld um satte 500 Euro reduzieren. Gleichzeitig zahlen Sie auch Ihren monatlichen Zinsbeitrag. Dies sind entsprechend drei Prozent von 300.000 Euro durch zwölf Monate also genau 750 Euro im ersten Monat. Zu Beginn des zweiten Monats haben wir dann nur noch Darlehensschulden von 299.500 Euro. Selbstverständlich müssen Sie jetzt nur noch Zinsen auf diesen reduzierten Betrag zahlen, also drei Prozent von 299.500 Euro geteilt durch zwölf. Das sind im zweiten Monat nur noch 748,75 Euro. Schon im zweiten Monat sinkt die Zinslast somit um 1,25 Euro! Da aber der monatliche Kapitaldienst gleich bleiben soll, müssen Sie den Tilgungsanteil (denn dies ist der einzige weitere Bestandteil des Kapitaldienstes) um diese 1,25 Euro erhöhen. Also zahlen Sie im zweiten Monat nicht nur 500 Euro, sondern 501,25 Euro zurück.

Schauen wir uns zum weiteren Verständnis noch kurz den dritten Monat an. Der Darlehensstand beträgt zu Beginn dieses Monats 298.998,75 Euro (denn wir haben von 300.000 Euro zuerst 500 Euro und dann noch einmal 501,25 Euro abgezogen). Diesen Betrag verzinsen wir erneut einen Monat lang mit drei Prozent und erhalten somit eine Zinslast von 747,50 Euro. Subtrahiert man diesen Betrag wieder vom Gesamtkapitaldienst von 1.250 Euro, erhält man die Tilgungsleistung für diesen Monat, die bereits 502,50 Euro beträgt.

Der Kern eines solchen Annuitätendarlehens ist demnach der monatlich immer gleich bleibende Kapitaldienst, bei Monat für Monat leicht steigendem Tilgungsanteil. Entsprechend sinkt der monatliche Zinsanteil. Von daher ist es immer von großer Bedeutung, von „einer anfänglichen“ Tilgung von beispielsweise zwei Prozent zu sprechen.

Denn bereits ab dem zweiten Monat ist der monatliche Tilgungsbetrag ein klein wenig höher. Im Groben lässt sich in der heutigen Zinslandschaft festhalten, dass – ausgehend von einer anfänglichen Tilgung von zwei Prozent – ein solches Darlehen in zehn Jahren ungefähr zu 25 Prozent getilgt ist. Dies bedeutet, dass die Darlehensschuld nach Ende dieses Zeitraumes noch ungefähr zu 75 Prozent „valutiert". Von dem 300.000-Euro-Darlehen sind also bereits 75.000 Euro getilgt.
Da derartige Zins- und Tilgungsentwicklungen ein wesentlicher Baustein Ihrer künftigen Strategieplanungen und damit Immobilienkalkulationen sein werden, lohnt es sich, sich intensiv damit vertraut zu machen. Meine Empfehlung: nutzen Sie die sehr ausgereiften Zins- und Tilgungspläne auf dem Internetportal www.fmh.de des Finanzberaters Max Herbst. Außerdem enthält das Bonusmaterial zu diesem Buch einen Zins- und Tilgungsplan im Excel-Format, den Sie zu Testzwecken nach Belieben verändern können, sodass Sie den Umgang mit diesen Parametern schon für die Verhandlung mit der Bank aus dem Effeff beherrschen.

Weitere Parameter eines Annuitätendarlehens

Nach Zins und anfänglicher Tilgung wollen wir kurz auf einige wenige, aber durchaus interessante Details eingehen.
So ist es beispielsweise sinnvoll, in die Vertragsbedingungen eine gewisse Flexibilität einzubauen. Das bekannteste und wohl beliebteste Instrumentarium sind Sondertilgungsmöglichkeiten. Eine entsprechende Vertragsklausel kann z. B. lauten: „Der Darlehensnehmer ist jeweils zum 1. Mai eines jeden Jahres berechtigt, bis zu fünf Prozent des Darlehensbetrages vorzeitig zurückzuführen." Dies ist also nicht zwingend, sondern eine Kann-Option. Hierbei sollten Sie jedoch beachten, dass solche Optionen vielfach einen kleinen Zinsaufschlag (von vielleicht 0,1 bis 0,2 Prozent) kosten. Treffen Sie sol-

che Vereinbarungen daher nur, wenn Sie eine realistische Chance zur Anwendung der Klausel sehen. Hilfreich ist, gerade wenn Sie mehrere Darlehen haben, solche Optionen nur in einige Darlehen aufzunehmen. Da Banken meist sehr standardisiert vorgehen, kann es jedoch auch vorkommen, dass eine Sondertilgungsoption „gratis" im Darlehensvertrag enthalten ist. Falls Sie glauben, dass eine Zinsverschlechterung von 0,1 Prozent „nichts ausmacht", hier die Widerlegung: Nehmen wir erneut das 300.000-Euro-Darlehen. 0,1 Prozent von 300.000 Euro sind 25 Euro im Monat. Nun multiplizieren Sie ganz einfach „statisch" (aber finanzmathematisch nicht korrekt) diesen Betrag mit 120 (für zehn Jahre à zwölf Monate) und kommen auf immerhin 3.000 Euro. Dies sollten Sie sich vor Augen halten – nur für dieses eine zusätzliche Recht!

Da das Zinsniveau derzeit sehr niedrig ist und außerdem solche Darlehen bei vermieteten Immobilien steuermindernd wirken, kann es sinnvoll sein, von solchen Sondertilgungsoptionen eben keinen Gebrauch zu machen. Stattdessen ist es zweckmäßig, z. B. eine Cash-Reserve vorzuhalten, sei es für Unwägbarkeiten bzw. für den nächsten Immobiliendeal. Denn gerade dies gibt Ihnen eine ungemeine Flexibilität für das tägliche Leben – privat als auch geschäftlich.

Eine weitere Spezialität sind sogenannte Forward-Darlehen, was nichts anderes bedeutet, als dass Sie Ihr Darlehen z. B. schon ein oder zwei Jahre im Voraus vereinbaren und zu den momentanen Konditionen „fixen" können. Damit haben Sie ein Instrumentarium, sich längere Zeit im Voraus günstige Konditionen zu sichern, vor allem, wenn Sie der Ansicht sind, dass die Zinsen in der nächsten Zeit steigen werden. Sollte dies dann doch nicht der Fall sein und die Zinsen sogar noch weiter fallen, sind Sie trotzdem an diese Konditionen gebunden. In einem solchen Fall müssten Sie also ein teures Darlehen abnehmen, trotz noch günstigerer Zinsen. Und bezahlt hätten Sie dafür auch noch. Denn solche Forward-Konditionen kosten normalerweise 0,01 bis 0,03 Prozent (im Mittel 0,02 Prozent) Zinsaufschlag je Monat Vorlauf. Zwei Jahre „im Voraus" würden also im Mittel fast ein halbes Prozent Zinsaufschlag bedeuten. Dies wären bei einem 300.000-Euro-Darlehen in einem Zeitraum von zehn Jahren schon 15.000 Euro! Schließen Sie solche Vereinbarungen daher nur gut überlegt ab. Ihr Bankberater wird Ihnen fast immer dazu raten. Denn kann er verlässlich damit rechnen, dass Sie in zwei Jahren zu ihm zurückkommen? Verstehen Sie den Vertriebsdruck des Bankers?

Ein weiteres Thema sind die einmaligen Darlehenskosten. Hierunter fallen Bearbeitungskosten der Bank, Schätz- oder Bewertungskosten (für die zu beleihende Immobilie) und gegebenenfalls noch anderslautende Kosten der Bank. Warum derartige Kosten immer wieder so heiß diskutiert werden, ist einfach unverständlich. Denn wir haben in Deutschland aus Investorensicht gerade im klassischen Wohnungsbereich eine erfreulich bunte Bankenvielfalt und damit eine hervorragende Konkurrenzsituation. Weiterhin gibt es Vorschriften wie die Preisangabenverordnung, die genau definiert, wie der sogenannte Effektivzins (zu Vergleichszwecken) zu berechnen ist. Daher mein Tipp: Halten Sie sich nicht unnötig mit dieser Diskussion auf. Vergleichen Sie einfach Effektivzinsangaben und sprechen Sie mit Ihrem Banker über den Grund der verschiedenen Gebühren. Meist lässt sich dann sogar noch etwas bewegen. Hinsichtlich der Bewertungskosten können Sie beispielsweise das Bankprozedere hinterfragen oder sachte auf die aktuelle Rechtslage hinweisen. Danach dürfen Bewertungskosten dem Verbraucher nämlich gar nicht berechnet werden, denn die Bewertung liegt schließlich im Interesse der Bank. Sollten sich die Kosten dennoch nicht vermeiden lassen, spielt eben der Gesamtkostenvergleich mit den Angeboten von Konkurrenzbanken die entscheidende Rolle. Letztendlich werden Sie die Bewertungskosten sowieso irgendwo wiederfinden – und sei es eben als ein Bestandteil der Bankmarge. Denken Sie daran, dass die Bewertungskosten nur einmalig gezahlt werden. Was dagegen allein ein „geringer“ Zinsaufschlag von 0,1 Prozent bedeutet, haben Sie gerade gesehen.

Die letzte Spezialität ist das sogenannte Disagio, das manchmal auch Damnum oder Abgeld genannt wird. Das Disagio ist zuweilen sehr stark in aller Munde. Der Grund ist, wie so oft, rein steuerspargetrieben. Ein Disagio ist nichts anderes als eine Vorauszahlung eines Teils der geschuldeten Zinsen. Da Sie bei vermieteten Immobilien die Zinsen steuerlich als Werbungskosten geltend machen können, können Sie so zuweilen hohe Steuererstattungen generieren. Bedenken sollte man jedoch zwei Pferdefüße. Der erste liegt auf der Hand: Indem Sie die Zinskosten teilweise im Voraus zahlen, senken Sie die Zinslast der Folgejahre und damit die Steuererstattung. Sie verschieben also nur die Steuererstattung nach vorne. Daher kann hier keinesfalls von einem „Steuersparmodell" die Rede sein, eher von einem „Steuerverschiebungsmodell". Die Anwendung eines Disagios ist daher nur dann sinnvoll, wenn Sie beispielsweise im ersten Darlehensjahr ein besonders ertragsreiches Jahr haben und Ihre Steuerlast gerade in diesem Jahr drücken wollen.
Der zweite Pferdefuß ist durchaus nicht unbedeutend. Dabei handelt es sich um den Beleihungsgrad der Immobilie. Da Sie das Disagio (also die Zinsvorauszahlung) selbstverständlich nicht gleich bar auf den Tisch legen wollen, wollen Sie dieses natürlich mitfinanzieren. Das heißt aber, dass Sie die Immobilie gerade um diese Zinsvorauszahlung höher beleihen müssen. Dies kann, wenn Sie die Immobilie sowieso recht hoch beleihen, verzwickt werden. Sie schaffen sich also oft eine unnötige Hürde mit einem Disagio.
Abschließend noch ein paar Worte zur Technik bzw. Systematik eines Disagios, aber nur für den Fall, dass Sie wirklich gerade ein „fettes" Jahr haben! Sprechen Sie unbedingt auch rechtzeitig mit Ihrem Steuerberater darüber. Üblicherweise können Sie ein Disagio von fünf Prozent für eine Zinsbindung von mindestens fünf Jahren vereinbaren. Benötigen Sie nun einen Darlehensbetrag von 100.000 Euro für die Finanzierung Ihrer Immobilie, müssen Sie zu diesem Betrag noch das Disagio von fünf Prozent zusätzlich als Darlehen aufnehmen. Sie benötigen also einen Gesamtdarlehensbetrag (Bruttodarlehen) von

105.263 Euro. Denn fünf Prozent von 105.263 Euro sind 5.263 Euro, der Rest (100.000 Euro) ist das Nettodarlehen, das Sie für Ihre Immobilie ausgezahlt bekommen. Das bedeutet, dass Sie das Disagio auch „Zinseinbehalt" statt „Zinsvorauszahlung" nennen können, denn Sie bekommen diesen Betrag faktisch nie zu sehen.
Mit all diesen Parametern können Sie nun gut gerüstet verschiedene Darlehensangebote auswerten, vergleichen und vor allem auch verhandeln.

Die richtige Tilgung

Vielfach diskutiert wird in diesen Tagen die richtige Tilgung. Ausgelöst wird diese Diskussion u. a. durch die neue Verbraucherkreditrichtlinie, recht hohe Immobilienpreise und vermehrte Investments in B-, C- und sogar D-Standorte.
Betrachten wir zunächst die Verbraucherkreditrichtlinie. Sie ist ein neues Regelwerk, das Banken anhält, Kreditnehmer noch genauer unter die Lupe zu nehmen, als es bisher der Fall war. Beispielsweise werden höhere Anforderungen an die Bonität des Kreditnehmers gestellt. Zudem werden die bisher oft praktizierten, besonders langen Tilgungszeiträume, ausgelöst durch das niedrige Zinsniveau, als kritisch erachtet. Viele Banken halten ihre Kunden daher an, Immobilien binnen 30-Jahresfrist vollständig abzuzahlen. Banken fordern dies, um ihr Risikoprofil – durch eine schnellere Darlehensrückzahlung – zu optimieren.
Auch höhere Immobilienpreise sind ein Treiber einer höheren Darlehenstilgung. Schließlich beflügelt die Angst vor fallenden Preisen die schnelle Darlehensrückführung, wenngleich es derzeit keine klaren Indikatoren für überhöhte Preise gibt – auch nicht im internationalen Vergleich.
Vielfach beliebt geworden sind Investments in C- und D-Lagen. Hier arbeiten Investoren bewusst (und freiwillig) mit einer höheren

Tilgung. Der Grund dafür ist einfach. Da die Preise an solchen Standorten geringer sind als an A- und B-Standorten, erlaubt der freie Cashflow eine zügige Darlehensrückführung. Damit nehmen gestandene Investoren, und nur diesen empfehle ich eine solche Strategie, das Risiko aus ihren Investments.

Die Wahl der richtigen Tilgung liegt leider nicht immer eindeutig auf der Hand, wie ich es hier anhand der eben aufgezeigten fortgeschrittenen Investitionsstrategie gezeigt habe, Vielfach kann eine „richtige" Tilgung nicht einfach im Vorhinein bestimmt werden. Ich empfehle daher ausdrücklich, immer mit einer möglichst geringen Tilgung des Darlehens zu arbeiten. Vereinbaren Sie dazu Sondertilgungsoptionen oder arbeiten Sie mit kurzen Zinsbindungszeiträumen. Die so frei werdende Liquidität nutzen Sie ganz einfach dazu, um Ihre finanziellen Reserven auf- oder auszubauen. Damit können Sie dann jederzeit am Ende einer jeweiligen Periode bzw. zu den Zeitpunkten möglicher Sondertilgungsoptionen frei entscheiden, ob Sie Ihr Darlehen (teilweise) tilgen oder nicht. Ich sehe das Thema Flexibilität auch in diesem Zusammenhang als essenziell an. Schnüren Sie sich nicht die Luft ab, ist mein dringender Rat.

In der Praxis werden viele Banken Ihrem Wunsch nach einer niedrigen laufenden Tilgung entgegnen, dass Sie mit einer höheren Tilgung das Risiko reduzieren. Dies ist, wie oben erwähnt, regelmäßig nur dann der Fall, wenn Sie weiterhin genug freien Cashflow haben. Insofern ist eine solche Inflexibilität eben nicht risikomindernd, sondern erhöhend. Diesen Umstand sollten Sie sich bewusst machen.

Abschließend erlauben Sie mir – interessant gerade für Fortgeschrittene und Profis – eine kurze Portfoliobetrachtung. Angenommen, Ihre Immobilien (und Darlehen) befinden sich alle im Privatvermögen. Macht es dann nicht Sinn, diejenigen Darlehen schneller zurückzuführen, die teurer sind? Mein Tipp: Schauen Sie immer über alle Darlehen, nicht nur auf eines.

Die richtige Zinsbindung

Annuitätendarlehen sind, wie erwähnt, hervorragend für mittelfristige und langfristige Zinsbindungsfristen geeignet. Aber auch kürzere Zinsbindungen, beispielsweise ab einem Jahr, sind durchaus möglich. Aufgrund des derzeit historisch äußerst niedrigen Zinsniveaus hat sich in Deutschland in letzter Zeit eine Mentalität hin zu äußerst langen Zinsbindungsfristen etabliert. So sind Finanzierungen über 20, 25 oder gar 30 Jahre möglich geworden. Insbesondere Versicherungsgesellschaften treten in diesem Bereich als Darlehensgeber auf. Zu diesen ultralangen Zinsbindungsfristen sollten Sie wissen, dass Sie in Deutschland nach einer Zinsbindungsfrist von zehn Jahren ein Sonderkündigungsrecht haben. Hinsichtlich besonders langer Zinsbindungen sollten Sie sich zudem stets vor Augen halten, dass eine derart lange Zinsfestschreibung (in einem normalen Marktumfeld) signifikant teurer ist.

Sollten Sie Ihr Darlehen innerhalb der vereinbarten Zinsbindungsfrist (mit Ausnahme des erwähnten Sonderkündigungsrechtes nach zehn Jahren) vorzeitig auflösen wollen, wird sich die Bank dies bezahlen lassen. Hierzu hat sich in Deutschland eine umfangreiche Rechtsprechung und damit ein relativ konkreter Kalkulationsleitfaden entwickelt. Die Ablösegebühr für die Bank nennt sich Vorfälligkeitsentschädigung. Diese soll den Schaden der Bank ersetzen, der ihr dadurch entstanden ist, dass das ursprünglich längerfristig vereinbarte Darlehen früher als geplant zurückgeführt wird. Die Banken begründen ihren Anspruch auf eine Entschädigungsgebühr meist damit, dass sie sich das Geld für die gleiche Bindungsfrist selbst leihen müssen. Der Schaden der Bank besteht nach dieser Rechtsprechung aus zwei Teilen. Dies ist zum einen der sogenannte Zinsdifferenzschaden, zum anderen der entgangene Gewinn. Manche Banken machen zusätzlich noch Abwicklungsgebühren geltend. Daher können Vorfälligkeitsentschädigungen durchaus wesentlich werden. Sollte die Restlaufzeit Ihres Darlehens noch etwas größer sein und das aktuelle Zinsniveau seit Aufnahme des Darlehens außerdem deutlich gefallen sein, können auf diese Weise bei vorzeitiger Darlehensrückführung Gebühren von mehreren 10.000 Euro entstehen. Auch diesen Aspekt sollten Sie daher in Ihrer langfristigen Planung unbedingt mit berücksichtigen.

Nicht unerwähnt bleiben soll an dieser Stelle der in letzter Zeit vielfach diskutierte „Widerrufsjoker". Gemäß Recherchen der Verbraucherzentrale Hamburg sind mehr als zwei Drittel der Widerrufsbelehrungen in Immobiliendarlehensverträgen fehlerhaft. Verbraucher haben nämlich das Recht, abgeschlossene Darlehensverträge innerhalb von 14 Tagen zu widerrufen. Die finanzierende Bank muss ihre Kunden unter ganz bestimmten Formauflagen über dieses Recht belehren. Aufgrund einer gesetzlichen Änderung im Jahr 2002 arbeiten viele Banken mit fehlerhaften Klauseln. Laut Rechtsprechung des Bundesfinanzhofes hatte ein Kunde wegen solcher Formfehler bis zum 21.6.2016 (einer erneut gesetzlich festgelegten Frist) ein unbefristetes Widerrufsrecht statt der ursprünglich vorgesehenen 14 Tage. Mit der neuen gesetzlichen Regelung ist der Widerrufsjoker nun faktisch abgelaufen. Dennoch gibt es einige seltenere Fallkonstellationen, in denen er auch weiterhin „gezogen" werden kann. Detaillierte Informationen sind auf den Internetseiten einiger Verbraucherzentralen zu finden. Wegen der im Raum stehenden Beträge lohnt sich die Beschäftigung mit diesem Thema aber auf jeden Fall.

Sicherlich erwarten Sie noch einen wertvollen Ratschlag, welche Zinsbindung die richtige für Sie ist. Diesen Ratschlag würde ich Ihnen gerne geben, aber leider hängt die Wahl der richtigen Zinsbindung von nahezu unendlich vielen Parametern ab. Ohne tiefer ins Detail einzusteigen, seien hier insbesondere die erwartete Marktentwicklung für kurz- und langfristige Zinsen (die Zinsstrukturkurve), Ihre persönliche Immobilienstrategie, Ihr bisheriges Immobilien- und Darlehensportfolio sowie Ihre persönliche Präferenz hinsichtlich kurz- oder langfristiger Zinsbindungen genannt. Ebenfalls

spielt eine große Rolle, wie Sie die weitere Entwicklung an den Zinsmärkten einschätzen. Diese dürfen Sie durchaus mit der Entwicklung von Aktienkursen an der Börse vergleichen.
Sollten Sie jetzt der Auffassung sein, dass sehr langfristige Zinsbindungen besonders risikoarm sind, liegen Sie nur zum Teil richtig. Ein Grund ist, dass Sie auf diese Weise mit Zinskosten Ihren freien Cashflow mindern, was wiederum Ihren Gestaltungsspielraum bzw. Ihre Reserven mindert. Und dies ist, wie bereits gezeigt, mit der Erhöhung Ihres Risikos gleichzusetzen. Auf der anderen Seite können Sie nach dem Auslaufen einer längeren Zinsbindung (etwa nach fünf Jahren) genau in einer Hochzinsphase landen und folglich müssten Sie Ihre neue Finanzierung teuer einkaufen. Eine dritte Variante ist, sehr gezielt mit kurzfristigen Zinsbindungen zu arbeiten, um so jederzeit auf Veränderungen des Marktes reagieren zu können. So könnten Sie im Bedarfsfall mit vorübergehenden Zinssicherungsinstrumenten (z. B. „drei Jahre fest") arbeiten. Sie sehen, dass dieses Thema niemals von heute auf morgen zu lösen ist, sondern am Ende immer Ihrer persönlichen Einschätzung unterliegt.

Endfällige Darlehen

Endfällige Darlehen werden, anders als die sonst üblichen Annuitätendarlehen, während ihrer Laufzeit nicht getilgt, sondern am Ende der Laufzeit in einem Betrag voll zurückgeführt. Somit besteht der monatliche Kapitaldienst nur aus dem Zinsanteil, was die monatliche Rate deutlich drückt.
Damit Sie als Darlehensnehmer jedoch ein solches Darlehen ganz oder teilweise zum Ende seiner Laufzeit zurückführen können, müssen Sie sich regelmäßig gegenüber der finanzierenden Bank verpflichten, entsprechende „Tilgungsersatzmittel" zu besparen. Diese bestehen vielfach aus Bausparverträgen, Fonds oder Kapitallebensversicherungen. Reicht der angesparte Betrag am Ende der verein-

barten Zinsbindungsfrist nicht aus, um das Darlehen komplett zurückzuführen, muss der verbleibende Betrag folglich neu finanziert werden.

Ist eine solche Herangehensweise an die Tilgung eines Darlehens – finanzmathematisch betrachtet – nun sinnvoll oder nicht? Widmen wir uns im ersten Schritt einmal Investmentfonds und Kapitallebensversicherungen. Beide Anlageformen versprechen eine gewisse Renditeerwartung, bei der Kapitallebensversicherung üblicherweise abgesichert durch die Garantieverzinsung (derzeit 1,25 Prozent, ab 2017 0,9 Prozent, jeweils bezogen auf den Sparanteil). Die Garantieverzinsung beträgt unter Berücksichtigung von Gebühren und Provisionen im Mittel nach aktuellen Auswertungen deutlich unter 0,5 Prozent pro Jahr. Unter Kalkulation der Überschussbeteiligung, die die Versicherungsgesellschaften heutzutage erwirtschaften, kann derzeit mit Gesamtzinsen (netto, nach allen Gebühren) von rund zwei Prozent gerechnet werden. Sicher ist dieser Zins jedoch nicht. Er unterliegt dem hinlänglich bekannten Anlagerisiko für die hinter der Versicherung stehenden Anlageklassen. Ähnlich verhält es sich mit Investmentfonds in unterschiedlichsten Rendite- und Risikoklassen, nur dass es hier vielfach gar keine Garantieverzinsung gibt.

Diese Betrachtung zeigt uns, dass wir hier zwei völlig unterschiedliche Ansätze miteinander kombinieren würden: Investments in einen – für uns als „kleine" Investoren kaum verständlichen – Mix von Anlageklassen mit kaum einschätzbarem Risikoprofil und Tilgung eines Darlehens für eine Immobilienfinanzierung. Meine Meinung dazu ist glasklar: Ich möchte verstehen, in was ich investiere, und verzichte daher auf diese Tilgungsersatzmittel mit diffusem Rendite- und Risikoprofil.

Auch Bausparverträge betrachte ich argwöhnisch. Die Gründe liegen hier in den recht hohen Abschlussgebühren, den niedrigen Ansparzinsen von rund 0,5 bis 1,0 Prozent, dem unsicheren „Zuteilungszeitpunkt" sowie der oft hohen Tilgungsrate, die dem Kredit-

nehmer aufgebürdet wird. Vielfach wird die lange Zinssicherheit von Bausparverträgen hervorgehoben. Eine solch lange Zinsbindung von vielleicht 10, 20 oder 30 Jahren kann, sofern diese denn überhaupt Sinn macht, auch anderweitig eingekauft werden.
Von Ihrer Bank werden Sie sehr oft diese Tilgungsersatzmittel angeboten bekommen. Lassen Sie sich nicht – unreflektiert – darauf ein, auch wenn es so scheinen sollte, dass auf diese Art und Weise Ihre Finanzierung besser „durchgeht". Auch durch vermeintliche Steuervorteile, die es – je nach Kalkulation und unterstellten Annahmen – rechnerisch (im kleineren Stile) geben kann, sollten Sie sich nicht auf Glatteis führen lassen. Investment-Professionals verzichten komplett auf diesen „Klimbim" und halten ihr Darlehensportfolio klar und sauber strukturiert.

Die Euriborfinanzierung

Der Euribor ist eine Art allgemeingültiger Zinssatz, zu dem sich die Banken untereinander Geld leihen. Euriborfinanzierungen sind Finanzierungen mit sehr kurzer Zinsbindungsfrist, üblicherweise drei, sechs oder auch zwölf Monate. Damit Sie aber nicht alle drei Monate einen neuen Zinssatz mit Ihrer Bank verhandeln müssen, wird dieser an den Euriborzins mit der entsprechenden Laufzeit gebunden. Der entsprechende Referenzzinssatz wird, ähnlich dem Börsenkurs von Aktien, durch Angebot und Nachfrage bestimmt. Gegenüber dem Kreditnehmer wird zusätzlich zu diesem Zinssatz eine Marge für die Bank vereinbart. Bestandteile der Bankmarge sind normalerweise das Risiko, das die Bank eingeht, und der Gewinn.
Haben Sie für Ihr Darlehen beispielsweise eine Finanzierung auf Basis des Dreimonats-Euribors zuzüglich einer Marge von 140 Basispunkten vereinbart, bedeutet dies, dass Ihr aktueller Zinssatz alle drei Monate an die aktuellen Marktgegebenheiten angepasst wird. Beläuft sich der neue Zinssatz des Dreimonats-Euribors beispiels-

weise auf 0,29 Prozent, beträgt Ihr neuer Zinssatz inklusive Marge 1,69 Prozent. 140 Basispunkte entsprechen also 1,4 Prozent.
Während die Zinsbindung solcher Darlehen also eher kurz ist, kann die Laufzeit der Darlehen auch über einen längeren Zeitraum vereinbart werden. Ein wesentlicher Vorteil kurzfristiger Zinsbindungen ist, dass Sie das Darlehen nach jeder Dreimonats-Periode ohne irgendeine Vorfälligkeitsentschädigung zurückführen können. Damit haben Sie einen wesentlichen Vorteil, nämlich volle Flexibilität.

Kombination mehrerer Darlehen

Jetzt wird es bunt. Unter Darlehenskombinationen lassen sich nämlich entweder immobilienübergreifende Portfoliobetrachtungen oder Zusammenstellungen mehrerer Darlehen für nur eine einzige Immobilie verstehen. Widmen wir uns zunächst den letzteren. Die Motivation, eine Immobilienfinanzierung in mehrere Darlehen aufzuteilen, kann sehr unterschiedlich sein. So kann es sinnvoll sein, größere Sanierungsmaßnahmen erst einige Zeit nach dem Erwerb der Immobilie vorzunehmen. Für diese späteren Sanierungsmaßnahmen nehmen Sie typischerweise ein gesondertes Darlehen auf. Sanierungsdarlehen sollten Sie immer im Zusammenhang mit der bisher bestehenden Immobilienfinanzierung sehen und versuchen, die Darlehenslaufzeiten möglichst gleich zu schalten. Der Grund ist, dass Sie sich sonst gegebenenfalls in eine unnötig schlechte Verhandlungsposition gegenüber der Bank zum Zeitpunkt des auslaufenden, kürzeren Darlehens begeben. Dann Sie haben kaum Möglichkeiten, eine echte Konkurrenzsituation mit einer anderen Bank herzustellen, denn welche Bank finanziert schon gerne nachrangige Darlehensteile? Nachrangig bedeutet wie bereits im Abschnitt Grundbuch angesprochen, dass etwa im Fall eines Zwangsversteigerungsverfahrens immer zuerst die Bank aus den Erlösen bedient wird, die im Grundbuch an erster Stelle steht. Solche ergänzenden

Darlehen für eine zum Einkaufszeitpunkt bereits geplante größere Renovierung können Sie bereits mit der Aufnahme des ersten Darlehens mit der Bank vorvereinbaren. Diese frühzeitige (Vor-)Vereinbarung sichert Ihnen nämlich die beste Verhandlungsposition.

Renovierung- oder Sanierungsdarlehen kommen oft aus öffentlichen Töpfen wie z. B. der KfW. Die verschiedenen Darlehen einer einzigen Immobilie können höchst unterschiedlicher Natur sein.

Sollten Sie Darlehenskombinationen „auf Ihrer Immobilie" haben, lohnt ein kurzer Blick auf die Tilgungsstrategie dieser Darlehen. Es ist nämlich durchaus sinnvoll, bevorzugt die teureren Darlehensteile zurückzuführen. Versuchen Sie daher bereits zum Zeitpunkt des Darlehensvertragsabschlusses, die Planung der Tilgung danach auszurichten. Sollten Sie keine vergünstigten, öffentlich geförderten Darlehen im Spiel haben, wird meist das erstrangige Darlehen das zinsgünstigste sein, denn die Bankmarge sollte hier am geringsten sein – weil die Bank das geringste Risiko trägt. Darum sollten nachrangige Darlehen verstärkt getilgt werden.

Portfolioübergreifend im Zusammenspiel mit mehreren Immobilien existieren mehrere größere und kleinere Einflussfaktoren hinsichtlich der Gestaltung der Darlehen zueinander. Dies gilt gerade für längerfristige Darlehen und heißt, dass nicht alle Zinsbindungen am gleichen Stichtag enden sollten. Denn wenn sie dann in einer Hochzinsphase „landen", haben Sie ein Problem. Deshalb ist eine gewisse Staffelung von Fristen sinnvoll und Sie streuen damit Ihr Zinsanschlussrisiko.

Gerade im Portfoliozusammenhang ist für risikoaverse Darlehensnehmer ein gewisser Anteil von Finanzierungen mit sehr kurzer Zinsbindung bedeutsam. Sie haben dann, wie etwa in den Jahren 2012 bis zumindest 2016 die Möglichkeit, ein äußerst niedriges Zinsniveau strategisch für kurzfristige Finanzierungen auszunützen. Wenn Sie z. B. Zinszahlungen von nur 1,x Prozent zu leisten haben, können Sie sich einen entsprechend höheren Tilgungsanteil leisten

und so Ihren Darlehensstand zügig reduzieren, was wiederum Ihrer Risikostruktur äußerst zuträglich ist. Dies ist also ein typischer Fall für Risikoreduzierung gerade durch kurzlaufende Zinsbindung.
Zudem können Sie Ihre Immobilie nach einem Jahr (oder später) nach einer erfolgten Aufwertungsmaßnahme neu bewerten lassen und damit den „Beleihungsauslauf“ Ihres Darlehens deutlich absenken. Dies hat dann zur Folge, dass Sie üblicherweise günstigere Konditionen erhalten.

Öffentlich geförderte Darlehen in Anspruch nehmen und beantragen – gewusst wie

Das Spektrum öffentlich geförderter Darlehen für den Erwerb und die Sanierung von Bestandsimmobilien ist dermaßen breit gefächert, dass eine Auflistung der verschiedenen Programme an dieser Stelle kaum machbar wäre. Als Quellen solcher Darlehen kommen neben der KfW-Bankengruppe auf Bundesebene auch Landesmittel und Förderprogramme der Kommunen in Betracht. Sinnvolle Förderprogramme unterstützen meist den Erwerb und die Errichtung von Neubauten oder kürzlich sanierter Altbauten sowie die energetische Sanierung von Häusern und Wohnungen in Eigenregie. Der Erwerb unsanierter Altbauten wird dagegen nur selten gefördert. Bedenken Sie aber, dass die verschiedenen Förderprogramme immer wieder geändert werden. Fast allen Förderprogrammen gemein ist, dass Sie eine Förderung nur erhalten, wenn Sie zum Zeitpunkt der Antragstellung noch nicht begonnen haben, Ihre Maßnahme umzusetzen. Gehen Sie bitte immer zuerst an die Papierarbeit, bevor Sie vor Ort loslegen!
Aus Sicht von Investoren, die sich vornehmlich mit Bestandsimmobilien befassen, sind vor allem die Förderprogramme zur energetischen Sanierung interessant. Exemplarisch wollen wir uns daher das

KfW-Programm Nr. 151/152 „Energieeffizient sanieren - Kredit“ anschauen. Es kann für Komplettsanierungen zum „KfW-Effizienzhaus“ als auch für energetische Einzelmaßnahmen beansprucht werden. Nehmen wir wieder - weil es wieder so gut passt - das Mehrfamilienhaus in der Gegend um Frankfurt am Main. Dort sind für kommendes Jahr einige Sanierungsmaßnahmen geplant, u. a. als energetische Einzelmaßnahmen der Einbau neuer Fenster, die Dämmung des Daches (weil es sowieso neu gedeckt werden muss), der Einbau einer neuen Hauseingangstüranlage sowie der Austausch der alten Öl- durch eine neue Gaszentralheizung. Der KfW-Effizienzhaus-Standard lässt sich hier voraussichtlich nicht erreichen, da die Außenhülle nicht komplett gedämmt werden soll. Die Bau-, Planungs- und Beratungskosten für diese Sanierungsmaßnahmen betragen grob geschätzt und der Einfachheit halber glatt 100.000 Euro.

Die aktuellen Regularien des KfW-Programms Nr. 152 (für die Einzelmaßnahmen) besagen, dass bei diesen Maßnahmen bis zu 50.000 Euro je Wohnung gefördert werden. Dieser Wert ist also, bei sieben vorhandenen Wohnungen, bequem einzuhalten. Da das Haus vor 2002 erstellt wurde, ist auch dieses Kriterium erfüllt. Ein entsprechendes Darlehen erhalten Sie derzeit zu einem äußerst interessanten Zinssatz von 0,75 Prozent bei einer Zinsbindung von zehn Jahren. Gleichzeitig können Sie eine Laufzeit von 10, 20 oder 30 Jahren vereinbaren. Die Höhe der Tilgung orientiert sich an der Laufzeit, das Darlehen soll nämlich immer innerhalb der Gesamtlaufzeit annuitätisch voll getilgt werden. Auch eine tilgungsfreie Anlaufzeit von bis zu fünf Jahren kann vereinbart werden. Da das Darlehen besonders günstig ist, sollten Sie über eher lange Laufzeiten und eine tilgungsfreie Anlaufzeit nachdenken und etwaige überschüssige Mittel eher in teurere Darlehensteile stecken. Zurückführen dürfen Sie KfW-Darlehen meistens jederzeit ohne Vorfälligkeitsentschädigung.

Für das 100.000-Euro-Darlehen empfiehlt es sich daher höchstwahrscheinlich, die 30-jährige Variante mit fünf tilgungsfreien Jahren zu

wählen. Damit sieht der monatliche Zins- und Tilgungsplan wie folgt aus:
Jahr 1 bis 5: Zinszahlung 62,50 Euro, keine Tilgung
Jahr 6 bis 10: Zinszahlung im ersten Monat 62,50 Euro, Tilgung im ersten Monat 303,16 Euro, also eine gleichbleibende Annuität von 365,66 Euro
Für das 11. Jahr wird die KfW dann neue Zinskonditionen anbieten, die heute allerdings noch nicht bekannt sind.
Erkennen Sie den enormen Vorteil solch geförderter Darlehen? Dies ist politisch ausdrücklich gewollt. Sie haben also den Staat ausnahmsweise mal auf Ihrer Seite! Nützen Sie dies intensiv. Oft erhalten Sie – bei Erreichen gewisser energetischer Werte – zusätzlich zu dem Darlehen einen Zuschuss. Für die Baubegleitung und Energieberatung werden obendrein auch Zuschussprogramme – zusätzlich zu diesen Darlehen – angeboten. Die Schreibarbeit bzw. Vorbereitung der Anträge übernimmt Ihr Energieberater, den Sie für diese Maßnahme sowieso zwingend brauchen. Den vorbereiteten Antrag reichen Sie über Ihre Hausbank (und nur dort!) bei der KfW ein.
Da solche Finanzierungen geradezu optimale Cashflow-Bringer sind, sollte sich jeder Investor intensiv damit auseinandersetzen. Es macht auch durchaus Sinn, Ihre (oder eine) Immobilienstrategie genau danach auszurichten, also für die „Tauglichkeit“ solcher Programme zu optimieren. Gehen Sie auf die Suche nach energetisch nur mäßig dastehenden 1950er-Jahre-Häusern mit geringem Mietniveau. Dann haben Sie gleich drei hervorragende Stellschrauben, um Ihren Cashflow aus einer solchen Immobilie massiv zu erhöhen: Erstens können Sie durch energetische Sanierungen das Mietpreisniveau signifikant nach oben anpassen, denn glücklicherweise haben die meisten Mieter Verständnis für Maßnahmen, die helfen, Energie einzusparen und zugleich ihrem Portemonnaie zu Gute kommen. Zweitens „nehmen“ Sie die extrem günstigen KfW-Konditionen „mit“ und flankieren diese auch noch (bei einer deutlichen Verbesserung des Energiestandards) mit einem durchaus aus-

kömmlichen Zuschuss der KfW. Und diesen erhalten Sie – wohlgemerkt – zusätzlich zu Ihren günstigen Darlehenskonditionen. Das abschließende Sahnehäubchen stellt Ihre nicht unbeträchtliche Steuerersparnis dar, die Sie auf bis zu fünf Jahre verteilen können. Jedoch nur, wenn Sie die Steuerspielregeln, wie im Abschnitt „Die richtige Immobilienstrategie finden" dargestellt, gekonnt umsetzen. Habe ich Sie überredet? Spezialisieren Sie sich nun auf 1950er-Jahre-Häuser mit Optimierungspotenzial? Zumindest darüber nachzudenken ist erlaubt.

Ihre Finanzierung aus Sicht der Bank

„Puh, was für ein Thema kommt denn hier auf mich zu?" Zugegeben, es ist nicht das vergnüglichste in diesem Buch. Aber ich möchte Ihnen zeigen, dass es durchaus wichtig ist. Denn der „Sekundärdeal" Finanzierung ist unabdingbar für Ihr Immobilienprojekt. Da wir diesen optimal gestalten wollen, versetzen wir uns nun in die Rolle der Bank. Damit können wir ein Gefühl dafür entwickeln, welche Finanzierungs- und Projektparameter der Bank besonders wichtig sind. In einem weiteren Schritt stellen wir uns genau darauf ein und bieten der Bank sehr zielgerichtet an, was sie benötigt. Damit können wir unsere gesamte Projektplanung bereits frühzeitig „in die richtige Richtung" laufen lassen.
Doch der Reihe nach. Beginnen wir wieder mit Ihrer persönlichen Haushaltsrechnung und Vermögensstruktur, also Ihrer persönlichen Bonität und damit dem Fundament sämtlicher Finanzierungen. Die finanzierende Bank wird diese nicht nur für die erste Prüfung Ihrer Finanzierung, sondern auch später immer wieder anhand ihres internen Ratingsystems überprüfen. Je nachdem, wie Ihr persönliches Rating zum Zeitpunkt der Finanzierungsanfrage ausfällt, bekommen Sie mehr oder weniger attraktive Finanzierungskonditionen angeboten. Denn die Bank ist verpflichtet, jegliches Risiko durch einen

mehr oder weniger größeren eigenen Eigenkapitalanteil zu unterlegen. Da auch die Bank gewisse Anforderungen an die Verzinsung ihres Eigenkapitals hat, können Sie sich vorstellen, dass mit einem größeren Eigenkapitalanteil unterlegte Finanzierungen bankseits mit einer höheren Marge kalkuliert werden müssen. Dies bedeutet, dass Ihre persönliche Bonität direkten Einfluss auf Ihre Darlehenskosten hat. Insofern ist es essenziell, sich diesem Thema laufend zu widmen. Hinterfragen Sie den Einfluss Ihres Ratings auf die Darlehenskonditionen bei Ihrem Bankberater. Nicht jeder wird Ihnen bereitwillig Auskunft geben wollen, aber mit zunehmendem Vertrauen werden Sie sicher den einen oder anderen Hinweis erhalten.

Ihre Vermögensstruktur, bestehend aus Tagesgeldern, Immobilien oder Kapitallebensversicherungen, wird seitens der Bank ebenfalls, meist als Bestandteil Ihres persönlichen Ratings, analysiert. Für die Bank ist neben der Werthaltigkeit Ihres Vermögens vor allem die Verfügbarkeit Ihrer „Assets" (z. B. für schlechte Zeiten) entscheidend. Tagesgelder und kurzfristig verfügbare Lebensversicherungen wird die Bank daher immer äußerst positiv bewerten, Immobilien dagegen nicht ganz so positiv, weil Immobilien nur im seltensten Fall von heute auf morgen zu einem akzeptablen Preis verkauft werden können. Ihre Bestandsimmobilien bewertet die Bank meist in der gleichen Weise, wie Sie auch Ihr aktuelles Immobilienprojekt, den Gegenstand Ihrer Finanzierungsanfrage, bewertet. Das heißt, dass die Bank – falls Sie bereits mehrere Immobilien besitzen – eine sogenannte Portfolioanalyse durchführt. Die Kriterien, die sie dabei für Ihre verschiedenen Immobilien anwendet, sind die gleichen wie für Ihr aktuelles Immobilienprojekt.

Neben der persönlichen Bonität und bisherigen Vermögensstruktur spielt das von Ihnen „beigebrachte" Finanzierungsobjekt eine wesentliche Rolle. Die Bank ist verpflichtet, Ihr Immobilienprojekt zu bewerten. Bei kleineren Projekten geschieht dies, je nach Bank, hausintern durch eine gesonderte Bewertungsabteilung. Immer öfter werden Immobilienprojekte jedoch auch einer Bewertung durch

einen externen Sachverständigen unterzogen. Sinn und Zweck einer solchen Bewertung (ganz gleich ob intern oder extern) ist in erster Linie, einen belastbaren Markt- und Beleihungswert zu ermitteln. Hierfür werden standardisierte Bewertungsmethoden angewandt. Bei Immobilien zu Vermietungszwecken spielt der mögliche („nachhaltige") Mietertrag die zentrale Rolle. Der Marktwert der Immobilie wird also mittels einer standardisierten finanzmathematischen Berechnung unter besonderer Würdigung des Mietertrags berechnet. Dieser Wert ist der mögliche Verkaufspreis in einem „normalen" Markt ohne besondere Begleitumstände. Damit sollen beispielsweise Notsituationen, in denen die Immobilie unter Zeitdruck verkauft werden muss, ausgeschlossen werden. In diese Bewertung fließen somit sämtliche Ihnen bereits bekannte Immobilienkriterien wie Makro- und Mikrostandort, Ausstattung und Bauzustand des Hauses sowie viele weitere Aspekte ein.
Da die Banken naturgemäß sehr risikoavers sind, berücksichtigen sie neben dem Marktwert noch einen weiteren Wert, den Beleihungswert. Er ist ein ganz besonders konservativer Immobilienwert. Grob gesagt, dürfen Sie für Immobilienprojekte, mit denen wir uns hier befassen, mit einem Abschlag gegenüber dem Marktwert von zehn Prozent rechnen. Nur selten wird die Bank bereit sein, eine Immobilie über den Beleihungswert hinaus zu beleihen und zwar nur unter zwei Bedingungen: Erstens wenn Sie noch über keines oder nur ein geringes Immobilienvermögen und gleichzeitig über eine sehr gute Bonität verfügen. In einem solchen Fall beleiht die Bank nämlich nicht nur Ihre Immobilie, sondern bezieht auch Ihre persönliche Bonität positiv mit ein. Ihr Darlehen ist damit eine Kombination aus einem sogenannten Real- (also Immobilien-) und einem Personaldarlehen. Zweitens erhalten Sie eine Finanzierung über den Beleihungswert hinaus in der Regel nur, wenn Sie Zusatzsicherheiten stellen.
Es gibt also Methoden, mit denen Sie einen fehlenden Finanzierungsanteil durch andere Vermögensgegenstände absichern können.

Bieten Sie Ihrer Bank, sofern vorhanden, möglichst unbelastete zusätzliche Sicherheiten an. Dies können schuldenfreie (oder zumindest niedrig beliehene) Immobilien sein, aber auch Lebensversicherungen, Guthabenkonten und Depots lassen sich „beleihen". Besprechen Sie dies mit Ihrer Bank oder auch der Lebensversicherungsgesellschaft, die gerne ihre Policen auch selbst beleihen. Bevor Sie zusätzliche Vermögensgegenstände beleihen, sollten Sie sich jedoch immer im Klaren darüber sein, dass dies Ihre finanzielle Flexibilität einschränkt. Denn den zusätzlichen Beleihungsgegenstand können Sie erst einmal nicht mehr verkaufen und auch nicht anderweitig „flüssig" machen. Eine gute Projekt- und Zeitplanung ist daher unabdingbar. Vereinbaren Sie möglichst vorab mit der finanzierenden Bank, dass die zusätzliche Sicherheit z. B. bei Erreichen eines gewissen Mietertrages der zu finanzierenden Immobilie wieder freigegeben wird. Alternative Projektziele, die Sie mit Ihrer Bank vereinbaren können, sind bestimmte Immobilienwerte oder Darlehensstände, die Sie durch die regelmäßige Tilgung erreichen. Widmen Sie diesem Aspekt Ihre ganz besondere Aufmerksamkeit.
Da das Stellen von Zusatzsicherheiten – das zeigt mir die tägliche Arbeit mit meinen Co-Investoren, Kollegen und Mentees – vielfach nicht die Aufmerksamkeit erhält, die sie haben sollte, möchte ich Ihnen ein konkretes Beispiel aufzeigen, das leicht nachgeahmt werden kann. Unterstellen wir einmal, Sie möchten eine Immobilie mit Gesamtinvestitionskosten von 100.000 Euro finanzieren, und Sie haben eine Cash-Reserve von 30.000 Euro. Die Bank sagt Ihnen Fremdkapital in Höhe von 90.000 Euro zu, sodass Sie „theoretisch" 10.000 Euro aus der eigenen Tasche zu leisten haben. In einem solchen Fall kann es jedoch sinnvoll sein, dennoch ein Darlehen über die Gesamtsumme von 100.000 Euro € aufzunehmen und die genannten 10.000 Euro lediglich als zusätzliche Sicherheit bei der finanzierenden Bank zu hinterlegen. Vereinbaren Sie dann zusätzlich im Darlehensvertrag, dass Sie Ihre Zusatzsicherheit zurückerhalten, wenn das Darlehen entsprechend getilgt wurde bzw. wenn der Wert

der finanzierten Immobilie entsprechend gestiegen ist. Der Effekt, den Sie damit erzielen, ist, dass Sie Ihre Zusatzsicherheit nur solange hinterlegen müssen, wie sie wirklich benötigt wird. Sie erhalten dadurch eine bestmögliche Flexibilität.
Weiten Sie dieses „Spiel mit der Zusatzsicherheit" auf mehrere Immobilien aus, so werden Sie eines Tages zahlreiche Gelddepots hinterlegen und nach einer gewissen Zeit anschließend wieder „frei bekommen". Ein spannender Zusatzeffekt ist, dass solche Cash-Depots Ihre Bonität massiv verbessern. Der Begriff, der sich hierfür in den letzten Jahren eingebürgert hat, ist „rollierendes Eigenkapital".
Neben der substanzorientierten Immobilienbetrachtung (Marktwert versus Beleihungswert) analysiert die Bank Ihr Immobilienprojekt (und Ihren bisherigen Immobilienbestand) hinsichtlich der sogenannten Kapitaldienstfähigkeit. Dies ist die Möglichkeit der Immobilie, aus eigener Kraft die Zins- und Tilgungsleistungen nach Abzug gewisser Kosten tragen zu können. Es handelt sich also um ertrags- bzw. cashfloworientierte Größen. Dafür hat die Bankenwelt eine Vielzahl von teils anmutig klingenden Kennzahlen entwickelt, die im Gegensatz zur Substanzbewertung nicht normiert sind.
Eine der gängigsten Möglichkeiten, die Kapitaldienstfähigkeit einer Immobilie zu berechnen, ist die Kalkulation mit pauschalen Abzugsbeträgen. Hierfür zieht die Bank (erneut vorsichtig betrachtet) beispielsweise einen Pauschalbetrag von 25 Prozent für die Bewirtschaftungskosten vom Mieteingang ab. Der verbleibende Betrag muss für die Deckung des vorgesehenen oder bereits vereinbarten Kapitaldienstes aus Zinsen und Tilgung genügen. Banken, die noch konservativer kalkulieren, ziehen sogar 30 Prozent von der Miete ab. Wieder andere Banken rechnen nicht mit Pauschalbeträgen für die Betriebskosten, sondern pauschalieren die monatlichen Zins- und Tilgungsleistungen. Ein weitverbreiteter Wert ist der Ansatz von im heutigen Marktumfeld sehr konservativen acht Prozent für die monatliche Zins- und Tilgungsleistung, bezogen auf den aktuellen Dar-

lehensstand. Der verbleibende Betrag muss dann für die tatsächlichen Bewirtschaftungskosten ausreichen.
Weitere Werte, die eher aus dem gewerblichen Bereich stammen und die hier nur der Vollständigkeit halber genannt werden, sind beispielsweise die ICR (Interest Cover Ratio) und die DSCR (Debt Service Cover Ratio). Diese geben an, um wie viel Prozent die Mietzahlungen die Zins- bzw. Zins- und Tilgungsleistungen übertreffen. Eine ICR von 200 Prozent bedeutet, dass der monatliche Mieteingang doppelt so hoch ist wie die monatliche Zinszahlung. Eine DSCR von 150 Prozent bedeutet den eineinhalbfachen Mieteingang im Vergleich zum monatlichen Kapitaldienst.

Zügig einen großen Immobilienbestand aufbauen

Geradezu elektrisierend wirkt dieses Thema auf viele fortgeschrittene, aber auch auf Profi-Investoren. Immer wieder werde ich gefragt, welches denn der (versteckte) Schlüssel für den Aufbau großer und sehr großer Immobilienbestände ist. Zugegeben: Ich habe selbst lange und oft überlegt, was der eigentliche Schlüssel für schnelles Wachstum ist. Sie werden verblüfft sein, wie einfach die Antwort ist.
Nehmen wir uns im ersten Schritt die Betrachtungsweise der Bank vor. Habe ich diese nicht eben in den Absätzen zuvor ausführlich beschrieben? Das sind doch die Kriterien. Wenn jede einzelne Immobilie – und damit alle Ihre Immobilien zusammen bzw. Ihr Immobilienportfolio – diese Kriterien erfüllt, warum sollte die Bank dann nicht weitere Immobilien finanzieren? Sie haben in diesem Fall doch bereits bewiesen, dass Sie das Spiel beherrschen. Und wenn einmal eine Immobilie nicht ganz passt? Auch nicht schlimm, die anderen Objekte gleichen diese Defizite aus. Achten Sie also peinlichst darauf, dass Ihr Portfolio „sauber“ bleibt – gemessen an den Bankkennziffern.

Aus Bankensicht wichtig ist selbstverständlich auch Ihre finanzielle Sicherheit. Halten Sie daher immer genug finanzielle Mittel frei verfügbar. Es geht der Bank (und Ihnen) um den Notfall. Eine gute Richtschnur sind sechs Monatsmieten – gesehen über alle Immobilien. Sie werden sehen, mit größerem Immobilienbestand wird diese Aufgabe zu einer der leichteren.
Zur Vervollständigung dieser Thematik möchte ich Ihnen zwei weitere Aspekte nicht vorenthalten, auch wenn sich diese nicht (direkt) auf das Thema Finanzierung beziehen. Einerseits benötigen Sie, um wachsen zu können, natürlich einen guten Deal-Flow. Darüber haben wir bereits gesprochen. Sie werden Ihre Tätigkeit bzw. das Networking mit wachsendem Immobilienbestand weiter intensivieren müssen, was mich gleich zu dem zweiten Punkt führt: Ohne zusätzliche Ressourcen werden Sie dies nicht mehr bewerkstelligen können. Möchten Sie einen wirklich großen Immobilienbestand aufbauen, werden Sie ein oder mehrere Unternehmen gründen – oder Sie sind sehr geschickt im Outsourcen.

Praktische Analyse und Auswertung von Wertgutachten

Sie sollen hier nicht zum Immobiliengutachter ausgebildet werden, das ist ein eigenständiger Berufszweig. Es hilft jedoch ungemein, die Haupttechniken der Gutachter zu kennen. Denn nur so werden Sie Gutachten lesen, verstehen und auswerten können. Auch wenn die Gutachtersprache zuweilen speziell anmutet, ist sie kein Hexenwerk. Beginnen wir mit der ersten Hausaufgabe. Bitte legen Sie dieses Buch kurz zur Seite und gehen Sie auf die Internetseite www.zvg-portal.de, wo viele Gerichte ihre Termine für anstehende Zwangsversteigerungen einstellen. Zu vielen Immobilien finden Sie dort neben Exposés komplette Bewertungsgutachten. Suchen Sie sich mindestens drei Gutachten für den Immobilientyp heraus, auf den Sie es abgesehen haben, möglichst von verschiedenen Sachverständigen, denn wir wollen auch über die unterschiedliche Qualität solcher Gutachten sprechen.

Für die Auswertung eines Gutachtens nehmen wir jetzt als Beispiel ein Markt- und Beleihungswertgutachten für eine Bank für ein komplett vermietetes 3-Familienhaus. Das Gutachten hatte die Bank bei einem Sachverständigen in Auftrag gegeben, um den aktuellen Wert nach erfolgter Neuvermietung und einigen Renovierungen festzustellen, damit ich eine zuvor gestellte Zusatzsicherheit wieder „frei bekommen" konnte.

Auf dem Deckblatt und den ersten Seiten des Gutachtens finden Sie meistens den Namen und die Qualifikation des Sachverständigen, den Bewertungszweck, den Bewertungsstichtag sowie die genaue Bezeichnung der zu bewertenden Immobilie. Eine Qualifikation müssen Sachverständige für Immobilienbewertung nicht vorweisen, eine Ausnahme bildet die sogenannte öffentliche Bestellung. Sie ist die formelle Voraussetzung, um als Gutachter beispielsweise für Gerichte tätig werden zu dürfen, bedeutet jedoch nicht, dass der Sachverständige eine tiefergehende Ausbildung absolviert hat. Als öffentlich bestellter Gutachter hat er aber eine gewisse Ausbildung in rechtlichen Angelegenheiten und nur öffentlich bestellte Gutachter dürfen den sogenannten Rundstempel führen. Auftraggebende Banken nehmen aber vielfach eine intensive Qualitätsüberprüfung der beauftragten Gutachter vor.

Der Bewertungs- oder Verwendungszweck des Gutachtens kann vierfacher Natur sein. In unserem Fall ist der Verwendungszweck „die Beleihung bei der Auftraggeberin". Andere Gründe sind z. B. die Feststellung des Verkehrswertes zum Zwecke der Zwangs- oder Teilungsversteigerung, privatwirtschaftlicher Natur oder sonstiges. Einen der erstgenannten Gründe sollten Sie in dem Ihnen vorliegenden Gutachten finden. Von grundlegender Bedeutung ist der Bewertungsstichtag. Das ist der Tag, auf den sich alle die Immobilie betreffenden Beschaffenheitsangaben im Gutachten beziehen. Da sich der Zustand als auch die Ertragssituation von Immobilien innerhalb weniger Wochen oder Monate signifikant ändern können, sollten Sie den Bewertungsstichtag immer im Auge haben. Übrigens, Sie werden es bemerken, können Gutachten in Zwangsversteigerungsverfahren ein, zwei oder mehr Jahre alt sein. Auch hinsichtlich der genauen Bezeichnung der zu bewertenden Immobilie möchte ich Ihren Sinn schärfen, da es gerade bei Eigentumswohnungen schnell zu Verwechslungen kommen kann.

Gut strukturierte Gutachten enthalten in der Folge meist sehr umfangreiches Textmaterial. In unserem Beispielgutachten heißt ein großer Abschnitt Wertermittlungsgrundlagen. Diese Texte bestehen vielfach aus Standardtexten, die Gutachter in jedes Gutachten einfügen. Oftmals finden Sie Regelungen zur Gutachterhaftung, Hinweise auf Unterlagen, die dem Gutachter zur Bewertung vorlagen, eine Aufzählung gesetzlicher Grundlagen und vor allem eine meist sehr ausführliche Beschreibung der angewandten formellen Wertermittlungsverfahren.

Im Weiteren finden Sie eine Grundstücks- bzw. Immobilienbeschreibung. Dort werden üblicherweise die Lage, das Grundstück, das Baurecht und zustandsbeschreibende Fakten über das Gebäude aufgeführt. Zuweilen werden auch erste bewertende Aussagen getätigt. Es hat sich bewährt, gerade wegen der zahlreichen Standardtextbausteine die individuellen bzw. bewertenden Aussagen gleich beim ersten Lesen zu markieren, etwa Lagebewertungen wie „störender Durchgangsverkehr“, „ruhige Wohnlage“ oder „gelegentlicher Flugverkehr“ oder Besonderheiten zur Infrastruktur oder Hinweise zur direkten Nachbarschaft.

Manchmal finden Sie auch Erläuterungen zum aktuellen Immobilienmarkt. Viele Gutachter beziehen sich dabei auf allgemein zugängliche Quellen wie den Grundstücksmarktbericht des Gutachterausschusses, städtische Mietspiegelwerte oder Angaben großer Datenlieferanten. Inwieweit solche Aussagen wirklich hilfreich sind, sei dahingestellt, wie etwa folgendes Zitat aus einem qualitativ durchaus hochwertigen Gutachten zeigt: „Die Ertragsfaktoren für Mietwohnobjekte wurden gemäß dem Grundstücksmarktbericht mit einer Bandbreite zwischen rund 11,7 und 26 angegeben; der Mittelwert betrug 17,9." Dies bedeutet nichts anderes, als dass eine Immobilie mit einem Mieteingang von 10.000 Euro im Jahr 117.000 Euro bis 260.000 Euro, im Mittel 179.000 Euro wert sein kann.

Sofern Sie Hinweise des Gutachters zur Altlastenfreiheit, Einhaltung baulicher Vorschriften oder zu ähnlichen Themen finden, bedenken Sie immer, dass es nicht die originäre Aufgabe eines Immobilienbewerters ist, wirklich belastbare Aussagen über solche Themen zu treffen. Sie finden daher meist direkt nach einer solchen Passage gleich den durchaus berechtigten ausdrücklichen Haftungsausschluss des Gutachters. Der Immobilienbewerter wird Ihnen daher Ihre Prüfungsaufgaben im Rahmen eines Immobilienankaufs niemals abnehmen können.

Gegenstand des Gutachtens sollten auch das Bewertungsgrundstück betreffende Lasten und Beschränkungen und deren Auswirkung auf den Immobilienwert sein. Dies können Baulasten und Grunddienstbarkeiten wie Geh-, Fahr-, Versorgungs- und Entsorgungsleitungsrechte sein. Unter normalen Umständen werden solche Rechte dergestalt auf dem Grundstück untergebracht, dass sie keinen oder keinen wesentlichen Einfluss auf den Wert der Immobilie haben. Dennoch ist es ratsam, solche Rechte auf einem Lageplan gelegentlich nachzuvollziehen und zu markieren.

In der meist recht ausführlichen Zustandsbeschreibung wird das Gebäude mit seinen baulichen Eigenarten und vor allem möglichen Bauschäden beschrieben. Gleichzeitig werden diese Eigenschaften vom Gutachter auch bewertet. Da Immobiliengutachter keineswegs Sachverständige für Bauschäden sind, sollten Sie derartigen Aussagen mit einer gewissen Skepsis begegnen. Selbst Wohnflächenberechnungen oder sonstige Maßangaben sollten entsprechend vorsichtig zur Kenntnis genommen werden. Dringend angeraten ist daher, gerade im Ankaufsfall, solche Zahlen grundlegend zu überprüfen. Die Überraschungen, die solche Berechnungen schon oft zu Tage gefördert haben, sind mannigfaltig.

Das Ertragswertverfahren

Ein besonderes Kapitel von Bewertungsgutachten sind die Angaben zu den Mietverhältnissen, weil die vom Gutachter im Berechnungsteil angesetzten Mieten einen großen Einfluss auf den ermittelten Marktwert der Immobilie haben. Vielfach ist nur sehr schwer nachvollziehbar, warum ein Gutachter welche Miete für die weitere Berechnung ansetzt. Es ist aber durchaus entscheidend, ob er mit der sogenannten nachhaltigen Miete (vereinfacht ausgedrückt die marktübliche Miete), der mietvertraglich vereinbarten Miete oder mit beiden Mieten rechnet. Es ist nämlich nicht selbstverständlich, dass die derzeit mietvertraglich erzielte Miete auch nur in der Nähe der marktüblichen Miete liegt. Hierzu ein Beispiel: Eine 100 Quadratmeter große Wohnung in einer größeren Stadt ist derzeit zu einer Miete von sechs Euro je Quadratmeter vermietet. Gleichartige Wohnungen werden in dieser Gegend zurzeit zu zehn Euro je Quadratmeter neu vermietet. Rechnet der Gutachter mit der nachhaltig erzielbaren Miete, wären dies zehn Euro je Quadratmeter, als 1.000 Euro Nettokaltmiete je Monat. Wenn ihm die mietvertraglich vereinbarte Miete nicht bekannt ist oder er sie aus welchen Gründen auch immer nicht berücksichtigt, würde er beispielsweise bei einem marktüblichen Vervielfältiger vom 18-Fachen für diese Wohnung unter sonst normalen Umständen einen Marktwert von 216.000 Euro (1.000 x 12 x 18) ermitteln. Nun ist diese Wohnung aber nur zu sechs Euro je Quadratmeter, also 600 Euro je Monat, vermietet, eine sehr günstige Miete, über die sich der Mieter selbstverständlich freuen darf. Nehmen wir den Fall an, dass der Mieter noch zehn Jahre, was durchaus realistisch ist, in der Beispielwohnung bleibt. Da

wir aktive Investoren sind, gelingt es uns, die Miete in der Folgezeit auf einen Durchschnittswert (über die gesamten zehn Jahre), optimistisch gerechnet, auf 800 Euro je Monat zu erhöhen. Damit fehlen uns aber durchschnittlich immer noch 200 Euro je Monat gegenüber der nachhaltigen Marktmiete. Dies bedeutet, dass in zehn Jahren ein Minderertrag von immerhin 24.000 Euro (200 Euro x 12 x 10) aufläuft. Sollte dieser Minderertrag (oder ein ähnlicher) nicht sinnvollerweise von dem vorher ermittelten Marktwert von 216.000 Euro abgezogen werden? Meiner Meinung sollte dies definitiv der Fall sein. Glauben Sie mir, dass sich zufriedene Mieter in günstigen, großen Wohnungen durchaus auch 20 oder 30 Jahre wohl fühlen. Diesem Aspekt sollten Sie daher immer Ihre besondere Aufmerksamkeit schenken.
Als Hilfsmittel für eine derartige Auswertung empfiehlt es sich, immer zwei Mieten für jede Wohnung zu erfassen. Einerseits die marktübliche oder nachhaltig erzielbare Miete und andererseits die mietvertraglich vereinbarte Miete. Anhand der Differenz erkennen Sie umgehend, wie es um Ihre Wohnung bestellt ist. Damit ergeben sich drei Möglichkeiten. Die einfachste ist, dass die mietvertraglich vereinbarte Miete ungefähr der aktuellen Marktmiete entspricht und eine Wertberechnung problemlos möglich ist. Liegt die erzielbare Marktmiete über der vertraglich vereinbarten Miete, sollte zweitens wie beschrieben mit der Marktmiete unter gleichzeitiger Berücksichtigung eines Abzugsbetrages gerechnet werden. Drittens könnte auch mit der niedrigeren Vertragsmiete gerechnet werden und die Chance zur späteren Mieterhöhung durch einen höheren Multiplikator berücksichtigt werden. Dieser Fall heißt „Underrent-Situation", wohingegen der umgekehrte Fall, die erhöhte Vertragsmiete, als „Overrent-Situation" bezeichnet wird.
Auch eine über der Marktmiete liegende Vertragsmiete sollte Berücksichtigung im Gutachten finden. Denn bei zu teuer vermieteten Wohnungen muss damit gerechnet werden, dass der Mieter bald auszieht und die Wohnung anschließend nur noch auf dem Niveau

der nachhaltig erzielbaren Miete vermietet werden kann. Dies kann im Gutachten beispielsweise dadurch berücksichtigt werden, dass der Gutachter mit der nachhaltigen Miete rechnet und einen kleinen Zuschlagsbetrag für die erhöhte Miete hinzuaddiert. Alternativ wäre auch ein leicht niedrigerer Multiplikator möglich.

Der Kernabschnitt eines Gutachtens ist die Berechnung des Marktwertes. Hierzu müssen sich Gutachter normierter Verfahren bedienen. In Deutschland sind diese penibel in der „Verordnung über die Grundsätze für die Ermittlung der Verkehrswerte von Grundstücken" (Immobilienwertermittlungsverordnung – ImmoWertV) geregelt. Gutachter sind gehalten, für die Bewertung von vermieteten Immobilien, mit denen wir uns hier befassen, zwei verschiedene Methoden zur Ermittlung des Marktwertes anzuwenden. Das bevorzugte Verfahren ist das Ertragswertverfahren. Der Ertragswert wird vornehmlich auf der Grundlage der marktüblich erzielbaren Mieterträge ermittelt. Das zweite Verfahren, das vornehmlich für die Plausibilisierung des ersten Verfahrens genutzt wird, ist das Sachwertverfahren. Dabei handelt es sich um eine völlig ertragsunabhängige Berechnungsmethode. Das Verfahren stützt sich nämlich ausschließlich auf den Sachwert der baulichen Anlagen sowie den Wohnwert. All dies sind substanzorientierte Immobilieneigenschaften.

Der Bodenwert, eine wesentliche Berechnungsgröße für beide Verfahren, wird hierbei gesondert berechnet. Das Grundstück wird für diese Berechnung imaginär vom Gebäude und den sonstigen baulichen Anlagen getrennt. Der Wert des Bodens wird dann anhand von Vergleichswerten je Quadratmeter Boden ermittelt. In der Regel wird dazu der sogenannte amtliche Bodenrichtwert verwendet. Dieser Vergleichswert wird vom Gutachterausschuss der Gemeinde üblicherweise alle zwei Jahre ermittelt und veröffentlicht. Er kennzeichnet den typischen Bodenwert für eine festgelegte Bebauungsart (also dem vorhandenen typischen Baurecht) für ein bestimmtes Gebiet. Die Gebiete mit jeweils gleichem Bodenrichtwert werden in

Bodenrichtwertkarten markiert.
In dem vorliegenden konkreten Fall betrug der Bodenrichtwert in dieser Lage 450 Euro je Quadratmeter zum Stichtag 1.1.2010. Darüber hinaus ist das Richtwertgrundstück wie folgt definiert:

Entwicklungsstufe: baureifes Land
Erschließungsbeitragsrechtlicher Zustand: frei
Geschossflächenzahl (GFZ): 0,8

Der Gutachter vergleicht nun die vorhandene Bebauung des Grundstückes mit den Werten des Richtwertgrundstücks. Sollte es hier größere Abweichungen als die tatsächlich vorhandene Bebauungsdichte oder einen ungünstigeren Grundstücksschnitt geben, nimmt der Gutachter entsprechende Korrekturen vor, beispielsweise durch sogenannte Anpassungsfaktoren. Weitere Wertanpassungen kann es auch aufgrund von Überfahrtsrechten für die Nachbarn geben, da sie die Nutzung des eigenen Grundstücks einschränken können. Im vorliegenden Fall nahm der Gutachter eine Wertminderung für eine Grundstücksteilfläche von 45 Quadratmetern (der Überfahrtsfläche) in Höhe von 75 Prozent (auf 25 Prozent) vor. Dieser Wert liegt allein im Ermessensspielraum des Gutachters. Am Ende addiert der Gutachter die fiktiv geteilten Grundstückswertanteile, rundet diesen Wert und erhält damit den Bodenwert. In diesem Fall ermittelt sich der Bodenwert also wie folgt:

Grundstücksfläche 512 m² x 450 € / m² Bodenrichtwert	230.400 €
Verkehrsfläche 45 m² x 450 € / m² Bodenrichtwert x 25 %	5.063 €
Summe = Bodenwert	rd. 235.000 €

Letztlich ist der Bodenwert einfach die Summe der verschieden bewerteten Grundstücksteile. Einleuchtend ist, dass Grundstücksteile mit einer „geringerwertigen“ Nutzungsmöglichkeit (hier die Ver-

kehrsfläche, die nicht bebaut werden kann) mit einem zuweilen durchaus deutlichen Wertabschlag versehen werden.
Im nächsten Abschnitt widmet sich der Gutachter dem von ihm bevorzugten Wertermittlungsverfahren für den „Gebäudeteil“, was bei vermieteten Immobilien hoffentlich die Ertragswertermittlung ist. Dem Berechnungsteil geht meist ein größerer Text, meist Standardformulierungen, voraus. Darin werden das Verfahren und die Wertermittlungsgrundsätze erläutert. Da das Ertragswertverfahren für Immobilieninvestoren eine herausragende Stellung einnimmt, sollen an dieser Stelle ausnahmsweise einige Ansätze dieses Verfahrens detaillierter erläutert werden.
Als sogenannten Rohertrag setzt der Gutachter die nachhaltig erzielbare Marktmiete an. Im vorliegenden Fall entspricht diese ungefähr den vertraglich vereinbarten Mieten, weswegen hier keine Zu- oder Abschläge vorgenommen werden. In qualitätsvollen Gutachten wird in diesem Zusammenhang meist noch kurz auf die der Rohertragsberechnung zugrundeliegende Ermittlung der Wohn- und Nutzflächen eingegangen. In unserem Fall bezieht sich der Gutachter erfreulicherweise auf eine ihm vorliegende Wohnflächenermittlung, die er plausibilisiert hat, und übernimmt die ihm vorgelegte Berechnung.
Von dem so ermittelten Rohertrag der Immobilie zieht der Gutachter die Bewirtschaftungskosten ab, was verbindlich vorgeschrieben ist. Die Bewirtschaftungskosten bestehen in der Regel aus drei Elementen: erstens das Mietausfallwagnis. Dies sind keine wirklichen Kosten, sondern ein Risikoabschlag, basierend auf Erfahrungswerten. Enthalten sind darin auch Annahmen für kurzfristige und zwischenzeitliche Leerstandszeiten. Nachhaltige Vermietungsprobleme, z. B. wegen strukturellem Leerstand, müssen dagegen anderweitig, etwa über den Rohertrag oder Vervielfältiger, erfasst werden. Der Wert für das gewöhnliche Mietausfallwagnis kann in guten, nachhaltig vermietbaren Standorten mit zwei bis eher drei Prozent des Rohertrages angesetzt werden.

Die zweite Größe sind die für das Management der Immobilie üblicherweise anfallenden Verwaltungskosten. Sie werden abgezogen, auch wenn die Immobilie durch den Eigentümer selbst verwaltet wird. Relevant sind nämlich – wie alle Annahmen im Gutachten – marktübliche Werte. Der Gutachter orientiert sich hier oftmals an den Werten der „Verordnung über wohnungswirtschaftliche Berechnungen nach dem Zweiten Wohnungsbaugesetz“ bzw. kurz „Zweite Berechnungsverordnung“ („II. BV“), einer Verordnung vor allem für geförderten Wohnraum. Die dort genannten Werte für die Verwaltungskosten entsprechen durchaus der Praxis, auch wenn sie je nach Standort stark schwanken können. Eine Berücksichtigung der jährlichen Verwaltungskosten in Höhe von 250 bis 350 Euro je Wohnung und 30 bis 40 Euro je Stellplatz gelten als angemessen.
Das dritte Element der Bewirtschaftungskosten sind die Instandhaltungskosten für die Immobilie. Hierin sind die vom Eigentümer laufend vorzunehmenden Reparaturen, aber auch Ansparbeträge für größere Maßnahmen enthalten. Dieser Wert hängt vornehmlich vom Alter und Zustand des Gebäudes ab. Sinnvoll sind dabei Quadratmeterwerte, üblicherweise ungefähr acht bis vierzehn Euro je Quadratmeter Wohnfläche und Jahr. Im Beispielsfall wurden für einen Jugendstilaltbau mittleren Zustands 12,75 Euro je Quadratmeter und Jahr angesetzt, was realistisch ist.
Mit den vollständigen Werten ist der Gutachter in der Lage, den Reinertrag der Immobilie, also den Nettoertrag nach Abzug der Bewirtschaftungskosten, zu ermitteln, was im vorliegenden Fall folgendermaßen aussah:

Jahresrohertrag des Hauses:	35.000 €
./. Mietausfallwagnis 3 %:	-1.050 €
./. Verwaltungskosten 3 x 280 €:	-840 €
./. Instandhaltungskosten 300 m^2 x 12,75 € / m^2:	-3.825 €
(Bewirtschaftungskosten gesamt:	-5.715 €)
Jahresreinertrag:	29.285 €

Die Bewirtschaftungskosten belaufen sich somit auf 16,3 Prozent des Jahresrohertrages, einem durchaus üblichen Wert. Die Spannbreite für die Bewirtschaftungskosten liegt im Regelfall (an guten Standorten) bei 15 bis 25 Prozent des Jahresrohertrages bzw. der Nettokaltmiete.
Nachdem wir den Reinertrag der Immobilie ermittelt haben, kommt jetzt der Bodenertragsanteil ins Spiel. Ein besonderes Element des Ertragswertverfahrens ist nämlich die virtuelle Aufteilung des ermittelten Reinertrages auf einen fiktiven Boden- bzw. Gebäudeanteil. Für die Bestimmung des Reinertrags der baulichen Anlagen zieht der Gutachter den Bodenertragsanteil vom Jahresreinertrag ab. Der Bodenreinertragsanteil wird mithilfe des Bodenwertes und des Liegenschaftszinssatzes ermittelt. Letzterer ist der Zinssatz, den der Gutachter anhand der Immobilienqualität und der Lage anhand von Vergleichsfällen bzw. seiner Erfahrung einschätzt.
Im vorliegenden Fall sah die Berechnung wie folgt aus:

Jahresreinertrag (der gesamten Immobilie):	29.285 €
./. Bodenertragsanteil 4,5 % von 235.000 €:	-10.575 €
Reinertrag der baulichen Anlagen:	18.710 €

Damit kann der Gutachter den Ertragswert der baulichen Anlagen ermitteln. Hierzu schätzt er in einem ersten Schritt die Restnutzungsdauer des Gebäudes ab, wiederum anhand von Erfahrungswerten. Grundlage für die Abschätzung der Restnutzungsdauer sind neben dem Baujahr des Gebäudes die in den Jahren des Bestehens vorgenommenen Modernisierungen. In einem weiteren Schritt wird daraus mithilfe von Tabellen, die u. a. in der ImmoWertV festgehalten sind, ein Vervielfältiger für die Bestimmung des Ertragswertes der baulichen Anlagen abgeleitet.

Damit ergibt sich:

Reinertrag der baulichen Anlagen:	18.710 €
Vervielfältiger bei 40 Jahren Restnutzungsdauer	
und einem Liegenschaftszinssatz von 4,5 %	x 18,402
Ertragswert der baulichen Anlagen:	344.301 €

Nun kann der Gutachter den Ertragswert der gesamten Liegenschaft ermitteln und addiert dafür Bodenwert und Ertragswert der baulichen Anlagen:

Bodenwert:	235.000 €
Ertragswert der baulichen Anlagen:	344.301 €
Ertragswert der Liegenschaft:	rd. 580.000 €

Unter Umständen nimmt der Gutachter zur abschließenden Feststellung des Marktwertes nach dem Vergleich mit dem erwähnten zweiten Berechnungsverfahren noch eine Wertanpassung vor, der wir uns gleich noch zuwenden. Am Ende des Gutachtens steht dann folgende Aussage:

„Grundstücke mit der Nutzbarkeit des Bewertungsgrundstücks werden üblicherweise zu Kaufpreisen gehandelt, die sich vorrangig am Ertragswert orientieren. Der Ertragswert wurde zum Wertermittlungsstichtag zu rund 580.000 Euro ermittelt. Der zur Stützung ermittelte Sachwert beträgt rund 577.000 Euro. Der Sachverständige hat den Verkehrswert (Marktwert) für das 3-Familienhaus in Frankfurt am Main, Beispielstraße 13, zum Wertermittlungsstichtag 1.1.2011 mit 580.000 Euro ermittelt."

Damit hat der Gutachter den ermittelten Marktwert formell bestätigt. Wichtig ist in diesem Zusammenhang immer der Bewertungsstichtag.

In sehr guten Gutachten finden Sie nach der Ermittlung des Verkehrswertes oft auch noch Vergleichsdaten zur Plausibilisierung seiner Berechnung, im konkreten Beispiel in der Sprache des Gutachters folgende:

Vergleichsdaten:	
Verkehrswert (Marktwert)	= rd. 16,6-Fache des Jahresrohertrags
Verkehrswert (Marktwert)	= rd. 1.933 € / m² Wohnfläche
Nettoanfangsrendite	= 4,74 %

Bevor wir uns noch den Beleihungswert anschauen, eine vielleicht ketzerische oder provozierende Frage: Sie wissen ja bereits, dass der Markt für Anlageimmobilien über genau die ersten zwei vorgenannten Kennziffern funktioniert. Warum sind derart komplizierte Berechnungen notwendig, wenn der Gutachter seine Ergebnisse am Ende doch wieder mit einfachen Marktkennzahlen wie dem Multiplikator (Maklerformel) bzw. dem Vergleichspreis abgleicht? Eine berechtigte Frage, oder? Sie lässt sich eigentlich nicht beantworten. Eine mögliche Antwort ist, dass die Gutachter versuchen, Immobilienwerte möglichst wissenschaftlich in ihre Bestandteile zu zerlegen und damit ihre Werte „belastbarer" darzustellen. Ich rate Ihnen dringend: Beherzigen Sie zumindest ergänzend immer die Wertabschätzung mithilfe der Maklerformel und von Vergleichspreisen je Quadratmeter. Auch in Gutachten für sehr große Immobilien im zwei- und dreistelligen Millionenbereich sind sie verbreitet.

Abschließend noch ein kurzer Blick auf den Beleihungswert. Für unsere Zwecke ist es durchaus erlaubt, vom Verkehrswert, den der Gutachter ermittelt hat, pauschal rund zehn Prozent abzuziehen. Dieser Wert begegnet ihnen bei den von uns betrachteten Immobilien mit einer geringen Schwankungsbreite oft. Hiermit wertet die Bank die besonders konservativen Annahmen ein. Wenn wir also sagen, dass die Beispielimmobilie einen Beleihungswert von 520.000 Euro (rd. 580.000 Euro x 0,9) hat, ist dies für unsere Zwecke absolut ausreichend.

Das Sachwertverfahren

Das erwähnte Gutachten ist auch deswegen qualitativ hochwertig, weil sich der Gutachter auf die wertrelevanten Themen fokussierte. Erfreulicherweise ist daher seine Sachwertermittlung erfrischend kurz. Da ich als ertragsorientierter Immobilieninvestor kein Freund dieses Verfahrens bin, möchte ich es Ihnen auch nur kurz vorstellen. Der Kern des Sachwertverfahrens ist eine rein substanzorientierte Betrachtungsweise der Immobilie. Hierzu wird die Immobilie virtuell auf einen Quadratmeter Bruttogrundfläche heruntergerechnet und dann kalkuliert, was der Neubau eines solchen Quadratmeters kosten würde, indem ältere Baukosten (sogenannte Normalherstellungskosten) herangezogen und über einen Baupreisindex auf heutige Preise hochgerechnet werden. Die Normalherstellungskosten übernimmt der Gutachter umfangreichen Tabellen, in denen je nach Qualitätsstandard und Nutzung des Gebäudes Kostenkennwerte je Quadratmeter definiert sind. Zu diesem Wert werden die Baunebenkosten (für Architekten und Fachingenieure) in Höhe von beispielsweise 15 Prozent addiert. Weiterhin setzt der Gutachter eine Gesamtlebensdauer des Hauses (etwa 80 Jahre) an und setzt in einem weiteren Schritt die noch zu erwartende Restlebensdauer (hier 40 Jahre) des Hauses ins Verhältnis zur Gesamtnutzungsdauer. Dieser Prozentsatz ist die Alterswertminderung, im vorliegenden Fall 50 Prozent.
Die Berechnung sieht demnach wie folgt aus:

3-Familienhaus 536 m^2 BGF x 1.078 € / m^2 x 1,15 x 50 % = 332.240 €

Zusätzlich wird der Sachwert der baulichen Außenanlagen hier mit einem Pauschalbetrag von drei Prozent berücksichtigt, was 9.967 Euro entspricht. Dann ermittelt der Gutachter den Sachwert der baulichen Anlagen durch Addition dieser zwei Zahlen, also 332.240 Euro plus 9.967 Euro, was 342.207 Euro ergibt.

Im letzten Schritt wird der Sachwert der gesamten Immobilie berechnet, indem der Bodenwert und der Sachwert der baulichen Anlagen zusammengerechnet werden, hier also 235.000 Euro plus 342.207 Euro, was einen Sachwert der Immobilie von 577.207 Euro ergibt oder gerundet die bekannten 580.000 Euro. Erstaunlich, wie Gutachter mit zwei extrem unterschiedlichen Berechnungsmethoden und zugleich fünf bis zehn Variablen zu gleichen Ergebnissen kommen.

Das Vergleichswertverfahren

Dieses Verfahren wird vornehmlich für vergleichbare Immobilien angewandt, zum einen oft bei Einfamilienhäusern, Doppelhaushälften und Reihenhäusern, zum anderen bei Eigentumswohnungen. Die Vorgehensweise ist aber bei allen Immobilienarten gleich.
Nachdem der Gutachter sich über die Qualität und die sonstigen Umstände der Wohnlage ein Bild gemacht hat, versucht er, Vergleichspreise aus verschiedenen Quellen für möglichst ähnliche Immobilien zu finden. Diese Quellen können der örtliche Gutachterausschuss, Maklerverbände und sonstige Datenlieferanten sein. Daraus ermittelt er einen Durchschnittswert, der gegebenenfalls noch nach oben oder unten angepasst wird. Dieser Wert wird mit der Wohnfläche der zu bewertenden Immobilie multipliziert und das Ergebnis ist der Vergleichswert.
Sollte die zu bewertende Immobilie vermietet sein, wird oft ein pauschaler Wertabschlag von z. B. 20 Prozent vorgenommen. Da die Miete einen signifikanten Einfluss auf den Wert der Immobilie haben kann, wie im Ertragswertverfahren gezeigt, sollten Sie pauschale Abschläge kritisch beäugen.
So vage dieses Verfahren auch ist, so oft wird es gerade für die Bewertung von Eigentumswohnungen angewendet. Unter den formellen Bewertungsverfahren ist es meiner Einschätzung nach das Ver-

fahren, das bei unvermieteten Immobilien den tatsächlichen Marktgegebenheiten am nächsten kommt. Voraussetzung ist jedoch, dass Vergleichspreise und Preisanpassungen vom Gutachter „ordentlich“ ermittelt bzw. vorgenommen werden. Im Bereich von Mehrfamilienhäusern spielt dieses Verfahren wegen der kaum vergleichbaren Struktur der Immobilien jedoch eine nur geringe Rolle.

Abschließendes zum Umgang mit Gutachten

Ein viel diskutiertes Thema ist die Gutachterhaftung. Nicht selten kommen verschiedene Gutachter zu sehr unterschiedlichen Ergebnissen. Inwieweit es sich dann bei dem einen oder anderen Gutachten um ein Falschgutachten handelt, lässt sich meist nur schwer beantworten. Oft entstehen große Unterschiede durch mehrere, aber geringfügige Abweichungen bei den beschriebenen Variablen. Die Beurteilung, ob ein Gutachten fehlerhaft ist, kann daher weniger anhand der tatsächlichen Ergebnisabweichung vorgenommen werden. Von Bedeutung ist vielmehr, ob der Gutachter seine Annahmen ordentlich begründet und auch die Quellen der Daten nachweist. Deswegen verweisen gute Gutachter auf zahlreiche Quellen. Die Rechtsprechung akzeptiert Werttoleranzen von +/- 20 Prozent. Die genannte Beispielimmobilie mit einem ermittelten Verkehrswert von 580.000 Euro hätte demnach „problemlos“ auch mit 465.000 Euro oder 695.000 Euro bewertet werden können, ein Toleranzspielraum von mehr als 200.000 Euro!
Kommen Sie einmal in die Lage, einen Gutachter mit der Bewertung Ihrer Immobilie zu beauftragen, sollten Sie die Auswahl sorgfältig treffen. Indikationen für ein gutes Gutachterbüro sind neben der Ausbildung des Gutachters entsprechende Referenzen und die Klientel. Zählen beispielsweise mehrere Banken zum Kundenstamm, kann dies ein gewisses Indiz für Qualität bedeuten. Weiterhin sollten Sie bei der Beauftragung eines Gutachters immer nach dessen Vermögens-

schadenshaftpflichtversicherung fragen. Diese Versicherung ist nicht nur ein Muss für gut organisierte Gutachterbüros, sondern (wenigstens teilweise) auch ein Schutz vor Falschgutachten. Denn die Summen im Immobilienwesen sind durchaus groß.

Exemplarisch soll hier noch eine Variable erläutert werden, die großen Einfluss auf den Wert einer Immobilie haben kann. Betrachten wir das fiktive Baujahr, das im Rahmen des Sachwertverfahrens genutzt wird, und nehmen an, dass das Beispielgebäude die übliche Lebensdauer von 80 Jahren hat. Da es im Jahr 1912 gebaut wurde, wäre es also 1992 „tot" gewesen. Seine Lebensdauer ist jedoch verlängert worden durch Reparaturen und Modernisierungen. Der Gutachter hat im vorliegenden Fall daher angenommen, dass das Gebäude ab 2011 noch einmal eine Lebensdauer von 40 Jahren hat. Setzt man diese 40 Jahre ins Verhältnis zur üblichen Gebäudelebensdauer von 80 Jahren, erhält man die ermittelte Alterswertminderung von 50 Prozent. Wissen Sie, was passiert wäre, wenn der Gutachter nur für diese eine Variable eine andere Annahme getroffen hätte? Schauen Sie noch einmal kurz auf das Sachwertverfahren und die folgende Berechnung:

Bei einer Restlebensdauer von 30 anstatt 40 Jahren reduziert sich der Sachwert des Hauses aufgrund der Alterswertminderung auf 30 / 80, also 37,5 Prozent. Der Sachwert des Hauses beträgt also:

1 3-Familienhaus 536 m^2 BGF x 1.078 € / m^2 x 1,15 x 37,5 % = 249.180 €

Die ursprüngliche Berechnung lautete:

1 3-Familienhaus 536 m^2 BGF x 1.078 € / m^2 x 1,15 x 50 % = 332.240 €

Dies ergibt einen verminderten Sachwert von über 80.000 Euro. Sie sehen damit, wie gefährlich bestimmte Annahmen, etwa eine „etwas“ kürzere Restlebensdauer von zehn Jahren, sein können. Und die Restlebensdauer war nur eine von vielen Stellschrauben des Gutachters.

Beachten Sie bei Gutachten deshalb immer Folgendes: Gute Gutachten sind ein sehr sinnvolles Instrument, um belastbare Aussagen über einen Immobilienwert zu erhalten. Es kann jedoch recht schnell zu großen Abweichungen kommen. Eine eigenverantwortliche Befassung mit dem Immobilienwert ist daher unabdingbar. Aber ist es nicht herrlich, wie pragmatisch der Immobilienmarkt dies regelt? Denn dieser kennt weder Alterswertminderungen, noch die Zerlegung eines Ertragswerts in einen Boden- und einen Gebäudewert. Vielmehr funktioniert der gesamte Immobilienmarkt mit ganz einfachen Stellgrößen wie Netto- und Bruttorendite, Vergleichspreis und im Anlage-Immobiliensektor mit der äußerst einfachen Maklerformel. Deshalb lässt sich die These vertreten, dass formelle Immobiliengutachten den Markt recht gut im Nachhinein abbilden. Der Markt selbst reguliert sich aber über völlig andere – und vor allem wesentlich einfachere – Kennwerte.

Fünf wichtige Kreditvertragsklauseln

In diesem Abschnitt geht es um zentrale Kreditvertragsklauseln und entsprechende Stellschrauben. Denn diese können durch kleine Anpassungen großen Mehrwert bringen. Wir beschränken uns hier auf einige zentrale Klauseln, da die Banken im Segment der privaten Immobilien vieles standardisiert haben.

Was von zentraler Bedeutung ist, steht meist gleich am Anfang Ihres Darlehensvertrages unter dem unscheinbaren Passus Darlehensnehmer. Er ist der Vertragspartner der Bank. Sollten Sie allein (als natürliche Person) eine Immobilie kaufen, ist der Fall klar und nur

Sie sollten in diesem Abschnitt zu finden sein. Ist auch Ihr Ehepartner aufgeführt, bedeutet dies, dass Sie gemeinschaftlich für die Darlehensverbindlichkeiten haften. Die Bank wird gegebenenfalls darauf drängen, dass hier mehrere Personen aufgeführt werden. Sie werden der Bank jedoch meist gut entgegenhalten können, dass Sie die Immobilie auch zum Alleineigentum erwerben.

Des Weiteren finden Sie die Darlehensdaten. Da es oft vorkommt, dass die Konditionen kurz vor Abschluss des Darlehensvertrages noch einmal angepasst werden, sollten Sie diese vor Unterzeichnung noch einmal genau mit dem Ihnen vorliegenden Angebot vergleichen, insbesondere Darlehensbetrag, vereinbarter Sollzins, Auszahlungskurs des Darlehens, vereinbarte Tilgung, Zinsbindung sowie Gesamtlaufzeit des Darlehens. Auch Regelungen zu weiteren Darlehenskosten wie Abschlusskosten, Bewertungskosten und Bereitstellungsprovisionen sollten Sie penibel durchsehen.

Ein zentraler Abschnitt des Darlehensvertrages sind die von Ihnen zu stellenden Sicherheiten. Hier wird einerseits geregelt, inwieweit die von Ihnen gekaufte Immobilie mit einer Grundschuld belastet wird. Aufgeführt werden stets die Höhe der Grundschuld, die genaue Objektbezeichnung, auf die sich die Grundschuld bezieht, sowie die ihr vorgehenden oder gleichrangigen Belastungen im Grundbuch. Weiterhin wird bei einer privat finanzierten Immobilie die Grundschuld in der Regel mit Ihrer persönlichen Haftungsübernahme verbunden sein. Damit die Bank im Vollstreckungsfall nicht erst einen Zwangsvollstreckungstitel erwirken muss, werden Grundschulden meist mit einer notariellen Zwangsvollstreckungsunterwerfung verlangt. Ein wertvoller Tipp: Bei den meisten Banken können Sie eine Zwangsvollstreckungsunterwerfung nur für einen gewissen Teilbetrag der Grundschuld vereinbaren. Denn zum einen kommen Banken gut mit einem reduzierten Betrag klar, zum anderen können Sie Ihre Notar- und Grundbuchkosten deutlich reduzieren, da Beurkundung und Eintragung der Zwangsvollstreckungsunterwerfung mit signifikanten Gebühren verbunden sind.

Weiterhin enthält dieser Abschnitt, sofern von Ihnen eingesetzt, Regelungen über zusätzlichen Sicherheiten wie andere Immobilien oder sonstige Vermögensgegenstände, etwa Lebensversicherungen und Bankguthaben. Dies kann sinnvoll sein, wenn der Beleihungswert der zu finanzierenden Immobilie (noch) nicht ausreicht. In dieser Passage sollten also die mit der Bank verhandelten Bedingungen zur späteren Freigabe der Zusatzsicherheit nach dem Erreichen gewisser Ziele geregelt sein.

Mit einem engen Sicherungszweck werden nur bestimmte Forderungen der Bank (beispielsweise nur das Darlehen der zu finanzierenden Immobilie) abgesichert, wohingegen ein weiter Sicherungszweck alle Ansprüche der Bank gegenüber dem Darlehensnehmer umfasst. Da dies die spätere „Freigabe" der Immobilie im Falle eines Verkaufs beeinflussen kann, sollten Sie hier in jedem Fall wissen, was vereinbart ist.

Ebenfalls nicht unbedeutend sind die Regelungen zu den sogenannten Auszahlungsvoraussetzungen des Darlehens. Üblicherweise werden an dieser Stelle noch einmal alle notwendigen Unterlagen hinsichtlich der Immobilie und Ihrer persönlichen Bonität aufgeführt. Sämtliche Sicherheiten müssen nachgewiesen und eingetragen sein. Etwaige weitere Finanzierungsbestandteile müssen verbindlich zugesagt sein bzw. nachgewiesen werden.

Geschmackssache ist sicherlich die Abtretungs-Sonderklausel. Mit ihr nimmt sich die finanzierende Bank das ausdrückliche Recht, Ihren Kredit an einen Dritten verkaufen zu dürfen, und zwar auch ohne Ihre Zustimmung. Im Rahmen der Finanzkrise 2008 sorgte dies für Aufregung, weil Hedgefonds und Finanzinvestoren notleidende Kredite in großer Zahl aufgekauft hatten und dann die Darlehen fällig stellten. Wenn Sie immer wissen wollen, wer Ihr Kreditgeber sein wird, lassen Sie sich nicht auf eine solche Klausel ein. Solange Sie jedoch Ihren Kapitaldienst regelmäßig bedienen, kann Ihnen hier eigentlich nichts passieren.

Abschließend noch ein genereller Hinweis: Der Flexibilität Ihrer Verabredung mit der finanzierenden Bank sollten Sie unbedingt große Aufmerksamkeit schenken. Sie können zwar Ihr Projekt umfassend planen, aber sicher werden Sie niemals sein. Ihre Lebensumstände können sich kurzfristig ändern, bei Ihrer Immobilie können zusätzliche Bauarbeiten notwendig werden oder Sie wollen Ihre Darlehensschuld in stärkerem Maße tilgen als ursprünglich gedacht. Achten Sie daher auf möglichst flexible Bedingungen in Ihrem Darlehensvertrag, die Sie am Ende aber immer bezahlen müssen. Deshalb gilt stets, den Nutzen von Änderungsmöglichkeiten in ein gesundes Verhältnis zu den Kosten zu bringen.

Alternative Finanzierungsquellen

Zu den alternativen Finanzierungsquellen gehören alle Quellen, die nicht von einer Bank stammen, und dies sind nahezu unendlich viele. Wir beschränken uns hier auf die einfachen und leicht zugänglichen Quellen.

Vorab einige grundsätzliche Bemerkungen: Wozu benötigen Sie zusätzliche Geldquellen, wenn es doch so viele finanzierungswillige Banken gibt? Der Grund liegt in den Finanzierungsbedingungen der Bank, etwa den Beleihungskriterien. Es kommt vor, dass die finanzierende Bank für ein solides und aussichtsreiches Projekt einen höheren Eigenkapitalanteil fordert, als Sie sich vorgestellt hatten. Da Ihr verfügbares Eigenkapital gerade in einem anderen Projekt steckt, fehlt Ihnen das Kapital, um diese Finanzierungslücke zu schließen. Dann kommen alternative Quellen ins Spiel.

Kommen Sie jetzt nicht auf die Idee, sich das Geld „irgendwo" bei einem Verwandten zu besorgen und für das Projekt zu nützen. Vom Prinzip her können und sollten Sie das natürlich tun. Aber Geschäfte unter Verwandten und Bekannten sollten Sie aus mehreren Gründen immer so behandeln, wie Sie auch Geschäfte mit Fremden abwickeln würden. Sie brauchen mindestens einen Kreditvertrag mit der geldgebenden Person. Solche Verträge sind kein Hexenwerk. Mit einem „fremdüblichen" Vertrag, der selbstverständlich alle Rechte und Pflichten von Kreditnehmer und -geber regelt, sind Sie auf der sicheren Seite, vor allem für den Fall, dass es mal „Ärger" gibt. Aber auch aus steuerlichen Gründen ist er ungemein wichtig, denn Sie wollen die Zinsen für das Darlehen doch sicher bei der Steuer geltend machen, oder? Weiterhin schützt ein Vertrag auch unter Freunden, wenn das Projekt einmal nicht so gut laufen sollte. Was in einem solchen Fall passiert, sollte gerade vor dem Projekt besprochen und aufgeschrieben werden. Auch sollte Ihr Gegenüber neben den Projektchancen natürlich alle Projektrisiken im Vorhinein kennen.

Gute Finanzierungsquellen sind also in erster Linie „Family & Friends", weil Sie dort bestens bekannt sind. Man wird Ihnen trauen (natürlich nur, wenn Sie sich schon immer als vertrauenswürdig erwiesen haben). Dies erleichtert den Abschluss eines Darlehensvertrages erheblich. Außerdem bauen Sie auf diese Weise Referenzen für die Zukunft auf, wenn Sie später einmal auch Finanzierungsdeals mit Fremden machen.

Was sollte nun in einem Darlehensvertrag konkret stehen? Eigentlich sollte all das geregelt sein, was auch in einem sonstigen Darlehensvertrag (mit der Bank) steht. Selbstverständlich sollte ein solcher Kreditvertrag aber wesentlich kürzer und weniger kompliziert sein, als es Bankverträge üblicherweise sind. Ein privatwirtschaftlicher Kreditvertrag sollte mindestens Regelungen über die Darlehenshöhe, -auszahlung, -rückführung und -verzinsung enthalten. Weiterhin kann auch eine Gewinnbeteiligung am zu finanzierenden Projekt geregelt werden. Ein wichtiger Aspekt ist neben der klaren Regelung zur Sicherung des Darlehens und der Haftung des Darlehensnehmers auch die Mitsprachemöglichkeit des Darlehensgebers am Projekt.

Sollten Sie mit dieser Finanzierungsquelle einige Erfahrung gesammelt haben, kann es für den weiteren Ausbau Ihrer Immobilienge-

schäfte durchaus sinnvoll sein, fremde „Co-Investoren" einzuwerben. Mit diesen gehen Sie vom Grundsatz genauso ans Geschäft, wie Sie es bereits „fremdüblich" mit „Family & Friends" getan haben. Gegenüber fremden Personen haben Sie nur eine zusätzliche Hürde zu meistern – den Vertrauensaufbau. Dabei werden Ihnen u. a. Referenzen weiterhelfen. Bitte beachten Sie, dass Sie Vertrauen von Geldgebern nie von heute auf morgen erlangen werden, sondern immer nur langfristig. Entsprechende Geduld ist also vonnöten.
Zum Abschluss eine weitere Quelle: Auch der Immobilienverkäufer, der Ihnen das zu finanzierende Projekt gerade anbietet, kann ein sehr guter Finanzier sein. Das ist nicht sehr oft der Fall, kommt aber gelegentlich vor. Sprechen Sie ihn einfach an, es hängt von den Lebensumständen des Verkäufers ab. Vielleicht wurde ihm die Immobilie nur „lästig", so dass er das Geld eigentlich nicht wirklich benötigt, oder er sucht händeringend nach einer alternativen Geldanlage. Wenn Sie ihm jetzt eine einfache, sichere und vor allem keine Arbeit produzierende Anlagemöglichkeit anbieten, kommen Sie vielleicht genau zum richtigen Augenblick. Denn das Projekt kennt der Verkäufer bereits aus eigener Erfahrung sehr gut – ein nicht zu unterschätzender Vorteil.
Letztendlich sind Ihrer Fantasie kaum Grenzen gesetzt, um gute und interessante Finanzierungsquellen zu erschließen. Mal sind sie einfacher und mal schwieriger zu erschließen, aber möglich ist viel.

6. Das kleine Steuer-Einmaleins für Immobilieninvestoren

Um es gleich vorweg zu nehmen: Es geht hier nicht um Steuerberatung oder Ersatz Ihres Steuerberaters. Dennoch sollten Sie die Rahmenbedingungen kennen, in denen Sie sich als Immobilienanleger und -investor bewegen. Denn nur wenn Sie sich auskennen, werden Sie langfristig die richtigen Entscheidungen treffen können. Was ich Ihnen hier aufzeigen möchte, ist eine pragmatische Herangehensweise aus Sicht eines Privatinvestors. Sämtliche hier aufgezeigten Steuerstrategien und -tipps beziehen sich auf die steuerliche Einkunftsart „Vermietung und Verpachtung", sofern nicht anders angegeben.

Für einen tieferen Einstieg in die Materie – was jedem ambitionierten Anleger und Investor ans Herz gelegt sei – empfiehlt sich die entsprechende weiterführende Literatur.

Über Einnahmen und Ausgaben

Wie sonst auch aus Sicht des Privatmannes, haben Sie es hinsichtlich Steuern immer mit Einnahmen und Ausgaben zu tun. Relevant nach dem Steuerrecht ist somit der Tag des Geldflusses, nicht das Rechnungsdatum. Der tatsächliche Zahlungstag ist entscheidend für Ihre Steuererklärung. Ihre privat gehaltenen Immobilien werden anlässlich Ihrer Steuererklärung in der „Anlage V" eingetragen. Zu Ihren Einnahmen zählen die Einnahmen aus Wohnungsvermietungen, aber auch die Vermietung von Garagen, Stellplätzen und Ähnlichem. Untervermietungen und Vermietungen an Angehörige zählen ebenfalls zu den „Einnahmen aus Vermietung und Verpachtung". Was die Vermietung an Angehörige betrifft, sollten Sie unbedingt darauf achten, dass die Gestaltung des Mietvertrages und insbesondere die vereinbarte (und tatsächlich gezahlte) Miete „fremdüblich" sind. Der Fiskus erlaubt Ihnen hierbei eine Vermietung zu einem Preis von mindestens 66 Prozent der ortsüblichen Nettokaltmiete. Sollten Sie die Miete für „Family & Friends" auf einen Wert darunter absenken, werden Ihre im Zusammenhang mit dieser Vermietung stehenden Werbungskosten nur anteilig anerkannt. Weiterhin zählen die Nebenkostenvorauszahlungen der Mieter zu Ihren Einnahmen, ebenso die im aktuellen Jahr gezahlten Nebenkostennachzahlungen für das Vorjahr.

Interessant ist der Umgang mit zusätzlichen Einnahmen, die Sie mit Ihrer Immobilie generieren können. Wenn Sie beispielsweise eine Waschmaschine leihweise gegen Zahlung zur Verfügung stellen, ist dies eine gewerbliche Tätigkeit. Verlangen Sie aber eine Nutzungsentschädigung für eine Waschmaschine im Zusammenhang mit einer Wohnungsvermietung, dürfen Sie diese Einnahmen der Einkommensart „Vermietung und Verpachtung" zuordnen. Ähnliches gilt für die Vermietung von Mobilfunkantennen, Internetzugängen und ähnlichen Einrichtungen in Ihrer Immobilie.

Ausgaben, die im Zusammenhang mit der Vermietung von Immobilien stehen, dürfen nur dann steuerlich geltend gemacht werden, wenn Sie Ihre Vermietungstätigkeit auf Dauer angelegt haben. Dreh- und Angelpunkt ist die Einkunftserzielungsabsicht, auf die die Finanzverwaltung großen Wert legt. Sollten Sie einmal keine Einnahmen aus einer Immobilie erzielen oder länger mit einem negativen Ergebnis rechnen, klären Sie dies unbedingt rechtzeitig mit Ihrem Steuerberater. Denn die Stolperfallen in diesem Bereich sind mannigfaltig. Entscheidend für die Möglichkeit der Geltendmachung von Werbungskosten ist am Ende immer die Einkunftserzielungsabsicht. Sie müssen also nicht zwingend tatsächliche Einkünfte erzielen bzw. einen Überschuss erwirtschaften.

Die Anschaffungskosten der Immobilie

In der Praxis wird es meist vorteilhaft sein, die Anschaffungskosten der Immobilie – in steuerlicher Hinsicht – niedrig zu halten. Der Grund dafür ist einfach: Sämtliche Kosten eines Immobilienkaufes, die Sie der Immobilie zuordnen, dürfen Sie nach Abzug eines vorher ermittelten Bodenwertanteils nur linear über einen langen Zeitraum abschreiben. Dies hat zur Folge, dass Ihre Steuererstattung entsprechend mager ausfällt. Anders verhält es sich freilich mit Kosten, die Sie sofort in voller Höhe geltend machen dürfen. Welche Kosten „gehören" nun steuerlich zur Immobilie und dürfen folglich nur abgeschrieben werden? Dies sind der Kaufpreis der Immobilie sowie die im Zusammenhang mit dem Kauf stehenden Nebenkosten. Unter Letztere fallen beispielsweise Grunderwerbsteuer, Notar- und Gerichtskosten sowie Maklercourtage. Damit sieht – grob betrachtet – Ihre Ermittlung der Abschreibungsgrundlage wie folgt aus:

Objektkaufpreis
+ Grunderwerbsteuer
+ Notar-, Gerichts- und Grundbuchkosten
+ Maklercourtage

Anschaffungskosten gesamt
./. Bodenanteil

Anschaffungskosten Gebäudeanteil

Der letztgenannte Wert, der fiktive Anteil der Anschaffungskosten für das Gebäude, kann über die steuerliche Nutzungsdauer von 50 Jahren (bei Baujahren ab 1925) bzw. 40 Jahren (frühere Baujahre) abgeschrieben werden. Die Abschreibungssätze betragen damit linear 2,0 Prozent bzw. 2,5 Prozent pro Jahr. Da Grund und Boden

keiner Abnutzung unterliegen, können sie auch nicht steuerlich abgeschrieben werden. Aus diesem Grund gilt es immer, diese Berechnung zugunsten eines möglichst hohen Gebäudeanteils zu optimieren. Damit wird es gleich wieder interessant: Denn besonders wichtig ist das erste Jahr, in dem Sie die Immobilie erwerben. Denn in Ihrer ersten Steuererklärung werden diese Werte ein für alle Mal für die nächsten 40 oder 50 Jahre festgelegt. Entscheidend ist daher eine gute – und motivierte – Steuerberatung.
Gerne verrate ich Ihnen noch weitere Stellschrauben, mit deren Hilfe Sie diese Werte durch Ihren Steuerberater optimieren lassen können. Nehmen wir den anzusetzenden Bodenwert, meist die wichtigste Stellschraube in diesem Spiel. Vielfach verwendet das Finanzamt die Angaben, die Ihr Steuerberater in der Steuererklärung für den Bodenwertanteil angibt. Hierbei den richtigen Wert anzusetzen ist die Kunst. Sie können aber auch schon „früher" ansetzen: Beispielsweise ist es legitim, die Bodenwerte bereits im Kaufvertrag auszuweisen. Dass diese realistisch und mit Ihrem Steuerberater abgestimmt sein sollten, muss nicht extra erwähnt werden. Oft werden Bodenrichtwerte, aber gelegentlich auch Prozentsätze oder eigens erstellte Gutachten herangezogen, um den Bodenwertanteil zu ermitteln. Aufgrund eines BFH-Urteils aus dem Jahre 2010 soll der Immobilienwert im Verhältnis ihrer Verkehrswerte auf das Grundstück bzw. das Gebäude aufgeteilt werden. Mit seinem Schreiben vom 23.9.2014 stellt das Bundesfinanzministerium eine konkrete Anleitung inklusive Excel-Berechnungstool zur Verfügung, welche zuletzt im Jahr 2016 aktualisiert wurde.
Ebenfalls Einfluss auf die Ermittlung der Abschreibungsgrundlage haben das eventuelle Zubehör der Immobilie oder anfangs geplante größere Sanierungsaufwendungen. Während Letztere möglichst vermieden werden sollten, eröffnet das Feld des möglichen Zubehörs eine interessante Gestaltungsmöglichkeit. Denn Sie dürfen dies im Notarvertrag gesondert ausweisen und auch mit eigenen Kaufpreisen versehen. Der Vorteil dieses Vorgehens ist, dass bewegliche Güter

zügig abgeschrieben werden, die Abschreibungssätze also entsprechend hoch sind. Aber auch hier gilt der Grundsatz: übertreiben Sie es nicht. So sollte eine alte Einbauküche nicht plötzlich zum Kaufpreis einer neuen Luxusküche erworben werden. Bleiben Sie auf dem Teppich und sprechen Sie dies ebenfalls mit Ihrem Berater durch.
Größere Sanierungsaufwendungen sollten Sie, wie bereits vielfach diskutiert, in den ersten drei Jahren unbedingt vermeiden. Denn dies würde der „Immostrategie 10/3" entgegenwirken. Denn Erhaltungs- bzw. Sanierungsaufwendungen, die netto 15 Prozent des Gebäudewertes innerhalb der ersten drei Jahre überschreiten, sind vom ersten Euro an zu „aktivieren". Dies bedeutet nichts anderes, als dass diese Aufwendungen dann nicht gleich als sofort abziehbare Werbungskosten geltend gemacht werden dürfen. Vielmehr bleibt dann nur noch die Möglichkeit, diese mit den oben genannten Sätzen von 2,0 oder 2,5 Prozent abzuschreiben. Das Finanzamt nennt die gesamten anfänglichen Aufwendungen, wenn diese über die 15 Prozent des Gebäudewertes hinausgehen, „anschaffungsnaher Aufwand", den es – im Sinne der „Immostrategie 10/3" – möglichst zu vermeiden gilt.

Werbungskosten

Werbungskosten sind die Kosten, die im Zusammenhang mit der privaten Vermietung von Immobilien sofort steuerwirksam geltend gemacht werden dürfen. Beginnen wir beim Immobilieneinkauf. Hier kommt es wahrscheinlich vor, dass Sie ein Darlehen zur Finanzierung der von Ihnen gekauften Immobilie aufnehmen. Sie dürfen alle Kosten, die Ihnen im Zusammenhang mit dem Darlehen und der erforderlichen Grundschuldeintragung entstehen, sofort als Werbungskosten geltend machen. Dies ist ein wesentlicher Unterschied beispielsweise zu Notar- und Gerichtskosten, die im Zusammenhang mit dem Immobilienkauf oder der Grundschuldeintragung stehen. Aber auch Gebühren, die die Bank für die Bearbeitung oder ein etwaiges Disagio (einer Zinsvorauszahlung) erhebt, dürfen Sie sofort absetzen. Die sofortige Absetzbarkeit eines Disagios unterliegt einigen zu beachtenden Regeln, wie dass es marktüblich sein muss und bei einer Zinsbindung von mindestens fünf Jahren einen Wert von fünf Prozent nicht übersteigen darf. Weiterhin darf es steuerlich nur gleichmäßig auf die Zinsbindungsfrist verteilt werden. Selbstverständlich zählen auch die Darlehenszinsen zu den abzugsfähigen Werbungskosten. Wichtig hierbei ist, dass das Darlehen zur Erzielung von Vermietungseinkünften genutzt wird. Anders ausgedrückt dürfen nur diejenigen Zinskosten abgezogen werden, die für die Finanzierung einer vermieteten Immobilie genutzt werden. Ein wenig verzwickt wird es, wenn Sie eine teilweise eigengenutzte Immobilie erwerben. Hier sollten Sie unbedingt – noch vor der Kaufpreisbeurkundung – ein steuerliches Konzept ausarbeiten. Denn es gibt Möglichkeiten, Ihr Darlehen aufzuteilen und größtenteils den vermieteten Wohnungen zuzuordnen. Dies können Sie soweit gestalten, dass Sie die von Ihnen selbst genutzte Wohnung aus Eigenmitteln zahlen und nur die vermieteten Wohnungen fremdfinanzieren. Das wäre eine steuerlich optimale Gestaltung. Ohne Hinzuziehung eines Steuerberaters (rechtzeitig vor Kaufvertragsbeurkundung und Abschluss des Darlehensvertrages) wird Ihnen dies aber kaum gelingen.

Weitere Werbungskosten, die Sie ohne nennenswerte Probleme ansetzen dürfen, sind sämtliche im Zusammenhang mit der Verwaltung der Immobilie stehenden Aufwendungen. Dies können beispielsweise Hausverwaltergebühren, Rechts- und Steuerberatungskosten, Gutachterkosten, Vermietungskosten (Anzeigen, Makler etc.) oder Fahrtkosten zur Immobilie sein.

Bedeutend ist auch das große Spektrum der Erhaltungs- und Modernisierungsaufwendungen. Wie wir bereits gesehen haben, sollten Sie sich in den ersten drei Jahren – sofern möglich – zurückhalten, damit Sie netto die 15-Prozent-Grenze der Gebäudekosten nicht erreichen. Im Übrigen dürfen Sie solche Maßnahmen nämlich grundsätzlich („grundsätzlich" bedeutet in der Juristensprache, dass es gewichtige, teils zahlreiche Ausnahmen gibt) sofort als Werbungskosten geltend machen. Betrachten wir einmal das Thema Instandhaltung bzw. Instandsetzung. Hierunter versteht man vereinfacht ausgedrückt die Reparatur oder den Ersatz von Bauteilen und Geräten, etwa die Neueindeckung des Daches oder den Neuanstrich der Fassade, aber auch Kleinreparaturen wie die Reparatur einer defekten Klingel. All diese Maßnahmen dürfen Sie, was gerade für größere Maßnahmen durchaus sinnvoll sein kann, wenn Sie sie gut vorbereiten, steuerlich wirksam auf mehrere Jahre verteilen.

Ein Beispiel: Im vierten Jahr nach dem Kauf ist für ein Mehrfamilienhaus ein Neuanstrich der Fassade, die Neudeckung des Daches sowie der Austausch der stark abgenutzten Fenster geplant. Darüber hinaus soll auch der Garten neu angelegt sowie das Treppenhaus gestrichen werden. Diese Maßnahmen werden rund 100.000 Euro inklusive Baunebenkosten (Planung, Ausschreibung und Bauüberwachung) kosten. Da dieser Betrag nicht aus eigener Tasche auf den Tisch gelegt werden soll, wird er finanziert. Über entsprechende Bewertungsreserven verfügt das Haus, da die Mieten in der Zwischenzeit um gute 30 Prozent gesteigert werden konnten und teilweise noch werden. Unter Anwendung der beschriebenen steuerlichen Möglichkeiten haben Sie nun zwei Optionen, weil Sie Wohnungen vermieten. Entweder machen Sie den Betrag von 100.000 Euro im Jahr der Entstehung steuerlich voll geltend. Oder Sie verteilen ihn – denn Sie haben ein Wahlrecht – steuerlich auf einen Zeitraum von zwei bis fünf Jahren. Und dabei haben Sie auch noch einigen Gestaltungsspielraum, bis hin zum sogenannten Verlustrücktrag. Letzterer bedeutet, dass Sie aktuelle Verluste (also einen Werbungskostenüberschuss) auch (teilweise) in das Vorjahr übertragen dürfen. Jetzt werden Sie sich fragen, warum Sie denn die Steuererstattung nicht gleich im aktuellen Jahr in voller Höhe mitnehmen sollten. Nun, das ist gar nicht kompliziert. Es kann nämlich sein,

dass das gar nicht geht, weil Sie nicht genug verdienen. Wie Sie darüber hinaus wissen, gibt es zudem die Steuerprogression: wer viel verdient, zahlt einen höheren Steuersatz.
Ihre Steuerersparnis ist also – bei gleichem Verdienst und sonst gleichen steuerlichen Rahmenbedingungen – bei der Verteilung der Instandhaltungsaufwendungen auf fünf Jahre am größten. Genau dies nennt man Progressionseffekt. Dies liegt in der Steuerprogressionskurve begründet, die wir uns gleich ansehen.

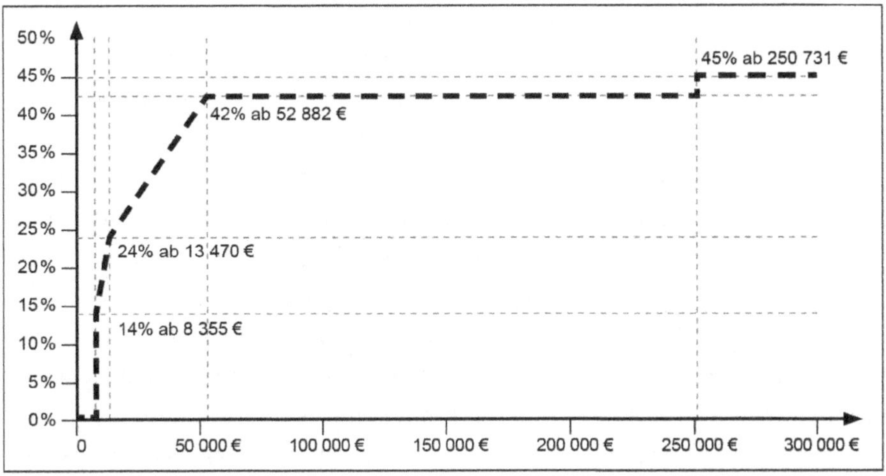

Die Steuerprogressionskurve

Von rechts aus betrachtet bedeutet dies, dass Sie einem Steuersatz von 45 Prozent (der sogenannten Reichensteuer) unterliegen, sobald Sie über ein zu versteuerndes Einkommen von 250.731 Euro pro Jahr verfügen. Ab einem zu versteuernden Einkommen von 52.882 Euro haben Sie somit gleichbleibend einen Steuersatz von 42 Prozent (jeweils zuzüglich Solidaritätszuschlag und Kirchensteuer) abzuführen. Erst darunter verändert sich Ihr Steuersatz, wie Sie den schräg verlaufenden Linien entnehmen können, mit dem von Ihnen erzielten zu versteuernden Einkommen in verschiedenen Abschnitten „linear". Damit wird klar, dass Sie gerade den Anteil reduzieren sollten, der auf einen hohen Steuersatz fällt, was Sie durch eine Verteilung auf mehrere Jahre durchaus leichter erreichen. Daher: Setzen Sie sich in jedem Fall rechtzeitig mit Ihrem Steuerberater zusammen. Eine einmal getroffene Entscheidung können Sie gar nicht oder nur eingeschränkt ändern. Und in jedem Fall müssen Sie aktiv werden, also entsprechende Anträge stellen.

Es kann aber auch vorkommen, dass Sie nicht nur Instandsetzungen planen, sondern auch Modernisierungen bzw. „wesentliche Verbesserungen", also den Wohnwert Ihrer Immobilie verbessern wollen, da damit ein höherer Mietertrag einhergeht. Schauen wir noch einmal besagtes Mehrfamilienhaus an. Nicht nur, weil die Fenster nicht mehr gut in Schuss sind und manche noch einfach verglast sind, sollen sie ausgetauscht werden, sondern auch, weil die Dämmwirkung der Fenster verbessert werden soll. Angesichts wesentlich besserer technischer Möglichkeiten handelt es sich dann um eine Modernisierung (im Sinne des Steuerrechtes, aber auch des Mietrechtes). Und dafür legt das Finanzamt besondere Regeln fest. Vereinfacht ausgedrückt, dürfen Sie nach aktueller Steuergesetzgebung und Rechtsprechung erfreulich viel als sofort abziehbare Werbungskosten geltend machen. Der Fiskus hat uns hierfür dankenswerterweise einen sogenannten Gewerkekatalog mit vier Gewerken (Fenster, Sanitär, Heizung und Elektro; vereinfacht ein wenig leichter als „Haustechnik und Fenster" zu merken) sowie einen Katalog von Qualitätsstandards („sehr einfach", „mittel" und „sehr anspruchsvoll") an die Hand gegeben. Daran können Sie sich zur Einschätzung der steuerlichen Behandlung der geplanten Maßnahmen orientieren. Bei vermieteten Immobilien bewegen wir uns meist im „mittleren" Bereich, der vom Fiskus besonders weit gefasst wird. Die Regel, die es nun zu beachten gilt, lautet, dass Sie den Standard von drei der vier Gewerke innerhalb eines Fünfjahreszeitraumes nicht erhöhen dürfen. Ist dies der Fall, dürfen Sie Ihre Aufwendungen sofort

abziehen. Ansonsten müssen Sie diese aktivieren, was wieder nur zur Abschreibung führt, die Sie natürlich vermeiden wollen.
Auf die steuerliche Behandlung von Nutzungsänderungen wie den Umbau von ehemaligen Gaststätten in Wohnraum oder Flächenerweiterungen können Sie kaum Einfluss nehmen. Denn steuerrechtlich schaffen Sie durch Nutzungsänderungen „neue“ Flächen und werden der Steuer deshalb kaum ein Schnippchen schlagen können.

Erhöhte Abschreibungen

Erhöhte Abschreibungen sollen hier nur am Rand erwähnt werden. Bevor Sie dies als abwegig ansehen, weil Sie mit der Investition in Immobilien doch auf jeden Fall Steuern sparen wollen, bitte ich kurz um Ihre Geduld.
Worum geht es hier? Das Steuerrecht bzw. der Staat machen uns hier zwei Steuergeschenke: erhöhte Abschreibungsmöglichkeiten für Denkmalimmobilien und für Immobilien, die in Sanierungsgebieten liegen. Wenden wir uns zunächst der Denkmalabschreibung zu.
Laut Einkommensteuergesetz sind denkmalgeschützte Immobilien steuerlich bevorteilt. Die Höhe des Steuervorteils bemisst sich an den Sanierungsaufwendungen, die durch die Denkmaleigenschaft der Immobilie entstehen. Sanierungsträger und Käufer können diese Steuervorteile geltend machen. Kapitalanleger (und nur diese behandeln wir hier; Eigennutzer lassen wir bewusst außen vor) können den Sanierungsanteil acht Jahre jährlich mit neun Prozent und anschließend vier Jahre lang mit sieben Prozent pro Jahr abschreiben. Abschreibungsfähig sind jedoch nur Sanierungsaufwendungen, die der Erhaltung des Gebäudes als Baudenkmal und einer sinnvollen Nutzung dienen. Damit die Denkmalabschreibung vom Fiskus anerkannt wird, müssen zahlreiche Formalia eingehalten werden. Ähnliches gilt für Immobilien, die in einem Sanierungsgebiet liegen.

Entsprechende Gebiete werden von den Gemeinden nach den Regeln des Baugesetzbuches festgelegt.
Einen Hauptkritikpunkt - mein Grund für die Aversion gegen Denkmalimmobilien - möchte ich Ihnen nicht vorenthalten. Wurde Ihnen tatsächlich schon einmal eine Denkmalimmobilie zu einem konkurrenzfähigen Preis angeboten? Vielfach liegt der Verdacht nahe, dass gar nicht der Erwerber (Privatanleger) von den staatlich so gewollten Steuervorteilen profitiert, sondern eher der Bauträger bzw. „Initiator" solcher Projekte. Vergleichen Sie die Preise, auch unter voller Berücksichtigung der Steuervorteile, mit Nichtdenkmalimmobilien. Sie werden meist sehr erstaunt sein.

Tipps und Tricks

Oft bietet das Steuerrecht Gestaltungsmöglichkeiten, die wir Immobilieninvestoren erst auf den zweiten Blick erkennen. Im Folgenden habe ich daher einige Tipps und Tricks, die wir teilweise weiter oben schon besprochen haben, systematisch zusammengetragen, da sie in der Praxis hoch relevant sind.

Abschlussgebühren für Bausparverträge

Auch wenn ich Bausparverträge, wie schon an anderer Stelle erwähnt, wegen des starren Systems für die meisten Konstellationen kaum für sinnvoll halte, möchte ich hier einen kleinen Trick verraten. Haben Sie gerade einen Bausparvertrag abgeschlossen und steht dieser im direkten Zusammenhang mit der (geplanten) Finanzierung einer Immobilie, so können Sie die Abschlussgebühren sofort als Werbungskosten abziehen.

Disagio

Zinsvorauszahlungen für Immobilienfinanzierungen (Disagio) können, wie die sonstigen Zinszahlungen, sofort als Werbungskosten geltend gemacht werden. Hierbei gilt jedoch eine Höchstgrenze von fünf Prozent des Darlehensbetrages für eine Laufzeit von fünf Jahren oder mehr. Ein Disagio kommt vor allem dann in Betracht, wenn das Jahr der Kreditaufnahme von hohen Einkünften geprägt ist und wenn der Beleihungsauslauf der Immobilie nicht zu hoch ist. Grund hierfür ist, dass die Zinsvorauszahlung die Grundschuld erhöht, da diese mitfinanziert werden muss.

Gebäudeabschreibung optimieren

Übliche Abschreibungssätze für Wohngebäude betragen je nach Gebäudealter zwei bzw. 2,5 Prozent. Diese Werte entsprechen Abschreibungszeiträumen von 50 bzw. 40 Jahren.

Oft kommt es vor, dass Gebäude im Zuge der Ankaufsprüfung bzw. Finanzierung durch ein formelles Verkehrswertgutachten bewertet werden. Handelt es sich bei dem Kaufgegenstand um ein Gebäude älteren Datums und ist der Zustand tendenziell als mäßig oder gar schlecht zu beurteilen, ist der Gutachter in der Regel gehalten, mit einer verkürzten Restnutzungsdauer des Gebäudes zu rechnen. Reichen Sie dieses Gutachten (über Ihren Steuerberater) beim Finanzamt ein, wird es Ihnen in vielen Fällen gelingen, eine höhere Abschreibung als die genannten zwei oder 2,5 Prozent anzuwenden.

Stille Reserven mit der Familie heben

Haben Sie es geschafft, dass Ihr Objekt eine Haltedauer von zehn Jahren überschritten hat? Zudem haben Sie vielleicht den Wert des

Objektes massiv gesteigert, oder hat der Markt ganz einfach für Sie gearbeitet? Dann wird es Zeit, das Objekt zu verkaufen. Verkaufen Sie es an einen Verwandten „ersten Grades“ wie beispielsweise Ihren Ehepartner, fällt keine Grunderwerbsteuer an. Die Transaktionskosten werden also nur durch die Notar- und Gerichtskosten bestimmt. Förmlich drängt sich hier die Frage auf, welches denn der richtige Preis für eine solche Transaktion ist. Lassen Sie uns kurz über den Sinn und Zweck bzw. die Ziele einer solchen Transaktion nachdenken. Einerseits möchten Sie vermutlich steuerlich optimieren, also die Abschreibungsgrundlage erhöhen. Zudem kann es sinnvoll sein, die Immobilie neu zu finanzieren. Vorteilhaft für die Konditionen einer neuen Finanzierung wirkt sich ein möglichst hoher Beleihungswert aus. Zudem machen Sie mit einer (erneut) hohen Immobilienbeleihung liquide Mittel frei, die Sie für weitere Investments oder einfach als Cash-Reserve nutzen können. All diese Aspekte sprechen für einen möglichst hohen Verkaufspreis, der sinnvollerweise durch ein Verkehrswertgutachten belegt werden sollte, das vielfach auch die finanzierende Bank fordern wird.
Auf diese Art und Weise gelingt es Ihnen, ein steuerlich eventuell bereits sogar abgeschriebenes Investment wieder zu „reaktivieren“. Resultat dieser Strategie ist eine deutlich höhere Abschreibungsgrundlage, die Ihre Steuerlast (genauer die Ihres Ehegattens, oder von beiden, je nach Veranlagungsart) deutlich für die nächsten 40 oder 50 Jahre senkt.

Einbauküchen zügig abschreiben

Werden Einbauküchen im Kaufvertrag preislich gesondert ausgewiesen, können diese auch gesondert abgeschrieben werden, wie wir bereits gelernt haben. Handelt es sich zudem um eine ältere Küche, kann freilich eine stark verkürzte Abschreibungsdauer gewählt werden. Eine Orientierung gibt auch hier die erwartete Restnutzungsdauer. Ähnliches gilt unter bestimmten Voraussetzungen für Zubehör und sonstige Ausstattungen wie Außenanlagen etc.

Größere Sanierungsaufwendungen verteilen

Nehmen Sie beispielsweise im vierten Jahr nach dem Immobilienerwerb eine größere Sanierung vor, die Sie vom Grunde her „mit einem Schlag" als Werbungskosten geltend machen könnten, kann es dennoch sinnvoll sein, diese Kosten rechnerisch auf mehrere Jahre zu verteilen. Die Finanzbehörden erlauben bei wohnwirtschaftlich genutzten Objekten das Verteilen größerer Erhaltungsaufwendungen auf zwei bis fünf Jahre. Dies kann dann von großem Vorteil sein, wenn Sie dadurch den Steuerprogressionseffekt besser nutzen können.

Steuerfallen vermeiden

Die Fallstricke und Tücken, die uns im täglichen Immobiliengeschäft erwarten, sind nicht zu unterschätzen. Eventuell denken Sie als Anfänger oder fortgeschrittener Immobilieninvestor, dass man solche Fallen doch einfach vermeiden kann, wenn man sich ordentlich beraten lässt. Dem möchte ich entgegnen: Die Konstellationen, dies es da draußen im Business-Alltag gibt, sind so vielfältig, dass stets äußerste Vorsicht geboten ist. Gerade wenn Sie Ihre Investmentstrategie „im laufenden Betrieb" ändern, kann es schnell brenzlig werden. Ich habe daher einige typische praxisrelevante Stolpersteine zusammengestellt, auf die es zu achten gilt. Selbstverständlich kann dieser Katalog mühelos um weitere Fallkonstellationen erweitert werden.

Der anschaffungsnahe Aufwand

Wie weiter oben ausführlich diskutiert, möchte ich diesen hier nur der Vollständigkeit halber erwähnen. Kurzgefasst lässt sich diese Stolperfalle folgendermaßen zusammenfassen. Instandsetzungs- und Modernisierungsaufwendungen, die innerhalb der ersten drei Jahre nach der Anschaffung einer Immobilie aufgewandt werden, dürfen maximal 15 Prozent der Anschaffungskosten des Gebäudeanteils (ohne Umsatzsteuer) betragen. Werden mehr als 15 Prozent aufgewandt, sind sämtliche Kosten – beginnend ab dem ersten Euro – mit 2,0 oder 2,5 Prozent zusammen mit dem Gebäude abzuschreiben. Der sofortige Werbungskostenabzug darf in diesem Falle nicht vorgenommen werden. Ideal ist es daher, größere Instandsetzungs- und Modernisierungsmaßnahmen erst ab dem vierten Jahr umzusetzen.

Gewerblicher Grundstückshandel: die Drei-Objekt-Grenze

Die sogenannte Drei-Objekt-Grenze ist auf mehrere Urteile des Bundesfinanzhofs zurückzuführen. Hiernach wird ein gewerblicher Grundstückshandel allein durch den Erwerb und die Veräußerung von mehr als drei Objekten innerhalb eines Fünf-Jahres-Zeitraumes begründet. Dies hat zur Folge, dass diese Transaktionen dann nicht mehr als private Vermögensverwaltung klassifiziert werden, sondern einer gewerblichen Tätigkeit zugeordnet werden. Damit unterliegen die Veräußerungsgewinne der Einkommen- und der Gewerbesteuer. Zudem können entsprechende Objekte nicht abgeschrieben werden, da sie sich im sogenannten Umlaufvermögen befinden.
Zu beachten ist, dass weder die Zahl der Objekte noch der Zeitraum von fünf Jahren starre Größen sind. Vielmehr kommt es auf den Einzelfall an, wo u. a. dem persönlichen Hintergrund des Steuerschuldners eine besondere Bedeutung zukommt. Ist dieser nämlich

beruflich in der Immobilienwirtschaft tätig, werden vielfach besonders strenge Maßstäbe angelegt.
Oft missverstanden wird in diesem Zusammenhang die Relevanz der zehnjährigen Haltedauer. Werden nämlich auch zahlreiche weitere Objekte nach einer langfristigen (zehnjährigen) Haltedauer veräußert, hat dies keine Relevanz für die hier thematisierte Drei-Objekt-Grenze. Weiteren Aufschluss gibt das BMF-Schreiben vom 26.3.2004.

Kreditzinsen bei Wegfall des Finanzierungsobjektes

In besonderen Fallkonstellationen kann es vorkommen, dass ein Kreditnehmer auf einem Darlehen „sitzen bleibt". Beispielsweise kann dies nach einem Objektverkauf bei noch laufender Zinsbindung der Fall sein, weil die Vorfälligkeitsentschädigung nicht gezahlt werden soll. In einem solchen Fall entfällt steuerlich betrachtet jedoch auch der Finanzierungszweck (die Immobilie). Dies hat zur Folge, dass die Kreditzinsen nicht mehr als Werbungskosten geltend gemacht werden können. Dieses Dilemma sollte daher unbedingt, neben der Überlegung, dass eine Ersatzsicherheit zu stellen wäre, Eingang in die individuelle Berechnung „vorzeitige Darlehensablösung – ja oder nein?" finden.

„Spekulationsfrist": zehn Jahre von wann bis wann?

Hinlänglich bekannt ist die sogenannte Spekulationsfrist. Werden privat gehaltene Immobilien innerhalb dieser Frist verkauft, ist der erzielte Gewinn steuerlich voll wirksam. Zu beachten ist hier, dass der Gewinn die Differenz zwischen Buchwert und Verkaufserlös ist. Misslich ist dieser Umstand, wenn die Immobilie bereits acht oder neun Jahre lang abgeschrieben wurde. Denn in diesem Fall

ist der Buchwert besonders niedrig bzw. die Steuerlast besonders hoch.
Oft verwechselt wird, wie dieser Zeitraum genau ermittelt wird. Ausschlaggebend sind nicht etwa die Eintragung im Grundbuch oder der Übergang von Nutzen und Lasten. Vielmehr gelten die Beurkundungstermine.

Exkurs: die vermögensverwaltende GmbH

Das steuerliche Grundmodell

Immobilieninvestoren, die beginnen, einen größeren Bestand vermieteter Immobilien aufzubauen, hinterfragen zunächst vielfach ihr bisheriges Steuerkonzept. Der Grund ist einfach und liegt in der Steuerprogressionskurve begründet. Denn mit zunehmendem Immobilienbestand steigt auch das Einkommen und damit die Steuerlast auf persönlicher Ebene. Wenn Sie sich in einer solchen Situation befinden oder der Ansicht sind, dass dies in einiger Zeit für Sie relevant wird, dann ist diese kurze Übersicht über ein intelligentes „Steuerkonstrukt" genau Ihr Thema.
Um Ihre Steuerlast auf der persönlichen Ebene nicht noch weiter zu forcieren, benötigen Sie – je nach Ihrer Immobilienstrategie – gegebenenfalls eine andere Einkommensebene. Und hier kommt die GmbH ins Spiel. Denn das Einkommen, das Sie innerhalb einer GmbH generieren, wird auch dort versteuert. Grundsätzlich sind Kapitalgesellschaften gewerblich geprägt und unterliegen zwei unterschiedlichen Steuern, der Körperschaftsteuer und der Gewerbesteuer. Die Körperschaftsteuer beträgt einheitlich 15 Prozent zuzüglich Solidaritätszuschlag. Die Gewerbesteuer ist abhängig von der Gemeinde, in der das Unternehmen seinen Sitz hat. Grob gesagt dürfen wir in den meisten Fällen mit rund 15 bis 18 Prozent Steuern

rechnen. Die Gesamtsteuerbelastung einer gewerblich geprägten GmbH liegt, vereinfacht ausgedrückt, also bei rund 30 Prozent. Gegenüber dem Spitzensteuersatz auf persönlicher Ebene doch ein recht großer Vorteil – jedoch nur, solange das Vermögen innerhalb der GmbH verbleibt. Wird es nämlich an die Gesellschafter der GmbH ausgeschüttet, muss es zusätzlich auch auf der persönlichen Ebene versteuert werden (Abgeltungsteuer von 25 Prozent auf Kapitalerträge oder nach dem sogenannten Teileinkünfteverfahren).
Glücklicherweise hat der Gesetzgeber die sogenannte erweiterte Kürzung für Immobilienunternehmen eingeführt. Unter der Voraussetzung, dass die Gesellschaft ausschließlich Immobilien verwaltet, werden die Gewinne der Gesellschaft vollständig von der Gewerbesteuerpflicht befreit. Dies bedeutet, dass die Erträge einer solch privilegierten Gesellschaft nur noch mit der Körperschaftsteuer zuzüglich Solidaritätszuschlag, also insgesamt mit 15,825 Prozent versteuert werden! Dies gilt sowohl für die Mieterträge als auch für erzielte Verkaufserlöse im Rahmen der Vermögensverwaltung – also unter ganz bestimmten Regeln. Vor allem darf die Gesellschaft, stark orientiert an der Formulierung des Gesetzgebers, „ausschließlich eigenen Grundbesitz nutzen und verwalten“.

Wichtige Stolperfalle: keine gewerblichen Tätigkeiten

Die beschriebene Privilegierung der „vermögensverwaltenden GmbH“ unterliegt einigen strengen Regeln, von denen ich Ihnen hier die wichtigste aufzeigen möchte: Sollte die vermögensverwaltende GmbH gewerbliche Nebeneinkünfte, beispielsweise aus der Vermietung von Werbetafeln oder Münzwaschmaschinen bzw. als Hausmeisterservice für Dritte auftreten, so ist ihre Tätigkeit nicht mehr der reinen Vermögensverwaltung zuzuordnen.

Wird auch nur eine dieser gewerblichen Nebentätigkeiten ausgeübt, hat dies die (oft nachträgliche) zusätzliche Versteuerung sämtlicher Erträge mit der oben beschriebenen Gewerbesteuer zur Folge. Dies betrifft auch die kompletten Mieteinnahmen aus der Vermietung der Wohnungen.

Verkauf von Immobilien

Inwieweit ein Immobilienverkauf als (steuerschädlich) gewerblich einzustufen ist, unterliegt ähnlichen Regeln, wie wir sie von der privaten Vermietung und Verpachtung bereits kennen. Grundsätzlich gelten auch hier die Drei-Objekt-Grenze und ähnliche Regeln zur Abgrenzung von gewerblichen Geschäftsmodellen wie dem Immobilienhandel. Einen regen Immobilienhandel können Sie also auch nicht mit einer vermögensverwaltenden GmbH gewerbesteuerfrei unterhalten. Der Grund ist einfach: Handelsgeschäfte sind per se gewerblich geprägt. Da gibt es kein Entrinnen.

Im Gegensatz zur privaten Vermietung und Verpachtung unterliegt der Verkaufserlös (genauer der Mehrerlös aus der Differenz Verkaufserlös abzüglich Buchwert) unabhängig vom Verkaufszeitpunkt immer der Körperschaftsteuer. Dies gilt auch nach einem Zeitraum von zehn Jahren.

Vorsicht ist zudem geboten, wenn Sie das letzte Objekt der Gesellschaft verkaufen. Denn Ein-Objekt-Gesellschaften sind nicht privilegiert. Für Abhilfe kann hier ein zusätzliches „Kleinstobjekt“ wie eine vermietete Garage sorgen.

Sinnvolle Strategien und Fallkonstellationen

Für wen eignet sich nun die – steuerlich leider nicht ganz einfach zu handhabende – vermögensverwaltende GmbH?

Die vermögensverwaltende GmbH als Spardose
Wie wir gesehen haben, ist es teuer, Geld aus der vermögensverwaltenden GmbH „herauszuziehen“. Denn auf die Ausschüttungen fallen 25 Prozent Kapitalertragsteuer an – zusätzlich. Dies sollte freilich vermieden werden, soweit es geht. Eine solche Gesellschaft ist daher vor allem für Investoren geeignet, die ihr Vermögen thesaurierend anlegen möchten.

Für mittlere und große Immobilienbestände
Die Gründung und die laufende Betreuung einer Kapitalgesellschaft ist mit signifikanten Kosten und Aufwand verbunden. Daher bringt eine solche Konstruktion nur dann einen wirtschaftlichen Vorteil, wenn ein gewisser Mindestbestand aufgebaut wird.

Immobilien mit hohem Cashflow
Wer bevorzugt in Nebenlagen oder Immobilien-Assetklassen mit höheren Renditen investiert, kann schnell Gefallen an einer solchen GmbH finden. Denn der enorme Vorteil einer vermögensverwaltenden GmbH ist der niedrige Steuersatz von 15,825 Prozent. Dies bedeutet, dass nahezu 85 Prozent der Erträge für den Aufbau einer Cash-Reserve bzw. zur Reinvestition zur Verfügung stehen.

Immobilien mit mäßiger Wertentwicklung
Immobilien mit einer weniger dynamischen Wertentwicklung könnten gut in einer vermögensverwaltenden GmbH aufgehoben sein. Denn dann gibt es nach zehn Jahren auch kaum einen Vermögenszuwachs, der im Falle eines Verkaufes auch nach längerer Zeit zu versteuern wäre. Dies ist ebenfalls ein Indiz für Investments einer solchen GmbH in eher mäßigere Lagen wie C- und D-Lagen.

Immobilien ohne größeren Sanierungsbedarf

Wir haben mit der Ausarbeitung der Immostrategie 10/3 gelernt, dass es großen Sinn macht, größere Investitionen im vierten Jahr nach dem Immobilienerwerb zu tätigen. Der Grund hierfür ist die massive Reduzierung der Steuerlast auf privater Ebene, eine starke Wertsteigerung der Immobilie und der anschließende steuerfreie Verkauf nach dem zehnten Jahr. Da die Steuerlast in einer vermögensverwaltenden GmbH gerade sehr niedrig ist, auf der anderen Seite aber Verkaufserlöse immer versteuert werden, macht eine solche Strategie hier weniger Sinn. Vielmehr sind – im Umkehrschuss – Immobilien mit einem kleineren oder keinem Sanierungsbedarf besser in diesem Vehikel aufgehoben.

Die ideale Immobilie für die vermögensverwaltende GmbH

Die ideale Immobilie für eine vermögensverwaltende GmbH liegt demnach in einer schwächeren (aber stabilen) Lage mit mäßiger Wachstumsdynamik, ist recht gut renoviert und geniert einen hohen Cashflow.

Ein abschließender Rat zum Thema Steuern: Versuchen Sie in jedem Fall, einen Steuerberater zu finden, der mit Ihnen nicht nur Ihre Steuerformulare ausfüllt. Von besonderem Nutzen ist die strategische Beratung in Sachen Steuern, bevor Sie Maßnahmen in Stein meißeln. Bewährt haben sich daher regelmäßige Strategiebesprechungen mit einem versierten Steuerberater. Nur so bleiben auch Sie als Privatinvestor immer auf dem Laufenden und haben die wichtigsten Steuerthemen immer im Hinterkopf.

7. Die Investmentkalkulation

Wenden wir uns den Zahlen zu, unserer Investmentkalkulation. Damit werden Sie am Ende ein Schema haben, mit dem Sie alle Puzzlestücke zusammensetzen und überprüfen können, ob Ihr Bild der Immobilie vollständig ist. Außerdem werden die vielen Stellschrauben und Optimierungsmöglichkeiten noch einmal transparent. Letztendlich ist die Investmentkalkulation nichts anderes als ein Business- bzw. Geschäftsplan für den Ankauf, die Finanzierung und die langfristige Bewirtschaftung der Immobilie. Zugegebenermaßen ist dieses Kapitel keine leichte Kost. Hilfreich ist dabei das aktive Mitrechnen.

Grundsätzlich bestehen drei Möglichkeiten, methodisch an das Thema heranzugehen. Nehmen wir die erste. Dazu gehen wir erneut in das Jahr 1998, das Jahr meines ersten Investments, zurück. Es war ein typisches „Windows 3.1"-Jahr, auch wenn es schon modernere Systeme gab. Ich war (und bin) ein durchaus zahlenaffiner Mensch. Daher war klar, dass ich mir jedes Kalkulationsschema, welches ich nutzte, selbst aufbaute. Excel und ähnliche Tools waren für mich ein tägliches Handwerkszeug. Ich baute mir daher auch ein Rechenschema für mein erstes Immobilieninvestment auf, das ich mir in diesem Augenblick nach nahezu zwanzig Jahren einmal wieder herausgesucht habe. Lassen Sie es mich mal einen Augenblick analysieren und beschreiben – nicht weil ich Ihnen zeigen möchte, was ich damals schon „drauf" hatte – es ist nämlich eher das Gegenteil.

In diesem Schema hatte ich auf der einen Seite die Wohnungen mit ihrer jeweiligen Größe und den Mieteinnahmen zum Zeitpunkt des Einkaufes aufgelistet. In einer weiteren Spalte hatte ich meine Wunschmieten aufgelistet. Damit hatte ich ein Tool, mit dem ich jederzeit die aktuellen mit den gewünschten Mieteinnahmen vergleichen konnte. Weiterhin rechnete ich diese Mieten jeweils über einen Multiplikator zu einem geschätzten Marktwert hoch. Auf der anderen Seite stellte ich meinen Investitions- und Finanzierungsplan mit nicht mehr als zehn Zeilen dar. Das Highlight dieses Tools war die Prognose eines Verkaufsszenarios für den Monat Dezember

2013. Auch eine kurze Cashflow-Betrachtung unter Berücksichtigung der Bewirtschaftungskosten und eine Hochrechnung des Nettovermögenswertes gab es bereits. Was jedoch völlig fehlte, waren eine genauere Analyse der Finanzierungsstruktur, der Lagekriterien sowie eine Cashflow-Analyse über einen Zeitraum von mindestens zehn Jahren. Auch die Berücksichtigung der angenommenen Inflationsrate, Steuereffekte, Optimierungspotenziale und die Berechnung der verschiedenen Renditekennziffern fehlten völlig. Entscheidend hier war jedoch insbesondere der Umstand, dass in diesem Schema anfangs jegliche Immobilienerfahrung fehlte.

Eine andere Möglichkeit, die Kalkulation eines solchen Immobilieninvestments aufzubauen, sind ein Zettel und ein Stift. Das ist kein Witz. Es gibt viele Großinvestoren, die nicht anders vorgehen. Ich gebe zu, dass ich gelegentlich auch so verfahre, jedoch nur in einem ersten Schritt. Dann meist sogar ganz ohne Zettel und Stift und ausschließlich im Kopf. Hierzu, Sie werden es schnell merken, benötigen Sie aber schon reichlich Immobilienerfahrung. Trotzdem: Ohne saubere – und vor allem belastbare – Investmentkalkulation sollten Sie kein Immobilieninvestment angehen.

Von daher möchte ich Ihnen die folgende dritte Herangehensweise an die Kalkulation von Immobilieninvestments dringend ans Herz legen. Nützen Sie fertige, bereits erstellte Systeme, Ressourcen und Tools. Denn die Welt da draußen ist voll von Entwicklern, Kalkulatoren und sonstigen Designern. Und das Gute an solchen Berechnungstools – wie auch jeder anderen Software – ist, dass sie quasi beliebig oft genutzt werden kann, wenn sie erst einmal erstellt worden ist. Allein wegen der großen Nutzerzahlen ist es heutzutage durchaus möglich, für wenige Euro ein umfangreiches Know-how für ganz spezielle Einsatzgebiete zu erhalten. Setzen Sie daher Ihre Ressourcen (vor allem Ihre Zeit) dort ein, wo Sie sie brauchen. Nützen Sie fertige (qualitativ hochwertige) Systeme und Know-how, wo es nur geht. Hierunter verstehe ich nicht nur gute Software und Tools, sondern auch Wissen in Form von Büchern, Lehrgängen, Seminaren etc. Wenn diese auf Ihre Bedürfnisse zugeschnitten sind und qualitativ hochwertig sind, werden Ihnen diese einen zig-fachen Mehrwert bringen. Ich durfte dies – glücklicherweise – in den letzten Jahren am eigenen Leib erfahren. Mein „großes Weiterbildungsprogramm", das ich in den Jahren 2009 bis 2013, aber auch heute noch fortlaufend absolviere, war dermaßen wertvoll, dass ich dies kaum in wenigen Zeilen ausdrücken kann. Und ich spreche hier von einem Investitionsbetrag im durchaus signifikanten fünfstelligen Bereich.

Professionelle Kalkulationstools – erkenntnisreiche Zahlen

Im Folgenden stelle ich Ihnen eine Methode vor, mit der Sie sehr einfach Ihr Zahlenpuzzle zusammensetzen können. Dies werde ich anhand der selbst entwickelten Spezial-Software für Immobilieninvestoren „ImmoInvest pro" oder kurz „IIPRO" detailliert erläutern. Bitte beachten Sie, dass die folgenden Grafiken inhaltlich 1:1 dem Kalkulationstool entsprechen, aber wegen der Lesbarkeit im Buchdruck umgestaltet wurden. Das IIPRO-Tool, welches laufend weiter entwickelt wird, kann kostenfrei und völlig unverbindlich getestet werden. Die Zahlen der im Folgenden beschriebenen Beispielimmobilie sind dort als Musterprojekt hinterlegt.

Die grundlegenden Objektdaten Ihrer Immobilie

Für den roten Faden sollten Sie sämtliche Grunddaten der von Ihnen ins Auge gefassten Immobilie vor der endgültigen Ankaufsentscheidung immer lückenlos zusammenstellen. Denn das Ausfüllen eines entsprechenden Formblattes zeigt Ihnen umgehend Informationslücken über die Immobilie auf. Zu den wesentlichen Objektdaten gehören neben der genauen Adresse und Wohnungsanzahl das Baujahr, die Beurteilung der Lage, Angaben zur Gesamtmiete sowie eine erste Werthochrechnung über den Multiplikator. Ergänzend hierzu haben sich erste Angaben zum baulichen Zustand, ein Objektfoto sowie ein paar Worte zu der von Ihnen verfolgten Immobilienstrategie, beispielsweise „Renovieren und Halten“, bewährt. Das kann dann so aussehen wie in der folgenden Abbildung.

Objektdaten

Typ	Mehrfamilienhaus
Objektfoto	
Lage	mittel
baulicher Zustand	renovierungsbedürftig
Straße	Beispielstraße 12
Ort	00000 Keineahnungort
Übernahmedatum	15.02.2017
Baujahr	1970
Strategie	renovieren und Halten
Wohneinheiten	7 Einheiten
Gewerbeeinheiten	0 Einheiten
Σ Einheiten	7 Einheiten
Σ Stellplätze / Garagen	5 Stellplätze
Wohnfläche	432 m²
Gewerbefläche	0 m²
Grundstücksfläche	500 m²
Mieteinnahmen p.a.	44.112 €
Multiplikator	13,5
Marktwert	595.512 €

Die Objektdaten der Immobilie

Die Mieterliste

In keiner Investmentkalkulation darf eine detaillierte Mieterliste fehlen, auch wenn deren Erstellung zuweilen herausfordernd ist. Diese Liste führt jede einzelne Wohnung unter Angabe der genauen Lage im Haus, der Wohnfläche und dem derzeitigen Mieter auf. Weiterhin gehören für die weitere Berechnung mindestens vier Mietangaben in die Liste: die aktuelle Ist-Miete, die geschätzte Marktmiete, die aktuelle ortsübliche Vergleichsmiete sowie Datum und Höhe der letzten Mietanpassung für jede einzelne Wohnung. Unter der ortsüblichen Vergleichsmiete wird die Miete verstanden, die in der Gemeinde in den letzten vier Jahren für Wohnraum vergleichbarer Art, Größe, Ausstattung, Beschaffenheit und Lage einschließlich der energetischen Kriterien vereinbart worden war. In manchen Gemeinden wie z. B. Frankfurt am Main, Berlin und München werden diese Daten in einem Mietspiegel veröffentlicht. Falls kein Mietspiegel vorliegt, gehört in die entsprechende Spalte eine besonders konservative Vergleichsmiete für Bestandswohnungen ähnlicher Qualität und Lage. Sämtliche Mieten können Sie nun einfach auf einen Wert je Quadratmeter umrechnen und damit durch einfaches Vergleichen sehr leicht Mieterhöhungspotenziale herausfinden. Besonders bewährt haben sich hier grafische Elemente wie Ampelsysteme und Fortschrittsbalken. Das i-Tüpfelchen einer solchen Liste können „Strategiespalten“ sein, beispielsweise „geplante Mieterhöhung“. Am Ende haben Sie mit der Liste eine Übersicht über alle Mieterträge, aufgeteilt nach Wohnungen und Stellplätzen, und können etwaige Erhöhungspotenziale auf einen Blick erkennen.

Mieterliste

Übernahmedatum: 15.02.2017

Wohneinheit	Fläche	Mieter	Mieter seit	letzte Mietanpassung	IST-Miete		Mietspiegel/ Anpassungsmöglichkeiten			Marktmiete/ Mietpotenzial Markt			Plan 1. Mietanpassung möglich ab …			
UG	24,00 m²	Meier	01.01.10	01.01.10	11,67 €/m²	280,00 €	10,00 €/m²	240,00 €	nicht möglich	13,20 €/m²	316,80 €	13% möglich	11,67 €/m²	280,00 €	0%	
EG links	98,00 m²	Schulze	01.08.08	01.08.08	5,31 €/m²	520,00 €	6,50 €/m²	637,00 €	23% möglich	7,90 €/m²	774,20 €	49% möglich	6,37 €/m²	624,00 €	20%	01.06.17
EG rechts	45,00 m²	Schmidt	02.05.07	02.05.07	8,89 €/m²	400,00 €	7,50 €/m²	337,50 €	nicht möglich	10,50 €/m²	472,50 €	18% möglich	8,89 €/m²	400,00 €	0%	
OG links	94,00 m²	Schmitt	02.08.12	02.08.12	8,30 €/m²	780,00 €	7,00 €/m²	658,00 €	nicht möglich	8,40 €/m²	789,60 €	1% möglich	8,30 €/m²	780,00 €	0%	
OG rechts	48,00 m²	Bauer	01.08.12	01.08.12	9,38 €/m²	450,00 €	8,50 €/m²	408,00 €	nicht möglich	10,50 €/m²	504,00 €	12% möglich	9,38 €/m²	450,00 €	0%	
DG links	85,00 m²	Klein	01.09.13	01.09.13	8,71 €/m²	740,00 €	7,50 €/m²	637,50 €	nicht möglich	8,90 €/m²	756,50 €	2% möglich	8,71 €/m²	740,00 €	0%	
DG rechts	38,00 m²	Groß	01.11.16	01.11.16	7,89 €/m²	300,00 €	8,50 €/m²	323,00 €	8% möglich	11,00 €/m²	418,00 €	39% möglich	8,50 €/m²	323,00 €	8%	01.11.17

Die Mieterliste

Der Investitions- und Finanzierungsplan

Ebenfalls von zentraler Bedeutung ist der Überblick über die Gesamtkosten des Investments. Mit Ausnahme einiger steuerlicher Aspekte wird vor allem die Gesamtsumme Ihrer Investitionskosten entscheidend sein. Den ersten und größten Block Ihrer Investitionskosten wird der Kaufpreis der Immobilie ausmachen; er kann auch aus mehreren Teilbeträgen bestehen. Eine solche Aufteilung kann vor allem aus steuerlichen Gründen sinnvoll sein. Manchmal werden Immobilien aber auch schlichtweg in verschiedenen Teilbeträgen angeboten. Klassisch ist die Eigentumswohnung mit dem gesondert ausgewiesenen Preis für den Stellplatz.

Neben dem Kaufpreis sind die Kaufnebenkosten eine nicht zu unterschätzende Größe. Hierunter fallen die Notar- und Gerichtskosten sowie die Grunderwerbsteuer. Notar- und Gerichtskosten lassen sich anhand entsprechender Gebührentabellen ermitteln. Für unsere Zwecke ausreichend sind hier pauschale Ansätze mit Prozentangaben. Auf der sicheren Seite sind Sie dabei mit einem Wert von 1,5 bis 2 Prozent des Kaufpreises. Für die Grunderwerbsteuer fallen derzeit je nach Bundesland 3,5 bis 6,5 Prozent an. Eine weitere Größe ist eine eventuell anfallende Maklercourtage, die je nach

Standort 3,0 bis 6,0 Prozent zuzüglich Umsatzsteuer beträgt. Ebenfalls Bestandteil der Kaufnebenkosten sind die Aufwendungen für die Anfangsprüfung und Umsetzung des Kaufvertrages, beispielsweise Rechtsanwaltskosten und Kosten für Gutachter oder sonstige Spezialisten.
Der dritte Kostenblock Ihrer Gesamtinvestitionskosten sind anfängliche Bau- bzw. Renovierungskosten. Idealerweise greifen Sie hierfür auf die Ergebnisse Ihres Bausachverständigen oder Architekten zurück. Diese Kosten sollten Sie für die steuerliche Betrachtung gleich in „zu aktivieren" und „sofort abziehbar" aufteilen. Sofort abziehbare Aufwendungen können nämlich Ihren Cashflow für das Investitionsjahr positiv beeinflussen.
Bewährt hat sich, neben dem Investitionsplan gleich den Finanzierungsplan darzustellen. Mit nur einem Blick können Sie so die monetäre Zusammensetzung beider „Deals" im Verhältnis zueinander sehen. Denn der Investitionsplan ist, wie bereits gesehen, nichts anderes als die Zerlegung des Gesamtdeals „Immobilie" in Zahlen. Der Finanzierungsplan stellt die Zerlegung des „Sekundärdeals Finanzierung" in seine Bestandteile dar. Die Gesamtsumme beider Aufstellungen muss daher immer gleich groß sein. Im Finanzierungsplan listen Sie die verschiedenen Darlehen sowie den Eigenkapitalanteil auf. Sinnvoll sind in dieser ersten Übersicht vor allem Angaben über die Darlehensnettobeträge, also die faktischen Auszahlungsbeträge, sowie die Höhe des Eigenkapitalanteils.

Investitions- und Finanzierungsplan / Steuerdaten

Investition		
Kaufpreis	Übergang Nutzen/Lasten:	
Kaufpreis Objekt	01.02.17	390.000 €
Kaufpreis Stellplätze		0 €
Kaufpreis Garagen		0 €
Kaufpreis Einbauküchen		0 €
Kaufpreis sonstige Gebäude		0 €
Kaufpreis Zubehör		0 €
Σ Kaufpreis	83,4%	390.000 €
Kaufnebenkosten		
Notar	0,75%	2.925 €
Grundbuchamt	0,50%	1.950 €
GrEwSt	5,00%	19.500 €
Makler	5,96%	23.244 €
Rechtsanwälte		0 €
Gutachter		0 €
Sonstige Kosten		0 €
Σ Kaufnebenkosten	10,2%	47.619 €
Baumaßnahmen (Objektaufwertung)		
Kosten Sanierung/Instandsetzung (sofort abziehbar)		30.000 €
Kosten Sanierung/Instandsetzung (zu aktivieren)		0 €
Sonstiges (sofort abziehbar)		0 €
Sonstiges (zu aktivieren)		0 €
Σ Baumassnahmen	6,4%	30.000 €
Investment gesamt	**100,0%**	**467.619 €**

=

Finanzierung		
Darlehen 1		
Darlehen brutto		370.000 €
Abschlusskosten/Disagio		- €
Darlehen 1 netto	79,1%	370.000 €
Zins nominal		3,00%
Anf. Tilgung p. a.		2,02%
Darlehen 2		
Darlehen brutto		30.000 €
Abschlusskosten/Disagio		- €
Darlehen 2 netto	6,4%	30.000 €
Zins nominal		3,00%
Anf. Tilgung p. a.		2,02%
Darlehen 3		
Darlehen brutto		20.000 €
Abschlusskosten/Disagio		- €
Darlehen 3 netto	4,3%	20.000 €
Zins nominal		3,00%
Anf. Tilgung p. a.		2,00%
Σ Darlehen netto	89,8%	420.000 €
Eigenkapital		
Eigenkapital 1	10,2%	47.619 €
Eigenkapital 2	0,0%	- €
Σ Eigenkapital	10,2%	47.619 €
Finanzierung gesamt	**100,0%**	**467.619 €**

Steuerdaten (Vermietung & Verpachtung)	
Wichtiger Hinweis Diese steuerlichen Werte sollen nur eine erste Einschätzung für die weitere Kalkulation darstellen. Für weitere Details befragen Sie bitte Ihren Steuerberater.	
Persönliche Steuerdaten	
Durchschnittlicher persönlicher Steuersatz	35,00%
Objektbezogene Steuerdaten	
Baujahr Gebäude	1970
Abschreibung Gebäude p.a.	2,00%
Abschreibung EBK p.a.	0,00%
Abschreibung sonstige Gebäude p.a.	0,00%
Abschreibung Zubehör p.a.	0,00%
Grundstücksfläche	500 m²
1.000stel Anteil (sofern WEG)	1.000,00
Bodenrichtwert	310 €/m²
Grundstückswertanteil/steuerl Bodenwertanteil	155.000 €
Gebäudeanteil	282.619 €
Grenze Anschaffungsnaher Aufwand innerhalb 3 Jahre	15%
Umsatzsteuer	19%
Grenzwert Anschaffungsnaher Aufwand netto (15%)	42.393 €
max. anschaffungsnaher Aufwand brutto	**50.447 €**

Gesamtinvestitionskosten

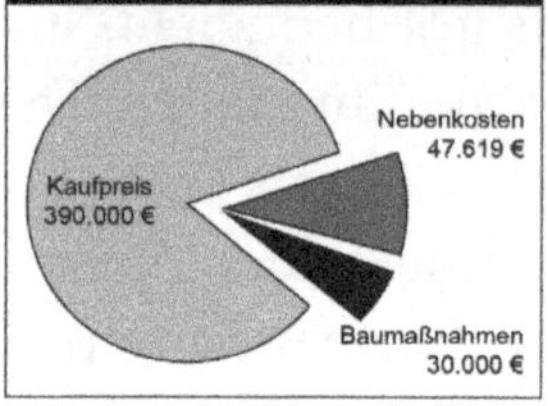

Finanzierungsstruktur

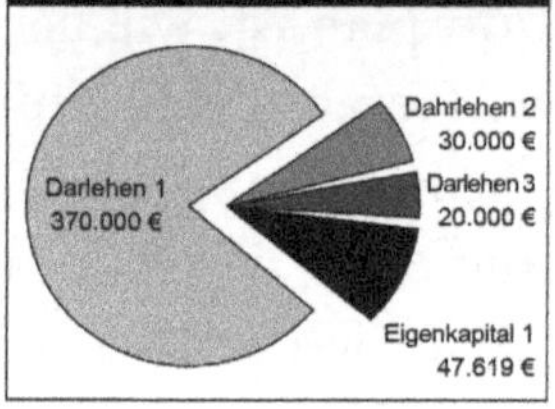

Steuerlicher Grundstücks-/Gebäudeanteil

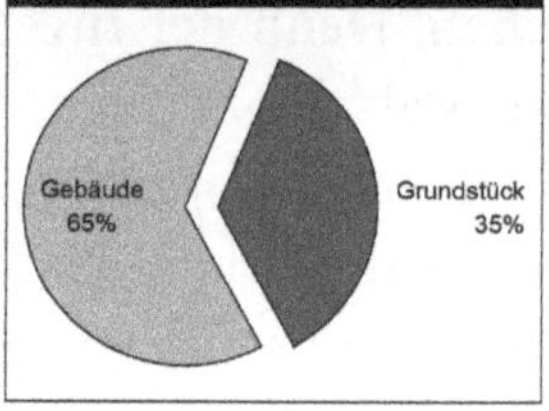

Der Investitions- und Finanzierungsplan

In der abschließenden Globalbetrachtung Ihres Investitions- und Finanzierungsplans hat sich die Angabe einiger Steuerkennziffern bewährt. Diese Zahlen sind für die weitere Berechnung inklusive Steuereffekte von essenzieller Bedeutung und umfassen neben Ihrem persönlichen Steuersatz die Ermittlung bzw. Annahme verschiedener Abschreibungssätze sowie die grob geschätzte Aufteilung der Investitionskosten in einen Boden- und einen Gebäudeanteil. Weiterhin können Sie dann auch den Grenzwert für den anschaffungsnahen Aufwand ermitteln. Dieser beträgt, wie bereits gezeigt, 15 Prozent des Gebäudeanteils zuzüglich Umsatzsteuer.

Die Kalkulation der Darlehen

Für die Kalkulation der verschiedenen Darlehen empfiehlt es sich, je Darlehen ein gesondertes Kalkulationsblatt zu erstellen. Die zentralen Größen eines Annuitätendarlehens sind neben dem Nettodarlehensbetrag (dem Auszahlungsbetrag) der Darlehensbruttobetrag sowie die einmaligen und laufenden Darlehenskosten. Weiterhin können auf einem Übersichtsblatt die vertraglichen Eckdaten des Darlehens wie Vertragsbeginn, Auszahlungsdatum sowie Zinsbindungsfrist festgehalten werden.

Einerseits bestehen die einmaligen Darlehenskosten aus dem etwaigen Disagio, oft in Höhe von fünf Prozent, bezogen auf den Bruttodarlehensbetrag. Weitere einmalige Darlehenskosten, auch Abschlusskosten genannt, sind beispielsweise die eher selten gewordene Bearbeitungsgebühr der Bank (meist ausgedrückt als Prozentsatz des Bruttodarlehensbetrages) sowie die Bewertungskosten. Sämtliche Abschlusskosten werden üblicherweise von der Bank mitfinanziert. Dies bedeutet, dass der Ihnen zur Verfügung stehende Auszahlungsbetrag (der Nettodarlehensbetrag) aus dem Bruttodarlehensbetrag minus Gebühren resultiert. Darum wird im Investitions- und Finanzierungsplan von vornherein mit Darlehensnettobeträgen gerechnet.

Etwas aufwendiger ist die Kalkulation der laufenden Darlehenskosten. Diese bestehen aus einem Zins- und Margenanteil. Beim üblichen Annuitätendarlehen, das wir uns hier vornehmlich ansehen, wird dieser Betrag fast ausnahmslos in einer einzigen Zahl dargestellt. Dies ist der sogenannte Nominalzins. Genau gesehen ist diese Bezeichnung also falsch. Denn der „Zins“ enthält eben nicht nur Zinsen, sondern auch den Margenanteil der Bank. Der Zinsanteil der monatlichen Raten, die immer gleich bleiben, wird wegen des Tilgungsanteils Monat für Monat ein klein wenig geringer werden. Für die entsprechende Berechnung können Sie sich entweder selbst eine Excel-Tabelle erstellen, das Bonusmaterial zu diesem Buch nutzen oder Sie greifen auf einen frei verfügbaren Rechner im Internet zu, um damit den Zins- und Tilgungsplan zu erstellen, dem Sie auch jeden einzelnen Monatswert entnehmen können. Diese Werte lassen sich ebenfalls leicht zu Jahreswerten zusammenfassen und für die weitere Berechnung verwenden. In unserer Beispielbetrachtung haben wir recht konservative Konditionen unterstellt und mit einem Zinssatz von 3,00 Prozent und einer anfänglichen Tilgung von 2,02 Prozent gerechnet.

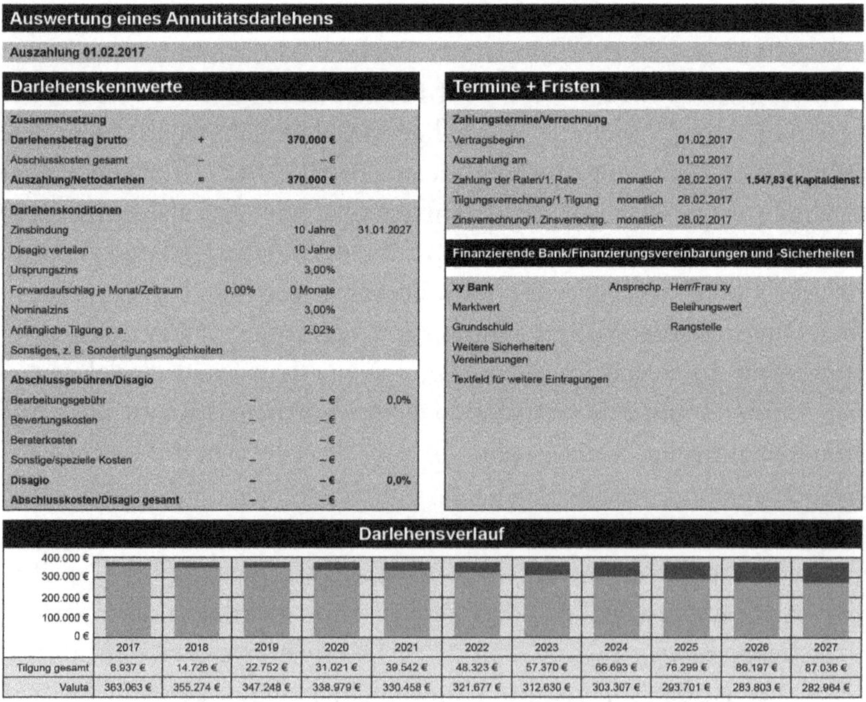

Auswertung eines Annuitätsdarlehens

Auszahlung 01.02.2017

Darlehenskennwerte

Zusammensetzung				
Darlehensbetrag brutto	+		**370.000 €**	
Abschlusskosten gesamt	–		– €	
Auszahlung/Nettodarlehen	=		**370.000 €**	
Darlehenskonditionen				
Zinsbindung			10 Jahre	31.01.2027
Disagio verteilen			10 Jahre	
Ursprungszins			3,00%	
Forwardaufschlag je Monat/Zeitraum		0,00%	0 Monate	
Nominalzins			3,00%	
Anfängliche Tilgung p. a.			2,02%	
Sonstiges, z. B. Sondertilgungsmöglichkeiten				
Abschlussgebühren/Disagio				
Bearbeitungsgebühr		–	– €	0,0%
Bewertungskosten		–	– €	
Beraterkosten		–	– €	
Sonstige/spezielle Kosten		–	– €	
Disagio		–	– €	0,0%
Abschlusskosten/Disagio gesamt		–	– €	

Termine + Fristen

Zahlungstermine/Verrechnung			
Vertragsbeginn		01.02.2017	
Auszahlung am		01.02.2017	
Zahlung der Raten/1. Rate	monatlich	28.02.2017	**1.547,83 € Kapitaldienst**
Tilgungsverrechnung/1.Tilgung	monatlich	28.02.2017	
Zinsverrechnung/1. Zinsverrechng.	monatlich	28.02.2017	

Finanzierende Bank/Finanzierungsvereinbarungen und -Sicherheiten

xy Bank	Ansprechp.	Herr/Frau xy
Marktwert		Beleihungswert
Grundschuld		Rangstelle
Weitere Sicherheiten/ Vereinbarungen		
Textfeld für weitere Eintragungen		

Darlehensverlauf

	2017	2018	2019	2020	2021	2022	2023	2024	2025	2026	2027
Tilgung gesamt	6.937 €	14.726 €	22.752 €	31.021 €	39.542 €	48.323 €	57.370 €	66.693 €	76.299 €	86.197 €	87.036 €
Valuta	363.063 €	355.274 €	347.248 €	338.979 €	330.458 €	321.677 €	312.630 €	303.307 €	293.701 €	283.803 €	282.964 €

Die Auswertung eines Annuitätendarlehens

Erkenntnisreich sind Zins- und Tilgungspläne auch dahingehend, dass sie beispielsweise Jahr für Jahr den aktuellen Darlehensstand exakt aufzeigen. Damit haben Sie also nicht nur eine cashfloworientierte Größe zu jedem Zeitpunkt parat, sondern ebenso den das Vermögen mindernden Darlehensanteil.

Die langfristige Cashflow-Analyse

Mit einem Überblick über einige Eingangsgrößen für die Cashflow-Betrachtung werden wir inklusive des bisher zusammengetragenen Zahlenmaterials in der Lage sein, einen detaillierten Zehnjahresplan für unsere Immobilie zu erstellen. Damit haben Sie eine solide Vorausschau der Mietentwicklung, der laufenden Kosten, der Darlehensentwicklung, der steuerlichen Effekte sowie am Ende eine jährliche Überschussbetrachtung. Der Prognosezeitraum von zehn Jahren ist nicht zufällig ausgewählt. Denn dies ist der Mindesthaltezeitraum für vermietete Immobilien im Privatvermögen, wenn Sie sie steuerfrei veräußern möchten.
Erste Parameter für die Cashflow-Betrachtung sind die durchschnittlichen jährlichen Mietpreissteigerungen. Wie Sie anhand der Mieterliste gesehen haben, weisen manche Wohnungen ein Mietsteigerungspotenzial auf, weil diese derzeit günstig vermietet sind. Aber auch wenn Sie feststellen, dass die ins Auge gefasste Immobilie derzeit marktgerecht vermietet ist, macht es Sinn, langfristig mit einer gewissen Mietpreissteigerung zu kalkulieren. Als Hilfsgröße können Sie sich an der Inflationsrate, also der allgemeinen Preissteigerung, orientieren. Diesen Wert, der derzeit bei rund 0,5 Prozent liegt, können Sie zudem nach oben oder unten anpassen (in der nachfolgenden Grafik haben wir eine Inflationsrate von 1,5% unterstellt). Sollte Ihre Immobilie beispielsweise in einer dynamischen, starken Metropolregion liegen, kann dies durchaus ein gewichtiges Argument für eine Erhöhung des Wertes sein. Dagegen sollten Sie

an unterdurchschnittlichen Standorten entsprechend vorsichtiger kalkulieren. Bewährt haben sich drei Preissteigerungsparameter. Sämtliche Kosten sollten Sie Jahr für Jahr um die von Ihnen angenommene langfristige Inflationsrate erhöhen. Hinsichtlich der künftigen Mietpreisentwicklung rechnen Sie dagegen mit einem durchschnittlichen Erhöhungswert für die ersten drei Bewirtschaftungsjahre und einem weiteren Durchschnittswert für die Folgejahre. Auf diese Weise lassen sich die meist managementintensiveren ersten Jahre gesondert berechnen und darstellen. Gerade unter dem aktuellen Mietpreisniveau vermietete Immobilien lassen sich auf diese Weise sehr gut analysieren.
Neben den Ertragsgrößen, bei Immobilien größtenteils Mieten, widmen wir uns noch den operativen Immobilienkosten. Dies sind die klassischen Bewirtschaftungskosten wie laufende Instandhaltung, Verwaltungskosten sowie ein kalkulatorischer Mietausfall. Aber auch sonstige Bewirtschaftungskosten, die Sie nicht auf Ihre Mieter umlegen können, gehören in diesen Kostenblock. Für ein Mehrfamilienhaus aus den 1970er-Jahren in einer guten B-Lage können beispielsweise folgende Annahmen getroffen werden:

laufende Instandhaltung pro Jahr:	10,00 € / m² Wohnfläche
kalkulatorischer Mietausfall:	3 % des Mieterträgs
Hausverwaltung pro Monat:	30 € je Wohnung

Einen Anhaltspunkt für eine Spannbreite möglicher Werte finden Sie in der II. Berechnungsverordnung. Grob gesagt, können Sie mit Erfahrungswerten in der folgenden Spannbreite rechnen:

laufende Instandhaltung pro Jahr:	8,00 bis 14,00 € / m² Wohnfläche
kalkulatorischer Mietausfall:	2–3 % des Mieterträgs
Hausverwaltung pro Monat:	25–40 € je Wohnung

Da eine Vermietung von Wohnungen von Gesetzes wegen umsatzsteuerfrei erfolgt, können Sie als Wohnungsvermieter keinen Vorsteuerabzug geltend machen. Von daher werden alle Kostenpositionen von vorneherein immer inklusive Umsatzsteuer, also brutto, angesetzt.
Nachdem wir uns über die Eingangsgrößen Gedanken gemacht haben, können wir nun alle Zahlen in eine langfristige Projektion zusammenzuführen. Hierzu listen Sie im ersten Schritt alle Mieteinnahmen des ersten Jahres auf. Die Summe stellt den anfänglichen Jahresmietertrag dar. Diesen Wert erhöhen Sie in den ersten drei Jahren jährlich um den ersten Steigerungsbetrag. Ab dem vierten Jahr rechnen Sie dann mit einem etwas niedrigeren Erhöhungswert. Am Ende haben Sie eine Tabelle mit zehn Spalten mit sich leicht erhöhenden Gesamtmieten pro Jahr. Der Vergleich der berechneten Gesamtmiete des zehnten Jahres mit der aktuellen Gesamtmiete kann sehr aufschlussreich sein. Nicht selten werden Sie eine Differenz von 25 Prozent und mehr feststellen. Was für ein Wertsteigerungspotenzial nur aus Inflation und ein „bisschen" Management in den ersten Jahren! Genau dies ist einer der wesentlichen Werttreiber für langfristige Immobilieninvestments!
In identischer Weise verfahren Sie mit der Hochrechnung der Bewirtschaftungskosten. Dazu rechnen Sie Instandhaltungskosten, Verwaltungskosten sowie sonstige Bewirtschaftungskosten mit der angenommenen langfristigen Inflationsrate Jahr für Jahr hoch. Das Mietausfallwagnis berechnen Sie jährlich als Prozentsatz der eben ermittelten Gesamtmiete.
Durch die Differenzbildung der ermittelten Jahreswerte für Mieteinnahmen und Bewirtschaftungskosten erhalten Sie die Jahreswerte für das Objektergebnis. Diese meist sehr erfreulich aussehenden Zahlen sind das Bewirtschaftungsergebnis Ihres Geschäftsbetriebes Immobilie, jedoch vor Finanzierungskosten. Auch sind noch keine steuerlichen Effekte enthalten.
Im nächsten Schritt wird nun Jahr für Jahr der von der Immobilie zu tragende Zinsaufwand abgezogen. Dieser reduziert sich, sofern wir

es hier mit Annuitätendarlehen zu tun haben, jedes Jahr ein wenig. Idealerweise kalkulieren Sie, falls Sie mehrere Darlehen aufnehmen, jedes Darlehen separat. Den nun verbleibenden Betrag nennen wir Objektergebnis nach Zinsen. Auch dieser Betrag sollte unbedingt gut positiv sein.
Möchten Sie als „Königsdisziplin" auch den Steuereffekt mit in die Kalkulation einbringen, so müssen Sie von diesem Wert lediglich die Gebäudeabschreibung abziehen und dann den verbleibenden Betrag, das „Ergebnis vor Tilgung und Steuern", mit Ihrem persönlichen Steuersatz belegen. Das Ergebnis ist der Betrag (Ihre persönliche Steuerlast), den Sie nach Erhalt Ihres Steuerbescheides an das Finanzamt abführen müssen. Ziehen Sie diesen Betrag von Ihrem Objektergebnis nach Zinsen ab und Sie erhalten das Nachsteuerergebnis der Immobilie.
Allerdings ist dies noch nicht ganz der Betrag, über den Sie am Jahresende verfügen können. Was noch fehlt, ist der Abzug der Darlehenstilgung. Diese haben wir bisher nicht berücksichtigt, weil dieser nicht ergebniswirksam ist. Denn es handelt sich hierbei nicht um Kosten, sondern nur um die Rückzahlung geliehenen Geldes. Dieser Betrag wird wegen der immer gleich bleibenden Darlehensgesamtrate und des sich reduzierenden Zinsanteils Jahr für Jahr ein klein wenig größer. Auch nach Abzug der Tilgung, der Restbetrag heißt freier Cashflow, sollte zumindest nach einer gewissen Anlaufphase der Immobilie ein positiver Jahresbetrag verbleiben. Dies ist nun wirklich das Geld, über das Sie nahezu frei verfügen können. Diese Einschränkung mache ich, weil Sie von dem frei werdenden Geld zumindest eine Sicherheitsreserve für schlechte Zeiten bzw. Unwägbarkeiten aufbauen sollten. Auch größere Sanierungsmaßnahmen, die vielleicht in einigen Jahren anstehen, können Sie mit dem frei werdenden Geld ansparen. Der nach dieser Sparrate nun wirklich frei verfügbare Betrag (also der freie Cashflow nach Instandhaltungsrücklage) ist, neben der gewünschten Wertsteigerung der Immobilie, die zentrale wirtschaftliche Motivation für Ihre Immobilieninvestition.

Langfristige Cashflow-Prognose

Preissteigerung	
Inflationsrate p.a.	1,5%
Mietanpassungen Jahr 1 bis 3 ges.	4,5%
Mietanpassungen ab 4. Jahr p.a.	2,0%
Σ Mietanpassungen 10 Jahre	**20,0%**

Bewirtschaftungskosten	
Instandhaltung laufend p.a.	10,00 €/m²
Mietausfall, kalkulatorisch	3,0%
Sonstige BWK	0,0%
Hausverwaltung pro Monat	30,00 €/E

Objektdaten	
Anzahl Wohneinheiten	7
Anzahl Gewerbeeinheiten	0
Σ Einheiten	**7**
Mietfläche	**432,00 m²**

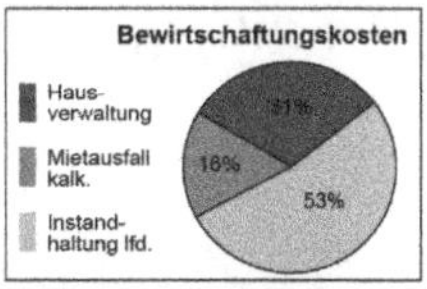

Cashflow-Entwicklung

Jahr		2017 (334 Tage)	2018	2019	2020	2021	2022	2023	2024	2025	2026	2027 (31 Tage)
Mieteinnahmen												
Wohnungen	8,03 €/m²	38.103 €	42.265 €	42.889 €	43.514 €	44.384 €	45.272 €	46.177 €	47.101 €	48.043 €	49.004 €	4.245 €
Gewerbe netto	0,00 €/m²	0 €	0 €	0 €	0 €	0 €	0 €	0 €	0 €	0 €	0 €	0 €
Stellplätze	30,00 €/SP	329 €	365 €	371 €	376 €	384 €	391 €	399 €	407 €	415 €	424 €	37 €
Garagen	44,00 €/SP	1.933 €	2.144 €	2.175 €	2.207 €	2.251 €	2.296 €	2.342 €	2.389 €	2.437 €	2.485 €	215 €
Σ Mieteinnahmen		40.366 €	44.774 €	45.435 €	46.097 €	47.019 €	47.959 €	48.919 €	49.897 €	50.895 €	51.913 €	4.497 €
Bewirtschaftungskosten												
Hausverwaltung	30,00 €/Einheit	2.306 €	2.558 €	2.596 €	2.635 €	2.675 €	2.715 €	2.755 €	2.797 €	2.839 €	2.881 €	248 €
Instandhaltung laufend	10,00 €/m²	3.053 €	4.386 €	4.451 €	4.517 €	4.585 €	4.654 €	4.724 €	4.795 €	4.866 €	4.939 €	426 €
Mietausfall kalkulatorisch	3,0%	1.211 €	1.343 €	1.363 €	1.383 €	1.411 €	1.439 €	1.468 €	1.497 €	1.527 €	1.557 €	135 €
Sonstige Bewirtschaftungskosten	0,0%	0 €	0 €	0 €	0 €	0 €	0 €	0 €	0 €	0 €	0 €	0 €
Σ Bewirtschaftungskosten		7.470 €	8.286 €	8.410 €	8.535 €	8.670 €	8.807 €	8.947 €	9.088 €	9.232 €	9.378 €	809 €
Objektergebnis		**32.896 €**	**36.488 €**	**37.025 €**	**37.562 €**	**38.349 €**	**39.152 €**	**39.972 €**	**40.809 €**	**41.663 €**	**42.535 €**	**3.688 €**
Zinsen												
Zinsen Darlehen 1		10.089 €	10.785 €	10.548 €	10.304 €	10.053 €	9.794 €	9.527 €	9.251 €	8.968 €	8.676 €	710 €
Zinsen Darlehen 2		818 €	874 €	855 €	835 €	815 €	794 €	772 €	750 €	727 €	703 €	58 €
Zinsen Darlehen 3		545 €	583 €	570 €	557 €	544 €	530 €	516 €	501 €	486 €	470 €	38 €
Σ Zinsen		11.452 €	12.243 €	11.974 €	11.697 €	11.412 €	11.116 €	10.815 €	10.503 €	10.181 €	9.849 €	806 €
Objektergebnis nach Zinsen		**21.443 €**	**24.245 €**	**25.051 €**	**25.864 €**	**26.937 €**	**28.034 €**	**29.157 €**	**30.306 €**	**31.482 €**	**32.685 €**	**2.883 €**
Steuerl. Einmaleffekt aus Anfangsinvestition und Finanzierung (1. Jahr; mitfinanziert)		30.000 €										
Abschreibung		5.172 €	5.652 €	5.652 €	5.652 €	5.652 €	5.652 €	5.652 €	5.652 €	5.652 €	5.652 €	480 €
Ergebnis vor Tilgung und Steuern		**–13.729 €**	**18.592 €**	**19.399 €**	**20.212 €**	**21.284 €**	**22.382 €**	**23.505 €**	**24.654 €**	**25.830 €**	**27.033 €**	**2.403 €**
Tilgung												
Tilgung Darlehen 1		6.937 €	7.789 €	8.026 €	8.270 €	8.521 €	8.780 €	9.047 €	9.323 €	9.606 €	9.898 €	838 €
Tilgung Darlehen 2		562 €	632 €	651 €	671 €	691 €	712 €	734 €	756 €	779 €	803 €	68 €
Tilgung Darlehen 3		371 €	417 €	430 €	443 €	456 €	470 €	484 €	499 €	514 €	530 €	45 €
Σ Tilgung		7.871 €	8.837 €	9.106 €	9.383 €	9.668 €	9.962 €	10.265 €	10.577 €	10.899 €	11.231 €	951 €
Ergebnis nach Tilgung und vor Steuer		**–21.600 €**	**9.755 €**	**10.293 €**	**10.829 €**	**11.616 €**	**12.420 €**	**13.240 €**	**14.077 €**	**14.931 €**	**15.802 €**	**1.452 €**
Liquiditätsentwicklung/Cashflow												
Objektergebnis nach Zinsen		21.443 €	24.245 €	25.051 €	25.864 €	26.937 €	28.034 €	29.157 €	30.306 €	31.482 €	32.685 €	2.883 €
Steuern (+ Steuererstattung; – Steuerzahlung)	35,00%	4.805 €	–6.507 €	–6.790 €	–7.074 €	–7.450 €	–7.834 €	–8.227 €	–8.629 €	–9.040 €	–9.461 €	–841 €
Tilgung		–7.871 €	–8.837 €	–9.106 €	–9.383 €	–9.668 €	–9.962 €	–10.265 €	–10.577 €	–10.899 €	–11.231 €	–951 €
Freier Cashflow		**18.377 €**	**8.901 €**	**9.156 €**	**9.407 €**	**9.819 €**	**10.238 €**	**10.665 €**	**11.100 €**	**11.542 €**	**11.993 €**	**1.091 €**
Kassenstand kumuliert		**18.377 €**	**27.278 €**	**36.434 €**	**45.841 €**	**55.660 €**	**65.899 €**	**76.564 €**	**87.664 €**	**99.206 €**	**111.199 €**	**112.290 €**

Die langfristige Prognose des Cashflows

Besonderheiten bei Eigentumswohnungen

Bei Eigentumswohnungen zahlen Sie als Eigentümer das sogenannte Hausgeld. Es setzt sich aus den umlagefähigen Kosten wie Betriebs- und Heizkosten und den nicht umlagefähigen Verwaltungs- und Instandhaltungskosten zusammen. Die umlagefähigen Kosten werden vom Mieter getragen und entfallen somit bei der Cashflow-Betrachtung. Der nicht umlagefähige Anteil liegt in der Praxis zwischen 30 bis 50 Prozent des Hausgeldes und ist in der Cashflow-Analyse zu berücksichtigen.

Beispiel:	
Hausgeld gemäß Wirtschaftsplan pro Monat:	187,00 €
Davon umlagefähige Betriebs- und Heizkosten pro Monat:	104,29 €
Nicht umlagefähige Betriebskosten pro Monat:	82,71 €

Der nicht umlagefähige Anteil entspricht somit 44,2 Prozent und setzt sich bei diesem Beispiel aus 31,20 Euro Instandhaltungskosten bzw. -rücklage und 51,51 Euro Verwaltungskosten pro Monat zusammen.

In den Instandhaltungskosten ist nur der Anteil für das Gebäude (also ohne Wohnung im Innern) enthalten, für dessen Instandhaltung Sie als Eigentümer selbst verantwortlich sind. Es ist daher ratsam, zusätzlich für die Instandhaltung der Wohnung Instandhaltungsrücklagen zu bilden. Unter der Annahme wie oben bereits erläutert, dass für die Instandhaltung eines Gebäudes zwischen acht bis 14 Euro pro Quadratmeter Wohnfläche anzusetzen sind, kann folgender Ansatz getroffen werden:

Instandhaltung gemäß Wirtschaftsplan pro Monat:	31,20 €
Instandhaltung pro Jahr (12 x 31,20 €):	374,40 €
Entspricht bei einer Wohnungsgröße von 44 m^2:	8,50 € / m^2 /Jahr
Instandhaltung Gebäude pro Jahr (Annahme):	12,50 € / m^2
Instandhaltung Wohnung pro Jahr:	4,00 € / m^2

Das heißt, Sie können in der Kalkulation neben dem nicht umlagefähigen Anteil des Hausgelds von 82,71 Euro noch eine Position für die Instandhaltung der Wohnung von 176 Euro im Jahr ansetzen.

Weiterhin sollte auch ein Mietausfallwagnis in der Cashflow-Betrachtung unterstellt werden. Wenn Sie Eigentümer von ein bis drei Eigentumswohnungen sind, sollte dieser gegenüber dem oben erläuterten Wert höher liegen. In diesem Fall empfiehlt sich ein Wert zwischen vier bis sechs Prozent des Mieterträgs. Sind mehrere Eigentumswohnungen in Ihrem Besitz, vermindert sich das Risiko und somit auch das Mietausfallwagnis ein wenig. Sie werden durch einen gewissen Mengeneffekt zu Ihrer eigenen „Versicherung".
Weiterhin hat es sich bewährt, eine Mietverwaltung einzusetzen. Dies ist dann sinnvoll, wenn Sie mehrere Eigentumswohnungen haben und nicht jeden Mieterwechsel managen oder alle Mieteingänge monatlich selbst kontrollieren wollen. Hier empfiehlt sich ein Ansatz von fünf bis 15 Euro pro Einheit und Monat.
Anhand des gezeigten Beispiels stellt sich der Cashflow wie folgt dar:

Jährliche Mieteinnahmen (bei 615,00 € pro Monat):	7.380,00 €
./. nicht umlagefähiger Hausgeldanteil pro Jahr (12 x 82,71 €):	992,52 €
./. Instandhaltung Wohnung (4,00 € / m² / Jahr x 44 m²):	176,00 €
./. Mietausfallwagnis (6 % des Mietertrags):	442,80 €
./. Mietverwaltung (10,00 € / Einheit / Monat):	120,00 €
Nettoobjektergebnis:	5.648,68 €

Renditekennziffern

Die Renditekennziffern, denen wir tagtäglich im Immobiliengeschäft begegnen, sind derart vielfältig, dass es manchmal mühsam ist, den Überblick zu behalten. Der Grund dieser Vielfalt ist die fehlende Regulierung. Es gibt zwar Bemühungen in diese Richtung, aber verbindlich sind diese Vorschläge nicht. Dem interessierten Leser sei in diesem Zusammenhang die Forschungsarbeit der Gesellschaft für immobilienwirtschaftliche Forschung (gif) empfohlen,

die sich mit der Definition einheitlicher Standards vornehmlich im gewerblichen Immobilienbereich beschäftigt.
Die Erfahrung zeigt jedoch, dass die Vereinheitlichungsansätze durch die gif gerade im kleinteiligen Wohnimmobilienmarkt nur sehr wenig oder gar nicht vom Markt angenommen werden. Daher wollen wir uns hier, losgelöst von der gif, den praktisch angewandten Renditedefinitionen widmen. Die gängigste Größe ist die Bruttorendite. Diese wird als Verhältnis der derzeitigen (oft auch gewünschten) Nettokaltmiete zum Kaufpreis der Immobilie definiert. Der Kehrwert dieses Prozentsatzes ist der bekannte Vervielfältiger oder Multiplikator. In Exposés oder Anzeigen lesen Sie meistens von einer Rendite von beispielsweise sieben Prozent oder einen Multiplikator von 14. Dies bedeutet, dass die Immobilie eine Anfangsrendite von sieben Prozent hat. Diese Renditekennziffer ist nicht zu verwechseln mit der durchschnittlichen Rendite über einen längeren Zeitraum. Vielmehr handelt es sich hier um eine Momentaufnahme – meistens zum Zeitpunkt des Immobilienverkaufs. Diese Kennziffern sind, wie bei der Gutachtenanalyse gesehen, die Werte, mit denen der Markt für vermietete Wohnimmobilien „funktioniert". Dies ist wegen der sehr geringen Aussagekraft dieser Zahlen erstaunlich.
Ein Beispiel: eine gut in Schuss gehaltene „jugendliche Immobilie" in guter Lage aus den 1990er-Jahren, vermietet zu einem niedrigen Mietpreisniveau, und ein stark sanierungsbedürftiger Altbau in mäßiger Lage mit leicht überhöhtem Mietpreisniveau. Beide Immobilien werden (rein zufällig) mit einem Multiplikator von 14 angeboten. Für welche Immobilie Sie sich entscheiden würden, dürfte klar sein. Auf der einen Seite werden Sie für die gleiche Anfangsrendite eine Immobilie erwerben, die wegen des niedrigen Mietpreisniveaus ein Wertsteigerungspotenzial besitzt. Auf der anderen Seite kann es mit der anderen Immobilie dagegen tendenziell nur abwärts gehen. All dies ist in der Aussage „14-fach" eben nicht enthalten.
Halten wir also fest, dass sich die kaum aussagekräftige – aber oft verwandte – Anfangsrendite, die hier der Übersichtlichkeit halber

„Bruttorendite I" genannt wird, gemäß bekannter Maklerformel wie folgt berechnet:

Bruttorendite I = Nettokaltmiete / Kaufpreis

Wesentlich aussagekräftiger, weil wesentlich besser vergleichbar, ist dagegen die Bruttorendite inklusive der Anschaffungsnebenkosten und den Aufwendungen für die anfängliche Immobilienaufwertung. Gleichzeitig wird für diese Rendite die Miete angesetzt, die kurzfristig nach den Anfangsinvestitionen erzielbar ist. Die Bruttorendite nach der anfänglichen Objektaufwertung berechnet sich wie folgt:

Bruttorendite II (inklusive Kaufnebenkosten und Objektaufwertung) = Nettokaltmiete (nach ersten Mietanpassungen und ggf. Neuvermietungen) / (Kaufpreis + Kaufnebenkosten + Objektaufwertung)

Oder anders ausgedrückt:

Bruttorendite II (inklusive Kaufnebenkosten und Erstinvestitionen) = Nettokaltmiete (nach Objektaufwertung) / Gesamtinvestitionskosten

Der Vorteil der so definierten Bruttorendite II besteht darin, dass die Gesamtkosten des Investments wirklich Bestandteil der Renditeermittlung sind. Es spielt also am Ende kaum eine Rolle, wie sich die Investitionskosten zusammensetzen. Entscheidend sind lediglich der Gesamtaufwand für den Erwerb einer komplett vermietungsfähigen Immobilie und natürlich die Miete, die kurzfristig nach der Renovierung oder Sanierung der Immobilie realistisch erzielt werden kann. Deswegen ist diese Renditeangabe so praxisgerecht und ein Instrument, um Bruttogrößen ohne irgendwelche Lücken wirklich vergleichbar zu machen.

Eine weitere gängige Renditekenngröße ist die Nettorendite nach Bewirtschaftungskosten. In dieser Zahl sind alle vorgenannten Eingangsparameter sowie zusätzlich die Objektbewirtschaftungskosten berücksichtigt. Die Bewirtschaftungskosten werden zur Berechnung der Nettorendite vom jährlichen Mieteingang abgezogen. Relevant sind hier nur die Bewirtschaftungskosten, die die Mieter nicht übernehmen, also die nicht umlegbaren Kosten wie Instandhaltungs-, Verwaltungs- und sonstigen Kosten. Weiterhin können hier der kalkulatorische Mietausfall, Vermietungskosten und sonstige Kosten berücksichtigt werden. Die Nettorendite berechnet sich nach Bewirtschaftungskosten also wie folgt:

Nettorendite (inklusive Kaufnebenkosten und Objektaufwertung) = (Nettokaltmiete – Bewirtschaftungskosten) / Gesamtinvestitionskosten

Sinnvoll ist es auch hier, die Nettokaltmiete nach erfolgter anfänglicher Objektaufwertung anzusetzen. Mit diesem Wert beschreiben Sie also die anfängliche Rentierlichkeit Ihres Gesamtinvestments nach Abzug aller Objektkosten. Dies ist nichts anderes als die Verzinsung Ihres Kapitals, wenn Sie die Immobilie sowie die sonstigen Investitionskosten komplett mit Eigenkapital finanzieren. Hiervon abzusetzen wäre lediglich noch Ihre Einkommensteuer.
Am Ende wollen wir diesen Wert mithilfe der Fremdkapitalfinanzierung hebeln und erhalten damit die Eigenkapitalrendite. Der Übersichtlichkeit halber noch einmal die genaue Berechnung:

Eigenkapitalrendite = Objektergebnis nach Zinsen / Eigenkapital oder ausführlich

Eigenkapitalrendite = (Nettokaltmiete – Bewirtschaftungskosten – Zinsen) / Eigenkapital

Auch hier können wir wieder die Königsdisziplin Steuern beimischen. Damit sieht unsere Berechnung der Eigenkapitalrendite nach Steuern für ein beliebiges Jahr (wiederum als Momentaufnahme) wie folgt aus:

Eigenkapitalrendite nach Steuern = (Nettokaltmiete – Bewirtschaftungskosten – Zinsen – Steuerzahlung) / Eigenkapital

oder in Kurzform

Eigenkapitalrendite nach Steuern = Objektergebnis nach Zinsen und Steuern / Eigenkapital

Selbstverständlich gibt es „gefühlt" noch unendlich viele weitere Renditedefinitionen. Aus Platzgründen fokussieren wir uns hier auf die wenigen sinnvollen Definitionen.
Es bietet sich an, die verschiedenen Definitionen für die Anfangsrenditen, beginnend mit der einfachen Bruttorendite I (Maklerformel), unter Hervorhebung der zwei zentralen Definitionen wie folgt zu systematisieren:

Renditekennziffern		
Bruttorendite I (Maklerformel)	=	Nettokaltmiete / Kaufpreis
Bruttorendite II (inkl. Kaufnebenkosten und Objektaufwertung)	=	Nettokaltmiete (nach Objektaufwertung) / Gesamtinvestitionskosten
Nettorendite (inkl. Kaufnebenkosten und Objektaufwertung)	=	**(Nettokaltmiete – Bewirtschaftungskosten) / Gesamtinvestitionskosten**
Eigenkapitalrendite	=	(Nettokaltmiete – Bewirtschaftungskosten – Zinsen) / Eigenkapital
Eigenkapitalrendite nach Steuer	=	**(Nettokaltmiete – Bewirtschaftungskosten – Zinsen – Steuerzahlung) / Eigenkapital**

Renditekennziffern

In der Investmentkalkulation können die verschiedenen Renditearten, exemplarisch für drei Jahre, beispielsweise wie folgt dargestellt werden.

Entwicklung der Anfangs- und Eigenkapitalrenditen 2018 bis 2026	2018		2021		2026	
Kennzahl	%-Wert	Faktor	%-Wert	Faktor	%-Wert	Faktor
Bruttorendite	11,5%	8,71	12,1%	8,29	13,3%	7,51
Bruttorendite inkl. NK	10,2%	9,77	10,7%	9,31	11,9%	8,43
Bruttorendite inkl. NK + Aufwertung	9,6%	10,44	10,1%	9,95	11,1%	9,01
Nettorendite nach BWK	8,2%	12,19	8,2%	12,19	9,1%	10,99
Nettorendite nach BWK + Zinsen	5,2%	19,29	5,8%	17,36	7,0%	14,31
Nettorendite nach BWK, Zinsen + Steuern	3,8%	26,38	4,2%	24,00	5,0%	20,14
Freier Cashflow	1,9%	52,54	2,1%	47,62	2,6%	38,99
EK-Rendite vor Steuer	50,9%	1,96	56,6%	1,77	68,6%	1,46
EK-Rendite nach Steuer	37,2%	2,68	40,9%	2,44	48,8%	2,05

Die zeitliche Entwicklung der Anfangs- und Eigenkapitalrenditen

Kaufpreisfaktoren und deren Auswirkung auf den Cashflow

Weil der Kaufpreisfaktor eine große Auswirkung auf die Rendite bzw. den Cashflow Ihres Immobilieninvestments hat, wollen wir uns diesen noch einmal genauer ansehen. Wegen der Vergleichbarkeit soll

der Kaufpreisfaktor im Folgenden durch den Gesamtkostenfaktor ersetzt werden. Wir wollen also nicht nur den Kaufpreis der Immobilie allein berücksichtigen, sondern auch die notwendigen Anfangsinvestitionen sowie die Kaufnebenkosten, also die Gesamtinvestitionskosten. Ergänzen wir in diesem Modell noch die Miete, die nach der Vornahme der Erstinvestitionen erzielt werden kann, arbeiten wir nun mit den Werten der eben erläuterten Bruttorendite II bzw. Bruttorendite inklusive Kaufnebenkosten nach Objektaufwertung.
Erwerben Sie nun beispielsweise eine Immobilie mit Gesamtinvestitionskosten von 100.000 Euro zum 17-Fachen, ergibt sich durch einfache Kehrwertbildung (1/17), dass die Immobilie eine anfängliche Bruttorendite von 5,9 Prozent hat. Dies entspricht demnach einem Mieteingang von 5.900 Euro pro Jahr. Aus diesem Ertrag müssen noch die Zins- und Tilgungsleistungen sowie die nicht umlegbaren Bewirtschaftungskosten gedeckt werden. Gelingt es, diese Immobilie dagegen zum 14-Fachen zu erwerben, hat das Investment sogar eine Rendite von 7,1 Prozent, was 7.100 Euro im Jahr entspricht. Die Auswirkungen des Vervielfältigers (14- statt 17-fach) sind also derart groß, dass Sie ihn immer im Auge haben müssen. Im vorliegenden Fall generieren wir durch den zweiten, günstigeren Einkauf nämlich einen zusätzlichen Cashflow von 1.200 Euro im Jahr.

Die Ableitung und Entwicklung des Nettovermögens

Nachdem wir uns den cashfloworientierten Größen gewidmet haben, wollen wir noch einen strategisch orientierten Blick auf die Substanzwertentwicklung werfen. Denn in den letzten Jahren wurde es äußerst en vogue, allein den Cashflow als entscheidende Größe für den Vermögensaufbau in den Vordergrund zu stellen.
Als Immobilieninvestor habe ich beide Kenngrößen, den Cashflow und den Substanzwert (treffender „Nettovermögen"), schätzen gelernt. Gerade in der Kombination entfalten sie meines Erachtens

eine wirklich große Wirkung. Ziehen wir zur Illustration zwei Immobilieninvestments heran. Die erste Immobilie nennen Sie (rein fiktiv) bereits seit zehn Jahren Ihr Eigen. Sie haben sie damals zu einem vernünftigen Preis gekauft und durch solide Arbeit weiterentwickelt, so dass sie heute recht erfreulich dasteht. In diesen zehn Jahren konnten Sie zudem Ihre Darlehensschuld standardmäßig um rund 25 Prozent tilgen. Sie haben also eine Immobilie in Ihrem Portfolio, deren Wert sich nach oben entwickelt hat und deren Darlehensstand nach unten gegangen ist. Damit ist natürlich auch die Differenz aus Immobilienwert minus Darlehensschuld, also das Nettovermögen, deutlich nach oben gegangen. Gleichzeitig werden Sie natürlich höchstwahrscheinlich auch einen höheren Cashflow mit dieser Immobilie generieren.

Nun kommt eine zweite Immobilie ins Spiel, ein aktuelles Projekt mit viel Potenzial. Da die finanzierende Bank dieses Potenzial jedoch nicht so recht erkennt, mag sie Ihren durchaus solide kalkulierten Wertansätzen nicht ganz folgen. Von daher liegt es auf der Hand, die erste, prosperierende Immobilie mit hohem Nettovermögenswert ins Spiel zu bringen. Sie können also – gerade unter Ausnutzung des Substanzwertes – der Bank eine Zusatzsicherheit bieten, damit Sie Ihr Projekt stemmen können. Selbstverständlich sollten Sie mit der Bank regeln, dass Ihre Zusatzsicherheit nach Erreichen gewisser Projektziele wieder freigegeben wird. Dies ist meines Erachtens der Grund, warum es erlaubt ist, dem Substanzwert mindestens die gleiche Aufmerksamkeit zu schenken wie dem Cashflow. Denn gerade mit einem vorhandenen Substanzwert können Sie durch geschicktes Agieren Kapital freisetzen und damit weitere Vermögenswerte sowie selbstverständlich auch einen Cashflow generieren.

Wenn Sie sich jetzt fragen, wie Sie am besten die Entwicklung des Nettovermögenswertes über die Jahre hinweg berechnen, lehnen Sie sich entspannt zurück. Denn die Zahlen liegen bereits aus den bisherigen Berechnungen vor. Sie müssen nur noch in die richtige

Ordnung gebracht werden. Hierzu benötigen wir für jedes Jahr unseres Prognosezeitraums nur eine Multiplikation und eine Subtraktion.
Nehmen Sie für diese Berechnung Ihren Cashflow-Plan, Ihre Immobilieneckdaten sowie den Zins- und Tilgungsplan Ihrer Darlehen zur Hand. Erstellen Sie sich daraus eine Tabelle mit zehn Spalten. In die Spaltenköpfe tragen Sie die Jahre von links nach rechts ab. In der zweiten Zeile erfassen Sie die bekannten jährlichen Nettokaltmieten, die Sie bereits anhand der Inflationsrate und sonstigen Erwartungen bis ins zehnte Jahr hochgerechnet haben. Nun kommt die versprochene Multiplikation. Nehmen Sie sich hierzu den Vervielfältiger Ihrer Immobilie aus Ihren Immobilieneckdaten. Wichtig ist, dass Sie jetzt nicht den Faktor nehmen, für den Sie die Immobilie eingekauft haben. Entscheidend ist nämlich der von Ihnen eingeschätzte Marktwert der Immobilie (sobald sie sich in einem vernünftigen Zustand befindet). Dieser marktorientierte Faktor sollte idealerweise also etwas höher sein als Ihr Einkaufsfaktor. Mit diesem Faktor rechnen Sie nun die Nettokaltmiete Jahr für Jahr (in der darunter liegenden Zeile) hoch. Dies ist bereits der ungefähre Marktwert der Immobilie – und zwar Jahr für Jahr. Dass dies „nur" eine Prognose ist, wissen Sie. Aber Sie haben sie auf realistischen und belastbaren Werten aufgebaut.
In die nächste Zeile tragen Sie den Darlehensstand, jeweils zum Jahresende, ein. Diese Werte erhalten Sie aus Ihrem Zins- und Tilgungsplan. Und sogleich können wir uns der letzten Zeile widmen. Hier kommt die zweite Rechenoperation ins Spiel. Ziehen Sie Jahr für Jahr den Darlehensstand von dem eben ermittelten Immobilienwert ab. Diese Differenz ist bereits Ihr Nettovermögen.
Da dieser Wert eine so hohe Bedeutung hat, wollen wir noch einen Augenblick darüber nachdenken. Denn hier wird es richtig interessant – versprochen! Wenn Sie mögen, fügen Sie der Tabelle noch eine wirklich letzte Zeile hinzu. Diese nennen Sie „jährlicher Vermögenszuwachs". Im zweiten Jahr errechnen Sie Folgendes: aktueller

Nettovermögenswert / Nettovermögenswert des Vorjahres minus 1 (mal 100 in Prozent). Dies wiederholen Sie für jedes Jahr. Damit erkennen Sie, wie sich Ihr Vermögen entwickelt. Und wir sprechen hier vom Nettovermögen, also dem reinen Substanzwert nach Abzug der Schulden. Fällt Ihnen etwas auf? Der jährliche Nettovermögenszuwachs ist sicher auch in Ihrer Kalkulation größer als die Inflationsrate, oder? Sie haben vermutlich erkannt, warum: wegen der „Nettovermögensschere"! Während Ihre Darlehensschuld durch die Tilgung Jahr für Jahr sinkt, entwickelt sich der Immobilienwert (leicht) nach oben. Wir nutzen also zum Vermögensaufbau gleich zwei sich überlagernde Effekte, die wir gegensätzlich jeweils zu unseren Gunsten verwenden. Die Inflation und Ihr professionelles Immobilienmanagement sorgen für einen höheren Mieteingang und damit für einen höheren Immobilienwert, während das Darlehen – auf den Cent genau im Voraus berechnet – Jahr für Jahr ein wenig getilgt wird.

Prognostizierte Wertentwicklung

Jahr		2017	2018	2019	2020	2021	2022	2023	2024	2025	2026	2027
Nettokaltmiete p. a.		44.112 €	44.774 €	45.435 €	46.097 €	47.019 €	47.959 €	48.919 €	49.897 €	50.895 €	51.913 €	52.951 €
Werteinschätzung = NKM x Faktor	13,5	595.512 €	604.445 €	613.377 €	622.310 €	634.756 €	647.451 €	660.400 €	673.608 €	687.081 €	700.822 €	714.839 €
Darlehensvaluta (aktueller Stand zum Jahresende; bzw. nach 10. Jahr)		-412.129 €	-403.292 €	-394.186 €	-384.803 €	-375.135 €	-365.173 €	-354.908 €	-344.330 €	-333.431 €	-322.201 €	-321.249 €
Nettovermögen (Immobilienwert ./. Darlehensvaluta)	EK = 47.619 €	183.383 €	201.153 €	219.191 €	237.507 €	259.621 €	282.278 €	305.493 €	329.278 €	353.649 €	378.622 €	393.589 €
Zuwachs Nettowert bzw. Nettovermögen		285,1%	9,7%	9,0%	8,4%	9,3%	8,7%	8,2%	7,8%	7,4%	7,1%	4,0%

Die Prognose der Wertentwicklung

Und genau dies ist die Vermögensschere. Lassen Sie uns zeichnen, Querformat ist gut. Unten ziehen Sie einen waagerechten Strich von links nach rechts. Diesen unterteilen Sie in zehn gleich große Abschnitte und beschriften diese von links nach rechts mit den Jahren Ihres Prognosezeitraums. Das erste Jahr lassen Sie eine lange senkrechte Linie nach oben kreuzen. Auch diese Linie unterteilen Sie wieder und beschriften sie ganz oben mit dem gerundeten Immobilienwert des zehnten Jahres in Euro. Dazwischen tragen Sie einige Zwischenwerte ab. Damit steht das Grundgerüst, sozusagen das Koordinatensystem. Dieses füllen Sie nun mit Werten (kleinen Kreuzchen). Beginnen wir mit dem Darlehen. Tragen Sie den Darlehensstand im ersten Jahr auf der linken Linie ein, dann den zweiten ein klein wenig weiter rechts über der zweiten Jahreszahl. So verfahren Sie bis zum zehnten Jahr. Dann verbinden Sie die Kreuzchen durch eine freihändige Linie. Damit haben Sie bereits die Entwicklung des Darlehensstandes „visualisiert". Ihre Linie zeigt hoffentlich – von links nach rechts betrachtet – nach unten. Genau das Gleiche wiederholen Sie ein wenig weiter oben mit der Immobilienwertentwicklung. Auch diese Werte verbinden Sie durch eine Linie. Diese zeigt hoffentlich, wie erwartet, nach oben. Zuletzt schraffieren Sie die Fläche zwischen den zwei Linien. Erkennen Sie die Schere? Das ist die visuelle Darstellung der Nettovermögenswertentwicklung. Ist diese nicht toll und motivierend zu gleich? Solche „nach oben" zeigenden Werte kann man einfach nicht oft genug sehen! Wir werden diesen Effekt im nächsten Kapitel noch mit weiteren starken Mechanismen kombinieren und verfeinern.

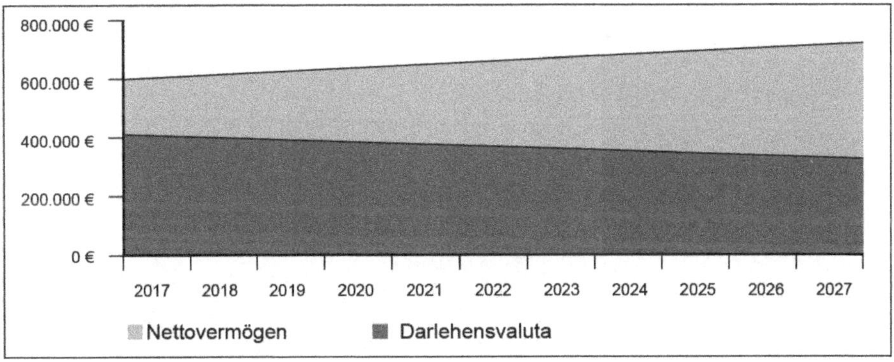

Die Nettovermögensschere

Schön, dass Sie bis hierher durchgehalten haben. Es war schon einige „harte“ Kost dabei. Das ist mir bewusst. Im nächsten Abschnitt sollen Sie für Ihr Durchhalten belohnt werden mit vielfältigen und vor allem praxisgerechten Kombinationen all der gezeigten Effekte und Geschäftsmodelle. Es wird auch wieder ein bisschen anstrengend werden, aber wesentlich konkreter. Wir werden die vielen Puzzleteile, eines nach dem anderen, zusammenfügen und daraus konkrete Strategien und Geschäftsmodelle für reale Immobilienprojekte und -objekte entwickeln.

8. Die sieben Methoden, mit Immobilien Geld zu verdienen

Jetzt wissen Sie schon eine ganze Menge über Immobilien – für einen schnellen Überblick habe ich Ihnen hier in Kurzform noch einmal die Möglichkeiten zusammengestellt, wie sich mit Immobilien Geld verdienen lässt. Auch kann die neuerliche Betrachtung der verschiedenen Strategien aus einem anderen Blinkwinkel durchaus erkenntnisfördernd sein.

Immobilieneinkauf aus besonderen Situationen

In besonderen Situationen herrscht meist ein besonderer Verkaufsdruck. Er resultiert beispielsweise aus dem inneren Druck einer Bankabteilung. Hat beispielsweise eine Bank bereits Zugriff auf eine Immobilie, weil sie ein Darlehen eines säumigen Kreditnehmers „fällig gestellt" hat, herrscht meist großer Verkaufsdruck. Aber auch die laufenden Managementkosten für eine Immobilie können einen Verkaufsdruck auslösen. Die Immobilie selbst muss dagegen nicht „schlecht" sein. Was ich damit sagen möchte, ist, dass finanzierende Banken Immobilien nicht verschleudern, sondern unter Abwägung auch externer Kosten bestmöglich verkaufen müssen. Hierzu zählt eben auch die Verkaufsgeschwindigkeit. Wenn Sie als erfahrener Investor nun eine gute direkte oder indirekte Beziehung zur verkaufenden Bank aufgebaut haben, können Sie diese leicht von ihren Problemen befreien. Und dass die Problemlösung „Fremder" durch Sie als Investor mit einem Einkaufsvorteil verbunden sein kann, haben wir bereits gesehen. Bei entsprechender Intensivierung einer solchen Strategie mithilfe Ihres Netzwerkes können Sie also interessant einkaufen.

Nicht ganz so aufwendig, aber auch interessant, sind alltägliche Umstände, aus denen Immobilien erworben werden können: von Maklern und Privatpersonen. Dort werden Sie mit entsprechend großem „Dealflow" und geschultem Auge auch „Rohdiamanten" finden, also Immobilien mit entsprechend mäßigem Pflegezustand und idealerweise niedrigem Mietniveau. Wenn Sie diese Immobilien auf Basis der tatsächlichen Mieterträge (hochgerechnet mit dem marktüblichen Faktor) einkaufen, ist Ihnen mit entsprechender Projektarbeit der Einkaufsgewinn schon fast sicher.

Inflation

Die Inflation zählt zu den zentralen und vor allem langfristigen Effekten, die wir uns als Immobilieninvestoren und -anleger zu Nutze machen. Das Schöne dabei ist, dass mit Immobilien die Inflationseffekte systematisch in alle Richtungen zum Vorteil des Investors genutzt werden können. Einerseits sorgen wir dafür, dass uns der Werteverzehr von Geldvermögen zum Vorteil wird, auf der anderen Seite nützen wir die Wertsteigerung des Sachwertes aus. Hinsichtlich des Geldvermögens nützen wir einfach die Mathematik und drehen das Vorzeichen um. Wir sorgen also für ein negatives Geldvermögen, auch als Darlehen bezeichnet. Der Wert unseres Darlehens schrumpft – „real" gesehen – also allein durch die Inflation Jahr für Jahr, auch wenn wir es nicht tilgen. Auf der anderen Seite steigt der Wert des Immobilienvermögens mit der Inflation an. Hierzu müssen wir natürlich unterstellen, dass unsere Mieteingänge mit der Inflation Schritt halten. Fast automatisch erreichen wir dies mit geeigneten Immobilien. Wir haben dies bereits im Falle von Neuvermietungen mit indexierten Mieten gesehen.
Gerade über einen langen Zeitraum sorgt dieser Doppeleffekt – Werteverzehr des Darlehens bei gleichzeitiger Wertentwicklung der Immobilie – für eine enorme und stressfreie Nettovermögensentwicklung.

Aufwertung der Lage

Die Aufwertung der Lage ist ebenfalls mit wenig Stress verbunden. Der einzige Aufwand, den Sie für die Generierung dieses Mehrwertanteils haben, ist ein ordentlicher Standort-Research während des Einkaufsprozesses. Mit dem richtigen Standort befinden Sie sich sozusagen auf der Siegerstraße, weil Sie in der Lage sein werden, selbst bei unverändertem Ausstattungsstandard der Wohnungen überproportionale (über der allgemeinen Preissteigerung liegende) Mietpreisanpassungen vorzunehmen.
Der so gewonnene zusätzliche Mietertrag ist also ein zusätzlicher Baustein Ihrer Mietprognose. Da solche Effekte nur sehr schwer vorherzusehen sind, sollten Sie bei der Kalkulation der zukünftigen Erträge entsprechende Vorsicht walten lassen. Eine Spezialisierung auf eine solche Strategie als Teil Ihrer Investmenttätigkeit kann aber sehr aussichtsreich sein. Da solche Lage- bzw. Quartiersentwicklungen regelmäßig einen stadtplanerischen, gesellschaftlichen bzw. sozioökonomischen Hintergrund haben, sollten Sie zumindest eine gewisse Affinität zu diesen Themen haben.

Darlehenstilgung

Die Tilgung des Darlehens ist eine interessante „Begleiterscheinung". Der Vorteil besteht nämlich darin, dass die gesamte Immobilienkalkulation bereits darauf aufbaut. Oder einfach ausgedrückt: jede Immobilie, in die Sie investieren, wird von Ihren Mietern abbezahlt. Durch die Abzahlung des Darlehens reduziert sich Ihre Schuld, was einer Nettovermögenserhöhung gleich kommt. Oder anders ausgedrückt Sie sparen, ohne Geld auf den Tisch legen zu müssen.

Objektaufwertungen

Hier geht es nun um die ganz praktischen Dinge, mit denen Sie den Wohlfühlcharakter Ihrer Immobilie steigern können. Sie erhöhen damit den Wohnwert Ihres Hauses, was letztendlich Ihren Mieterträgen zugutekommen wird. Und damit sind nicht Großmaßnahmen wie Totalsanierungen gemeint, vielmehr geht es hier um die kleinen, einfachen Dinge, die im Alltag große Wirkung haben können: die Außengestaltung von Zufahrten und Zugängen, die Außenanlagen insgesamt sowie die allgemein nutzbaren Flächen. Aber auch innerhalb der Wohnungen freuen sich Ihre Mieter über eine zeitgemäße Badausstattung, moderne schlichte Bodenbeläge und eine vernünftig ausgestattete und gepflegte Wohnung.

Sämtliche hier aufgelistete Möglichkeiten haben eines gemeinsam: sie werden Ihren Mietern höchstwahrscheinlich sehr am Herzen liegen. Bei geschickter Kombination werden Sie damit eine enorme Wirkung auf die Mieterzufriedenheit erzielen können. Aber sie sorgen auch für eine hohe Attraktivität für den Fall der Neuvermietung. Die Kosten dieser Maßnahmen, insbesondere im Verhältnis zu ihrer Wirkung, können fast ausnahmslos als bescheiden bezeichnet werden. Sollten Sie ein wenig Veranlagung für diese praktischen Dinge haben, wissen Sie, welche Immobilien Sie suchen sollten.

Nutzflächenerweiterungen

Anspruchsvoller, aber nicht minder interessant, ist die Beschäftigung mit Erweiterungspotenzialen Ihrer Immobilie. Anspruchsvoll deswegen, weil Sie hier oftmals intensiver in die bauliche Substanz eingreifen müssen und außerdem auch oft baurechtliche Themen tangieren. Sehr interessant sind solche Maßnahmen gerade in Ballungszentren, weil dort Wohn- und Nutzflächen tendenziell knapp und damit teuer sind. Da Sie nun Ihr Grundstück für Ihre Immobi-

lie im derzeitigen Ausbauzustand bereits bezahlt haben, müssen Sie für weitere bauliche Flächen keinen Grundstücksanteil mehr zahlen. Damit – vorausgesetzt Ihre Lage ist „gut“ – haben Sie mit solchen Erweiterungsmaßnahmen eine große Chance auf einen überproportionalen Wertzuwachs.
Solche Maßnahmen können beispielsweise der Anbau von Balkonen, der Einbau von Dacheinschnitten und -terrassen, Wintergärten und private Gartenanteile mit eigenen Terrassenflächen sein. Aber auch größere Maßnahmen wie Anbauten an das Haus oder, wie bereits vorgestellt, der Neubau eines kompletten Hinterhauses können solche Nutzflächenerweiterungen sein. Aber selbst zusätzliche Kfz-Stellplätze gehören in diese Kategorie. Innerstädtisch sind solche Maßnahmen, die gerne auch „Nachverdichtung“ genannt werden, politisch durchaus erwünscht – natürlich nur, wenn das Baurecht nicht dagegen spricht. Diese Erweiterungsmaßnahmen können sich in doppelter Hinsicht positiv auf den Ertrag Ihrer Immobilie auswirken. Denn auf der einen Seite steht die zusätzliche Mietfläche, die Ihnen einen weiteren Mietertrag je Quadratmeter einbringt. Weiterhin können Sie auch eine Wirkung auf den gesamten Wohnwert einer Wohnung erreichen, beispielsweise durch den Anbau eines Balkons. Auf solche Immobilien können Sie sich ebenfalls in hervorragender Weise spezialisieren. Ziehen Sie dies ernsthaft ins Kalkül, sollten Sie sich auf jeden Fall näher mit dem Baurecht, der jeweiligen Landesbauordnung und generell mit dem „Bauen im Bestand“ befassen.

Nutzungsänderungen

Nutzungsänderungen zählen ebenfalls zu den aufregenden Themen der Immobilienwirtschaft. Voraussetzung einer solchen Änderung ist immer, dass eine Immobilie bereits genutzt wird. Um welche bisherige Nutzung es geht, ist vom Grunde her nicht relevant. Als wert-

orientierte Anleger und Investoren streben Sie, wie bei allen anderen Maßnahmen, auch hier danach, Werte zu generieren. Wir suchen daher regelmäßig nach Nutzwerterhöhungen und verwandeln geringe Werte in höherwertige, etwa Kellerräume in Souterrain-Wohnungen oder kaum genutzte Dachflächen in Dachgeschosswohnungen. Diese Maßnahmen können wegen des höheren Mietniveaus gerade in Ballungsräumen sehr interessante Ertragsquellen erschließen. Da die meisten Maßnahmen eine hohe baurechtliche Relevanz haben, ist fast jede Änderung der Nutzung baugenehmigungspflichtig. Ohne Fachberater bzw. Architekt werden Sie hier kaum weit kommen. Und unterschätzen Sie nie den Auslegungsspielraum, den jeder Sachbearbeiter auf der Baubehörde hat. Ein vertrauensvoller Umgang unter sich idealerweise seit Jahren kennenden Personen sei hier daher dringend angeraten.
Nutzungsänderungen lassen sich, wie auch Flächenerweiterungen, ebenfalls sehr gut im vorhandenen Bestand umsetzen. Das „Einzige", was Sie dazu benötigen, sind passende Immobilien und einen gewissen Blick für Potenziale. Denn auch hier haben Sie eher untergeordnete Finanzierungsthemen zu lösen, denn wir suchen auch hierfür idealerweise Immobilien mit bereits vorhandenen Mietern und entsprechenden Mieteingängen. Von besonderer Bedeutung sind Ihre Spezialisten, die Sie für solch ein Projekt zwingend einschalten sollten.

Sonstige Zusatzerträge

Große Freude bereiten auch die „sonstigen" Erträge, die sich mithilfe von Immobilien generieren lassen. Erfreulich deswegen, da sie meist nicht Grundlage des Einkaufspreises sind. Sie heben den Immobilienwert im Vergleich zum Kaufpreis oft erheblich, was Ihnen als Eigentümer weiteren Spielraum verschafft. Sie können diese Erträge oft sehr leicht selbst gestalten – nur ein wenig Kreativität ist gefragt.

Grundsätzlich können Sie Ihren Mietern alles anbieten, was ihnen das Leben erleichtert: eine Waschmaschine mit einem Münzautomaten, Breitbandinternet, eine Satellitenanlage und ähnliche Dinge lassen sich heutzutage leicht installieren und mit den Mietern abrechnen. Sollten Sie sich mit der einträglichen Zurverfügungstellung von hausinterner (technischer) Infrastruktur näher befassen wollen, sollten Sie im ersten Schritt in jedem Fall alle rechtlichen Fragen klären. Ein merkliches Zubrot bringen auch Werbetafeln an Hauswänden, idealerweise an stark befahrenen Straßen.
Eine weitere Ertragsquelle ist die Betätigung als Wärme- und Stromlieferant mit einer entsprechenden Heizungsanlage oder Panels für Photovoltaik oder Solarthermie auf dem Dach oder gar ein eigenes Blockheizkraftwerk. Derartige Vorhaben werden von der KfW und nach dem EEG-Gesetz mittels subventionierter Einspeisevergütung, falls Sie Strom produzieren, gefördert. Aus wirtschaftlicher Sicht sind solche Anlagen aber nur an geeigneten Standorten und auch erst ab einer gewissen Größe sinnvoll. Neben diesen Maßnahmen gibt es noch zahlreiche weitere Möglichkeiten, den Ertrag Ihres Hauses durch zusätzliche „Gimmiks" zu steigern. Denn die Möglichkeiten sind so vielfältig wie die Immobilienwirtschaft selbst. Schalten Sie einfach Ihr „Suchradar" an, wenn Sie das nächste Mal eine Immobilie besichtigen.

Finanzierungskonditionen

Hier bewegen wir uns weg von der Immobilie – aber der „Sekundärdeal" Finanzierung gehört nun einmal mit zum Gesamtkonstrukt „finanziertes Immobilieninvestment". Und wie wir gesehen haben, haben die mit der Bank vereinbarten Finanzierungskonditionen großen Einfluss auf die Rentabilität Ihres Investments. Sollten Sie also einmal wieder mit Ihrer Bank über Konditionen verhandeln, denken Sie an jedes Zehntel Prozent. Mit einer genau kalkulierten

Gegenüberstellung verschiedener Zinssätze können Sie auch sehr leicht einschätzen, was zusätzliche Vertragsbausteine, beispielsweise Sondertilgungsoptionen, tatsächlich kosten. Die besten Ergebnisse werden Sie immer erreichen, wenn es Ihnen gelingt, zwischen den Banken eine gewisse Wettbewerbssituation herzustellen.

Geld verdienen mit Immobilien leicht gemacht

Wenn Sie sich intensiv mit Immobilien befassen, werden Sie weitere Möglichkeiten finden, um Geld mit Immobilien zu verdienen. Am Rande erwähnt seien hier noch der Immobilieneinkauf im großen Paket zu Sonderkonditionen oder der kurzfristige Handel mit Immobilien. Ihrer Kreativität ist, wie Sie an der Vielfältigkeit dieser Themen gesehen haben, kaum eine Grenze gesetzt.
Wegen den mannigfaltigen Ertragsmöglichkeiten, die Immobilien bieten, sollten daher für jeden Investorentyp einige Möglichkeiten zu finden sein: Der eine wird es eher ruhig mögen, während der andere gerne den Bestand umbaut und ein weiterer sich berufen fühlt, Projektentwicklungen anzugehen. Empfehlenswert ist in jedem Fall, sich anfänglich auf zwei bis drei der beschriebenen Möglichkeiten zu konzentrieren, die aber natürlich zusammenpassen sollten. All diese Möglichkeiten sind nichts anderes als die Bausteine eines wertorientierten Immobilienmanagements oder wie es auf neudeutsch im gewerblichen Immobiliengeschäft heißt: Asset Management.

9. Kaufverhandlung und -abwicklung

Richtig verhandeln beim Immobilieneinkauf

Verhandlungssituationen begegnen uns heutzutage tagtäglich. Gerade Eltern kleinerer Kinder werden ein Lied davon singen können. Obwohl Kinder geradezu meisterliche Verhandlungstaktiken entwickeln, scheuen sich dagegen viele Erwachsene, die einst gelernten Methoden später noch anzuwenden. Vielfach sind diese Techniken auch einfach nicht mehr bekannt. Viele Menschen sind auch der Auffassung, dass sie nicht über Verhandlungstalent verfügen, vielleicht weil sie schlechte Erfahrungen gemacht haben. Wenn Sie nicht der „geborene Verhandler" sind, beginnen Sie klein, im Urlaub auf dem Basar oder auf einem Flohmarkt. Je öfter Sie verhandeln, desto sicherer werden Sie und umso mehr Freude finden Sie daran. Wenn Sie sich darüber hinaus vor jeder Verhandlung klare, aber realistische Ziele setzen, können Sie Ihren jeweiligen Verhandlungserfolg leicht messen. Neben der Erreichung eines bestimmten Zieles sollten Sie aber auf jeden Fall Ihr eigenes Verhalten studieren und stetig hinterfragen. Am Ende gilt: Übung macht den Meister.
In Anlehnung an das empfehlenswerte Buch „Erfolgreich Verhandeln für Immobilienprofis" von Jochen Sommer und Werner Berghaus möchte ich Ihnen im Folgenden einige grundlegende Verhandlungstaktiken vorstellen. Stellen Sie sich eine Situation auf einem orientalischen Basar vor – Sie interessieren sich für ein bestimmtes Kleidungsstück. Während Sie sich das Kleidungsstück näher anschauen, wird Sie ein erfahrener Verkäufer immer genau beobachten und bei geeigneter Gelegenheit direkt ansprechen. Echte Profis zeigen Ihnen dann weitere Kleidungsstücke und beobachten Sie weiterhin ganz genau. Sollte Ihr Blick an manchen Stücken nur Sekundenbruchteile länger haften bleiben, erkennt der geübte Verkäufer

umgehend, welchen Geschmack Sie haben. Dass Ihr Blick an den von Ihnen bevorzugten Waren länger verweilt, ist natürlich und Sie werden es nicht vermeiden können.

Der Verkäufer wird Ihnen so lange Kleidungsstücke anbieten, bis er den Eindruck gewonnen hat, dass Ihnen die Sachen wirklich gefallen. Denn dann können Sie sich als Kaufinteressent in der folgenden Verhandlung nicht mehr über die Qualität der Ware beschweren. Sollten Sie schon sehr früh nach dem Preis fragen, werden Sie vermutlich keine Antwort erhalten. Der Verkäufer wird Ihre Zufriedenheit so lange hinterfragen, bis er der Meinung ist, dass dies die Waren sind, die Sie gerne erwerben würden und eine Situation entstanden ist, in der Sie sich für die Waren quasi entschieden haben. Was jetzt noch fehlt, ist „nur" noch die Einigung über den Preis.

Wenn Sie als Kaufinteressent geschickt vorgehen, fragen Sie nach einem einzigen Preis für alles zusammen. Ist der Verkäufer gewieft, wird er versuchen, ein ganz besonderes Vertrauen zu Ihnen aufzubauen. Das macht er, indem er Ihnen geheimnisvoll einen Preis „nur für Sie" ins Ohr flüstert. Damit hat er nicht nur erreicht, dass Sie diesen Preis exklusiv erfahren, sondern dass Sie diesen als ganz besonderen Vorteilspreis für Sie persönlich erachten. Als erfahrener Käufer wissen Sie natürlich vom Spielraum, den der Verkäufer hat. Und als Profi weiß der Verkäufer, dass Sie verhandeln werden. Aber auch Sie müssen sich nun einen Verhandlungsspielraum einbauen. Setzen Sie sich daher imaginär eine nur Ihnen bekannte Grenze. Dem Verkäufer nennen Sie dagegen einen Preis, der ein gutes Stück unter dieser Grenze liegt. Dies machen Sie am besten, indem Sie sich äußerst erstaunt zeigen, wenn der Verkäufer Ihnen den bereits erwähnten exklusiven Sonderpreis anbietet. Sie können beispielsweise sagen: „Das ist viel zu teuer!" Der Verkäufer wird auf Ihren Gegenvorschlag selbstverständlich mit ähnlichem Entsetzen reagieren. Da er das Verhandlungsgeschehen jedoch nicht verlässt, befinden Sie sich auf jeden Fall noch im grünen Bereich.

Jetzt kommt der wichtigste Aspekt einer jeden Verhandlung: Setzen Sie sich wie auf dem Basar eine ganz klare Grenze, bis zu der Sie gehen wollen oder können. Ganz egal, wie sehr Sie eine Immobilie begehren, Sie müssen jederzeit bereit sein, die Verhandlung bei Überschreiten dieser Grenze abzubrechen. Daran führt kein Weg vorbei. Alles andere könnte Sie nämlich ganz schnell in den Ruin treiben. Denn hier geht es wirklich um Ihre Existenz.

Noch einmal kurz zurück zum Basar und den von Ihnen ausgesuchten Kleidungsstücken. In der weiteren Verhandlung kommt eine mögliche Einigung Schritt für Schritt. Die von den Verhandlungspartnern im Folgenden genannten Preisschritte werden erfahrungsgemäß immer kleiner, umso näher beide an Ihre Preisgrenze kommen. Versuchen Sie auf jeden Fall, stur und beharrlich zu sein. Mit den immer kleiner werdenden Schritten werden Sie sich vermutlich gut an einen Preis annähern können. Sollten Sie sich dann einigen, kann es vorkommen, dass der Verkäufer seine Meinung nochmals ändert. Gerne wird auch eine zweite Person, beispielsweise der Chef, hinzugezogen. Wenn jetzt doch ein höherer Preis gefordert wird, sollten Sie sich aus der Verhandlung zurückziehen, denn wahrscheinlich würde dann die Ihnen bekannte Grenze überschritten werden. Hat der Verkäufer trotz Ihres Rückzuges noch einen echten Abschlusswillen, wird er Ihnen hinterherlaufen und noch einmal das Gespräch mit Ihnen suchen. Dies ist Ihre Gelegenheit, den Deal zum vorher vereinbarten Preis fix zu machen. Dies sollten Sie ausgesprochen deutlich zum Ausdruck bringen. Das ist dann das Ende der Verhandlung mit zwei durchaus zufriedenen Verhandlungspartnern. Damit man sich auch bei der nächsten Gelegenheit erneut mit positivem Vorzeichen treffen kann, wird Ihnen der Verkäufer zudem sicher zum erfolgreichen Kauf gratulieren, was Sie entsprechend wohlwollend erwidern sollten.

Besonders harmonisch laufen Verhandlungen ab, wenn beide Seiten professionell agieren, also beide diese Regeln kennen. Auf das Immobiliengeschäft können Sie diese Techniken übrigens eins zu eins übertragen.

Sich einigen – gut vorbereitet in die Kaufverhandlung

Lassen Sie uns zum konkreten Immobiliengeschäft zurückkehren. Es ist Zeit, alle noch offenen Punkte aus Ihrer Einkaufsprüfung zusammenzustellen – es sollten nicht mehr allzu viele Punkte sein und auch keine unlösbaren Probleme mehr. Am Ende haben Sie für die weiteren Gespräche nur noch ein einziges Blatt mit vielleicht fünf bis zehn Punkten. Sich jetzt noch irgendwo in Details zu verlieren, macht keinen Sinn mehr.

Neben der Klärung der letzten offenen Punkte geht es daran, dass Sie Ihr realistisches Verhandlungsziel und natürlich Ihre Ausstiegsgrenze klar definieren und aufschreiben. Dies sind schlichtweg zwei Zahlen. Die detaillierten Grundlagen dafür haben Sie bereits mit der Ankaufsprüfung, der Investmentkalkulation und den vorvereinbarten Finanzierungskonditionen erarbeitet. Rekapitulieren Sie noch einmal, sozusagen aus der Vogelperspektive, sämtliche Risiken und Entwicklungspotenziale „Ihrer" Immobilie. Aber auch Ihr Bauchgefühl sollten Sie nicht vernachlässigen. Von zentraler Bedeutung ist auf jeden Fall Ihre persönliche Werteinschätzung der Immobilie. Dagegen ist der vom Verkäufer geforderte Kaufpreis nicht relevant. Als Orientierungsgröße für Ihre Verhandlungsstrategie sollten Sie ihn aber in jedem Fall nutzen.

In der Kaufpreisverhandlung selbst versuchen Sie, möglichst natürlich und besonnen aufzutreten, ohne dabei allerdings je Ihr Ziel aus den Augen zu verlieren. Am Ende werden Sie höchstwahrscheinlich zu einem Ergebnis kommen, das den Verkäufer, den Makler und vor allem Sie zufrieden stimmt. Gelegentlich kommt es vor, dass der Makler den Abschluss einer Reservierungsvereinbarung vorschlägt. Damit dokumentieren Sie als Kaufinteressent mit einem kleinen Anzahlungsbetrag von 500 bis 1.000 Euro Ihre Entschlossenheit, die

Immobilie wirklich kaufen zu wollen. Aber glauben Sie jetzt nicht, dass nun alles in trockenen Tüchern ist. Denn der Makler kann Reservierungsvereinbarungen mit drei verschiedenen Kaufinteressenten abschließen. Sollten Sie am Ende nicht zum Zuge kommen, erhalten Sie Ihre Reservierungsgebühr zurück. Allerdings ist sie verloren, wenn Sie sich jetzt noch unbegründet von der getroffenen Vereinbarung zurückziehen. Angeraten ist daher, das Tempo für die Abwicklung des Deals auch nach Abschluss einer solchen Vereinbarung aufrechtzuerhalten, bis der Notarvertrag unterzeichnet ist. So unverbindlich Reservierungsvereinbarungen für den Verkäufer sind, so sinnvoll sind sie, weil sich alle Parteien normalerweise zumindest ein wenig daran gebunden fühlen.

Was gute Vorbereitung und Verhandlungstaktik bewirken können, zeigt das Beispiel einer kleinen Eigentumswohnung in Frankfurt, die ich vor einigen Jahren erworben habe. Angeboten wurde diese Wohnung, 43 Quadratmeter groß und gebaut in den 1990er-Jahren, über ein Internetportal von einem Makler zu einem Kaufpreis von 74.000 Euro inklusive einem Außenstellplatz. Wegen der Ausstattung und der guten Grundrissgestaltung schätzte ich den marktüblichen Mietpreis auf etwas über zehn Euro je Quadratmeter zuzüglich 40 Euro für den Stellplatz.

Da ich mich im Zuge der Ankaufsprüfung auch mit den aktuellen Mietangeboten in dieser Gegend befasste, fiel mir ein Wohnungsinserat besonders auf. Der Makler dieser Wohnung hatte nämlich die Wohnung gleichzeitig zur Anmietung angeboten – zu einem Preis von 379 Euro netto kalt inklusive Stellplatz. Dies entsprach einem Mietpreis von acht Euro je Quadratmeter, bei 35 Euro für den Stellplatz. Bevor ich einen Besichtigungstermin vereinbarte, überlegte ich, was diese Information für einen eventuellen Kauf bedeutete und erstellte eine Kalkulation, basierend auf den Angaben des Verkaufsexposés:

1. Renditekalkulation aus Sicht des Maklers (mit dem Angebotspreis):
   Nettokaltmiete: 43 m^2 x 8,00 € / m^2 + 35 € / Stellplatz = 379 € je Monat, also 4.548 € pro Jahr
   Bruttorendite: 4.548 € / 74.000 € = 6,1 % bzw. 16,3-fach

2. Renditekalkulation aus Sicht des Maklers (aber mit meinem Zielpreis):
   Nettokaltmiete: 43 m^2 x 8,00 € / m^2 + 35 € / Stellplatz = 379 € je Monat, also 4.548 € pro Jahr
   Bruttorendite: 4.548 € / 69.000 € = 6,6 % bzw. 15,2-fach

Meine Investmentkalkulation verwendete ich in diesem Fall aber nur für meine internen Zwecke und berücksichtigte auch nicht die Kaufnebenkosten und den (in diesem Fall überschaubaren) Renovierungsaufwand.
Mit dieser Kalkulation konnte ich nun den Verhandlungsspielraum des Maklers einengen. Da er die Wohnung zu einem Mietpreis von 379 Euro je Monat annonciert hatte, konnte er kaum mit einem höheren Ertragspotenzial der Wohnung argumentieren. Ich brauchte somit nur noch eine einzige kaufpreisbestimmende Variable mit ihm zu diskutieren: die ihm bekannte Bruttorendite bzw. deren Kehrwert, also den Kaufpreisfaktor. Wie in der ersten Kalkulationsvariante ermittelt, bot er die Wohnung mit einer Bruttorendite von 6,1 Prozent bzw. zum 16,3-fachen an – für mich das Signal, dass noch ein gewisser Verhandlungsspielraum bestand. Denn ähnliche Wohnungen wurden in dieser Gegend damals zu einem Preis von ungefähr dem 15-Fachen bzw. einer Bruttorendite von 6,7 Prozent gehandelt. Dies entspräche einem Kaufpreis von 68.220 Euro. Als Zielgröße für mich definierte ich unter Berücksichtigung aller Kosten einen Zielpreis von 69.000 Euro. Dieser lag also leicht über dem nach meiner Einschätzung seitens des Maklers vorgesehenen möglichen Verhandlungsergebnis.

In der Folge ergab es sich tatsächlich, dass ich die Wohnung für 69.000 Euro kaufte. Womit sich bewahrheitete, dass der Makler offensichtlich den vermuteten Spielraum hatte. Damit konnte der Deal für alle Parteien sehr zufriedenstellend abgewickelt werden, denn jeder erreichte sein Verhandlungsziel.

Abschließend noch ein paar weitere Zahlen, die ich während der Verhandlung selbstverständlich nicht weiter erwähnt habe. Ich vermietete die Wohnung inklusive Stellplatz zu einem Preis von 475 Euro je Monat. Neben den Kaufnebenkosten von ungefähr zwölf Prozent des Kaufpreises hatte ich lediglich einen Aufwand von rund 2.000 Euro für Kleinreparaturen und das Streichen der Wohnung zu tragen. Damit hatte ich also Gesamtinvestitionskosten von etwa 79.000 Euro bei einem Jahresertrag von 5.700 Euro, entsprechend einer Bruttorendite von 7,2 Prozent unter Berücksichtigung aller Investitionskosten.

Um dem obigen Berechnungsschema treu zu bleiben, hier noch die Berechnung der Bruttorendite nach der Maklerformel ohne Berücksichtigung der Kaufnebenkosten und weiteren Investitionskosten:

3. Renditekalkulation aus meiner Sicht
(mit meinem Zielpreis und „meiner“ Miete):
Nettokaltmiete: 43 m² x 10 € / m² + 45 € / Stellplatz = 475 € je Monat, also 5.700 € pro Jahr
Bruttorendite: 5.700 € / 69.000 € = 8,3 % bzw. 12,1-fach

Der Clou dieses Deals war, dass diese Rendite eben nicht im Exposé stand. Sie war vielmehr das Ergebnis einer ausgefeilten Verhandlungsstrategie und einem „Wissensvorsprung“ gegenüber dem Makler. All dies ist kein Hexenwerk, nur ein wenig Übung in der Auswahl der richtigen Immobilie und die genaue Kenntnis des „Reviers“. Unter diesen Voraussetzungen können solche Deals – auch heute noch in angespannten Märkten – durchaus erfolgreich zustande kommen.

Die Beurkundung des Immobilienkaufs

Geschafft. Sie haben Ihren Deal eingefädelt und befassen sich daher mit der Formulierung des Kaufvertrages. Idealerweise haben Sie dem Verkäufer bereits einen Ihnen bekannten Notar vorgeschlagen, der einen ersten Kaufvertragsentwurf mit den von Ihnen gelieferten Informationen erstellt. Erfreulicherweise haben sich in den letzten Jahrzehnten viele Standards entwickelt, die Eingang in einen solchen Kaufvertrag finden. Erfreulich deswegen, weil Sie mit ein wenig Übung einen Wiedererkennungseffekt haben werden – anders als bei Kaufverträgen für große Gewerbe-Immobilien, die meist sehr individuell sind und einen Umfang von mehreren Ordnern haben können.

Lassen Sie uns daher im Folgenden über wichtige, auch juristische Aspekte klassischer Immobilienkaufverträge für Wohnimmobilien sprechen. Sollten Sie einmal, gerade als Nichtjurist, eine der folgenden Passagen nicht bis ins letzte Detail verstehen, so grämen Sie sich nicht. Denn die Gesetze, Verordnungen und vor allem die langjährige Rechtsgeschichte, die hinter solchen Regelungen (meist dem BGB) stehen, sind teils über viele hundert Jahre „gewachsen". Von wesentlicher Bedeutung hingegen ist, dass der aktive Immobilienanleger und -investor die grundsätzlichen Zusammenhänge kennt und mit entsprechender Beratung anwenden kann. Beginnen wir daher gleich mit dem wohl wichtigsten Player in diesem Spiel: dem Notar.

Die wesentliche Aufgabe des Notars besteht darin, für ein ausgewogenes, strukturiertes und praktikables Vertragswerk zu sorgen. Er darf und wird Sie aber niemals „parteilich" beraten. Deshalb sollten Sie auf jeden Fall auf die Unterstützung eines erfahrenen Rechtsanwalts zurückgreifen.

Der Prozess „Immobilienerwerb" kann sehr anschaulich in verschiedene Phasen eingeteilt werden. Der zentrale juristische Hintergrund des Erwerbsvorganges ist nämlich die Trennung der verschiedenen Rechtsgeschäfte voneinander. So werden durch den Kaufvertrag „nur“ die schuldrechtlichen Pflichten der Parteien geregelt. Diese sind im Kern erstens, den Eigentumswechsel und die Kaufpreiszahlung in die Wege zu leiten und zweitens, auch zu vollziehen. Der Eigentumswechsel hingegen wird erst durch das sogenannte dingliche Geschäft und die Eintragung des neuen Eigentümers in das Grundbuch vollzogen. Nicht juristisch ausgedrückt bedeutet dies also, dass sich die Parteien einerseits dazu verpflichten, den Kaufvertrag („Ware gegen Geld“) umzusetzen und andererseits für die „dingliche“ Übertragung der Immobilie zu sorgen. Dinglich bedeutet nichts anderes, als dass das Eigentum im Grundbuch eingetragen wird, was eines vorherigen „dinglichen Verfügungsgeschäfts“ bedarf. Dieses dingliche Verfügungsgeschäft nennt sich „Auflassung“ und stellt nichts anderes dar als die Vertragsvereinbarung, dass das Eigentum an dem Grundstück auf den Erwerber übergehen soll.

Während sich die Parteien mit Unterzeichnung der Kaufvertragsurkunde gegenseitig dazu verpflichten, das Eigentum zu übertragen und entsprechende schuldrechtliche Gegenleistungen (insbesondere die Zahlung des Kaufpreises) zu erbringen, geht das Eigentum tatsächlich erst mit der Eintragung im Grundbuch über. Das heißt: Auch wenn Sie gerade vom Notartermin kommen, sind Sie noch lange nicht Eigentümer der Immobilie. Auch nicht, wenn Sie einige Wochen später den Kaufpreis gezahlt haben. Sie werden erst Eigentümer, wenn dies im Grundbuch steht. Darüber verstreichen normalerweise noch einmal einige Wochen nach der Kaufpreiszahlung. Im Umkehrschluss bedeutet dies, dass Sie einem aktuellen Grundbuchauszug sehr viel glauben dürfen. Er ist der sprichwörtliche „öffentliche Glaube“.

Zusammenfassen lässt sich dies sehr gut mit den „Phasen des Immobilienerwerbs“. Hiernach besteht ein üblicher Immobilienerwerb aus den folgenden vier Schritten, die ich gleichzeitig noch mit einigen teils äußerst praxisrelevanten Kommentaren versehen möchte:

Wesentliche Inhalte des notariellen Kaufvertrages

Wesentliche Inhalte eines notariellen Kaufvertrages sind neben der genauen Nennung der Verkäufer- und Käuferpartei die möglichst umfassende Beschreibung der den Erwerbsvorgang unterliegenden Grundstücke nebst aufgehenden Gebäuden und dem Zubehör. Selbstverständlich gehört hierzu auch die Nennung des vereinbarten Kaufpreises, gegebenenfalls gesondert nach Grundstücken und Gebäuden. Auch die Zuordnung gewisser Kaufvertragsbestandteile zum Zubehör kann gerade aus steuerlicher Sicht sehr sinnvoll sein. Denken Sie beispielsweise an die Einbauküche. Warum sollten Sie für den Kaufpreisanteil, der auf diese entfällt, Grunderwerbsteuer zahlen?

In der Regel verpflichtet sich der Verkäufer, den Kaufgegenstand lastenfrei zu übertragen. Dies bedeutet, dass Grundschulden und sonstige Rechte nicht auf den Erwerber übergehen. Sollten gewisse belastende Rechte nicht gelöscht werden können, müssen diese genau bezeichnet werden, damit diese übertragen werden können. Dies können etwa Grunddienstbarkeiten wie Leitungs- und Wegerechte sein, die Sie sowieso in Abteilung II des Grundbuches wiederfinden. Diese den Immobilienwert negativ beeinflussende Rechte sollten selbstverständlich bereits in der Findung des vereinbarten Kaufpreises berücksichtigt sein.

Damit der Käufer den Kaufpreis aus seiner Bankfinanzierung überhaupt zahlen kann, muss der Verkäufer dahingehend mitwirken, dass das betreffende Grundstück auch vor der Eigentumsumschreibung mit Grundschulden belastet werden kann. Denn nur mit dieser grundbuchlichen Absicherung wird die Bank den vereinbarten Darlehensbetrag auszahlen und somit eine nicht unwichtige Voraussetzung für die Kaufpreiszahlung schaffen.

Weiterhin enthält der Kaufvertrag typischerweise Regelungen zu den Fälligkeitsvoraussetzungen für die Zahlung des Kaufpreises sowie gewisse Treuhandauflagen an den Notar für den Vollzug des

Kaufvertrages. Denn der Notar ist dafür verantwortlich, dass der Vertrag geordnet umgesetzt wird.
Von besonderer Bedeutung ist schließlich der völlig übliche Gewährleistungsausschluss für den Fall, dass Sie eine „Gebrauchtimmobilie" erwerben. Solche Klauseln sind im „kleineren" Wohnungsbereich (also Eigentumswohnungen, Einfamilienhäuser und typische Mehrfamilienhäuser) gang und gäbe und marktgerecht. Erst im großen gewerblichen Bereich (beim Verkauf ganzer Wohnungsportfolien oder Gewerbe-Immobilien) wird vielfach mit Kenntnisklauseln, Garantien, Gewährleistungsvereinbarungen und vielen anderen rechtlichen Instrumenten gearbeitet. Für „normalsterbliche" Wohnimmobilienkäufer ist also die sorgfältige Ankaufsprüfung nebst Besichtigung gerade wegen des üblichen Gewährleistungsausschlusses von besonderer Bedeutung. Denn damit können Sie alle möglichen technischen, rechtlichen und kaufmännischen Sachverhalte – wie ausführlich erläutert – Schritt für Schritt durchprüfen. Hilfreich ist auch eine Mieterliste, gerade für Mehrfamilienhäuser, die dem Vertrag als Anlage beigefügt werden sollte. Damit kann es keinen nachträglichen Streit über den tatsächlichen Mieterbesatz und vor allem die vereinbarten Mieten geben. Denn gerade wenn Sie Häuser aus „schwierigen" Quellen einkaufen, ist die Informationslage erfahrungsgemäß oft diffus.
Obwohl Vereinbarungen über den Gewährleistungsausschluss an der Tagesordnung sind, gibt es einige Punkte, hinsichtlich derer der Verkäufer haftet. Er muss alle besonderen Umstände, die ihm bekannt sind und die kaufpreisrelevant sein können, nach bestem Wissen und Gewissen wahrheitsgemäß und vollständig angeben. Üblich ist auch eine Garantieerklärung des Verkäufers, dass keine Rechtsstreitigkeiten bzw. Gerichtsprozesse anhängig sind, dass es keine nennenswerten Mietrückstände gibt, aber auch dass keinerlei Verbindlichkeiten gegenüber früheren Mietern bestehen. Weiterhin sollte eine Erklärung des Verkäufers eine Bestätigung enthalten, dass außer den in einer Liste aufgeführten Mietern keine weiteren Mietverträge über die verkaufte Immobilie bestehen.

Ebenfalls von besonderer Bedeutung ist der Übergabetag bzw. Übergang von Nutzen und Lasten der Immobilie. Dies ist der Tag des Besitzübergangs. Er ist keinesfalls mit dem Eigentumsübergang zu verwechseln. Meistens ist der Besitzübergang gleichzeitig der Tag, an dem der Kaufpreis gezahlt wird. Es können jedoch auch andere Tage, beispielsweise der nächste Tag oder der nächste Monatserste vereinbart werden. Ab dem Übergabetag kann der Erwerber frei über die Immobilie verfügen. Er kann dann beispielsweise mit Renovierungsarbeiten beginnen. Weiterhin stehen ihm ab diesem Tag sämtliche Mieterträge zu. Vielfach wird geregelt, dass sämtliche Kosten und Erträge zwischen den Parteien zu diesem Tag abgerechnet werden. Dies betrifft vor allem die Mieteingänge und die Nebenkosten der Immobilie. In der Praxis hat es sich bewährt, als Käufer die Abrechnung der Nebenkosten mit den Mietern auch für das bereits angebrochene Jahr zu übernehmen, denn der Verkäufer hat naturgemäß ab dem Tag des Geldeingangs nur noch ein geringes Interesse an Hausverwaltungsangelegenheiten. Die Idee, dass der Alteigentümer die erste Jahreshälfte mit den Mietern abrechnet und Sie als Erwerber die zweite Hälfte übernehmen, können Sie gleich wieder zu den Akten legen. Der Grund hierfür liegt in der Gesetzgebung: Sie dürfen nur ganze Betriebskostenjahre mit den Mietern abrechnen. Ihnen wird daher nichts anderes übrig bleiben, als den Alteigentümer freundlich, aber bestimmt dazu zu bringen, Ihnen bzw. Ihrem Hausverwalter alle erforderlichen Abrechnungsunterlagen für das angebrochene Jahr zu übergeben. Am besten regeln Sie dies bereits im Kaufvertrag.

Nicht unerwähnt bleiben soll an dieser Stelle noch einmal die Maklerklausel. Vielfach ist der vermittelnde Makler bestrebt, dass er eine kurze Erwähnung in der Kaufvertragsurkunde findet. Dies dient ausschließlich der Sicherung seines Provisionsanspruchs. Von daher können professionell agierende Investoren gelassen damit umgehen.

Interessant können die Regelungen zu Vollmachten und Vertragskosten werden. Marktüblich ist, dass der Käufer die Notar- und Gerichtskosten für die Beurkundung des Kaufvertrages übernimmt. Dagegen sollte jedoch geregelt werden, dass der Verkäufer die Kosten für die Lastenfreistellung des Grundstückes trägt. Hier handelt es sich meistens um die Löschung alter Grundschulden. Weiterhin sollte jede Partei die Kosten für etwaige Vollmachten übernehmen, die in ihrer Sphäre liegen. Als ich einmal eine Immobilie von einer Kirche erworben und mich damals mit solchen Dingen nicht ausgekannt habe, bin ich in eine Kostenfalle getappt. Denn es ergab sich, dass die an der Beurkundung teilnehmenden Kirchenvorstände weitere notariell beglaubigte Vertretungsvollmachten organisieren mussten. Auch wenn diese Kosten nicht sehr hoch sind, ist es einfach unschön, wenn eine andere Partei diese übernehmen muss. Letztendlich regeln solche Vertragswerke – so kompliziert sie auch sind – im Kern eigentlich nur zwei Dinge: Erstens verpflichtet sich der Verkäufer, dem Käufer das Eigentum an einer Immobilie zu verschaffen. Zweitens verpflichtet sich der Käufer, den Kaufpreis zu zahlen. Dies sind die sogenannten Hauptleistungspflichten von Verkäufer und Käufer. Damit hier nichts Schlimmes passiert, wird die Abwicklung der Hauptleistungspflichten „Zug-um-Zug" durch einen Notar gesteuert und überwacht.

Prüfung von Auflagen und Vollzugsvoraussetzungen durch den Notar

Der Notar ist also mehr als Abwicklungsdienstleister und Überwachungsstelle zu verstehen und weniger als Berater. Eine Ausnahme sind gewisse Aufklärungspflichten. Insbesondere belehrt der Notar über die Beurkundungspflicht von Grundstücksgeschäften im Allgemeinen, ohne die der abgeschlossene Vertrag im Ganzen nichtig sein kann. Weiterhin belehrt er über die Abwicklung des Kaufvertrages, Haftungsfragen sowie den Umgang mit öffentlichen Abgaben und Steuern.

Ist der Kaufvertrag geschlossen, beginnt die eigentliche Arbeit des Notars. Meist wird mit einer weiteren Urkunde gleich eine Grundschuld für die Bank des Käufers bestellt – auch ohne dass das Eigentum der Immobilie bereits übertragen wurde. Dies geschieht mit einer Vollmacht, die der Verkäufer dem Käufer mit der Kaufvertragsurkunde bereits erteilt hat. Gleichzeitig wird die Eintragung der Grundschuld im Grundbuch sowie die Eintragung einer Eigentumsvormerkung für den Käufer beantragt.

Im nächsten Schritt erhält der Notar von der Bank des Verkäufers die Löschungsbewilligung der Grundschuld, die das etwaige Darlehen des Verkäufers sichert. Von dieser Löschungsbewilligung darf der Notar erst Gebrauch machen, wenn die Bank des Verkäufers dies bestätigt, was sie in der Regel erst dann tut, wenn der Verkäufer das Darlehen zurückführt. Insofern ist der Notar hier an die sogenannte Treuhandauflage gebunden.

Anschließend koordiniert der Notar die Herbeiführung der Auszahlungsvoraussetzungen für das Darlehen des Käufers. Insbesondere leitet er die entsprechenden Grundbuchnachrichten über die Eintragung der Grundschuld für die Bank des Käufers sowie die Eigentumsvormerkung an die Bank des Käufers weiter. Sobald sämtliche kaufvertraglich vereinbarten Voraussetzungen für die Kaufpreiszahlung vorliegen, teilt dies der Notar den Parteien mit. Nun kann der Käufer den Kaufpreis zahlen, je nach Regelung entweder komplett direkt an den Käufer oder teilweise an die Bank des Verkäufers zwecks Ablösung von Altdarlehen. Den Eingang des Geldes bestätigt der Verkäufer bzw. seine Bank.

Nun kann der Notar unter Erfüllung seiner Treuhandauflage die Löschungsbewilligung hinsichtlich der Grundschuld des Verkäufers beim Grundbuchamt einreichen. Weiterhin kann die Übertragung des Eigentums beantragt werden. Damit dieses übertragen werden kann, muss zunächst der Käufer dafür die Grunderwerbsteuer an das zuständige Finanzamt zahlen und erhält daraufhin eine sogenannte Unbedenklichkeitsbescheinigung. Erst mit Vorlage dieser kann das Eigentum im Grundbuch eingetragen werden. Die letzte Unterlage, die der Käufer sehnsüchtig erwartet, ist somit die Eintragungsmitteilung über das Eigentum an dem Grundstück durch das Grundbuchamt.

Die optimale Vorbereitung auf den Notartermin

Ein erfreulich kurzes Kapitel. Denn dank der Durchsicht und Optimierung des Kaufvertrages mit Unterstützung Ihres Rechtsanwalts sind Sie bereits optimal vorbereitet. Und dass Sie vorher Ihre Hausaufgaben gemacht haben, die Immobilie also zusammen mit Ihren Experten auf Herz und Nieren geprüft haben, versteht sich ohnehin von selbst.

Beruhigend kann es sein, wenn Sie sich noch einmal kurz Ihr Zahlenwerk anschauen. Was waren noch einmal die groben Kennziffern? Was ist anfangs vordringlich an der Immobilie zu tun? Ist meine Finanzierungsbestätigung „stabil"? Passt Sie zu 100 Prozent in meine Investmentkalkulation? Habe ich einen ausreichenden Puffer vorgesehen, falls ich mich mit Renovierungs- oder gar Sanierungsimmobilien beschäftige? Da sich gerade in den letzten Tagen vor dem Kauf noch einmal einiges ändern kann, sollten Sie hier auf dem neuesten Stand sein.

Kaufen Sie Ihre erste Immobilie, wissen Sie nicht, wie es sich anfühlt, wenn der „Tag X" da ist. Sie können es nur ahnen. Einerseits gibt es Menschen, die vor großen Zahlen und Immobilien niemals zurückschrecken. Andererseits gibt es Menschen, die nervös werden, wenn sich ein größeres Geschäft zunehmend konkretisiert. Abhilfe können dann zwei Dinge schaffen: erstens Erfahrung und zweitens eine hervorragende Vorbereitung zusammen mit Spezialisten. Auch ist es anfangs empfehlenswert, sich eher mit „einfachen" Immobilien zu befassen.

Der Notartermin

Der Hauptgrund, warum dieser Termin meist so unspektakulär ist, ist Ihre gute Vorbereitung. Idealerweise ist der Notartermin nur noch ein „Lesetermin“ und es werden nur noch kleinere Fragen, oft redaktioneller Natur, geklärt. Aber auch Raum für den so wichtigen Small-Talk mit den Beteiligten sollte es geben.

Manchmal kommt es dennoch vor, dass überraschenderweise doch noch wesentliche Fragen zu klären sind. Für einen solchen Fall hat es sich bewährt, einen telefonisch erreichbaren Berater (Rechtsanwalt) „greifbar“ zu haben. Denn so unwahrscheinlich es ist, dass Sie ihn anrufen werden – es wird Sie ungemein beruhigen.

10. Immobilienmanagement und -verwaltung

Die Objektübergabe

Der Tag der Objektübergabe ist der Tag, auf den Sie sicher schon lange gewartet haben. Denn ab diesem Tag, meist der Tag der Kaufpreiszahlung oder kurz danach, dürfen Sie voll über die Immobilie verfügen. Sie dürfen Sie betreten, renovieren und umbauen. Auch die Mieten stehen Ihnen ab diesem Tag zu. Aber auch die Kosten und Risiken der Liegenschaft sind ab diesem Tag Ihr Thema. Von daher gilt es, die Zeit nach dem Notarvertrag bis zur Objektübergabe sinnvoll zur Vorbereitung des Übergabetages zu nützen.
Zunächst sind da die unbedingt notwendigen Dinge zu regeln. Beispielsweise benötigen Sie eine Eigentümerhaftpflichtversicherung. Denn diese übernehmen Sie nicht automatisch vom Voreigentümer! Genau gegenteilig ist dies hinsichtlich der Sachversicherungen (gegen Feuer, Leitungswasserschäden, Sturm und Hagel). Hier haben Sie eine dreimonatige Kündigungsfrist ab Eigentumsübergang, also Eigentumsumschreibung im Grundbuch. In dieser Zeit haben Sie ein gesetzliches Sonderkündigungsrecht gegenüber der Versicherung. Sie sollten Ihre „Wartezeit" daher immer dazu nützen, entsprechende Versicherungsangebote einzuholen und bereits im Vorhinein für eine nahtlose Versicherungsdeckung zu sorgen.
Auch ein Hauskonto sollten Sie rechtzeitig einrichten, da Banken einige Zeit benötigen, bis alle Formalien stehen. Die Mieter wollen nämlich rechtzeitig Ihre neuen Kontodaten erfahren, damit sie genug Zeit für die Umstellung der Mietzahlungen haben. Denn Sie übernehmen alle Bestandsmietverträge eins zu eins. Ihre finanzierende Bank wird zudem nicht lange auf den ersten Kapitaldienst warten wollen. Von daher rechnen Sie unbedingt damit, dass Sie vom ersten Monat an den vollen Kapitaldienst bedienen können.

Selbstverständlich sollte auch eine gewisse Liquiditätsreserve für Unvorhergesehenes bereitstehen.
Mit dem Alteigentümer vereinbaren Sie einen formellen Übergabetermin, an dem Sie die Hausschlüssel sowie die Hausunterlagen erhalten. Hierüber sollte in jedem Fall ein von beiden Seiten zu unterzeichnendes Protokoll erstellt werden. Solche Termine und Besprechungen sind in der Regel recht intensiv und mit vielen Details beladen, insbesondere wenn Sie es mit eher unerfahrenen „Hobbyvermietern" zu tun haben.
Wie Sie sich dieses ganze Übergabeprozedere ersparen können, ahnen Sie vielleicht schon. Aufschluss hierüber gibt Ihnen das nächste Kapitel.

Der Chef im Ring sind Sie

Endlich geht es an die „eigentliche" Immobilienarbeit. Denn alles, was Sie bisher getan haben, hat sich „nur" um die Beschaffung von Immobilien gedreht. Nachdem Sie die Immobilie endlich Ihr Eigen nennen, wollen Sie sie „bewirtschaften", damit sie sich gut entwickelt und gedeiht. Denn als Immobilieneigentümer sind Sie eine „Art" Unternehmer. Nur dem Finanzamt dürfen Sie dies freilich so nicht sagen, dort sind Sie natürlich „vermögensverwaltend".

Ihr Expertenteam für die laufende Immobilienbetreuung

Vergleichen Sie es mit der Ankaufsprüfung – bei der Sie Fachleute hinzugezogen haben: genau gleich verhält es sich mit dem laufenden Immobilienmanagement. Oder sind Sie gestandener Hausverwalter? Steuerberater? Architekt oder Bauleiter? Wenn Sie eine dieser Fragen seriös mit „ja“ beantworten können, sind Sie in der Lage, diese Aufgaben natürlich auch selbst zu übernehmen. Aber selbst dann kann einiges gegen die eigenhändige Übernahme einer solchen Aufgabe sprechen. Spätestens dann, wenn Sie sich gerade Ihre dritte oder vierte Immobilie kaufen.

Der Hausverwalter

Sie haben es sicher schon herausgehört: Der Hausverwalter ist unverzichtbar und wird fortan Ihr wichtigster Dienstleister sein. Haben Sie eine vermietete Eigentumswohnung gekauft, haben Sie bereits einen Hausverwalter. Er ist der sogenannte WEG-Verwalter. Er verwaltet das Gemeinschaftseigentum der Eigentümergemeinschaft und natürlich auch das Verhältnis der Eigentümer untereinander. Was jedoch nicht seine originäre Aufgabe ist, ist die Verwaltung Ihres „Sondereigentums“, also die Mietverwaltung Ihrer neuen Wohnung. Möchten Sie diese nicht selbst vornehmen, wissen Sie jetzt, wen Sie an erster Stelle um ein Angebot bitten sollten. Der WEG-Verwalter wird eine solche Aufgabe meist gerne übernehmen, schließlich ist ihm die Liegenschaft bereits bestens bekannt. Es entstehen also Synergieeffekte, die Sie wahrnehmen sollten.
Welches sind die zentralen Aufgaben, die Ihr Hausverwalter übernehmen sollte? In erster Linie ist er der zentrale und vor allem erste Ansprechpartner für alle das Haus betreffenden Angelegenheiten. Und dies können durchaus viele sein. Stellen Sie sich vor, Sie haben gerade ein Mehrfamilienhaus erworben. Nun müssen die Mieter erfahren, dass es einen neuen Hauseigentümer gibt, auf welches Konto künftig die Mietzahlungen zu leisten sind und wer der neue Ansprechpartner ist, wenn es einmal irgendwo klemmt. Meist hat auch der Voreigentümer die eine oder andere Angelegenheit vor dem Verkauf schleifen lassen. Der Wissenshunger und der Nachholbedarf Ihrer Mieter kann also gerade in der Übernahmephase groß

sein. Das werden Sie kaum allein leisten können, gerade wenn Sie noch anderweitig einer Berufstätigkeit nachgehen.
Aber seien Sie – auch aus der eigenen Erfahrung heraus – gewarnt: Nachdem ich einmal ein Mehrfamilienhaus erworben hatte, wollte der Alteigentümer besonders freundlich zu mir sein und schrieb alle derzeitigen und früheren Mieter an, dass es einen neuen Hauseigentümer gebe und teilte auch gleich all meine persönlichen Kontaktdaten samt Mobilnummer mit. Da ich den Ankauf der Immobilie selbst koordinierte, hatte er alle diese Daten von mir. Diese –nicht abgesprochene – „Freundlichkeit" führte in der Folge dazu, dass es Monate dauerte, alle Mieteranfragen „abzuwehren" und auf die Hausverwaltung zu lenken – für mich mehr als ärgerlich.
Eine weitere klassische Aufgabe des Hausverwalters ist die Übernahme der gesamten Finanzadministration. So ist er verantwortlich für den Einzug der Mieten und Nebenkostenvorauszahlungen, aber auch Zahlungserinnerungen und Mahnungen gehören in sein Aufgabenspektrum. Zudem ist er zuständig für die inhaltliche und rechnerische Prüfung und Zahlungsabwicklung der Eingangsrechnungen von Handwerkern, Versorgern und sonstigen Dienstleistern. Weiterhin führt er alle Einnahmen und Ausgaben buchhalterisch in einer Einnahmen-/Ausgabenrechnung zusammen, die auch für Ihren Steuerberater wichtig ist. Schließlich gehört zu den Aufgaben des Hausverwalters die jährliche Abrechnung der Nebenkosten mit den Mietern. Ist der Verwalter gut organisiert, kann er diese quasi automatisch aus den vorher getätigten Buchungen ableiten. Nur besondere Fälle und die individuellen Verbrauchsdaten der Mieter sowie der Versorger wird er noch erfassen müssen. Für die Abrechnung der Nebenkosten gelten gesetzliche Fristen, die zwingend einzuhalten sind.
Darüber hinaus ist die Hausverwaltung für das operative Immobilienmanagement zuständig. Hierzu sind regelmäßige Objektbesichtigungen durch den Verwalter unabdingbar. Die Erfahrung zeigt, dass diese Selbstverständlichkeit geregelt und später auch kontrol-

liert werden sollte. Denn nur wenn der Hausverwalter die von ihm betreute Immobilie auch gut kennt, weiß er, was zu tun ist. Zusammen mit dem Hausmeister sollte er festlegen, was pflegerisch an der Immobilie zu tun ist. Besonderes Augenmerk sollte der Reinigung und Pflege der Allgemeinbereiche wie Außenanlagen, Wege, Treppenhäuser, Keller und ähnlicher Gemeinschaftsflächen gewidmet werden. Außerdem ist die Wartung und Prüfung der technischen Anlagen zu organisieren, am besten durch Fachfirmen. Gute Verwalter werden einen guten Blick auf die Verhältnismäßigkeit der Kosten haben und wissen genau, welche Kosten von den Mietern zu zahlen sind und welche bei Ihnen „hängen" bleiben. Grob gesagt können Sie sich merken, dass Wartung, Reinigung und Pflege von Haus, Außenanlagen und Technik von den Mietern zu übernehmen sind, Verwaltungskosten und Instandhaltungen (Reparaturen) dagegen Sache des Eigentümers sind. Gerade hinsichtlich der vorzunehmenden Reparaturen sollten Sie sich als strategisch orientierter Investor durchaus einbringen – denn was bringt eine übermäßige Reparatur der Heizungsanlage, wenn diese im nächsten Jahr durch eine moderne Anlage ersetzt werden soll? Ein fortwährender Dialog mit Ihrem Hausverwalter ist daher unabdingbar.

Ein besonderes Aufgabenfeld des Hausverwalters ist die Überwachung des Versicherungsschutzes der Immobilie und die eventuelle Neuregelung. Auch hier sollten Sie als Eigentümer Ihre Kontrollfunktion intensiv ausüben. Denn die Zahlen, um die es im Schadensfall gehen kann, können groß werden. Gleiches gilt für die Abwicklung von Versicherungsschäden. Während Sie dem Verwalter das Tagesgeschäft überlassen, sollten Sie sich im Falle größerer Schäden selbst (zusammen mit einem Bauschadensexperten) einschalten. Denn Ihr Verwalter ist in der Regel Verwalter und nicht Bausachverständiger.

Sehr gute Verwalter haben auch stets die laufenden Betriebskosten und sonstigen Kosten der Immobilie im Blick. Zuweilen dürfen Sie sich sogar über Verbesserungsvorschläge freuen. Gehen Sie aber

nicht mit einer allzu großen Erwartungshaltung an dieses Thema heran. Denn im Bereich Hausverwaltung herrscht je nach Region – aufgrund der Konkurrenzsituation – ein gewisser Preisdruck. Von daher zählen Hausverwalter oftmals zu den Menschen, die chronisch überlastet sind. Ausnahmen bestätigen die Regel.
Über diese Aufgaben hinaus gibt es noch wesentlich mehr, was ein Hausverwalter zu erledigen hat. Gute Verwalterverträge enthalten umfangreiche, gut gegliederte Leistungskataloge. Sich hier ein wenig einzulesen und mehrere Anbieter zu vergleichen, hilft ungemein.
Zu guter Letzt noch ein Spezialtipp: Vereinbaren Sie mit Ihrem Hausverwalter, dass Sie monatlich eine kurze (!) E-Mail von ihm erhalten, in der er stichpunktartig auf laufende Themen aufmerksam macht und am Ende eine sogenannte Mieter- und Offene-Posten-Liste aufführt. Damit wissen Sie immer brandaktuell, was gerade in Ihrem Haus läuft, ob alle Mieten gezahlt wurden und alle Wohnungen vermietet sind. Das sind Kerninformationen, die Sie als Eigentümer eigentlich immer parat haben sollten.

Der Architekt, Bautechniker oder Bauleiter

Immer wenn es technisch kniffelig wird, kommen Sie um einen erfahrenen Bautechniker nicht herum. Beispielsweise kann es vorkommen, dass größere Reparaturen oder Wohnungssanierungen geplant und budgetiert werden müssen. Auch hilft ein guter Bautechniker, einen soliden Instandhaltungsplan aufzusetzen, insbesondere wenn Sie eine ältere, reparaturbedürftige Immobilie gekauft haben. Ein weiteres Einsatzgebiet spezialisierter Baufachleute ist die Abwicklung von Schäden, die durch Wasser, Sturm und Feuer entstanden sind. Muten Sie solche Dinge keinesfalls allein Ihrem Hausverwalter zu. Dass er die Fachleute koordiniert, solange es sich nicht um eine Großbaustelle handelt, ist dagegen selbstverständlich.

Die Praxis zeigt aber, dass – haben Sie nicht gerade bewusst eine Sanierungsimmobilie gekauft – der Einsatz dieser Fachleute glücklicherweise nicht alltäglich ist. Sollte es aber einmal soweit sein, sparen Sie nicht an der falschen Stelle. Die Folgekosten, die durch unsachgemäßes Handeln entstehen können, betragen oft ein Vielfaches einer gleich ordentlich ausgeführten Reparatur.
Weiterhin können Ihnen in der Baubrache vernetzte Player durchaus auch Handwerker und Bauunternehmen empfehlen, mit denen sie bereits beste Erfahrungen gemacht haben. Und gerade hinsichtlich der Verhandlung von Vertragskonditionen (Kosten, Qualitäten und Termine) können Ihnen die Bauspezialisten einen unschätzbaren Erfahrungsschatz zur Seite stellen. Ähnlich verhält es sich auch mit dem Baumaterialeinkauf. Die direkten und indirekten Einsparpotenziale, die gut durchdachte Handwerkerkonditionen und ein effizienter Materialeinkauf mit sich bringen können, sind teils enorm.

Der Steuerberater

Haben wir sie nicht lieb gewonnen, unsere Steuerberater? Sie gehören nämlich, wie die Hausverwalter, durchaus zu den vielbeschäftigten Menschen dieser Welt.
Wie Sie den richtigen Steuerberater finden, verrate ich Ihnen im übernächsten Kapitel. Hier geht es um die Notwendigkeit einer guten Steuerberatung. Denken wir zunächst über die Aufgaben nach, die der klassische Steuerberater übernehmen sollte. Neben der Erstellung der jährlichen Steuererklärung brauchen Sie ihn, um Ihnen die administrative Arbeit abzunehmen. Doch viel wichtiger wird ein anderes Feld: die Strategieberatung. Als angehender oder bereits aktiver Immobilienanleger und -investor kommen Sie künftig nicht mehr ohne ordentliche Steuerstrategie aus. Sie müssen planen und steuern, und dies können Sie eben nur, wenn Sie (zusammen mit Ihrem Berater) verstehen, was Sie tun. Das heißt, Sie müssen sich

selbst mit Steuern befassen, es geht nicht anders. Denn Sie sind der Manager, der am Steuer sitzt und Strategien austüftelt – was nur Sinn hat, wenn Sie das Regelwerk kennen, in dem Sie sich bewegen. Nein, nicht alle Paragraphen, aber die grobe Struktur. Für einen ersten Ansatz genügt das „kleine Steuer-Einmaleins", an das Sie sich bestimmt erinnern.
Darüber hinaus möchte ich Ihnen noch ein weiteres Steuerbuch ans Herz legen. Es ist für den etwas fortgeschrittenen, zumindest aber ambitionierten Investor geeignet und legt einen Schwerpunkt auf die gewerblichen Komponenten. Signifikanterweise heißt es „Steuern steuern" und wurde verfasst vom Steuerberater und Trainer Johann C. Köber. Nicht nur handelt es sich um eines der besten Bücher zum Thema, sondern es macht auch richtig Spaß zu lesen.

Geschäftsprozesse optimieren

Immer wieder heiß diskutiert wird die Gestaltung der vermeintlich idealen eigenen Infrastruktur und Organisation, die ein Immobilieninvestor unterhalten sollte. Der Grund dafür ist schnell ausgemacht. Denn so vielfältig Immobilien und Standorte sind, so vielfältig können Sie sie natürlich auch organisieren. Während es Anleger und Investoren gibt, die gerne „alles" (treffender freilich „vieles") selbst in die Hand nehmen, schwören andere auf ihre eigenen Angestellten oder zumindest Aushilfen, während wieder andere Personalmanagement überhaupt nicht mögen und daher alles nur Erdenkliche an Dienstleister und Freelancer outsourcen. „Richtig" oder „falsch" wird es daher nie geben, es kommt einfach darauf an.
Eines ist jedoch sicher: Wenn Sie sich persönlich als die „eierlegende Wollmilchsau" sehen und alles selbst in die Hand nehmen, werden Sie sich früher oder später verzetteln. Vermutlich sogar eher früher. Der Schaden, den Sie als Nichtfachmann in irgendeinem Gebiet anrichten können, kann durchaus schwindelerregende Dimensionen

erreichen. Nehmen Sie eine klassische, ganz einfache Vermietungssituation. Aufgrund fehlender Erfahrung vermieten Sie Ihre Wohnung an die falsche Person, vielleicht weil Sie (noch) nicht alle Techniken der professionellen Bonitäts- und Zuverlässigkeitsprüfung aus dem Effeff kennen. Was passiert? Im schlimmsten Fall zieht Ihr Mieter ein, zahlt keine einzige Monatsmiete, hinterlässt die Wohnung in einem verwüsteten Zustand und Sie bekommen ihn vielleicht erst nach einer zähen Gerichtsverhandlung nach eineinhalb Jahren aus der Wohnung. Also 18 Monate Mietausfall und mehr, laufende Betriebskosten, die Sie als Eigentümer zahlen müssen, nicht unbedeutende Renovierungskosten sowie Rechtsanwalts- und Gerichtskosten. Und eine Kostenerstattung durch Ihren Mieter werden Sie vermutlich auch nicht erhalten, denn Ihr Mieter hat offensichtlich kein Geld. Damit bleiben – wegen einer einzigen, vermeidbaren Fehlentscheidung – schnell 10- oder gar 20.000 Euro an Ihnen „hängen". Übernimmt dies dagegen ein erfahrener (und zuverlässiger) Hausverwalter, können Sie davon ausgehen, dass dieser wie ein Profi handeln wird. Natürlich nur, wenn Sie einen professionell arbeitenden Hausverwalter finden.

Letztendlich wird es daher entscheidend sein, zu überlegen, was Sie selbst tun möchten. Möchten Sie beispielsweise Mieterfragen zur Nebenkostenabrechnung erläutern und diese korrigieren? Oder sind Sie gerne im Außeneinsatz, nachdem Sie von einem Ihrer Mieter auf eine verstopfte Abwasserleitung hingewiesen wurden? Oder möchten Sie die Notrufbereitschaft für Ihre Mieter organisieren oder gar selbst sein, falls es einmal „brennen" sollte? Hausverwaltung ist ein sehr kleinteiliges Geschäft, für das man geboren sein muss. Wenn dem nicht so ist oder Sie über keine Erfahrung in solchen Dingen verfügen, werden Sie nicht um eine entsprechend fachkompetente Unterstützung herumkommen.

Sehen Sie die Immobilie daher als einen Geschäftsbetrieb. Jedes Unternehmen hat einen Investor und Geschäftsführer. Das sind Sie. Dann gibt es Mitarbeiter und Dienstleister, die sich um das Tagesgeschäft kümmern. Letzteres können Hausverwalter, Rechtsanwälte, Hausmeister, Handwerker, Buchhalter, Steuerberater und sonstige Fachleute sein, angestellt oder im Auftragsverhältnis als Dienstleister. Dies ist im Grunde unbedeutend, nur besetzt müssen alle Positionen sein. Selbstverständlich kann auch der „Chef", also Sie, mit anpacken. Aber dann müssen Sie eben wissen, was Sie tun. Konzentrieren Sie sich daher unbedingt auf Ihre eigenen Fähigkeiten.

Vier unverzichtbare Helfer für das Tagesgeschäft

In diesem Abschnitt möchte ich Ihnen einige Ansätze für den Aufbau Ihrer Infrastruktur an die Hand geben, als unverbindliche, erste Ideen. Selbstverständlich gibt es noch viele weitere Möglichkeiten für den Aufbau Ihrer Organisation und jeder wird die Tools und Instrumente anders einsetzen und kombinieren wollen.

Ihre persönliche Assistentin

„Ich betreibe doch keinen Konzern, sondern möchte nur einige wenige Mietwohnungen bewirtschaften!", denken Sie beim Lesen dieser Überschrift vielleicht erstaunt. Darum geht es auch nicht. Denken Sie einfach ein bisschen „moderner". Eine entsprechende Infrastruktur können Sie nämlich auch völlig ortsungebunden einrichten, auch in der ach so konservativen Immobilienwirtschaft. Haben Sie beispielsweise schon einmal etwas von virtuellen Assistenten gehört? Oder von virtuellen Sekretariatsservicedienstleistern? Das sind Dienste, die Ihnen Anrufe abnehmen, vorfiltern und bearbeiten, soweit Sie es möchten. Hierfür schließen Sie einen Servicevertrag ab und leiten eingehende Anrufe um. Klassische Anbieter für solche Dienste sind www.ebuero.de, oder www.multiphone.de. Die Kosten, die für einen solchen Service anfallen, sind vielfach geradezu unverschämt günstig. Ein Budget von deutlich unter 100 Euro im Monat reicht in vielen Fällen vollkommen aus.

Aber auch weitergehende Sekretariatsdienstleistungen wie Reisen buchen, Termine koordinieren, Briefe nach Diktat verfassen, Internetrecherchen oder eine Helferin für die vielen kleinen „lästigen“ Dinge des Alltags können Sie heutzutage mühelos virtuell buchen. Deutsche und internationale Anbieter gibt es mittlerweile reichlich. Solche Dienste finden Sie unter www.cloudsecretary.de und www.eassistentin.de zu angemessenen Konditionen. Für die Vergabe von Aufträgen an virtuelle Assistenten ist die Qualitätskontrolle von zentraler Bedeutung. Hinterfragen Sie diese unbedingt vor Auftragserteilung beim jeweiligen Portal. Ein weiterer entscheidender Aspekt für den Erfolg für Ihren Umgang mit virtuellen Diensten ist die Formulierung der Aufgabe, die erledigt werden soll. Für dieses Briefing bieten einige Portale mittlerweile konkrete Unterstützung an, beispielsweise in Form von ausführlichen Anleitungen.
Aber auch „offline“ können Sie selbstverständlich hervorragende Unterstützung bekommen. Hierzu ein äußerst wirkungsvoller Tipp: Inserieren Sie doch einmal ganz einfach eine kleine Stellenanzeige in einem Anzeigenblatt Ihrer Region, ungefähr mit dem Inhalt: „Bürohilfe für Sekretariatsaufgaben gesucht. Flexible Zeiteinteilung. Die Arbeit kann oft auch von Zuhause aus erledigt werden. Arbeitsaufwand fünf bis zehn Stunden je Woche. Bitte um Kurzbewerbung mit Ihrer Gehaltsvorstellung.“ Welches Ergebnis wird Ihnen eine solche Anzeige liefern? Hoffentlich einige interessante Bewerber(innen) natürlich. Aber Sie erhalten zugleich eine Markterkundung (eingehende Bewerbungen – garniert mit konkreten Gehaltsvorstellungen) und wissen sofort, was Sache ist. Glauben Sie mir, in den meisten Fällen werden Sie durchaus positiv überrascht sein. Und unterschätzen Sie den für Ihre Zwecke in Frage kommenden Personenkreis nicht.
Auch wenn Sie sich vielleicht noch nicht vorstellen können, wirklich einmal Arbeitgeber zu werden, probieren Sie es aus. Es ist wunderbar – das verspreche ich Ihnen.

Der Buchhalter

Sie fragen sich, wozu Sie eine Buchhaltung brauchen, wenn Sie nur ein, zwei Wohnungen vermieten möchten? Selbst dann kommen Sie um die Buchung der Einnahmen und Ausgaben nicht herum. Diese Angaben brauchen Sie nämlich spätestens für die Abgabe Ihrer Steuererklärung. Freilich können Sie dieses Thema pragmatisch lösen. Idealerweise sollte Ihr Hausverwalter die Einnahmen-/Ausgabenrechnung für Ihre vermieteten Wohnungen erstellen, weil er sowieso Herr der Zahlen ist.

Falls Sie die Buchungen durch Ihren Steuerberater erledigen lassen wollen, können Sie dies freilich tun. Doch wozu, wenn die Belege sowieso allesamt durch die Hand des Hausverwalters gehen? Sie würden hier Doppelaufwand produzieren (lassen), den Sie am Ende auch zahlen müssen. Von daher sollte der Steuerberater die Zahlen nur noch durchsehen, im Zweifel hinterfragen und für die Steuererklärung verwenden.

Falls Sie selbst begnadeter Buchhalter oder Hausverwalter sind, können Sie die Buchungen selbst vornehmen. Denn auch für die Buchhaltung gibt es wieder virtuelle Dienste, die Sie nützen können. Solche Online-Dienste finden Sie beispielsweise unter www.fastbill.com, www.collmex.de, www.papierkram.de, www.lexoffice.de oder www.salesking.eu Sie können sich freilich auch wieder „offline" jemanden (via Kleinanzeige) suchen. Denn diese Aufgaben sind ebenfalls wieder „von zu Hause aus, bei freier Zeiteinteilung" umsetzbar. Von besonderer Bedeutung wird immer die Schnittstelle Ihres Systems zu dem Ihres Steuerberaters sein. Denn auch hier sollten Sie doppelten Aufwand durch mehrfache Erfassung gleicher Daten vermeiden. Sprechen Sie sich daher vor der endgültigen Entscheidung für ein bestimmtes System mit Ihrem Steuerberater ab.

Der Hausmeister – inklusive Kostenbetrachtung

Ohne Hausmeister geht gar nichts. Oft ist er die „gute Seele" Ihres Hauses. Einen Hausmeister können Sie ebenfalls auf unterschiedlichste Art und Weise engagieren. Sie können einen großen Hausmeisterdienst oder „FM"-Dienstleister (FM steht für Facility Management) beauftragen. Dies ist – jedenfalls oft – die Rundum-Sorglos-Variante, aber vermutlich auch die teuerste Methode, um an einen Hausmeister zu kommen. Denn der ganze Firmenapparat des Dienstleisters muss schließlich durch die Tätigkeit des Hausmeisters (und damit mit Ihrer Vergütung) miternährt werden. Glauben Sie nicht, dass das sowieso Ihre Mieter mit der Nebenkostenabrechnung zahlen. Das stimmt nur teilweise. Denn als Eigentümer müssen Sie die Betriebskosten vorübergehend leerstehender Wohnungen übernehmen. Und was passiert, wenn der FM-Dienstleister Positionen wie „Objektmanagement" oder „Terminüberwachungen" abrechnet? Genau, diese dürfen Sie laut Betriebskostenverordnung überhaupt nicht auf Ihre Mieter umlegen. Oder wie verhält es sich mit „aufgeblähten" Betreuungskosten von zwei Euro je Quadratmeter, die von der Sache her durchaus auf Ihre Mieter umlegbar wären? Ihre Mieter werden Ihnen vermutlich direkt nach Erhalt der Nebenkostenabrechnung „aufs Dach steigen". Spätestens bei der nächsten Neuvermietung werden Sie vielen entsetzten Blicken potenzieller Mietinteressenten begegnen. Am Ende wird dies also immer einen deutlichen Einfluss auf die von Ihnen zu erzielende Nettokaltmiete haben. Daraus ergibt sich geradezu zwingend die folgende Gleichung: Einfaches Gebäude – einfach organisierte Betreuung. Nur im Fall besonders großer und komplexer Immobilien ist der Einsatz solcher Rundum-Sorglos-Pakete sinnvoll.

Suchen Sie sich also für Ihre „Standardimmobilie" eher eine kleine (feine) Unternehmung oder gar einen Einmannbetrieb. Gerade für kleinere und mittlere Mehrfamilienhäuser hat sich ein solches Vorgehen bewährt. Lassen Sie uns kurz auf das Budget schauen für die Betreuung eines 5-Familienhauses mit 400 Quadratmetern Mietfläche. Fangen wir hinten an – bei der Nebenkostenbelastung der Mieter. Sie sollten immer wissen, welche Nebenkostenbelastung in Ihrer Gegend üblich ist. Diese erfahren Sie leicht durch die Auswertung von Vermietungsanzeigen ähnlicher Immobilien in vergleichbarer Lage. Diesen Wert setzen Sie in Relation zu größeren Nebenkostenanalysen bzw. -studien, wie Sie sie gelegentlich als Bestandteil des Mietspiegels Ihrer Gemeinde, beim Gutachterausschuss Ihrer Gemeinde oder in Analysen des Deutschen Mieterbunds finden. Damit kennen Sie einen recht üblichen Kennwert, beispielsweise 40 Cent pro Quadratmeter und Monat für die umfassende Betreuung durch einen Hausmeister. Damit können Sie leicht durch Multiplikation mit Wohnfläche in Quadratmetern hochrechnen, welches Budget Sie bilden sollten. Im vorliegenden Fall wären dies also 160 Euro je Monat (brutto). Nicht gerade viel, aber ein übliches Budget, das Sie auf Ihre Mieter umlegen können. Vielfach werden Sie gerade bei kleineren Häusern auf Grenzen stoßen. Werden Sie daher kreativ. Tun Sie sich vielleicht mit ein, zwei Nachbarn zusammen und bilden eine Auftraggebergemeinschaft.

Eine andere Lösung ist, dass Sie einen Ihrer Mieter mit den Hausmeisterdiensten beauftragen. Das kann durchaus eine gute Idee sein. Aber was passiert, wenn Ihr Mieter die Lust daran verliert? Vielleicht zieht er dann aus, und ob der nächste Mieter die Hausmeisteraufgaben mit der Wohnung übernimmt, ist nicht sicher. Sie sehen schon, kein einfaches Themenfeld. Darum: Gehen Sie umsichtig mit der Beauftragung von Mietern als Hausmeister um. Achten Sie in jedem Fall immer auf eine „saubere" Beauftragung, was bedeutet, dass Sie solche Aufträge immer „fremdüblich" vergeben sollten. Also „Hausmeistervertrag mit Vergütung" und niemals als Verrechnungsbetrag mit der Miete oder gar mit einer „reduzierten Miete". Sollte Ihr Voreigentümer vielleicht so verfahren haben, bedeutet dies noch lange nicht, dass Sie dies so fortführen sollten. Es gibt nur eine Möglichkeit – lösen Sie das Problem.

Falls Sie „nur" eine Eigentumswohnung Ihr Eigen nennen, so kennen Sie sich jetzt aus und wissen, wen die Hausverwaltung Ihrer WEG einsetzen sollte. Sie sind damit in der Lage, den Einsatz des Hausmeisterdienstes in Ihrer WEG fachkompetent zu beurteilen.

Als Eigentümer einer Wohnung sollten Sie das Management aber immer der Hausverwaltung überlassen. Hinweise dürfen und sollten Sie freilich immer geben.

Der Asset Manager

Lange habe ich gewartet, um endlich über dieses etwas seltsam anmutende Thema schreiben zu dürfen. Warum diese Vorfreude? Ganz einfach, weil dies mein Beruf im Gewerbe-Immobilienbereich ist. Doch zuallererst: was ist denn eigentlich Asset Management? Sie haben den Begriff sicher schon gelegentlich gehört – gerade im Zusammenhang mit Aktien, Wertpapieren, Depots und dergleichen. Asset Management bedeutet nichts anderes als „wertorientiertes Management". Auf Immobilien übertragen, bedeutet dies „übergeordnetes wertorientiertes Immobilienmanagement". Das Management geht also weit über die übliche Hausverwaltung hinaus. Kernaufgabe des Asset Managers ist somit das strategisch orientierte Management der Immobilie unter Reflektion und Ausnutzung ihrer Potenziale und des Umfeldes. Letzteres beinhaltet insbesondere den Markt, in dem sich die Immobilie befindet. So definiere ich jedenfalls diesen Begriff für mich.
Was hat nun das Asset Management mit unseren einfachen Wohnimmobilien zu tun? Ganz einfach, Sie oder Ihr Manager müssen sich um den Immobilienmarkt kümmern. Gleichen Sie immer die aktuellen Miet- und Investmentmärkte mit Ihren Vertragsmieten und kalkulierten Preisen ab. Liegen unsere Mieten unter dem Marktniveau, haben wir Erhöhungspotenziale. Liegen wir darüber, sollten wir unsere Mieter noch mehr hegen und pflegen, als wir es sowieso schon tun, damit sie noch lange, sehr lange bleiben.
Ich habe daher all meine Wohnungen in einer Tabelle erfasst. Dort ist immer die aktuelle, tatsächlich vereinbarte (und hoffentlich gezahlte) Vertragsmiete festgehalten, die Marktmiete und auch die Miete gemäß aktuellem Mietspiegel, falls es einen in dieser Gegend gibt. Wenn Sie darüber hinaus noch ein wenig pfiffig im Umgang

mit Tabellenkalkulationsprogrammen sind, können Sie diese Tabellen noch mit Potenzialbalken, Ampelsystemen oder Daumen (hoch oder runter) versehen. Sie sehen damit auf einen Blick, was vermietungstechnisch in der jeweiligen Wohnung los ist. Glauben Sie mir, umso schneller Sie dieses visuell erfassen können, umso effektiver werden Sie Ihre Wohnungen managen.
Wer übernimmt nun solche Aufgaben? Ihr Hausverwalter? Sprechen Sie ihn einmal darauf an. Im Akquisitionsgespräch werden Sie noch vielfach hören, dass man sich gerne auch um die Vermietung kümmere. Oder dass man die Kosten laufend optimiere. Vergessen Sie es. Ich behaupte, dass mehr als 95 Prozent aller Hausverwalter für solche Dinge keine Zeit (und teilweise leider auch keine ausreichende Expertise) haben. Sie müssen daher entweder einen der übrig gebliebenen Verwalter aus dem Kreis der fünf Prozent finden, oder Sie benötigen eben einen anderen Manager, beispielsweise einen Asset Manager. Dies kann ein besonders guter Hausverwalter sein oder eben Sie selbst. Denn als Investor sollten Sie sich sowieso eingehend mit Mietsituationen und Märkten befassen. Die Rollenverteilung wäre dann, dass Sie als Investor steuern und der Hausverwalter umsetzt. Sie können also beispielsweise dem Verwalter aufgeben: „Lieber Herr Hausverwalter, bitte prüfen Sie, ob wir bei Mieter Heinrich Mustermann eine Mieterhöhung nach Mietspiegel durchsetzen können. Bitte lassen Sie mir Ihren Entwurf für ein Erhöhungsschreiben zukommen." Sie werden mit einer solchen Bitte stets dann an den Verwalter herantreten, wenn Sie eigentlich schon wissen, dass höchstwahrscheinlich eine Erhöhung möglich sein wird. Denn zur Vereinfachung Ihrer Prozesse haben Sie ja Ihre Liste mit den grafischen Potenzialhinweisen.
Sollten Sie bereits oder später einmal über zahlreiche Wohnungen verfügen, übertragen Sie diese überwachende Funktion des Asset Managers idealerweise einem Dienstleister. Dies kann, wie erwähnt, beispielsweise ein besonders guter Hausverwalter sein. Und die Kosten, die dadurch entstehen, werden ihr Geld immer wert sein. Idea-

lerweise wird es Ihnen dann nach einiger Zeit des Vertrauensaufbaus gelingen, dass Sie ein Verwaltungssystem aufgebaut haben, das sich selbst kontrolliert. Ist Ihnen klar, was dies bedeutet? Ich möchte dies hervorheben, da dies von wirklich essenzieller Bedeutung ist. Sie werden in der Lage sein, 30 oder auch 100 Tage abwesend zu sein, ohne dass Sie Rückfragen Ihrer Verwalter zu klären, Budgets freizugeben, Vermietungsvorschläge zu akzeptieren oder viele ähnliche Dinge mehr zu bestätigen haben. All dies macht fortan Ihr Asset Manager. Dieser kontrolliert, leitet an und gibt frei. Ihr System läuft damit (bis zu einer von Ihnen festgelegten Grenze) auf Autopilot, es kontrolliert sich selbst. Das ist pure Freiheit!

Die Auswahl der richtigen Dienstleister

Wie bereits mehrfach angedeutet, ist es entscheidend, an die richtigen Dienstleister zu kommen, um mit ihnen idealerweise möglichst langfristig zusammenzuarbeiten. Denn nichts ist aufwendiger als der stetige Wechsel der Dienstleister, gerade im Hausverwaltungsbereich. Deswegen gilt in der Branche der plausible Leitsatz, dass mit der Hausverwaltung erst im zweiten oder dritten Verwaltungsjahr „Geld verdient“ wird. Aus der Sicht des Verwalters ist es mühsam, sich in alle Prozesse und Themen eines neuen Hauses einzufinden und einzuarbeiten. Aber auch der Auftraggeber hat mit dem Wechsel seine Mühe. Denn die Verwaltung wird Fragen haben, muss eingewiesen und manchmal auch getröstet werden.
Da Immobilien ein langfristiges Investment sind, sollten Sie alles, was Sie im Zusammenhang mit Immobilien vereinbaren, langfristig sehen. Was gewinnen Sie, wenn Sie heute noch einen „Zehner“ je Wohnung bei Ihrem Hausverwalter rausholen, er aber die nächsten Jahre einfach keine Freude an der Verwaltung Ihres Eigentums hat? Glauben Sie mir, der Schaden, der durch die fehlende Motivation des Dienstleisters entstehen kann, beträgt ein Vielfaches des einge-

sparten Zehners. Entscheidend ist vielmehr der respektvolle Umgang miteinander. Sie sollten sich immer auf gleicher Höhe in die Augen schauen können. Versuchen Sie, Ergebnisse herbeizuführen, mit denen beide Vertragsparteien auskömmlich und vor allem langfristig leben können. Nur dann werden Sie und Ihr Verwalter auch noch in einigen Jahren gerne zusammenarbeiten.

Doch wie finden Sie die Perlen unter den Hausverwaltern (oder sonstigen Dienstleistern, die Sie gerade suchen)? Dies ist eine zentrale Frage und ihre Bedeutung in jedem Fall erheblich. Denn treffen Sie eine falsche Entscheidung, hat dies womöglich weitreichende Folgen für Ihr Investment und kann – ohne zu übertreiben – über das Wohl und Wehe Ihres gesamten Engagements entscheiden. Also: Augen auf! Wie so oft im Leben gibt es hier harte und weiche Kriterien.

Bewährt hat es sich, ähnlich wie bei der Beurteilung von Standorten vorzugehen. Hilfreich ist eine Tabelle mit Kriterien, die Ihnen wichtig sind. Versuchen Sie fünf bis zehn Kriterien zu finden und gewichten Sie sie nach ihrer Bedeutung. Dann treten Sie in den Dialog ein. Nehmen wir einmal die Zahl der Wohnungen oder Häuser, die ein Hausverwalter betreut. Fangen Sie bei den Kleinen an, bei den Einzelkämpfern. Gerade wenn Sie kleinere Aufträge zu vergeben haben, können diese die Richtigen für Sie sein. Denn dort werden Sie wahrgenommen, was in Großorganisationen eher seltener der Fall sein könnte. Denken Sie aber auch über die Urlaubszeiten nach. Wer kümmert sich um Ihre Immobilie, wenn Ihr Verwalter in den wohlverdienten Urlaub fährt? Oder wenn er einmal krankheitsbedingt nicht arbeitsfähig ist? Solche Dinge sind essenziell, wenn Sie nicht selbst einspringen wollen.

Besondere Aussagekraft für eine Beurteilung hat die Historie eines Unternehmens: Wie lange ist es bereits am Markt? Ist es gesund gewachsen? Gab es viele Mitarbeiter-/Inhaberwechsel? Je stetiger die Historie ist, desto beruhigender. Auch ein leichter (stabiler) Aufwärtstrend, was die Zahl der verwalteten Wohnungen oder den Umsatz angeht, ist ein positives Signal. Wertvolle Hinweise können auch die Wirkung der Büroräume und die eingesetzte Infrastruktur geben. Von Bedeutung sind auch entsprechende Referenzen. Sprechen Sie sie im Gespräch direkt an und fragen Sie nach Referenzkunden oder -projekten. Idealerweise sollte Ihr Gegenüber gleich loslegen und einige Vorschläge machen. Professionell agierende Unternehmen sollten solche Referenzen immer nennen können. Bewährt hat es sich, sich mehrere Referenzkunden mit Telefonnummer für eine mögliche Auskunft geben zu lassen, nicht nur einen Referenzkunden. Denn dieser wird besonders gut präpariert sein. Drei bis fünf Kunden sollten es schon sein. Nach dem Gespräch rufen Sie dann ein, zwei Kunden an und erkundigen sich z. B. nach der Dauer der Zusammenarbeit und der Kundenzufriedenheit. Wenn Sie ein wenig innovativer vorgehen wollen, fragen Sie nach Aspekten, die derzeit nicht so gut laufen oder wie die Verwaltung schwierige Situationen meistert und ähnliche Dinge mehr. Umso kreativer Sie fragen, umso weniger werden Sie vorgefertigte Antworten erhalten. So erfahren Sie also schnell, was Sache ist.

Persönliche Empfehlungen sind selbstverständlich ebenfalls nicht zu unterschätzen. Achten Sie hier aber unbedingt darauf, wer der Empfehlungsgeber ist, wie groß sein Erfahrungsschatz ist und vor allem, wie er mit dem empfohlenen Unternehmen verbunden ist.

Am Ende sollten Sie eine Tabelle mit rund zehn gewichteten Beurteilungskriterien für vielleicht drei bis fünf geeignete Hausverwaltungen parat haben. Natürlich sollten Ihre Eindrücke durch ein Angebot der jeweiligen Verwaltung untermauert werden. Dann gilt es, eine Entscheidung zu treffen. Daher ist es so wichtig, dass Sie möglichst viele Kriterien sammeln und gewichten.

Es wird durchaus vorkommen, dass Sie einmal eine Fehlentscheidung treffen. Ich kann Sie beruhigen. Denn wenn Sie keine Entscheidung treffen, werden Sie niemals vom Fleck kommen. Grundsätzlich haben Sie zwei Möglichkeiten, Fehler wieder auszubügeln. Einerseits können Sie vorsorgend gestalten, andererseits wird Ihre Managementkompetenz im „Krisenfall“ gefragt sein.

Beginnen wir mit der Vorsorge bzw. Vorbereitung. Wie können Sie sich darauf vorbereiten, dass Ihr Verwalter nicht so „performt", wie Sie es sich bei der Auftragsvergabe vorgestellt haben? Hierzu gibt es den Verwaltervertrag, in dem Rechte und Pflichten beider Parteien geregelt sein sollten. Auch sollten aussagekräftige und konkrete Leistungskataloge Vertragsbestandteil sein, an denen Sie Ihren Verwalter messen können. Aber auch eine Ausstiegsmöglichkeit oder eine „Probezeit" können Sie vereinbaren. Darauf wird sich freilich nicht jeder Dienstleister einlassen, aber wer an seine Leistung glaubt, hat keinen Grund, einer Ausstiegsklausel für den Fall der Fälle zuzustimmen.
Ist ein Krisenfall eingetreten, kommt es vor allem auf Ihre persönliche Managementkompetenz an. Den Dienstleister muss nicht zwingend die „Schuld" hierfür treffen. So kann es vorkommen, dass ein Mitarbeiter des Verwalters kündigt und gleichzeitig ein anderer längere Zeit krank wird. Schon kann der Betrieb eine nur sehr schwer zu füllende Kapazitätslücke haben. Solange es für Ihre Immobilie tragbar ist und der Verwalter eine gewisse Problemlösungskompetenz an den Tag legt, sollten Sie ihn erst einmal gewähren lassen und ihm Zeit geben, die Dinge zu regeln. Merken Sie jedoch, dass der Verwalter überfordert ist oder sich verzettelt, sollten Sie über Ausstiegsmöglichkeiten und Alternativen nachdenken. Bevor Sie aber konkret über die Auflösung des Vertragsverhältnisses verhandeln oder eine Kündigungsmöglichkeit wahrnehmen, sollten Sie mindestens ein verbindliches Alternativangebot vorliegen haben. Denn im Falle der Vertragsaufhebung oder -kündigung brauchen Sie meist umgehend oder zumindest kurzfristig Ersatz.

Das Risikomanagement

Sie können zahlreiche Studien zu diesem Thema lesen. Doch im Alltag wird es auf ein praxisrelevantes Risikomanagement ankommen. Lassen Sie uns die entsprechenden Werkzeuge etwas näher anschauen.

Was bedeutet „Risiko“ und „Umgang mit Risiken“ eigentlich? Und warum sollen wir überhaupt Risiken eingehen? Um es vorweg zu nehmen: Risiken begegnen Ihnen überall und jederzeit. Entscheidend ist der Umgang mit den Risiken, wie Sie diese einschätzen, bewerten und welche Strategien und Taktiken Sie anwenden, um eine möglichst gute (effiziente) Risikovorsoge zu betreiben. Risiken werden Sie niemals gänzlich vermeiden können, aber Sie können sie kalkulier- und kontrollierbar machen.
Gehen Sie noch einmal zurück in die Phase der Standortprüfung und erinnern sich an Ihr Benchmarkingsystem. Nicht jedes Standortkriterium zeigte dabei den höchsten Wert auf, denn kein Standort ist perfekt. Sie haben also bereits bei der Standortprüfung gewisse Defizite in Kauf genommen und sind bewusst gewisse Risiken hinsichtlich einiger Standortkriterien eingegangen. Aber in der Summe haben die positiven Kriterien überwogen.

Defizite systematisch aufdecken und analysieren

Jedem bewusst eingegangenen Risiko sollte immer einer adäquate Chance gegenüber stehen, denn nur dann wird sich das Eingehen des Risikos irgendwann „lohnen“. Damit Sie wissen, welche Risiken Sie eingehen, sollten Sie sich eine Struktur aufbauen, die es ermöglicht, Risiken zu finden und zu analysieren. Gerade größere Risiken sollten möglichst früh erkannt werden, um sich darauf einstellen und angemessen reagieren zu können. Gerade vor dem Kauf einer neuen Immobilie und der Vereinbarung einer Finanzierung sollte das Risikomanagementsystem greifen.
Es wird immer Risiken geben, die wir beeinflussen können, und andere, auf die wir keinen Einfluss haben. Letztere werden auch externe Risiken oder einfach Rahmenbedingungen genannt. Im Immobilienbereich sind dies vor allem die Gesetzgebung, Verordnungen, die Rechtsprechung und der Markt. Es ist daher erforder-

lich, dass Sie und Ihre Dienstleister immer über die aktuellen Entwicklungen des jeweiligen Fachgebiets informiert sind. Nehmen wir beispielsweise die vor einiger Zeit viel diskutierte „Mietpreisbremse", die von der Politik umgesetzte mietrechtliche Einschränkung bei der Preisgestaltung von Neuvermietungen. Wenn Sie bereits einige Immobilien Ihr Eigen nennen, die vor der Einführung der Mietpreisbremse in eventuell betroffenen Ballungszentren liegen und Sie in der nächsten Zeit eine Mietanpassung (im Bestand) planten, konnte es sinnvoll sein, diese vorzuziehen. Dadurch ändert sich Ihre „Ausgangslage", falls Sie nach einem Mieterauszug neu vermieten, und Sie können von einer höheren Miete ausgehen, was nach der geplanten Regel direkten Einfluss auf Ihre Neuvertragsmiete hat.
Ein nicht zu unterschätzendes Risiko ist der „Markt". Gerade im Immobiliensektor hat er eine besonders große Bedeutung. Dies sind die wirtschaftlichen Rahmenbedingungen weltweit, europaweit, schließlich in Deutschland und in der jeweiligen Region. Weiterhin ist die Preisentwicklung im Investment- und Mietmarkt eine wesentliche Größe, die beobachtet und analysiert werden sollte. Aber auch der Markt der Eigennutzer hat (indirekt) einen wesentlichen Einfluss auf den Investment- als auch auf Mietmarkt. In den USA gibt es in einigen Regionen Floridas eine interessante Entwicklung aufgrund der Finanzkrise: Nachdem dort im Zuge der Finanzkrise viele Darlehen von Selbstnutzern geplatzt sind, stehen zahlreiche Häuser zum Verkauf. Da diese Selbstnutzer aber gleichzeitig ihre Gegend nicht verlassen möchten, steigen die Mietpreise deutlich. Erkennen Sie den Effekt? Fallende Kaufpreise bei steigenden Mietpreisen – ein Eldorado für Kapitalanleger und Investoren. Genau dies sind Entwicklungen, die Sie mit einem gut strukturierten Risikomanagement leicht aufdecken können.
Ebenfalls ein dem Markt zuordenbares Risiko ist das Zinsänderungsrisiko. Wie Sie wissen, „gehen die Zinsen hoch und runter", je nach politischer Großwetterlage und aktuellem Kapitalmarkt. Wenn Sie der Meinung sind, dass Sie die Zinsbindung einfach „dreißig

Jahre“ festgeschrieben werden sollte, um das Risiko zu reduzieren, werden Sie nur teilweise gewinnen. Denn derartig lange Zinsbindungen kosten Geld und ein höherer Kapitaldienst reduziert Ihren freien Cashflow. Dass weniger zur Verfügung stehendes Geld immer mit einem höheren Risiko einhergeht, sagt schon der gesunde Menschenverstand, oder? Und was passiert, wenn am Tag des Auslaufens der Zinsbindungsfrist gerade ein besonders hohes Zinsniveau herrscht? Richtig, Sie müssen die Anschlussfinanzierung „teuer einkaufen“. „Warum dann nicht gleich kurzlaufend (und günstig) finanzieren und den ersparten Zinsaufwand für eine zügigere Tilgung Ihres Darlehens nützen?“, fragen Sie sich jetzt vermutlich. Dies ist eine berechtigte Frage. Viele Großinvestoren (und neuerdings auch kleinere Investoren in Deutschland) arbeiten ausschließlich mit kurzer Zinsbindung. Was Sie hierfür aber zwingend benötigen, ist ein ordentliches Zinsmanagement. Dafür gibt es glücklicherweise gute, teils sehr spezialisierte Berater.

Weitere Risiken, die Sie in den Griff bekommen müssen, sind die aus der Finanzierung, da sie eine große und vor allem direkte Auswirkung auf Ihre bestehenden und nächsten Immobilieninvestments haben können. Außerdem können diese Ihre gesamte private finanzielle Situation massiv beeinflussen. Versetzen Sie sich in die Lage der Bank: Deren Hauptkriterien sind, wie gezeigt, die „Beleihbarkeit“ und die „Kapitaldienstfähigkeit“ Ihrer Immobilie oder Ihres Immobilienportfolios. Gehen Sie mit einer zu niedrigen Eigenkapitalquote an neue Finanzierungen heran und können Sie im Anschluss keine signifikanten Werte „heben“ (beispielsweise durch Mietanpassungen oder Neuvermietungen), wird Ihre Bank Sie spätestens nach dem dritten oder vierten Deal „abstrafen“ und Ihr persönliches Rating aufgrund der Risiken, die im Portfolio stecken, herabsetzen. Die Finanzierbarkeit neuer Deals kann so unmöglich werden. Banken verfügen nämlich über ein sehr effizientes Risikomanagement und wenden es auch an. Sie sollten es ihnen daher gleich tun und die Kennzahlen zur Beleihung und zum Kapital-

dienst heranziehen, um Ihr Risikomanagement aufzusetzen. Weiterhin sollten Sie immer Ihre persönliche Vermögensstruktur im Auge behalten. Es sollte unbedingt immer eine „gesunde“ Struktur, bestehend aus verschiedenen Geldanlagen verschiedener Risikoklassen und Kapitalbindungsdauer, aufweisen. Idealerweise sollten Sie jederzeit mindestens drei unvorhersehbare größere Ereignisse finanzieren können und auch noch eine ausreichende Reserve für Ihren Lebensunterhalt zur Verfügung haben. Glauben Sie mir: Flüssiges (!) Geld beruhigt ungemein.
Ebenfalls von wesentlicher Bedeutung sind die sogenannten Klumpenrisiken. Gerade wenn Sie mit dem Investieren in Immobilien beginnen, wird jedes Investment „groß“ sein. Beginnen Sie bescheiden, auch wenn Sie eine prall gefüllte Kasse zur Verfügung haben. Das Lernen und Herantasten an Investments ist entscheidend. Freilich spricht nichts dagegen, wenn Sie schnell lernen. Und es ist legitim, zahlreiche Investments (nacheinander!) zu tätigen. Mit der Zahl (und dem Gewicht im Portfolio) können Sie leicht die Größe der Investments Schritt für Schritt steigern. Der prozentuale Anteil eines Investments, gemessen am Immobilienportfolio, wird also sogar abnehmen, obwohl die Größe Ihrer Einzelinvestments stetig zunimmt. Wenn dem tatsächlich so ist, haben Sie alles richtig gemacht, denn dies ist echtes Risikomanagement. Wenn Sie dann trotzdem einmal ein „faules Ei“ erwischen, werden Sie damit besser umgehen können. Genau dies ist das Hauptziel eines professionellen Risikomanagements. Durch den stetigen Auf- und Ausbau Ihres Portfolios werden Sie auf diese Weise faktisch Ihre eigene Versicherung.
Ein besonderes Augenmerk sollten Sie den schon beschriebenen C- und D-Standorten, also Orten mit leicht oder stark schrumpfender Bevölkerung, widmen. Selbstverständlich ist an solchen Standort die Gefahr von Leerstand und weiterem Verfall um ein Vielfaches höher. Hier haben sich besondere Strategien wie eine herausragende Positionierung innerhalb des (Mikro-)Marktes, ein besonders günstiger Einkauf und auch eine zügige Entschuldung bewährt.

Risiken bewerten und vergleichen

Wie lassen sich nun die einzelnen Risiken bewerten und anhand welcher Kriterien lassen sie sich beurteilen? Eigentlich kennen Sie diese bereits, aber noch einmal ganz deutlich: Es ist schlichtweg die Wahrscheinlichkeit, mit der ein Schaden eintreten kann, in Verbindung mit dem Schadensumfang. Zur Illustration Ihres Risikomanagements können Sie sich eine Matrix erstellen. Horizontal tragen Sie die Eintrittswahrscheinlichkeit ab mit Werten von null (unwahrscheinlich) bis zehn (mit an Sicherheit grenzender Wahrscheinlichkeit). Vertikal tragen Sie den Schadensumfang ab, von null (unbedeutend) bis zehn (extrem groß). Nun können Sie die Risiken in Klassen einteilen, indem Sie Ihre gefundenen Kriterien „ausmultiplizieren". Der kleinste Wert beträgt also null, der größte 100. Nun können Sie z. B. festlegen, dass alle Risiken mit einem Wert von 75 oder größer kritisch sind und Werte von 50 oder größer unter Beobachtung stehen. Sie haben damit eine Möglichkeit, sich auf das zu fokussieren, was entscheidend ist. Nützen Sie daher solche Systeme!

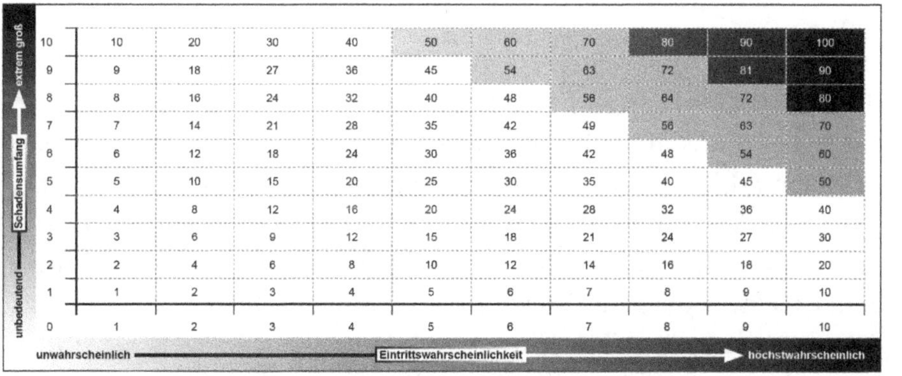

10	10	20	30	40	50	60	70	80	90	100
9	9	18	27	36	45	54	63	72	81	90
8	8	16	24	32	40	48	56	64	72	80
7	7	14	21	28	35	42	49	56	63	70
6	6	12	18	24	30	36	42	48	54	60
5	5	10	15	20	25	30	35	40	45	50
4	4	8	12	16	20	24	28	32	36	40
3	3	6	9	12	15	18	21	24	27	30
2	2	4	6	8	10	12	14	16	18	20
1	1	2	3	4	5	6	7	8	9	10
0	1	2	3	4	5	6	7	8	9	10

Risikomanagement mithilfe einer Matrix

Immobilienblase – ja oder nein?

Schlechte Nachrichten lassen sich besser verkaufen. Ich beginne bewusst mit diesem Satz, damit Sie sich darauf einstellen und vor allem besser bewerten können, dass etwas, was immer und immer wieder durch die Medien „gezogen“ wird, nicht immer auch relevant ist. Oder anders ausgedrückt: Erinnern Sie sich an die letzte positive Nachricht, die Sie in den Nachrichten mitbekommen haben? Vermutlich eher nicht oder zumindest ein wenig verschwommen.

Ob wir uns derzeit in einer Immobilienpreisblase befinden oder nicht, kann ich Ihnen nicht sagen. Aber ich kann Ihnen eine Betrachtungsweise an die Hand geben, wie Sie vielleicht mit diesem Schreckgespenst umgehen können.

Nehmen wir einmal einen „überhitzten“ Wohnungsmarkt an. Nennen wir ihn einfach „Metropole“. Metropole erfreut sich schon seit vielen Jahren eines starken Zuzugs. Leute aus ländlichen Regionen schätzen die Vielfalt von Metropole, das Kulturangebot, die Infrastruktur und auch die Verkehrsanbindung. Metropole fördert wegen des hohen Zuzuges den Wohnungsbau, kann die Nachfrage aber nicht befriedigen. Immer mehr Menschen wollen in Metropole leben.

Hinzu kommt ein weiterer Effekt: Wir erfreuen uns derzeit historisch günstiger Zinsen. Diese beflügeln – wie hinlänglich bekannt – die Investitionstätigkeit. Investoren erfreuen sich eines größeren „Zinsspreads“, was nichts anderes bedeutet, als dass der Unterschied zwischen der Immobilienrendite und den Darlehenszinsen erfreulich groß ist. In der Folge fragen mehr und mehr Investoren Immobilien nach, sodass die Preise steigen. Hieraus folgt selbstverständlich, dass die Immobilienrendite und damit der „Zinsspread“ sinken. In der Summe bleibt der genannte Zinsspread also vielerorts weitgehend gleich.

Ein konkretes Beispiel: Frankfurt am Main. Im Jahr 2009 waren Darlehen mit einer Zinsbindung von zehn Jahren in der Regel mit

einem Zinssatz von rund 4,25 Prozent zu haben. Die Faktoren für Mehrfamilienhäuser lagen im Mittel beim 16-fachen, was einer Rendite von 6,25 Prozent entspricht. Die Zinsdifferenz (und dies ist der genannte „Zinsspread") betrug also 2,0 Prozent. Heute, gegen Ende des Jahres 2016, kosten entsprechende Darlehen – konservativ betrachtet – rund 1,5 Prozent. Das gleiche Mehrfamilienhaus rentiert mit vielleicht noch vier Prozent, woraus ein Zinsspread von 2,5 Prozent resultiert. Die Erkenntnis lautet also, dass der Zinsspread nahezu gleich geblieben ist.
Nun fragen Sie sich, was denn passiert, wenn die Darlehenszinsen wieder steigen. Das ist eine berechtigte Frage, wenngleich ich dies mit einer weitverbreiteten Angst vergleichen möchte. Denn Sie bekommen diese leicht in den Griff, wie wir bereits weiter oben gesehen haben. Aktives Zinsmanagement ist das richtige Stichwort.
Nun befürchten Sie vielleicht, dass die Preise in einiger Zeit fallen könnten, wenn etwa die Zinsen steigen. Dazu kann ich Ihnen nur eine persönliche Einschätzung geben, denn ich kann nicht hellsehen. Ich sehe derzeit keinen Indikator, der auf fallende Preise hindeutet. Freilich kann dies dennoch der Fall sein. Beispielsweise in den sogenannten C- und D-Standorten, wo es eine Bevölkerungsabwanderung gibt. Wie wir auch dieser entgegnen, hatten wir ebenfalls bereits besprochen. Eine sehr wirkungsvolle Gegenmaßnahme ist ein schnelles Tilgen Ihrer Verbindlichkeiten. Und da die Kaufpreisfaktoren in solchen Lagen selbstverständlich risikoadjustiert niedrig sind, haben Sie genug Spielraum für eine zügige Darlehenstilgung.

Ihr persönliches Risikomanagementsystem

Wie Sie Risikomanagementsysteme aufsetzen und nützen, um rechtzeitig Gegenmaßnahmen einzuleiten, haben Sie eben gesehen. Sie können sie auch auf Objekt- und Lagekriterien anwenden, etwa den baulichen Zustand einer Immobilie, auf die Mikro- und Makrolage, aber auch auf die Mieterstruktur in Ihrem Haus. Mit entsprechender Erfahrung können Sie diese Systeme einfach erweitern und ein umfassendes Risikomanagementsystem aufsetzen. Selbst auf eine „drohende Spekulationsblase" können Sie sich mit einem solchen System frühzeitig einstellen, da Sie damit in der Lage sind, diese rechtzeitig zu erkennen.

Die Vermietung

Die Auswahl des richtigen Mieters in der Praxis

Die Mieterauswahl ist ein zentrales Thema. Denn das deutsche Mietrecht bestraft Fehler bei der Auswahl des Mieters verheerend. Haben Sie sich einmal an einen Mieter gebunden, werden Sie ihn nicht mehr so leicht los, weil das Mietrecht schlichtweg ungerecht ist. Während Ihr Mieter in den Anfangsjahren, sofern Sie nichts anderes vereinbart haben, jederzeit mit einer kurzen Kündigungsfrist von etwa drei Monaten kündigen kann, sitzen Sie als Vermieter am kürzeren Hebel. Formal dürfen Sie zwar auch kündigen, aber Ihr Mieter hat zahlreiche Instrumente, sich gegen die Kündigung zu wehren.

Damit es erst gar nicht so weit kommt, sollten Sie Ihren künftigen Mieter sorgfältig aussuchen. Dies wird Ihnen gerade in Ballungszentren leicht gelingen, in schwierigeren Umgebungen mit einer geringeren Mieternachfrage ist dies jedoch ein durchaus anspruchsvolles Unterfangen. Dort werden Sie vielfach vor der Wahl stehen, einen „mittleren" Mieter zu akzeptieren, oder weiterzusuchen. Um hierbei richtig abzuwägen, benötigen Sie Erfahrung. Ich behaupte sogar, sehr viel Erfahrung. Holen Sie sich daher unbedingt adäquate Unterstützung mit ins Boot, etwa einen in der Vermietung versierten Hausverwalter oder einen Makler.

Im Folgenden möchte ich Ihnen ein paar Empfehlungen aus meiner Vermietungspraxis mitgeben. Bitte machen Sie sich aber Ihr eigenes Bild, denn es gibt keinen „Königsweg". Die Hinweise gelten vor allem für Vermietungen in Ballungszentren, in strukturschwächeren Regionen müssen Sie sie vermutlich hier und da etwas anpassen.
Nehmen wir als Ausgangssituation ein kleines Mehrfamilienhaus in der Gegend um Frankfurt am Main. Die Vermietung stellt kein nennenswertes Problem dar – sollte man meinen. Sie oder Ihr Verwalter erhalten eine Kündigung eines Mieters einer gut vermietbaren 3-Zimmer-Wohnung mit Balkon, da dieser jobbedingt umziehen möchte, möglichst recht bald. Von daher bittet der Mieter darum, ihn zwei Monate früher „aus dem Vertrag zu lassen". Sie haben mehrere Möglichkeiten, auf den Wunsch des Mieters zu reagieren. Bewährt hat es sich, diesem Wunsch – soweit es geht – zu entsprechen. Denn was passiert? Der Mieter spart eine oder zwei Monatsmieten, die er sonst zusätzlich zur neuen Miete zahlen müsste. Wird er Ihnen also dankbar sein? Selbstverständlich wird er es sein. Von daher sollten Sie mit ihm vereinbaren, dass Sie seinem Wunsch gerne nachkommen – im Gegenzug möge er Sie aber so gut es geht bei der Anschlussvermietung unterstützen. Damit haben Sie einen (kostenfreien) Helfer, der alles dafür tun wird, dass die Wohnung möglichst frühzeitig vermietet wird. Auf diese Weise haben Sie nämlich eine sehr einfache Möglichkeit, auch einmal „exotische" Besichtigungszeiten wahrzunehmen. Versuchen Sie dagegen Termine mit „unwilligen" Vormietern für Wohnungsbesichtigungen zu vereinbaren, kann dies in eine wirkliche Sisyphusarbeit ausarten. Versuchen Sie daher, so gut es geht, mit dem Vormieter zusammenzuarbeiten.
Ist eine solche Vorvereinbarung mit Ihrem Altmieter getroffen, sollten Sie noch einmal Ihre Marktkenntnisse auffrischen bzw. sich mit Ihrem Verwalter oder Makler beraten. Machen Sie sich hierzu unbedingt ein Bild über den aktuellen Wohnungszustand und die (heutigen) Wünsche potenzieller Mietinteressenten. Schauen Sie sich auch noch einmal ganz allgemein die beliebtesten Kriterien von

Mietinteressenten für die Wohnungsausstattung an, vom Bad über den Balkon, die Bodenbeläge bis zur Einbauküche. Bessern Sie gegebenenfalls mittels geeigneter Renovierungsmaßnahmen nach. Langfristig lohnt sich dies in den meisten Fällen. Anschließend folgt die Preisdiskussion. Unter Annahme einer zielgruppenorientierten Wohnungsausstattung versuchen Sie, einen passenden Mietpreis zu finden und aktualisieren Ihre bisherigen Kenntnisse. Denn den Markt beobachten sollten Sie immer. Tauschen Sie sich über Ihre Mietpreisvorstellungen z. B. mit Ihrem Berater oder einem Mitinvestor aus. Überlegen Sie auch, wie lange Sie mit welchem Preis für die Vermietung benötigen. Denn – dies ist ein „Naturgesetz" des Marktes – höhere Preise erfordern im Durchschnitt eine längere Vermarktungszeit. Beachten Sie auch, dass die Mieterfluktuation bei höheren Preisen im Allgemeinen größer ist. Und dass Mieterwechsel Geld kosten, wissen Sie bereits. Gut sind erfahrungsgemäß Preise, die ambitioniert sind, sich aber noch im oberen Mittelfeld befinden. Dafür müssen Sie freilich auch eine gewisse Qualität bieten. Bieten Sie etwas für den verlangten Mietpreis, wird es Ihr Mieter danken und lange bleiben. Damit halten Sie die Kosten für Mieterwechsel gering, wenngleich Sie ambitionierte Preise anstreben.

Hinsichtlich der Mietpreisfindung gilt es neuerdings zudem, in „angespannten Wohnungsmärkten" die Mietpreisbremse zu beachten. Die Erfahrung der letzten Zeit zeigt jedoch, dass die Wirkung dieses politischen Instruments eher als gering einzustufen ist. Denn es gibt einige „Umgehungstatbestände" – nennen wir sie besser „Gestaltungstatbestände" – die ich Ihnen im folgenden Abschnitt aufzeigen möchte.

Stehen der angestrebte Mietpreis und die Wohnungsausstattung fest, geht es hinaus in den Markt. Das können Sie gerne den Hausverwalter Ihres Vertrauens erledigen lassen. Dieser hat idealerweise einige Anzeigenmuster vorliegen, die er dann nur noch anhand Ihrer Angaben aktualisieren muss. Wenn Sie eine gewisse Marketingaffinität und Marktnähe haben, können Sie sich auch in die Gestaltung der Anzeigen einschalten.

Ist die Anzeige veröffentlicht, dauert es meist nicht lange, bis sich die ersten Mietinteressenten melden, sofern die Preisgestaltung „passt“ und die Anzeige ansprechend und auf die richtige Mieterzielgruppe zugeschnitten ist. Die Vorselektierung der Mietinteressenten und die Vereinbarung der Besichtigungstermine können Sie Ihren Verwalter erledigen lassen. Idealerweise kontaktiert der Verwalter Sie nach wenigen Wochen mit zwei bis drei konkreten Mietinteressenten, deren Eignung Sie im Detail mit ihm besprechen. Gemeinsam treffen Sie dann mit ihm eine Entscheidung zugunsten eines Interessenten.

Unter den Kriterien für die Entscheidung für oder gegen bestimmte Mietinteressenten ist die Mieterbonität besonders maßgebend. Von daher sollten Sie ihr besondere Aufmerksamkeit widmen. Diese eingehend zu prüfen, ist auch aus Mietersicht ein adäquates und völlig übliches Mittel. Scheuen Sie sich daher keinesfalls, von Ihren Mietinteressenten eine Mieterselbstauskunft mit entsprechenden Nachweisen wie die letzten drei Gehaltsbescheinigungen sowie eine Schufa-Auskunft („Eigenauskunft“) zu fordern. Idealerweise fragen Sie auch noch nach einer „Vorvermieterauskunft“, in der der frühere Vermieter bestätigt, dass der Mieter seinen bisherigen Verpflichtungen ohne Beanstandungen nachgekommen ist. Selbstverständlich darf eine Personalausweiskopie des Mieters nicht fehlen.

Haben Sie sich für einen Mieter entschieden, handeln Sie zügig. Denn auch Mietinteressenten setzen – was völlig legitim ist – nicht nur „auf ein Pferd“ und schauen sich diverse Wohnungen an. Lassen Sie ihm daher schnellstmöglich den Mietvertrag zur Unterzeichnung zukommen, den Sie bzw. Ihr Verwalter ebenfalls schnellstmöglich gegenzeichnen sollten. Nur so haben Sie – und Ihr Mieter – Planungssicherheit.

Die Mietpreisbremse

Allein das Wort Mietpreisbremse lässt – auch nach einer gewissen Gewöhnungsphase – noch immer das Blut in den Adern gefrieren. Obwohl im Koalitionsvertrag die Belebung des Wohnungsmarktes beschlossen worden ist und eine ausgewogene Mietpolitik gefordert wird, heißt es im Abschnitt „Bezahlbare Mieten": „Damit Wohnraum insbesondere in Städten mit angespannten Wohnungsmärkten bezahlbar bleibt, räumen wir den Ländern für die Dauer von fünf Jahren die Möglichkeit ein, in Gebieten mit nachgewiesenen angespannten Wohnungsmärkten bei Wiedervermietung von Wohnraum die Mieterhöhungsmöglichkeiten auf maximal 10 Prozent über der ortsüblichen Vergleichsmiete zu beschränken. Erstvermietungen in Neubauten sowie Anschlussvermietungen nach umfassenden Modernisierungen sind davon ausgeschlossen. Die mögliche Wiedervermietungsmiete muss mindestens der bisherigen Miethöhe entsprechen können." Die Ausweisung dieser Gebiete erfolgte durch die Länder und betrifft Standorte wie München und Bielefeld – ja, Bielefeld.

Die Praxis seit Einführung der Mietpreisbremse zeigt eindeutig: Vermieter versuchen die Mietpreisbremse zu umgehen, wo es nur geht. Beispielsweise werden in München rund 60 Prozent aller zur Vermietung stehenden Wohnungen nur noch möbliert angeboten. Aber auch ohne Vollmöblierung werden Möglichkeiten gefunden: Beispielsweise werden Einbauküchen, Abstellräume, Stellplätze und sonstige Einbauten im Mietvertrag preislich gesondert ausgewiesen, da diese keiner Mietpreisregulierung unterliegen. Insofern wird hinter vorgehaltener Hand hinsichtlich der Mietpreisbremse bereits von einem „zahnlosen Tiger" gesprochen. Mein Rat in diesem Zusammenhang einmal mehr: Übertreiben Sie es nicht. Setzen Sie immer realistische Preise an, aber nutzen Sie die Möglichkeiten, die Ihnen die gesetzlichen Rahmenbedingungen bieten.

Was genau in dem Mietvertrag stehen sollte und worauf Sie verzichten sollten, das sehen wir uns im folgenden Abschnitt an.

Die Gestaltung des Mietvertrages

Die folgenden Ausführungen stellen keine Rechtsberatung dar, sondern zeigen einige äußerst effektive Möglichkeiten der Mietvertragsgestaltung aus kaufmännischer und managementorientierter Investorensicht auf.
Für den Inhalt Ihrer Mietverträge sollte Ihnen die Objektstrategie für Ihr Haus oder Ihre Wohnung glasklar präsent sein, nur dann können Sie die Gestaltung der Mietverträge danach ausrichten. Angenommen, Sie haben ein Haus erworben, das wieder einmal der „Immostrategie 10/3" unterliegen soll. Nun vermieten Sie eine Wohnung im zweiten Bewirtschaftungsjahr neu. Trotz Neuvermietung erzielen Sie nur eine moderate Miete für diese Wohnung, da Fenster und Heizung noch „alt" sind. Sie wissen aber bereits heute mit an Sicherheit grenzender Wahrscheinlichkeit, dass Sie das Haus im vierten Jahr in Schuss bringen werden. Bedenken Sie dies unbedingt schon heute in Ihren Mietvertragskonditionen. Versuchen Sie beispielsweise, eine Staffelmiete ab dem vierten Jahr zu vereinbaren oder einen Index, den Sie erstmals geltend machen, wenn die Immobilie wieder gut dasteht. Oder vereinbaren Sie eine „einfache" Miete ohne jegliche „automatische" Anpassung und arbeiten im Jahr vier mit der sogenannten Mieterhöhung wegen Modernisierungen. Was ich damit sagen möchte? Sie müssen die Instrumentarien der Mietvertragsgestaltung kennen, denn nur dann können Sie „spielen" und sie dann einsetzen, wenn sie für Sie am günstigsten sind. Lesen Sie sich daher unbedingt in die rechtlichen Aspekte von Vermietungen ein.

Mietanpassungen

Vielfach wird unter Mietanpassung eine Erhöhung der Miete verstanden. In seltenen Fällen kann jedoch auch eine Mietreduzierung Sinn machen. Beispielsweise wenn es einem Ihrer Mieter für eine voraussichtlich begrenzte Zeit wirtschaftlich nicht sehr gut geht und Sie einen Mieterwechsel unbedingt vermeiden wollen. Aber auch in Fällen, in denen sich die Miete in einer „Overrent"-Situation befindet, kann ein Herabsetzen der Miete zur Reduzierung der Mieterfluktuation sinnvoll sein.

Vergleichen, beraten, anpassen

Doch zurück zu den Mieterhöhungen. Wie im ➔ Kapitel „Die Investmentkalkulation" erläutert, spielen die aktuelle Inflationsrate, Vergleichsmieten (idealerweise anhand offizieller Mietspiegel, notfalls mittels Vergleichswohnungen) und das aktuelle Mietpreisniveau für Neuvermietungen gleichartiger Wohnungen eine besondere Rolle. Denn all dies sind die Maßstäbe bzw. Referenzwerte, die Sie unbedingt nützen sollten. Sehen Sie die aktuell vertraglich vereinbarte Miete daher immer im Kontext zu diesen Werten. Denn eine absolute Zahl für die Miete sagt nichts aus. Wenn Sie aber wissen, dass Ihre aktuelle Miete 20 Prozent unter dem aktuellen Marktniveau für ähnliche Wohnungen in ähnlicher Lage mit ähnlicher Ausstattung liegt, dann wissen Sie vom Erhöhungspotenzial im Fall einer Neuvermietung – beachten Sie aber die Mietpreisbremse in angespannten Wohnungsmärkten. Ebenfalls wissen Sie, dass im Fall einer Modernisierung die aktuelle Marktmiete ungefähr der Grenzwert für eine Anpassung der Miete nach oben ist. In einigen Fällen können Sie sogar darüber hinausgehen, denn Sie erhöhen mit der Modernisierung auch die Qualität der Wohnung, was wiederum eine höhere „Marktmiete" rechtfertigt. Die Marktmiete ist – nur zur Erinnerung – die Miete, zu der Sie Ihre Wohnung jederzeit in einem vertretbaren Zeitraum an einen neuen Mieter vermieten können. Diese zu erreichen, sollte stets Ihr „oberstes Ziel" sein.
Weiterhin kennen Sie bereits die „Mietspiegelmiete", die offiziell von Verbänden und Gutachterausschüssen ermittelte Referenzmiete für

etwaige Mietanpassungen im Bestand. Da diese Angaben regelmäßig veraltet sind, so dass Mieten nach dem Mietspiegel (in guten Wachstumsregionen) meist deutlich unter der aktuellen Marktmiete liegen, hinken Sie daher mit der klassischen Mieterhöhung immer deutlich dem aktuellen Marktniveau hinterher. Dass diese Differenz teils erheblich sein kann, haben wir bereits gesehen. Von daher sollten Sie im Neuvermietungsfall darauf achten, dass Sie erst gar nicht in die Lage kommen, Mietspiegelwerte anwenden zu müssen – was Sie sehr leicht vermeiden können. Vereinbaren Sie einfach Staffelmieten oder indexierte Mieten. Denn damit programmieren Sie Ihre Mietanpassungen im Voraus. Auch der Mieter wird meistens damit leben können. Sehr bewährt hat es sich gegenüber dem Mieter, mit der allgemeinen Preissteigerung zu argumentieren. Da er diese aus eigener Erfahrung kennt (Stichwort steigende Energie- und Benzinkosten), haben Sie ihn schnell auf Ihrer Seite. In vielen Fällen erfahren Sie sogar Mitleid mit dem „armen Eigentümer". Allein die konsequente Umsetzung dieser Gestaltungsmöglichkeit entwickelt eine enorme Kraft.
Da alles irgendwo auch einen Pferdefuß hat, möchte ich Ihnen auch hier einen Haken nicht vorenthalten. Sie sollten eine solche Vermietungsstrategie nur mit einem fachkundig erstellten Mietvertragsmuster umsetzen, denn die Fallstricke, die es hier gibt, sind mannigfaltig. Weiterhin sollten Sie auch Ihre Objektstrategie reflektieren und in einen solchen Plan einbringen. Denn wenn Sie in den nächsten Jahren Modernisierungsmaßnahmen planen, können Index- und Staffelklauseln stören. Mietrechtlich dürfen Sie nämlich Mietanpassungen aufgrund von Modernisierungen nicht vornehmen, wenn Sie bereits vertraglich vereinbarte Index- oder Staffelklauseln vorgesehen haben. Dies ist jedenfalls in den meisten Fällen nicht kombinierbar. Dagegen dürfen Sie Ihren Mietern jederzeit eine einvernehmliche Vertragsanpassung vorschlagen, denn auch hier gilt glücklicherweise der Grundsatz der Vertragsfreiheit. Lediglich die Zustimmung Ihres Mieters ist erforderlich. Eine intensive und spezialisierte Rechtsberatung ist in jedem Fall unabdingbar.

Überwachen, kontrollieren und umsetzen

Die laufende Überwachung und der stetige Abgleich der verschiedenen Mieten (Marktmiete, Ist-Miete und Mietspiegelmiete) sind, wie gezeigt, unabdingbar. Denn nur dann werden Sie ein vernünftiges, effizientes und gewinnbringendes Immobilienmanagement umsetzen können. Sie benötigen daher ein System oder einen Dienstleister, der dies für Sie im Auge behält. Sie ahnen es sicher: Meine Empfehlung läuft auf einen guten Verwalter hinaus. Fragen Sie diesen nach seinem System, mit dem er diese Elemente überwacht. Denn es ist nicht selbstverständlich, dass dies jeder Verwalter umsetzen kann.

Idealerweise führen Sie parallel dazu ebenfalls eine Liste. Denn dann haben Sie ein Vieraugenprinzip und können kontrollieren.

Ist es dann an der Zeit, einen Index anzupassen, sollten Sie dies immer mit Ihrem Verwalter besprechen. Denn so können Umsetzungsschritte optimiert und Meinungen ausgetauscht werden. Beides führt, richtig angewandt, zu einem besseren Ergebnis, als wenn Sie allein vor sich „hinwirtschaften". Teamwork ist in diesem Bereich essenziell.

Die vermeintlichen Stressthemen des Immobilieneigentümers

Lesen und hören Sie es auch immer wieder in den Medien und Fachratgebern? Da gibt es Legionellen, Energieeinsparverordnungen, Mietnomaden, Trinkwasserverordnungen, Energieausweise, säumige Mieter, Rauchmeldervorschriften, neue Mietrechtsprechung und Urteile sowie viele, viele weitere Unwägbarkeiten und Stolperfallen. Wie bekommen Sie diese alle nur in den Griff? Müssen Sie tatsächlich so viele Vorschriften kennen, tausend Fristen

überwachen und sich täglich wegen unzuverlässigen Mietern grämen …? Hören Sie auf! Lassen Sie es sein! Es bringt nichts! Nützen Sie Ihre Energie, Kraft und Ihren Elan für andere Dinge!
Beginnen wir mit der Trinkwasseraufbereitung und der Legionellengefahr, die überall lauert und den Immobilieneigentümer ständig bedroht. Sicher, eine Gefahr besteht, keine Frage. Sie ist auch ein willkommenes Thema anlässlich jeder Ankaufsprüfung. Fragen Sie einmal einen Hausverkäufer nach der letzten Trinkwasseruntersuchung und wie er allgemein gegen Legionellen vorsorgt. Soweit er überhaupt weiß, worum es hier geht, wird er meist zurückhaltend antworten, vor allem bei älteren Häusern, die mäßig bewirtschaftet werden. Das „In-Deckung-gehen" des Verkäufers können Sie durchaus positiv sehen, denn es stärkt Ihre Verhandlungsposition ungemein. Auch nicht perfekte Energieausweise oder fehlende Rauchmelder zählen zu den stets „willkommenen" Verhandlungsargumenten. Von daher muss die obige Aussage ein wenig revidiert werden. Sie sollten diese Themen kennen, aber aus der Sicht eines Investors, weil sie Ihnen beim Immobilienkauf ungemein weiterhelfen. Die vielen kleinen Spezialdetails und die Beseitigung der Defizite sind dann aber unbedingt ein Thema für die Hausverwaltung oder einen spezialisierten Techniker. Es ist also vor allem eine Frage der Betrachtungsweise.
Ähnliches gilt für viele andere lästige Unwägbarkeiten. Mit Immobilien möchten Sie doch einfach einen Cashflow generieren, der möglichst passiv ist, und Ihre Ruhe genießen, die Ihnen Ihre Immobilien bescheren. Dass Sie dies freilich etwas kostet, ist selbstverständlich. Merken Sie es? Es ist mit einem Schlag weg. Dieses dumme, dämliche Gefühl, ein gebeutelter Immobilieneigentümer zu sein. Nichts mehr ist dumm. Denn ich habe keine Probleme.
Aber im Ernst. Bauen Sie sich einen Schutzwall auf. Dienstleister können diese Funktion hervorragend übernehmen. Diese überwachen, prüfen, veranlassen, verwalten und installieren – dort, wo es notwendig ist. Genau auf diese Weise können Sie auch mit anderen

komplizierten Themen umgehen wie beispielsweise schwierigen und zahlungsunwilligen Mietern. Sie sind nämlich ganz einfach die Aufgabe des Hausverwalters. Er klärt auf, mahnt und kündigt auch einmal, wenn es nicht mehr geht. Als Investor sind Sie weit, weit im Hintergrund und fühlen sich damit „sauwohl".

11. Immobilienverkauf und Exit-Szenarien

Der überlegte Immobilienverkauf

Gemeint sind hier Überlegungen über den Immobilienverkauf. „Verkauf? Ich möchte doch erst einmal einkaufen!" Das ist richtig, aber ohne Strategie läuft kein Unternehmen. Kaufen Sie daher bitte niemals, ohne sich einen Plan für das laufende Management und den späteren Verkauf zu machen. Klassisch ist der mögliche Verkauf nach zehn Jahren. Ihre Exit- (und Management-)Strategie könnte in kürzerer Fassung also ungefähr so lauten:

„Ich plane, die Immobilie nach zehn Jahren zu verkaufen. In dieser Zeit zahle ich das Darlehen zu 25 Prozent ab. Weiterhin optimiere ich in dieser Zeit den Mieteingang, steigere damit den freien Cashflow und sorge für einen guten Instandhaltungszustand der Immobilie. Dann werde ich die Immobilie mit einem Wertgewinn veräußern können, den ich vorher geschätzt habe. Weiterhin wird mein Verkaufserlös nach heutiger Steuergesetzgebung und -rechtsprechung steuerfrei sein. Alternativ werde ich in der Lage sein, zu entscheiden, ob ich die Immobilie noch längerfristig in meinem Bestand halten möchte."

Sie benötigen somit einen „Businessplan" für Ihren „Betrieb Immobilie", den Sie idealerweise bereits in der Ankaufsphase erstellen. Denn nur, wenn Ihnen der gesamte Plan nebst Exit-Möglichkeit zusagen wird, werden Sie sich für diesen Immobilienkauf entscheiden. In einem solchen Plan sind üblicherweise alle eben genannten Aspekte textlich als auch mit Zahlen unterlegt dargestellt. Sie haben damit einen Fahrplan für das Management der Immobilie, den Sie mit der Zeit freilich korrigieren, anpassen und optimieren sollten und mit dem Sie Ihre vorab gesteckten Ziele jederzeit kontrollieren können.

Exit-Szenarien

Wie sehen nun die verschiedenen Exit-Szenarien – beispielsweise für einen Prognosezeitraum von zehn Jahren – aus, wenn wir uns mit der Berechnung bzw. Ankaufsprüfung einer Immobilie befassen? Das ist ganz einfach: Sie variieren Ihre Eingangsvariablen, die Sie in Ihrer Investmentkalkulation verwenden. Denken Sie an Mietsteigerungspotenziale und Kaufpreisfaktoren. Beides sind Werte, die sich zwar durchaus seriös im Vorhinein abschätzen lassen, aber freilich immer einer gewissen Unsicherheit unterliegen. Da niemand eine Glaskugel besitzt, um in die Zukunft zu schauen, sind die Exit-Szenarien letztendlich nichts anderes als ein „Abfallprodukt" der intensiven Investmentkalkulation zur Darstellung der Unsicherheit bzw. Schwankungsbreite. Und dass Sie bei jeder Ankaufsprüfung immer rechnen müssen, wissen Sie bereits.

Also lassen Sie uns die Variablen variieren. Bewährt hat es sich, nicht alle Eingangsgrößen zu variieren, denn das würde einen extremen Aufwand bedeuten. Außerdem wäre die Aussagekraft einer solchen Analyse fraglich. Schauen wir daher auf die Variablen mit der größten Bedeutung, die gleichzeitig einer größeren Unsicherheit unterliegen, z. B. Mietsteigerungspotenziale. Können Sie diese auf den Euro genau für einen Zeitraum von zehn Jahren vorhersagen? Eher nicht, da Sie weder wissen, wann genau die Mieter ein- und ausziehen, noch wie sich der Mietmarkt in Ihrer Gegend entwickeln wird. Sie können diese Größen nur (recht grob) abschätzen. Ähnlich verhält es sich mit den Kaufpreisfaktoren. Auch hier gibt es derart viele äußere Markteinflüsse, dass Sie sie nicht im Vorhinein kennen können. Denken Sie nur an den Kapitalmarkt, die Zinslandschaft und das Spektrum alternativer Geldanlagemöglichkeiten. Aber abschätzen können Sie auch diesen Wert, mit einer entsprechenden Schwankungsbreite.

Lassen Sie uns daher – ganz praxisorientiert – diese zwei Stellgrößen für unser Exit-Szenario variieren. Erstellen Sie hierzu eine einfache Tabelle. In die Spalten tragen Sie die verschiedenen hochgerechneten Verkaufspreise in Abhängigkeit der erreichten Miete im zehnten Jahr ein. Beispielsweise ausgehend von 100 %, -5 %, -10 %, +5 % und +10 %. In verschiedenen Zeilen tragen Sie Verkaufspreismultiplikatoren ein, beispielsweiseweise ausgehend vom Faktor 16,5 die Faktoren 15,5, 16, 17 und 17,5. Damit können Sie also eine Matrix von 5 x 5 = 25 Preisen erstellen. Der Kaufpreis, der sich aus dem Faktor 16,5 und der „regulär" hochgerechneten Miete (also 100 Prozent) ergibt, steht idealerweise in der Mitte dieser Tabelle. Dies ist Ihr wahrscheinlichster Verkaufspreis. Haben Sie auf diese Weise alle 25 Werte dargestellt, erkennen Sie auf einen Blick, wie groß die Schwankungsbreite Ihrer möglichen Verkaufspreise sein kann. Gerade wenn sich zwei negative oder positive Werte „überlagern", wird die Abweichung groß sein. Wenn Sie mit diesen Werten experimentieren, werden Sie mit der Zeit ein gutes Gespür für „sich rechnende" Immobilien bekommen, aber auch die mögliche Schwankungsbreite zu erzielender Kaufpreise wird Ihnen mit der Zeit vertraut werden.

Exit-Szenario / fiktiver Verkaufspreis

Variation Multiplikator Verkauf					
15,5	562 500 €	593 750 €	625 000 €	656 250 €	687 500 €
16	585 000 €	617 500 €	650 000 €	682 500 €	715 000 €
16,5	607 500 €	641 250 €	675 000 €	708 750 €	742 500 €
17	630 000 €	665 000 €	700 000 €	735 000 €	770 000 €
17,5	652 000 €	688 750 €	725 000 €	761 250 €	797 500 €
	-10%	-5%	100%	+5%	+10%

Variationen der Nettokaltmiete im Verkaufsjahr

Das Exit-Szenario

Der Immobilienverkauf in der Praxis

Ohne Vorbereitung kein Immobilienverkauf

Ein Immobilienverkauf ist ein komplexer Prozess, der einer entsprechenden Vorbereitung bedarf. Denn zu berücksichtigende Umstände, Parameter und Rahmenbedingungen sind vielfältig. Beginnen wir also mit der Idee: Warum wollen Sie verkaufen? Haben Sie Immobilien vielleicht satt oder brauchen Sie Geld für einen größeren Urlaub? Und dies möglichst schnell? Oder wollen Sie andere Immobilien kaufen, die einen höheren freien Cashflow versprechen? Erst mit einer fundierten Begründung, warum Sie verkaufen wollen, können Sie weiterdenken und beispielsweise entscheiden, wie schnell und „teuer" Sie verkaufen wollen.

Im nächsten Schritt widmen Sie sich Ihrer Immobilie. Halten Sie diese bereits für „verkaufsfähig"? Haben Sie sie bereits daraufhin überprüft – etwa den baulichen Zustand oder den Mieterbestand betreffend? Ist Ihr Objekt vorzeigbar oder sollten noch Dinge erledigt werden? Bewährt hat es sich, zunächst noch offene Mieterthemen abzuarbeiten. Lösen Sie noch offene Abrechnungs- und Verwaltungsthemen, bevor Sie den Verkauf starten. Idealerweise können Sie dem Kaufinteressenten nämlich äußerst verkaufsfördernd bescheinigen, dass keinerlei Mietrückstände und Rechtsstreitigkeiten mit den Mietern bestehen. Auch dass Ihre letzte Nebenkostenabrechnung problemlos abgeschlossen ist und die Nebenkostenvorauszahlungen der Mieter dem aktuellen Kostenniveau entsprechen, wie in der letzten Abrechnung ermittelt. All dies wird Ihre Verkaufsbemühungen deutlich vereinfachen und fördern. Sie können damit eine baulich und rechtlich einwandfreie Immobilie präsentieren. Ähnliches gilt für die laufenden Kaltmieten. Mögliche Anpassungen sollten Sie rechtzeitig vorgenommen haben, andernfalls verschenken Sie unnötig Wert- bzw. Erlöspotenziale.

Was den baulichen Zustand betrifft, hat es sich bewährt, vor allem auf die Optik zu schauen. Versuchen Sie, sie mit kleinen Mitteln so gut es geht zu optimieren. Ein Treppenhausanstrich im Jahr vor dem Verkauf kann wahre Wunder wirken, aber auch eine grundlegende Garten- und Außenanlagenpflege helfen meist weiter. Ähnliches gilt für die einfacheren Dinge wie Briefkasten- und Klingelbeschriftungen, eine nette (und gepflegte!) Topfpflanze im Eingangsbereich sowie zahlreiche ähnliche Dinge mehr. Es ist wie beim Autoverkauf. Ein gereinigtes Fahrzeug mit neuen Fußmatten verkauft sich erheblich einfacher als ein verwahrlost dastehender Wagen mit platten Reifen.

Was die Objektunterlagen angeht – so lästig dies auch sein mag – ist mindestens eine ebenso gründliche Vorbereitung notwendig. Dafür benötigen Sie alle Unterlagen, die auch ein Kaufinteressent braucht (mehr dazu ➔ Kapitel „Objektankauf und -prüfung“). Beginnen Sie mit einigen Wochen Vorlauf, da Sie womöglich feststellen, dass nicht mehr alle Unterlagen in aktueller Fassung vorliegen. Zehn Jahre alte Behördenbescheinigungen über Baulasten und Ähnliches werden Ihnen nichts bringen, auch wenn Sie wissen, dass sich nichts geändert hat. Fordern Sie daher rechtzeig neue Bescheinigungen an, auch wenn dies einige wenige Euro kostet.

Die große Maklerfrage

Ist ein Immobilienverkauf mit oder ohne Makler anzuraten? Eine schwierige Frage, die sich nicht einfach und ad hoc beantworten lässt. Ein Patentrezept gibt es nämlich nicht, aber einige Hinweise für Ihre Entscheidung pro oder contra Makler. Stehen Sie am Anfang Ihrer Tätigkeit als Immobilieninvestor, kann gerade dann die Zuhilfenahme der Dienste eines versierten Maklers von besonderer Bedeutung sein. Denn die Fallstricke, die es zu vermeiden gilt, sind mannigfaltig. Ein etablierter Makler wird immer gute Hinweise zur

Preisfindung geben können. Hören Sie sich auf jeden Fall verschiedene Meinungen an und achten Sie auf die Begründungen zu den gefundenen Preisen. Bei größeren Abweichungen hinsichtlich der genannten Preise – aber unbedingt auch zu Ihrer persönlichen Einschätzung – sollten Sie in jedem Fall genauer hinsehen. Formelle Wertgutachten werden Ihnen für den Verkauf selten wirklichen Mehrwert bringen. Aber eine gute Marktwerteinschätzung des Maklers kann Ihnen viel bringen, denn hieran werden Sie letztendlich neben der eigenen Preisfestlegung auch die Leistung des Maklers messen können.

Besprechen Sie in jedem Fall die vom Makler eingeschätzte Vermarktungsdauern, seine geplanten Vermarktungsbemühungen und die vom ihm bereits erzielten Verkaufserfolge. Lassen Sie sich von ihm unbedingt mehrere Referenzobjekte – in der Beschaffenheit und Art passend zu Ihrem Objekt – aufzeigen. Wählen Sie Ihren Makler sorgfältig aus, wie Sie es auch mit all den anderen Dienstleistern tun. Besondere Kriterien sollten neben den erwähnten Punkten seine Marktkenntnis und seine „Marktdurchdringung“ sein. Wie präsent ist der Makler in Ihrer Region? Ist er allgemein bekannt? Wird über ihn in der Presse berichtet? Nur ein gut vernetzter Makler wird Ihnen wirklich wertvolle Dienste leisten können.

Abschließend noch einige Hinweise zur Maklerbeauftragung. Das deutsche Maklerrecht ist ein spezielles Recht. So können Sie sich entscheiden, den Makler „allein“, also exklusiv mit dem Verkauf Ihrer Immobilie zu beauftragen, oder mehrere Makler. Der letzte Fall ist ein sehr freier Vertrag, den Sie mit dem jeweiligen Makler vereinbaren können. Beachten Sie unbedingt, dass der Makler nicht zwingend einen schriftlichen Auftrag benötigt. Dies kann dann entscheidend werden, wenn Sie plötzlich feststellen, dass Ihre Immobilie im Internet auftaucht, ohne dass Sie es wollen. Von daher gehen Sie sehr behutsam mit der Information von mehreren Maklern um. Auch eine intensivere Befassung mit dem Maklerrecht ist empfehlenswert.

Da der Makler im Falle einer „offenen" Beauftragung damit rechnen muss, dass er wegen der Konkurrenz durch andere Makler nur eine geringe Abschlusswahrscheinlichkeit hat, wird er sein Engagement und seinen Aufwand für Ihre Immobilie in Grenzen halten. Daher hat sich ein anderes Vorgehen bewährt: der „befristete" Alleinauftrag. Mit einem solchen Vertrag geben Sie dem Makler für eine begrenzte Zeit die Möglichkeit, Ihre Immobilie exklusiv am Markt anzubieten. Die Vertragsfrist für den Makler sollte sich dabei an den üblichen Vermarktungsdauern entsprechender Immobilien in Ihrer Region orientieren. Sollte sie nicht ausreichen, können Sie den Vertrag problemlos verlängern. Konkurrenz der Makler untereinander schließen Sie mit einem Alleinauftrag also aus. Nur Sie als Eigentümer dürfen die Immobilie direkt verkaufen, wenn Sie dies nicht anders vereinbart haben. Gerade anfangs kann es sinnvoll sein, dass Sie Ihr Recht, die Immobilie auch direkt zu verkaufen, nicht aus der Hand geben. Sollten Sie Ihrem Makler dennoch die alleinige Vermarktungshoheit übertragen wollen, erteilen Sie ihm einen „qualifizierten Alleinauftrag". Dann kann der Makler durchaus Aufwand betreiben und in die Vermarktung investieren. Damit Sie einen Überblick über die Tätigkeiten des Maklers bekommen und auch behalten, können Sie dies mit ihm entsprechend vereinbaren und vertraglich festhalten, was seine Marketingmittel bzw. sein Marketingplan sein werden.

Ein weiteres Kernelement des Maklervertrages sollte die Regelung der Maklerprovision sein, die nur im Erfolgsfall – also beim Verkauf Ihrer Immobilie – gezahlt wird. Hier können Sie, da Vertragsfreiheit herrscht, eine sogenannte Innen- oder eine Außenprovision vereinbaren. Die Höhe der Provision orientiert sich meist an einem „üblichen" Wert Ihrer Region, meistens zwischen drei bis sechs Prozent des Verkaufspreises zuzüglich Umsatzsteuer. Inwieweit Sie die Provision als Verkäufer in Form einer Innenprovision übernehmen wollen, bleibt Ihnen überlassen. In den meisten Märkten sind Außenprovisionen üblich, die der Käufer der Immobilie an den Makler zahlt. Gelegentlich kommen auch beidseitige Provisionen vor – also Provisionen, die sich Käufer und Verkäufer hälftig teilen. Letztendlich entscheidend ist immer die vertragliche Vereinbarung mit Ihrem Makler.

Die Preisfindung

Die zentrale Frage, die sich bei einem geplanten Immobilienverkaufes stellt, ist der zu erzielende Kaufpreis. Doch was ist der „richtige" Verkaufspreis? Welchen Preis wünschen Sie sich oder welchen Preis benötigen Sie zur Ablösung von Verbindlichkeiten? Welcher Preis ist marktgerecht, so dass Sie auch wirklich einen Käufer in absehbarer Zeit finden? Und schließlich: Wie wird der aktuelle Marktwert bestimmt? All dies sind Aspekte, die im Vorfeld eines Verkaufs zwingend geklärt werden müssen. Denn sie bestimmen letztendlich die Erfolgsaussichten des Verkaufs.
Wenn Sie mit einem Makler zusammenarbeiten, lassen Sie sich von ihm eine Marktpreiseinschätzung der Immobilie geben. Diese sollte neben den realen Objektkriterien selbstverständlich die tatsächlichen Mieterträge und -potenziale (!) berücksichtigen. Wenn Sie an einen besonders guten Makler geraten, werden Sie sicherlich auch Hinweise erhalten, wie Sie den möglichen Verkaufspreis weiter optimieren können. Jeden Euro an monatlichem Cashflow, den Sie auf diese Weise herausholen, werden Sie vielfach (in der Form des Verkaufspreises) wiedererhalten.
Gute Informationsquellen für die Ermittlung der Vermarktungsdauern (Von-bis-Werte meist in Wochen für Ihre Region für bestimmte Immobilientypen) sind die großen Immobilienportale und wieder einmal die guten Maklerhäuser. Unabdingbar für eine realistische Marktpreiseinschätzung ist somit eine gründliche Marktrecherche, die Sie natürlich – wie sonst auch – immer auch selbst vornehmen sollten.

Der Verkaufsprozess

Sicher ist Ihnen aufgefallen, dass der Verkauf einer Immobilie über einen Makler für Anfänger und Fortgeschrittene zu favorisieren ist. Aber auch Vollprofis bedienen sich regelmäßig der Dienste guter Makler. Denn diese sind so nah am Markt wie niemand anders. Auch kennen sie die Abläufe und die Vorgehensweisen für einen erfolgreichen Verkauf aus dem Effeff. Und ein ganz besonderer Vorteil: Ein vom Verkäufer „gut" beauftragter Makler mit zeitlich befristetem und qualifiziertem Alleinauftrag wird sich größte Mühe geben, Ihre Immobilie zu verkaufen. Sie und Ihr Makler ziehen somit beide erfolgsorientiert am gleichen Strang.

Doch wie sieht der eigentliche Verkaufsprozess aus? Hat der beauftragte Makler alle Informationen zusammen, erstellt er ein Verkaufsexposé. Idealerweise haben Sie oder Ihr Hausverwalter ihn bereits durch Ihre Immobilie geführt, so dass er sie auch persönlich kennt. Dann geht es an die Vermarktung und Interessenten werden sich melden, viele Fragen haben und die Immobilie sehen wollen.

Die Kunst des Maklers (und dies kann durchaus entscheidend sein) ist es nun, ernsthafte Interessenten auszufiltern und „Besichtigungstouristen" frühzeitig zu erkennen. Nach den ersten Besichtigungen werden weitere Fragen beantwortet, Unterlagen und Zahlen verdichtet, bis (hoffentlich) einer (oder mehrere Interessenten) konkretes Interesse an der Immobilie zeigt. Alsdann geht es an das Feintuning der Informationslage des Kaufinteressenten, von der etwaigen Bonitätsprüfung bis hin zur eventuellen Reservierungsvereinbarung, die ebenfalls zu den klassischen Aufgaben eines Maklers zählen.

Die Krönung aller Bemühungen ist auch beim Verkauf der Notartermin, denn erst dann ist Ihr Deal „fix". Letzte Makleraufgaben sind eventuell noch die Nachbetreuung des Kunden sowie die Abrechnung seiner Provision. Als Verkäufer kommen Sie bzw. Ihr

Verwalter noch ein letztes Mal ins Spiel, nachdem der Kaufpreis gezahlt wurde. Denn dann wird die Immobilie im Regelfall an den neuen Eigentümer übergeben.
Am Ende stehen Sie leider ohne Immobilie da, aber immerhin mit vollem Geldbeutel. Was machen Sie nun? Als aufmerksamer Leser kennen Sie meine Antwort bereits ...

12. Bonusmaterial

Das Bonusmaterial zum vorliegenden Buch beinhaltet zahlreiche Arbeitsmaterialien und Anleitungen, die die besprochenen Themen besonders praxisgerecht weiterführen.

Und auf diese Weise gelangen Sie zum Bonusmaterial: Bitte melden Sie sich unter www.erfolg-mit-wohnimmobilien.de/extras an. Sie erhalten dann eine E-Mail mit Ihren persönlichen Zugangsdaten und einen Link zur Bestätigung Ihrer Anmeldung. Das Material steht Ihnen ab diesem Zeitpunkt jederzeit unter dem zugesandten Link zur Verfügung. Das Bonusmaterial wird von Zeit zu Zeit aktualisiert und ergänzt.

Das Profi-Kalkulationstool „Start“

Das Profi-Kalkulationstool „Start“ ist ein Werkzeug auf Excel-Basis zur Einschätzung Ihrer vermieteten Immobilie im Rahmen der Vorprüfung für eine langfristige Haltestrategie. Damit können Sie auf einfache Art und Weise schnell den Wert einer Immobilie bestimmen – per Maklerformel oder mittels Vergleichspreis-Berechnungen. Weiterhin umfasst das Tool Formeln zur Berechnung der laufenden Einnahmen und Ausgaben sowie der monatlichen Tilgungsleistung inklusive einer übersichtlichen Ersteinschätzung des von der Immobilie erwirtschafteten freien Cashflows. Das Profi-Kalkulationstool „Start“ wird abgerundet durch eine intuitiv bedienbare Maske zur Eingabe Ihrer Darlehensdaten sowie einen kompletten Zins- und Tilgungsplan für ein Annuitätendarlehen.

Der „Fix und Flip“-Kalkulator

Mit diesem Kalkulationstool berechnen Sie gewerblich geprägte Immobilienhandelsgeschäfte. Jedes Investmentprojekt kann so auf einfache Art und Weise in seine Bestandteile wie Kaufpreis, Kaufnebenkosten, erforderliche Renovierungs- und Sanierungsmaßnahmen sowie Finanzierungskosten zerlegt werden. Auf der Ertragsseite werden neben dem Verkaufserlös steuerliche Aspekte berücksichtigt sowie eine Berechnung der Handelsmarge unter Berücksichtigung individueller Annahmen durchgeführt.

Die Vermögensaufstellung

Das Excel-Formular, in das meine langjährige Erfahrung aus vielen Bankgesprächen eingeflossen ist, unterstützt Sie, Ihr Vermögen bankgerecht aufzubereiten und darzustellen. Untergliedert in die Themen Haushaltsrechnung, Vermögensaufstellung und Immobilienaufstellung haben Sie damit eine Checkliste, um Ihre finanzielle Situation lückenlos zu erfassen.

Die Checkliste „Objektunterlagen“

Die Checkliste „Objektunterlagen“ erleichtert Ihnen das Zusammenstellen aller Unterlagen für die eingehende Immobilienprüfung enorm. Mithilfe der hier aufgeführten Unterlagen haben Sie die Grundlagendokumentation für die intensive Objektprüfung zur Hand. Auch die finanzierende Bank werden Sie mithilfe dieser Liste leicht mit den von ihr benötigten Objektunterlagen bedienen können.

Die Checkliste „Technische Objektprüfung“

Diese Checkliste ist ein wertvoller Helfer bei der technischen Objektprüfung von Bestandsimmobilien. Neben der Erfassung der technischen Objektdaten und Flächen haben Sie mit dieser Liste ein Instrumentarium, die baulichen und technischen Anlagen einer Immobilie zu erfassen sowie deren technischen Zustand zu bewerten und zu kommentieren, inklusive bereits durchgeführter Renovierungen und Sanierungen.

Die Benchmarkingsysteme

Um die im Kapitel „Die sorgfältige Ankaufsprüfung“ beschriebene Methode zur Erfassung und Beurteilung von Makro- und Mikrostandorten praxisgerecht umzusetzen, empfiehlt es sich, auf die hier vorbereiteten Aufstellungen im Excel-Format zurückzugreifen. Mithilfe übersichtlicher Tabellen können Sie die verschiedenen Kriterien des jeweiligen Immobilienstandortes wie beispielsweise Arbeitsmarkt, Bevölkerungsentwicklung oder Marktdynamik, einzeln in einem Punktesystem bewerten, gewichten und am Ende in einer einzigen Maßzahl zusammenfassen. Zudem finden Sie hier Hinweise auf interessante und praxiserprobte Datenquellen zur weiteren Standortbeurteilung.

Über den Autor

Thomas Knedel, geboren am 9. Dezember 1968 in Frankfurt am Main, entwickelte bereits als Schüler ein Faible für Immobilien. Damals lernte er einen Makler kennen und übernahm Aushilfsjobs für ihn. Das Thema Immobilien ließ ihn fortan nicht mehr los, und sein Berufsweg führte ihn nach einem Bauingenieurstudium zu einem Ingenieurbüro und als Bauleiter zu einem Baukonzern. Zusätzlich absolvierte er berufsbegleitend eine Ausbildung zum Immobilienökonom an der European Business School. Anschließend folgte noch die Ausbildung zum Mitglied der RICS, einem weltweit angesehenen Immobilienverband.
Als Knedel erstmalig die drei obligatorischen Gehaltsnachweise für eine Bankfinanzierung vorzeigen konnte, begann er, selbst in Immobilien zu investieren. Nach Stationen im Fonds- und Assetmanagement investiert Knedel heute intensiv in eigene Immobilienprojekte, geht Projektkooperationen ein und gibt sein Immobilienwissen vornehmlich über das von ihm initiierte Investorennetzwerk „www.immopreneur.de“ weiter. Neben der Publikation von Videokursen und Ratgebern widmet er sich der Software-Entwicklung und veranstaltet regelmäßig Workshops, Mastermind Gruppen sowie jährlich den „Immopreneur Kongress“.

Abkürzungsverzeichnis

BauGB	Baugesetzbuch
BGF	Bruttogrundfläche
BMZ	Baumassenzahl
GFZ	Geschossflächenzahl
gif	Gesellschaft für Immobilienwirtschaft
GIK	Gesamtinvestitionskosten
GRZ	Grundflächenzahl
IHK	Industrie- und Handelskammer
ImmoWertV	Immobilienwertermittlungsverordnung
IVD	Immobilienverband Deutschland
KAG	Kommunalabgabengesetz
KfW	Kreditanstalt für Wiederaufbau
WEG	Wohnungseigentumsgemeinschaft
WEG	Wohnungseigentumsgesetz
ZVG	Zwangsversteigerung

Literaturverzeichnis

Diese Bücher möchte ich Ihnen ans Herz legen. Viele der hier aufgeführten Immobilienbücher sind erst in den letzten zwei Jahren erschienen. Zudem möchte ich Ihnen einige Bücher rund um die finanzielle Bildung im Allgemeinen, Unternehmertum sowie Wohlstands- und Erfolgsstrategien vorstellen. Lassen Sie sich inspirieren!

T. Harv Eker: So denken Millionäre
Ein motivierender Ratgeber für all jene, die sich mit ihren Denkmustern befassen möchten. Laut Auffassung von T. Harv Eker ist Reichtum nichts anderes als Einstellungssache. Wenn Sie bereit sind, sich aktiv mit Ihrem Denken und Ihren Glaubenssätzen zu befassen und diese aktiv ändern möchten, ist dieses Buch genau das Richtige für Sie.

Günter Faltin: Kopf schlägt Kapital
Ein Buch über die völlig andere Art und Weise, ein Unternehmen zu gründen. Günter Faltin beschreibt am Beispiel seiner „Teekampagne" pragmatisch die Schritte, die für eine erfolgreiche Unternehmensgründung notwendig sind. Kernelement seines Ansatzes ist die kreative und zugleich ressourcenschonende Gründung, indem bestehende Konventionen gebrochen werden. Fast schon revolutionär sind seine Strategien zur Vermeidung des Zwischenhandels. Ein inspirierendes Buch und ein Muss für jeden, der ein Unternehmen gründen will.

Tim Ferriss: Die 4-Stunden-Woche
Nehmen Sie die vier Stunden bitte nicht wörtlich, denn es geht in diesem Buch gar nicht darum, nur vier Stunden pro Woche zu arbeiten. Vermutlich könnte der Autor das selbst gar nicht, weil ihm dann Antrieb und Motivation für sein Leben fehlen würden. Vielmehr

geht es um die eigene Organisation und Effizienz. Unwesentliches aussortieren und sich auf das Wesentliche fokussieren heißt die Devise. Ferriss ist ein Meisterwerk gelungen, das zudem kurzweilig und unterhaltsam ist. Ein Muss für jeden, der an sich und seiner Organisation arbeiten möchte.

Alex Fischer: Reicher als die Geissens
Alex „Düsseldorf“ Fischer, wie er sich selbst nennt, ist mit seinem Buch ein Marketing-Coup gelungen. Der Autor zeigt in 43 „zeitlosen Erfolgsgesetzen“, wie man finanzielle Freiheit erlangt und seine Ziele erreicht. Neben der Entwicklung seines Mindsets und der Behandlung der notwendigen Werkzeuge erläutert der Autor am Beispiel Immobilien, wie man eine „Geldmaschine“, also ein Unternehmen, entwickelt und betreibt.

Lars Grosenik und Georg Ortner: Immobilien kaufen lassen
Die Autoren sind beide Akquisitionsprofis, denen es sichtliche Freude bereitet hat, ein Buch über den Einkauf von Immobilien zu schreiben. Auch wenn sich Lars Grosenik und Georg Ortner speziell an Makler richten, findet der ambitionierte Privatinvestor hier äußerst hilfreiche Hinweise.

Horst Hassmann: Immobilienverwaltende Kapitalgesellschaften
Mit seinem Fachbuch geht Hassmann ausführlich auf die steuerliche Gestaltung von immobilienverwaltenden Kapitalgesellschaften ein. Neben einer intensiven Betrachtung der steuerlichen Grundlagen stellt der Autor ausführliche Steuerbelastungsvergleiche für die unterschiedlichsten Fallkonstellationen aus Sicht des Immobilieninvestors an. Empfehlenswert ist dieses Fachbuch für fortgeschrittene Immobilieninvestoren, die über eine Optimierung ihrer steuerlichen Situation nachdenken.

Napoleon Hill: Denke nach und werde reich
Der Klassiker unter den Erfolgsratgebern, erschienen 1928. Napoleon Hill untersuchte mehr als 20 Jahre lang die Erfolgsgeheimnisse seiner Zeit und befragte die erfolgreichsten und reichsten Menschen, übrigens im Auftrag von Andrew Carnegie. Er wollte wissen, was überhaupt Erfolg bedeutet, ob es Patentrezepte für Erfolg und Reichtum gibt oder gar Formeln. Die aus der Befragung von über 500 reichen Menschen gewonnenen Erkenntnisse sind die Basis seines Buches und der Weg zu Reichtum und Wohlstand.

Gerald Hörhan: Investment Punk
Man muss Gerald Hörhan mögen, der als Investmentbanker ein Vermögen gemacht hat und es nun für seine eigenen Investments, auch Immobilien, nützt. In seinem ersten Buch widmet er sich der Finanzkrise, dem Geldsystem und vor allem der Mittelschicht. Sie ist es, die seiner Meinung nach vom System ausgenommen wird und es noch nicht einmal merkt. Wer sich auf eine durchaus scharfe Systemkritik einlässt, auch wenn er persönlich getroffen wird, für den ist dieses Buch eine absolute Bereicherung.

Torben Käselow: Das wirkliche Erfolgsgeheimnis von Jung-Millionären
Der Autor, aus einfachen Verhältnissen stammend, gibt in seinem Buch einen tiefen Einblick in seinen persönlichen Werdegang – sprichwörtlich vom Kellner zum Immobilienmillionär. Aussagen wie „Wer fragt gewinnt", „Einfach machen" und „Das Geld liegt auf der Straße" inspirieren und motivieren den Leser.

Robert Kiyosaki: Rich Dad, Poor Dad: Was die Reichen ihren Kindern über Geld beibringen
Der Bestseller von Robert Kiyosaki ist ein Grundlagenwerk zur „finanziellen Bildung". Der Autor beschreibt die unterschiedlichen Glaubenssätze, mit denen er sich in seiner Kindheit und Jugend

konfrontiert sah und wie er damit umging. Beispielhaft vergleicht er die Glaubens- und Denkmuster seiner „zwei Väter". Während sein wirklicher Vater als angestellter Lehrer arbeitete, war der Vater eines Freundes Unternehmer. Ein sehr lesenswertes und verständliches Buch für jeden, der sich mit seinem Denken und seiner finanziellen Situation befassen will. Kiyosaki, heute selbst äußerst erfolgreicher Immobilieninvestor, hat darüber hinaus weitere lesenswerte Bücher geschrieben, etwa „Cashflow Quadrant".

Johann Köber: Steuern steuern
Ein Steuerbuch, wie man es nicht erwartet. Vergessen Sie alle Assoziationen, die Ihnen bei Steuern in den Sinn kommen. Der Autor hat ein Werk geschaffen, das seinesgleichen sucht. Auf rund 230 Seiten erläutert Johann Köber ungezwungen und verständlich, wie Steuern funktionieren und wie man das Wissen darüber strategisch für eigene Zwecke – insbesondere für Vermögensaufbau und -absicherung – einsetzen kann. Egal, ob man Angestellter, Freiberufler oder Unternehmer ist oder in Immobilien, Aktien oder andere Dinge investiert. Ein absolutes Muss für unternehmerisch denkende Menschen.

Jack Nasher: Deal!
Der Autor erfindet das Rad nicht neu, wie er selbst sagt. Umso inspirierender ist sein Bestseller „Deal!", auch als Hörbuch hervorragend umgesetzt. Nasher führt ein in klassische Verhandlungssituationen und zeigt auf, wie auch kniffelige Verhandlungssituationen gemeistert werden können. Ein spannendes Bonbon ist seine Umkehrung der üblichen Betrachtungsweise: Wie durchschauen Sie einen taktisch geschulten Verhandlungsführer?

Michael A. Peter: Das Einmaleins der Immobilieninvestition
Ungewöhnlich gestaltet und sehr umfangreich – das sind die Charakteristika des Werkes von Michael A. Peter. Der Autor nähert sich

dem Thema Immobilieninvestments über sehr plakative, systematisierte Aussagen, die dadurch sehr einprägsam sind. Zudem gelingt es Peter, die verschiedenen Renditekategorien von Immobilien anschaulich zu beschreiben.

Dr. Florian Roski: Das 1x1 des Immobilienmillionärs
Der Autor ist Gründerberater und stark vernetzt in der sogenannten Cashflow-Gemeinde, was bei seiner Herangehensweise an Immobilieninvestments nicht unbemerkt bleibt. Roski arbeitet in seinem Buch die Grundlagen von Immobilieninvestments für Buy-and-Hold-Investoren in knapper, sachlicher Art und Weise auf.

Andreas Sell: Der reichste Hausmeister Deutschlands
Der Autor führt den Leser durch seine persönlichen Investments und Strategien. Sell investiert vorzugsweise in Immobilien mit einem hohen Cashflow, löst Probleme und widmet sich auch mietrechtlichen Fragestellungen. Hervorzuheben ist seine besondere Herangehensweise bei der Umsetzung von Mieterbelangen im Wege kooperativer Vereinbarungen.

Jochen Sommer und Werner Berghaus: Erfolgreich Verhandeln für Immobilienprofis
Dieses Buch wendet sich in erster Linie an Profimakler. Doch auch Privatinvestoren geraten oft in Verhandlungssituationen. „Verhandeln" ist ein Bestandteil unserer Kultur, was die Autoren mit zahlreichen Beispielsituationen – der Basar ist freilich der Klassiker – und plastischen Beschreibungen darstellen. Mithilfe der beschriebenen Techniken meistern Sie nach der Lektüre des Buches jede Verhandlungssituation souverän, wobei Üben immer wieder eine zwingende Voraussetzung ist.

Thomas Trepnau: Diverse Ratgeber rund um die operative Verwaltung

Empfehlenswert für Einsteiger, die ihre Immobilien (anfänglich) selbst verwalten möchten, sind die Ratgeber von Trepnau. Er widmet sich u. a. ausführlich den Themen Nebenkostenabrechnung, Mieterhöhung, Mietminderung und Modernisierungen.

Jörg Winterlich: ErfolgReich mit Immobilien-Investments

Der Autor hat ein Immobilieninvestment-Buch entwickelt, mit dem er dem Leser durch den gesamten Zyklus von der Immobiliensuche bis hin zur geplanten Exit-Strategie führt. Auch Winterlich widmet sich verstärkt der Buy-and-Hold-Strategie im Privatvermögen.

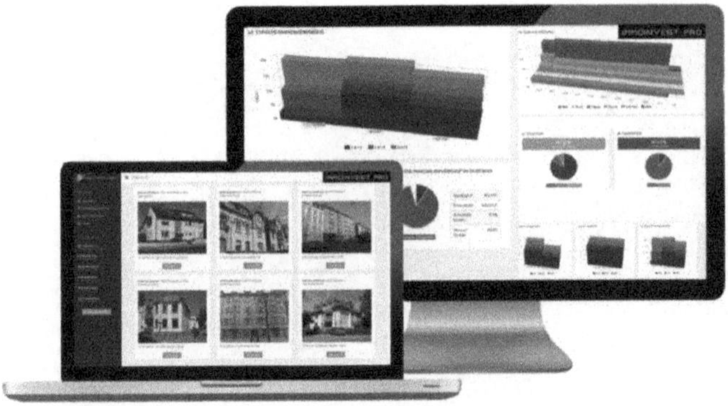